高等院校法学专业民商法系列教材 张民安 主编
Civil & Commercial Law Textbooks Serial

知识产权法

（第四版）

李颖怡　李春芳/主　编
王爱华　王秋华　谢　琳/副主编

中山大学出版社
·广州·

图书在版编目（CIP）数据

知识产权法/李颖怡，李春芳主编；王爱华，王秋华，谢琳副主编．—4版．—广州：中山大学出版社，2013.12
（高等院校法学专业民商法系列教材/张民安主编）
ISBN 978-7-306-04733-5

Ⅰ.①知…　Ⅱ.①李…　②李…　③王…　④王…　⑤谢…　Ⅲ.①知识产权法—中国—高等学校—教材　Ⅳ.①D923.4

中国版本图书馆CIP数据核字（2013）第264362号

出 版 人：徐　劲
策划编辑：蔡浩然
责任编辑：蔡浩然
封面设计：方楚娟
责任校对：杨文泉
责任技编：何雅涛
出版发行：中山大学出版社
电　　话：编辑部 020-84110283，84111997，84113349，84110779
　　　　　发行部 020-84111998，84111981，84111160
地　　址：广州市新港西路135号
邮　　编：510275　　传　真：020-84036565
网　　址：http://www.zsup.com.cn　E-mail：zdcbs@mail.sysu.edu.cn
印 刷 者：佛山市浩文彩色印刷有限公司
规　　格：787mm×960mm　1/16　25.5印张　525千字
版次印次：2002年8月第1版　2013年12月第4版　2013年12月第7次印刷
印　　数：23001-25000册
定　　价：48.90元

内 容 提 要

本书第三版出版后，因其内容新颖、体系完整、实用性强而受到读者好评。

本书第四版是在第三版内容的基础上修订的。全书共分六编，按照知识产权法的基本理论、著作权法、商标法、专利法、其他知识产权法律制度以及知识产权国际保护的顺序进行编章建构，内容上则注重从理论和实践、学术和立法等方面，对知识产权法律制度进行系统阐述和剖析。本书第四版增加了我国目前正在进行的《著作权法》、《商标法》、《专利法》修改的相关内容和近年来我国其他法律的修订情况介绍，以及2012年在北京签署的《视听表演北京条约》的基本内容。

本书反映了最新的知识产权法立法和研究状况，内容新颖，体现理论性、实践性和科学性的统一，适合高等院校法学专业的学生做教材，也适合政府知识产权管理部门及司法工作者做参考用书，对希望了解知识产权法的广大读者来说也是一本理想的法学读物。

作者简介

李颖怡 法学学士，法学硕士。中山大学法学院/知识产权学院副教授、民商法专业（知识产权法方向）硕士生导师。首批国家“百千万知识产权人才工程”百名高层次人才培养人选。主要教学与研究领域为知识产权法和民商法。兼任中国知识产权法学研究会理事、广东省知识产权法学研究会副会长、广州市知识产权研究会副理事长、广州市政府知识产权专家顾问团成员、广东省消费者委员会常务委员等职务。先后在《中外法学》、《法学评论》、《政治与法律》、《中山大学学报》、《学术研究》、《南方经济》等专业核心刊物上发表学术论文20多篇。主编和参编的著作主要有：《著作权法知识问答》、《广东省互联网发展报告》、《知识产权法》、《法学概论》、《民法学》、《法学大辞典》、《妇女打工者权益保护》、《中国房地产法理论与实务》等。

李春芳 法学学士，法学硕士。华南理工大学法学院/知识产权学院副教授、民商法专业（知识产权法方向）硕士生导师。主要教学和研究领域为知识产权法和民商法。兼任广东省知识产权法学研究会理事。在《知识产权》、《华南理工大学学报》、《宁夏大学学报》等核心刊物上发表学术论文10多篇。参编著作主要有：《房地产法理论与实务》、《知识产权法》、《经济法新论》、《中美创新机制比较研究》、《票据法》等。

王爱华 法学学士，法学硕士。暨南大学法学院/知识产权学院副教授。主要从事民商法教学研究。兼任广东省知识产权法学研究会理事、广东省知识产权研究会理事、广东省高级人民法院知识产权专家咨询委员会委员、广州市政府知识产权专家顾问团成员。代表作为《知识产权法》、《地方涉外知识产权管理机制研究报告》、《知识产权培训课程体系研究》、《新中国著作权法立法综述》等。

王秋华 法学学士，法学硕士。深圳大学法学院副教授、深圳大学硕士研究生知识产权专业导师组长。主要教学和研究领域为知识产权理论与实践。兼任深圳市决策咨询委员会专家委员、深圳及惠州仲裁委员会仲裁员。论文《论九七后香港专利制度的选择》发表在《法学研究》杂志，并获得深圳市哲学社会科学优秀成果论文一等奖。

陈　莉 法学学士，法学硕士。华南农业大学人文与法学学院副教授。主要教学与研究领域为民商法、知识产权法和经济法。兼任华南农业大学地方法制研究中心副主任。发表学术论文10多篇。主编和参编的主要著作有《民法教程》、《经济法》、《知识产权法》等。

谢　琳 香港中文大学博士，受英国牛津大学承认的博士生，中山大学法学院/

知识产权学院讲师。主要教学和研究领域为知识产权法、网络法、民商法。出版译著《普通法视角下的知识产权》，发表《论英国〈2010 年数字经济法令〉的在线版权侵权规定》、《论香港互联网服务提供商的第三方侵犯版权责任》等论文多篇。

目　录

第三编　商　标　法

第四编　专　利　法

第五编 其他知识产权法律制度

第六编 知识产权的国际保护

总　序

2002 年，在中山大学出版社领导的关心和支持下，在中山大学法学院和其他高等院校教师的共同参与下，“高等院校法学专业民商法系列教材”之一、之二、之三顺利出版并受到读者欢迎。为及时反映司法的最新原则和立法的最新要求，我们分别在 2005 年、2008 年相继对“高等院校法学专业民商法系列教材”进行了修订。近年来，我国又陆续制定并通过一系列新的法律，因此，有必要对“高等院校法学专业民商法系列教材”进行再次修订。

由于中国目前处于社会的转型时期，社会矛盾众多，社会纠纷不断，使中国民商法律制度具有不同于两大法系国家民商法律制度的特点：一方面，中国民商法律制度还不完善，立法没有对一些重要问题做出规定，司法判例虽然可能在某个特定的案件中涉及民商法上的新理论，但无法提炼出一般意义上的新理论；另一方面，中国的立法机关频繁制定新的法律，修改旧的法律，以反映转型时期社会当前的需要。“高等院校法学专业民商法系列教材”作为我国当前民商法律制度的反映，也表现出两个特点：其一，广泛介绍了当今两大法系国家的民商法律制度，广泛援引两大法系国家民商法学说和司法判例，为我国学生了解和掌握最新的民商法理论提供了途径。应该指出的是，不要认为这些理论仅仅是其他国家的民商法理论，它们实际上也应该是我国的民商法理论，因为，当代各国民商法理论基本上表现为统一化、现代化和趋同化的趋势。其二，适时修改教材，以体现最新的法律法规的精神。当国家立法机关修改或制定新的法律或者当司法机关做出新的司法解释时，“高等院校法学专业民商法系列教材”的作者们也对其教材进行修改，以体现立法的最新要求和司法的最新精神，保持教材与社会当前法律制度的协调。

我们希望内容新颖、实用的“高等院校法学专业民商法系列教材”能够得到广大读者的喜爱。

张民安教授

2012 年 6 月于

广州中山大学法学院

第 四 版 序

本书第三版（2008 年版）出版至今已五年了。这五年恰逢《国家知识产权战略纲要》首个五年工作目标阶段。我国“以科学发展为主题，以加快转变经济发展方式为主线，贯彻落实《国家知识产权战略纲要》，大力推进知识产权保护工作，在立法、审批登记、执法、机制建设、宣传、教育培训、国际交流合作等方面均取得了长足进展”①。

这些年来，我国知识产权法律环境的变化让人真切感觉到，我国对知识产权的保护已经从被动保护转变为主动保护。无论是立法层面还是司法层面，人们的观念、立法内容和层次、司法的力度都有了很大的提升。2008 年、2010 年和 2013 年，立法部门分别修改了《专利法》（第 3 次修改）、《著作权法》（第 2 次修改）以及《商标法》（第 3 次修改）；《著作权法》（第 3 次修改）已经进入到送审程序，《专利法》（第 4 次修订）也已纳入 2012 年国家的立法工作计划。2013 年 1 月，现行的《著作权法实施条例》、《信息网络传播权保护条例》、《计算机软件保护条例》进行了修改，修改后的条例已于 2013 年 3 月同时施行。最高人民法院根据司法实践需求，出台了审理与垄断有关的民事案件和与信息网络传播权有关的民事案件适用法律的司法解释。我国立法机关一系列的法律修改和补充工作，以及相关配套制度的建设都在紧锣密鼓地进行中。

在学术领域，关注和研究知识产权法的学者人数在快速增长，相关专题研究成果也大量涌现，所涉研究范围几乎覆盖了知识产权的每个角落；不少学校相继开设了知识产权法专业，对知识产权法有浓厚兴趣的学生数量迅速增加；社会各界人士了解和学习知识产权法的热情空前高涨；等等。此情此景，让我们感到欢欣鼓舞，也让我们备添压力。我们必须尽快将相关研究成果和最新内容及时反映在本教材中，方能做到问心无愧。

本书第四版结构将一如既往地体现“以最新的法律法规为依据并反映最新的学术研究成果”的写作宗旨，体系仍以民事法律关系三要素为中心而展

---

① 中华人民共和国国家知识产权局：《2011 年中国知识产权保护状况白皮书》，网址：http：//www. sipo. gov. cn/yw/2012/201204/t20120425 －679211. html。访问日期：2012 年 5 月 20 日。

开，在具体内容组织上，以现行法律法规为依据，反映最新的法律修改情况和最新的学术研究成果，对知识产权法律制度从理论和实践角度进行介绍与评析。

本书的写作分工如下（作者姓名以所写章节排序）：

李颖怡撰写第一章、第十六章、第十七章、第二十章、第二十一章、第三十章、第三十一章、第三十二章、第三十三章、第三十四章。

李春芳撰写第二章、第三章、第四章、第五章。

王秋华撰写第六章、第七章、第八章。

王爱华撰写第九章、第十章、第十一章、第十二章、第十三章、第十四章、第十五章。

谢琳撰写第十八章、第十九章、第二十二章。

陈莉撰写第二十三章、第二十四章、第二十五章、第二十六章、第二十七章、第二十八章、第二十九章。

全书由李颖怡统稿和定稿。

李颖怡
2013 年 7 月 10 日
于康乐园

第一编　知识产权法导论

第一章　知识产权和知识产权法

第一节　知识和知识产权

一、知识的含义

知识是“人们在社会实践中积累起来的经验。从本质上说，知识属于认识的范畴”。[①]根据世界经济合作发展组织（OECD）在1996年发表的题为《以知识为基础的经济》的报告对知识做出的系列的界定，知识包括：① 知道是什么，即“KNOW－WHAT”，表明知识是一些明确的事实；② 知道为什么，即“KNOW－WHY”，表明了知识是自然规律与社会进化的规则；③ 知道怎么做，即“KNOW－HOW”，表明了知识是人们改善自然和社会的能力、素质和技术；④ 知道谁，即“KNOW－WHO”，表明了获得改造自然界和促进社会进步技能的主体。我国也有学者认为，除上述四个界定以外，知识还应该包括知道什么时间（KNOW－WHEN）和知道什么地点（KNOW－WHERE）。因为即使知道了是什么、为什么、怎么做、谁来做，但如果在错误的时间和地点来做，仍然会产生错误。[②]

从来源看，知识来源于知识主体的生产和社会实践行为与活动，来源于对其所赖以生存的社会与自然环境的认知，也来源于后人对前人积累的知识的理解、运用、转化和增加。自从有人类产生以来，人们就不断通过各种途径和手段去挖掘、积累知识，并以所积累的知识指导和改造所处的自然和社会环境。

从主体来看，掌握和使用知识的主体是具有智慧、能进行复杂的脑力劳动的人类。只有具备自然属性与社会属性的自然人才能将实践中的事实、自然规律加以归纳概括，并且有目的地运用于改造自然和社会的活动中。

从目的来看，掌握和运用知识的目的在于为人类自身创造更优越的社会与自然环境，满足人类不断提高的物质和文化生活需要。

可以这样说，人类的发展历史反映了知识积累和不断运用的过程，人类对知识的探求是永无止境的。

随着人类经济的发展和进步，人们对知识的认识越来越明确，知识在人们头脑中显

---

① 参见《辞海》缩印本，上海辞书出版社1980年版，第1733页。

② 季松著：《知识经济》，北京科学技术出版社1998年版，第16页。

得越来越重要，知识的价值和作用在不断提高。在过去，通常是一个国家特有的土地、劳动和资本的结合赋予了该国家经济上的优势，但随着社会经济的增长，知识水平与能力则成为了一国与别国竞争时使之处于优势的重要根源。正如OECD文件中指出的那样：从经验研究中可以清楚地看到，OECD国家的整体经济绩效日益且越来越直接依赖于他们的知识存量和学习能力。①

人类发展过程中经历了四次技术革命：第一次技术革命发生在18世纪中叶到19世纪中叶，以纺织机、蒸汽机为主要标志；第二次技术革命发生在19世纪末到20世纪初，以电力、化学制品和内燃机生产为主要标志；第三次技术革命发生在20世纪中叶到20世纪80年代，以原子能、电子计算机、遗传工程为主要标志；第四次技术革命则是20世纪80年代开始的以信息化、智能化为主要标志的技术革命。由此可见，人类对知识的掌握和运用在不断深化，知识的范围在不断扩大。科学技术是第一生产力的理念在人类发展中已经得到真正的实行与拥戴。1990年，联合国研究机构提出了“知识经济”这一提法，知识经济一词于是成为了当今社会使用得最为频繁的术语之一。

知识经济是建立在知识和信息生产、分配和使用之上的经济，它具有与使用劳力资源为主的农业经济以及以使用自然资源为主的工业经济不同的特征。其特征主要有：①它以无形资产投入作为资产投入的决定性方式，是以知识为基础的经济；②它以创新作为发展的原动力，这种创新包括了知识、技术、体制和管理机制的创新；③它强调知识拥有者的价值，社会价值取向转向尊重知识，尊重人才。知识拥有者在向社会贡献出知识产品的同时，也必须汲取他人的智力劳动成果，丰富和扩充自己的知识范围；④它是可持续发展的经济，知识资源不会像自然资源那样枯竭，不会因使用而导致数量的减少；⑤它是全球一体化的经济，这与知识本身不受空间限制、极易传播等特性相关。各国政府力尽所能，充分占有和利用智力资源，在保护知识、尊重人才的观念与做法上更显出趋同倾向。

二、知识与知识产权

知识作为人们对实践经验的总结，它不可能在脱离历史发展、脱离对前人的实践经验的前提之下产生，任何知识的产生必然经历学习→使用→更新的过程，从远古时代老一辈对下一辈手把手地传帮带到现代社会的学校教育，无不是一个对知识从学习到使用再到更新的过程。在这个过程中，原有知识经过人们理解、消化得到更新和补充，新的知识随之产生。当这种新的知识被其创造者或其他人掌握运用、更新或补充后，这种当年属于新知识的知识遂成为了旧知识。知识的发展正是这样在不断经历一个循环的、呈

① 参见OECD文件（1996年），载于戴尔·尼夫主编：《知识对经济的影响》，邱东辉、范建军译，新华出版社1999年版，第140页。

螺旋状上升的过程。随着知识传播给新的个人并被其加以掌握和运用，这一螺旋过程也在继续。在这个过程中，我们可以看到，一方面，当知识被某个个人所更新后，它首先会成为该个人的私有和加以控制的财产，这就是我们通常所说的“知识资产”。这些具有创造性的新知识往往使其创作者增加提升其社会竞争力和社会地位的机会。因此，这些知识是具有私有性的，也是创造者可以采取一定措施加以保密或控制的。另一方面，由于知识本身是抽象和无形的，它不能像土地、房屋等有形财产那样为所有者所实际占有和控制，因此，被更新的这些带创造性的知识极易为他人所了解和利用，这种知识的扩散与传播则往往是其创始者难于驾驭的，其结果往往使知识的创造者遭受利益损害。因此，知识资产的私有权应受到国家法律的保护。同时，从社会发展的角度看，新的知识尽快为他人所知悉并运用是提高社会生产力、提高社会公众的文化知识水平从而促进社会发展所必需的。在对新知识的掌握和运用上，个人和社会公众利益之间产生了矛盾。如何解决这类矛盾，平衡知识创造者与社会公众之间的利益冲突，成为了世界各国所面临的现实问题，由此产生了知识产权制度。“知识资产的一定公共性和外部经济效应是支配知识产权制度的决定性经济根源。它决定着知识资产生产者的私人收益和社会收益之间冲突的平衡，决定着一个国家如何建立合理有效的具体制度”。①

知识是一种经济资源，这是现代社会中人们所普遍承认的。人类对知识的保护实际上是对一种经济资源的保护。18 世纪以来在各国相继建立的知识产权制度正是为满足这种保护需求而产生的，它为一国的知识水平提高和生产力发展提供了法律保障。以美国为例，美国的建国者非常明智地在宪法中增加了“通过在一定时期内对作家和发明家对各自成果的权利提供保护以促进科学和有用艺术的进步”这一项条款。这一条款作为美国版权法和专利法的基础，提供了对创造和创新的激励，这一条款也开启了美国创造工业和经济基础的第二次革命。②

在以高技术产业为支柱产业的知识经济时代，知识产权制度因应了客观环境的变化而不断得到巩固和补充。高技术产业作为国民经济发展的支柱产业所处的重要地位，使知识产权法律制度的发展以及知识产权法律制度的作用更为凸显。

① 刘茂林著：《知识产权法的经济分析》，法律出版社 1996 年版，第 100 页。

② 布鲁斯·A. 莱曼：《知识产权：美国在 21 世纪的竞争优势》，载于戴尔·尼夫主编：《知识对经济的影响》，邱东辉、范建军译，新华出版社 1999 年版，第 95 页。

第二节　知识产权的定义和范围

一、"知识产权"一词的由来

"知识产权"一词作为法律术语被国际社会所普遍接受和使用，始于1967年在瑞典斯德哥尔摩签订的《成立世界知识产权组织公约》（下称《WIPO公约》）。世界知识产权组织（英文缩写为WIPO）基于该公约而成立，公约中"Intellectual Property"的表述被译为"知识产权"，自此，知识产权为世界各国立法者和法学家广为使用。在此之前，不少西方国家将知识产权所包括的权利概括表述为"无形产权"，直至现在，有些西方国家和学者仍使用"无形产权"这一术语。

我国法学界在1986年《民法通则》颁布以前，一直将知识产权称为"智力成果权"，这主要是沿袭了苏联对该类权利的概括。《民法通则》将这一类权利在第五章第三节作了专节规定，并使用了"知识产权"这个术语，知识产权一词在我国正式通用。1986年以后出版的教科书及专著均采用"知识产权"一词。我国台湾地区则一直将知识产权称为"智慧财产权"。

二、对知识产权定义的若干观点

什么是"知识产权"？这是一个至今令人颇费周折的问题。众学者纷纷各抒己见，试图在理论上对知识产权定义。学术界对知识产权定义的方法和角度各有不同，试列举几种以观之：

有的学者认为，迄今为止，多数国家的法理专著、法律，乃至国际条约，均是从划定范围出发，来明确知识产权这个概念的，或给知识产权下定义的……我们仍从知识产权的范围开始了解这一概念，而不必为求"新"而走弯路。因此知识产权主要指版权、商标权与专利权这三项人们意见比较一致的内容，此外也会涉及至少被世界贸易组织确认为知识产权的一些其他内容或许多发展中国家特有的保护内容（如民间文学）。①

有的学者认为，目前学术界对知识产权概念所用的几种表达方式（指列举主要内容、下定义方法、完全列举）都有局限性。知识产权的概念应为：是基于创造性智力成果和工商业标记依法产生的权利的统称。②

有的学者认为，知识产权是人们基于自己的智力活动创造的成果和经营管理中的标

① 郑成思著：《知识产权法》，法律出版社1997年版，第1页、第10页。

② 刘春田主编：《知识产权法》，高等教育出版社、北京大学出版社2000年版，第1页、第3页。

记、信誉而依法享有的权利。以知识产权名义所统领的各项权利，从权利本源来看，主要发生于智力创造活动与工商经营活动；从权利对象来看，则由创造性知识及商业性标记、信誉所构成。①

也有的学者认为，知识产权是人们对自己思维创造的无形财产所拥有的排他性所有权，包括工业产权和版权两大类。②

也有的学者认为，知识产权是对包括著作权、专利权、商标权、发明权、商业秘密、商号、地理标记及科学技术成果权在内的一类民事权利的统称，是人们基于自己的智力活动创造的成果和经营管理活动中的经验、知识的结晶而依法享有的民事权利。③

也有的学者将知识产权概念表述为："知识产权是在科学、技术、文化、艺术、工商业等领域内，民事主体对其创造性智力成果和工商业标记依法享有的专有权利。"④

可以这样认为，各位学者给的定义都有其道理和科学、合理性。它们只是总结的角度不同，而实质上应是一致的。知识产权本身就是一个外延不断延伸和发展的概念，只是人们因认识不同而产生不同的定义，这点从《成立世界知识产权组织公约》和《与贸易有关的知识产权协议》中对知识产权外延范围的规定可以得到印证。而学者对概念的总结无不受这些规定范围的影响。

三、知识产权的范围及其与定义之间的关系

1967 年 7 月 14 日在瑞典斯德哥尔摩签订的《世界知识产权组织公约》（以下简称《WIPO 公约》）第 2 条第 8 项规定，知识产权包括：① 关于文学艺术和科学作品的权利；② 关于表演艺术家的演出、录音制品和广播节目的权利；③ 关于人类在一切领域的发明的权利；④ 关于科学发现的权利；⑤ 关于工艺品的外观设计的权利；⑥ 关于商标、服务标志、厂商名称和标记的权利；⑦ 关于制止不正当竞争的权利；以及一切在工业、科学、文学或艺术领域里一切其他因智力活动而产生的权利。

1994 年作为 WTO 重要组成部分的《与贸易有关的知识产权协议》（以下简称《TRIPS 协议》）第 1 部分第 1 条确定了知识产权的范围，包括：① 版权与相关权利；② 商标；③ 地理标志；④ 工业品的外观设计；⑤ 专利；⑥ 集成电路布图设计；⑦ 未被披露信息的保护。

1992 年 4 月，国际保护工业产权协会东京大会将知识产权分为两大类，即"创造性成果权"和"识别性标记权"，前者包括了发明权、专利权、工业品外观设计权、集

① 吴汉东主编：《知识产权法学》，北京大学出版社 2000 年版，第 1 页、第 3 页。

② 张乃根著：《国际贸易中的知识产权》，复旦大学出版社 1999 年版，第 47 页。

③ 刘春茂主编：《中国民法学·知识产权》，中国人民公安大学出版社 1997 年版，第 1 页。

④ 冯晓青主编：《知识产权法》，武汉大学出版社 2009 年版，第 3 页。

成电路布图设计权、工商秘密权、著作权（包括计算机软件、著作邻接权），后者包括商标权、商号权、地理标记权等权利。

WIPO 公约中采用列举的方法对知识产权的范围作出规定，并在最后以一句概括性文字将可归入知识产权范围的内容加以总结和明确，这种做法的好处在于非常清楚地向人们解释了当时科学技术和文化事业的发展条件下可以归入知识产权范围的权利，同时，也为以后因科技发展和社会进步而需扩展确定的知识产权范围留下空间，使公约不致因时代的发展而显得过时，这应当是公约的缔结者在制定公约时有所斟酌和思虑的。

与此相适应，国内众多的在《TRIPS 协议》出现之前出版的教科书和相关著作，在确定知识产权的概念时往往参照了公约所明确的范围作为概念的内容。例如：李由义教授主编的《民法学》认为，知识产权是指公民、法人对自己的创造性智力活动成果依法享有的民事权利，其内容包括人身权利和财产权利。①佟柔教授主编的《民法原理》（修订本）认为，知识产权，指按照法律规定对人们脑力劳动而创造的精神财富（智力成果）所授予的专有权或专用权；知识产权也可以称为智力成果权，主要包括专利权、商标权和著作权等。② 1992 年作为中国高级律师高级公务员培训试用教材的《知识产权法理论与实务》一书认为，专利权、商标权、著作权等无形财产的专有权，统称知识产权。③汤宗舜先生编著的《专利法教程》认为，工业产权和版权、邻接权合在一起称为知识产权。④刘剑文、张里安主编的《现代中国知识产权法》认为，知识产权是人们基于自己智力活动创作的成果所享有的权利。⑤

《TRIPS 协议》签署后，国内的教科书在界定知识产权概念时则多以《TRIPS 协议》界定的范围为依托，将《WIPO 公约》中没有作出列举的地理标记、集成电路布图设计及未被披露信息的保护等新出现的权利纳入概念内涵中加以表述。也有的以东京大会的分类作为分类的标准，将知识产权定义为“创造性成果权”和“识别性标记权”。于是形成了众多与以往解释相比更为详尽细化的解释，形成对知识产权基本理论问题百家争鸣的局面。

但是，尽管学者们各有自己的观点和理由，有一点却是大家能一致认同的，那就是知识产权包括了工业产权和版权两大部分，它们是知识产权体系的两大支柱。这就是人们通常所说的狭义的知识产权，与《WIPO 公约》、《TRIPS 协议》以及后来人们在概念中所列举的包括其他交叉性权利的广义知识产权相对而言。狭义知识产权包括了工业产权和版权两大部分，工业产权主要包括专利权、商标权等，版权则包括作者权与邻接

① 李由义主编：《民法学》，北京大学出版社 1988 年版，第 460 页。

② 佟柔主编：《民法原理》，法律出版社 1986 年版，第 433 页。

③ 夏叔华主编：《知识产权法理论与实务》，法律出版社 1992 年版，前言部分。

④ 汤宗舜编著：《专利法教程》，法律出版社 1988 年版，第 3 页。

⑤ 刘剑文、张里安主编：《现代中国知识产权法》，中国政法大学出版社 1993 年版，第 1 页。

权等。

事实上，从目前两个主要国际公约和协定界定的范围来看，狭义知识产权与广义知识产权的范围之所以不相同，在于广义知识产权能够把因时代发展而显现的权利明确纳入范围之内，如《TRIPS 协议》将集成电路布图设计纳入保护范围中，把属于禁止不正当竞争内容的对商业秘密（即未被披露的信息）的保护明确列举说明。

《WIPO 公约》、《TRIPS 协议》等公约和协定中规定的范围之所以被认为属于广义的划定范围，主要原因在于：

《WIPO 公约》将“一切在工业、科学、文学或艺术领域的因智力活动所产生的权利”归入可保护范围，甚至将目前为止没有任何国家将其归入专利法保护的“科学发现权”也作为知识产权范围。根据 1978 年《科学发现国际记录日内瓦条约》第 1 条第 1 款的定义，科学发现是指对物质世界尚未被认识的各种现象、特征或规律的认识，这种认识应是有依据的，可以证实的。“关于科学发明的权利”不属于知识产权中的工业产权和版权两个组成部分中的任何部分。[①]目前，绝大多数国家的立法或国际条约都没有将科学发现纳入财产权范围。对于科学发现是否属于知识产权范围，我国学术界有两种不同看法。有观点认为不适宜将其纳入知识产权范围，但也有学者认为，知识产权应包含人类的一切智力创造性成果，科学发现是这种智力创造成果中最基本的东西，发现权作为知识产权保护的主要对象之一是理所当然的，况且实践中也曾出现相关的国内立法，我国《民法通则》就将发现权置于知识产权一节加以规定和保护。

《TRIPS 协议》则把既难完全归入版权也难完全归入工业产权的集成电路布图设计专有权归入知识产权范围，也把可属于《WIPO 公约》中“在一切工业、科学、文学或艺术领域的因智力活动所产生的权利”的“未被披露的信息”明确列举出来。

《WIPO 公约》将所有的因智力创作活动而产生的权利都纳入知识产权范围，这是一个极为广泛的范围，可以说具有范围的无限性。因此，《TRIPS 协议》中列举的集成电路布图设计和未被披露信息的保护应该说并未跳出《WIPO 公约》的范围，因为二者均具有智力创作活动的属性。

但是，集成电路布图设计又是《TRIPS 协议》所必须明确列举的，这是《WIPO 公约》订立时和订立后相当长时间内未曾出现或未需要予以保护的新的权利客体。当今世界上很多国家都已专门立法对集成电路布图设计进行保护，这是由集成电路布图设计兼备作品与技术成果的特性决定的。集成电路布图设计既难以完全纳入版权法范畴，也难以完全纳入专利法范畴。对集成电路布图设计给予保护的专门法如美国的《半导体芯片保护法》实际上是一种边缘保护法，即工业产权法与版权法的结合。[②]这种权利明

---

① 世界知识产权组织编：《知识产权纵横谈》，世界知识出版社 1992 年版，第 5 页。

② 郑成思著：《计算机、软件与数据的法律保护》，法律出版社 1987 年版，第 93 页。

显不属于WIPO公约列举的传统工业产权或版权的范围。

未被披露信息与商业秘密没有实质不同。商业秘密包括技术信息（即KNOW－HOW，也称技术诀窍）和经营信息。尽管长期以来，对包含经营信息在内的商业秘密是否应作为知识产权予以保护存在争议，但从20世纪50年代以来，“商业秘密”这一术语已在国际上得到普遍承认。20世纪60年代，国际商会首先把它视为工业产权，世界知识产权组织在其成立公约中，也暗示商业秘密可以包含在知识产权之内。[①]《TRIPS协议》对“未披露的信息”的列举只是在《WIPO公约》规定的知识产权范围的基础上对这类权利加以特定化和强调，进一步明确和满足发达国家的目的和需要。

四、本书对知识产权的定义

在逻辑学上，概念都有内涵和外延两方面，内涵是概念所反映的对象的本质属性，外延则指具有概念所反映的本质属性的对象。定义是揭示概念内涵的逻辑方法。最常见的下定义的方法是通过揭示邻近的属和种差来下定义，其公式为：被定义概念＝种差＋邻近的属。由于种差可以是不同方面的，用属加种差的方法作出的定义也呈多样化。有的种差是被定义概念所反映的对象的性质，有的种差是被定义概念所反映的对象产生或形成的性质，有的种差则是被定义概念所反映的对象与另一对象之间的关系，等等。

按照逻辑原理去定义知识产权，我们可以知道，知识产权的属应是人们依法享有的权利，以权利作为属概念，种差则是知识产权与其他权利的区别即知识产权的特定性。知识产权中的专利权、商标权、版权是在知识产权发展历史进程中被一致确定和公认的具体的权利，其与其他权利的区别也是显而易见的，因此理所当然成为种差之一，而其他既不属版权、也不属专利权或商标权的权利如集成电路布图设计权、商业秘密等，与上述具体权利的基本属性是一致的，即体现了人们智力创造劳动成果。因此，我们可以将知识产权定义为：知识产权是以版权、专利权和商标权为主要内容的反映人们智力创造劳动成果的专有权利的统称。

值得注意的是，概念是随着客观事物的变化、发展和人的认识的深化而不断运动、发展、转化的。具体表现为：①随着客观事物的变化和发展，概念的内涵和外延不断地变化和发展；②随着人们认识范围的不断扩大，概念的外延也不断变化；③随着人们认识的深化，概念的内涵总是不断丰富的。知识产权与民法中的物权、债权均有所不同，这是知识产权客体本身的特殊性——无形性以及客体与科学技术发展息息相关所决定的。人们的认识总要受到客观环境制约，任何人均难以完全预料和把握将来发生的变化，尤其是在科技领域。既然知识产权的定义与其客体范围和科学技术发展紧密相连，那么，要想给出一个各时代通用的具体列举的概念恐怕是不现实的。

---

① 张乃根、陆飞主编：《知识经济与知识产权法》，复旦大学出版社2000年版，第307页。

第三节　知识产权的性质和特征

一、知识产权的性质

知识产权在绝大多数的国家均被看作财产权之一，这是一种与有形财产权即我们通常所说的物权区别的权利。通常我们所称的物权指的是对有形物的管领和支配权，它将无形财产排除在外。因智力成果而产生的权利构成无形财产权，往往通过国家的一些特别法律加以规范。这是知识产权的客体智力成果本身的无形特点所决定的。

作为财产权之一，知识产权是特定的主体对无形财产享有的专有权利。尽管民法中物权与债权同属于财产权范畴，但是，物权以有形物作为客体，是特定主体基于有形物对不特定主体享有的排他性权利。债权则是以物或行为作为客体，是特定主体因物或行为而对特定主体享有的权利，是一种相对权。由此可见，知识产权与债权是截然不同的，知识产权为绝对权，债权则为相对权。那么，知识产权与同属于绝对权的物权是否相同，回答同样是否定的。它们之间的区别根本在于客体的本质属性不同，在于物是有形的而智力成果是无形的。尽管在权利的规范和保护上，知识产权的规范与保护同样受到财产法的具体理念与规则的影响和支配，但智力成果对社会公众的影响也使知识产权的行使和保护更为强调私人和公众的利益平衡，智力成果的本质属性决定了知识产权的规范和保护区别于物权、债权的规范和保护的特殊性。

知识产权是私权（private right），这是《TRIPS 协议》开宗明义强调和确认的。私权是与“公权”相对的权利，是指以获取私人利益为目的而享有的权利。[①]如果以权利发生所赖以依据的法律为标准划分私权和公权，私权则是依私法而生之权利，主要规定在各国的民法中，可分为财产权和非财产权。包括我国在内的大多数国家的法律都将知识产权看作平等主体间因无形财产而产生的专有权，我国《民法通则》专节对知识产权作出规定。知识产权并非人们自由约定的权利，而是法律赋予特定主体可以排除他人干预的具排他属性的权利。尽管在工业产权领域存在较为浓厚的行政色彩，如商标权、专利权均须由国家有关机关批准授予等，但这不能否定权利人一旦获得权利即具有排除他人干涉的权利这种特质。知识产权具有民事权利的本质属性，属于民事权利中的一种，民法中对民事法律关系的调整方法和原则，如平等、自愿、等价有偿、诚实信用等均同样适用于知识产权法律关系。

---

① 曾庆敏主编：《法学大辞典》，上海辞书出版社 1998 年版，第 745 页。

二、知识产权的特征

知识产权属于民事权利中的一种，但其客体的无形性所决定，知识产权也具有与其他民事权利特别是同为绝对权的排他性权利——物权相区别的基本特征。

（一）知识产权是无形财产权，其客体是智力成果

智力成果又称知识产品，是指人们通过创造性劳动创造的，具有一定表现形式的成果。智力成果是人们智力劳动的产物，本身凝结了人类的一般劳动，可以成为权利标的。[①]智力成果具有与我们通常说的物不同的特性，表现为：

（1）非物质性。这里所说的“非物质性”指的是不具有物质形式，不能像人们控制占有动产或不动产那样对其进行实际占有和控制，对智力成果只能进行感知和利用。例如，一幅美术作品，体现了作者的独创性智力劳动，作者对其享有著作权，但作者不能像拥有一件物品那样对该作品进行有效的实际占有和控制，因为他人可以依样画葫芦地把所看过的该作品通过回忆或临摹再现出来，作者的这幅作品此时表现为可以同时为数人所占有，它可以轻易地从作品的创作者转移到其他人那里，这是智力成果的非物质性所决定的。反观一件动产或不动产，以电视机为例，当电视机为其所有者占有和处于所有者控制之下时，他人是不可能对该电视机享有所有权的。一件物品的所有权只能附于该物品之上，不能与该物品相分离而游离于该物品之外。这就使所有者对物品的控制变得有效和安全。上例中的美术作品如果表现附载在纸上成为一幅“画”时，该画的购买者通过购买行为可以继受取得该画的所有权，对该画予以占有和收藏，他人未经其同意不能获得画及其所有权。但画的著作权则是作者享有的，著作权的客体就是凝结了作者心血的智力劳动成果。这种成果可以轻易为他人所得到，极易与创作者分离而为他人非法传播和掌握。著作权法中关于美术作品的所有权转移不意味着作品的著作权转移的相关规定正是体现了作品的无形性对立法的要求。尽管智力成果都会以物质载体形式表现出来，但物质载体和被附载的成果之间有较明确的差异，知识产权的效力只及于该智力成果而不及于作为物品的载体本身。

（2）创造性。这也是智力成果不同于物质产品的标志。智力成果之所以能成为知识产权的客体，在于它的创造性。它不能像物质产品那样进行简单重复生产，通过一个机械模具进行成千上万产品的复制，而复制品可以同时归不同的所有者所有。任何一个智力成果，必须与已有成果相比表现出独特的个性。当然，在不同的领域这种独特个性要求也有所不同。在著作权方面，作品必须具有独创性，它强调的是作者对作品的独立创作；在商标方面，设计商标必须具有显著性，它强调商标的识别功能，与他人设计的

---

① 魏振瀛主编：《民法学》，北京大学出版社、高等教育出版社2000年版，第129页。

商标相同或相近的商标不会获得注册；在专利方面，获得专利授权的发明创造往往必须具备先进性即创造性、新颖性和实用性的条件，它强调了该专利项目的技术水平与前所未有以及可用于工业创造的背景。诸如此类，非可以简单重复制造的一般物质产品所能比拟。

（3）可感知性和可复制性。智力成果可以成为知识产权客体的条件还在于它的可感知性。智力成果都必须以一定形式表现出来并往往需要附着于某些特定的物质载体上。如文学艺术作品表现为文学著作、书画、乐谱、剧本等；商标表现为图案、文字、色彩并标示于商品之上；专利表现为包含有新技术方案的产品、方法、在产品外表上的新设计等。仅存在于创造者的思想脑海中而不以一定形式加以表达显现的东西是不能取得相应权利的。能被表现于创造者的思想外部并能够被他人所认识进而利用，是智力成果受到法律保护，被赋予应有专有权的原因，正是因为能被感知和利用，才有法律予以保护的必要。

（二）知识产权具有法律授予性

知识产权的法律授予性是指知识产权的范围和产生都由法律作出规定，并非任何形式的智力成果都能产生专有权，也并非因智力成果的产生而自然、直接地产生专有权。

知识产权必须经国家法律直接确认并核准授予，这是各国知识产权制度的通例。法律的授予性表现在权利范围上以及权利的产生条件和程序上。

在权利范围上，法律会对可以取得知识产权的成果作出界定。例如，我国1984年的《专利法》规定，药品、饮料和调味品等产品不能获得专利，1992年修改后的《专利法》则取消了上述产品不能获得专利的限制。我国1982年《商标法》只保护商品商标不保护服务商标，申请注册的商标必须是文字、图形或组合商标；1993年修改后的《商标法》则同时保护服务商标，申请注册的商标除了原来规定的种类外，还可以是三维标志和颜色组合等可视性标志。

在权利产生上，法律规定了权利产生的条件和程序。知识产权的产生条件根据具体客体的不同而有所区别。例如，在著作权方面，要求作品必须具有独创性；在专利方面，发明专利和实用新型必须具备“三性”即创造性、新颖性和实用性，外观设计则必须则具有新颖性和实用性；在商标方面，商标要获得注册，首先必须有显著性，不能存在商标禁用条款所列举的情况，也不能跟他人已经注册的商标相混同；在植物新品种权方面，品种权的获得要具备几个法定条件，分别是：新品种的新颖性、特异性、一致性、稳定性以及适当的名称；在商业秘密方面，要求保护的信息必须具备秘密性、价值性和实用性；等等。在权利产生程序上，除著作权是因作品的出现而自动产生外，大多数权利往往需要由申请者向有关机构申请，通过审核批准才能取得。

知识产权的法律授予性是由智力成果的无形性决定的。智力成果不能像有形物那样便于人们实际占有和控制，对相同的成果到底由谁享有专有权，人们往往难以确定和辨别。同时，智力成果的利用往往涉及创造者个人利益与社会利益的冲突，因此，哪些成果可以获得专有权，哪些成果不能或暂时不应获得专有权，都必须由法律加以确定。

（三）知识产权具有专有性

专有性即排他性。物权具有专有性，但物权的专有性表现为权利人直接支配标的物并有权排除他人对于他行使物上权利、享有物的利益的干涉。知识产权的专有性与物权的专有性有所不同，知识产权的专有性表现为：

（1）权利一经确认或授予，权利人享有对权利的独占权。不经权利人许可，他人不得行使这类权利，不得复制这类权利客体。这种排他权是基于无形财产而设定的，权利的效力也必须带有因无形财产而产生的特定性，这种特定性并非表现为占有和控制标的物，而是表现为权利人对权利的许可和独占。

（2）知识产权权利人可以就同一客体同时许可若干人行使权利之一项或若干项。一项权利由多人同时行使并不意味着对知识产权独占性的否定，它恰恰证明了只有权利人的授权，他人才能够利用知识产权的客体。物权的排他性则不具备对同一项客体可以有多人同时行使同一项权利的特性。例如：专利权人对其专利设定普通许可时，既可以许可 A 使用其专利，也可以同时许可 B 使用其专利。

（3）相同的客体上只能存在一项知识产权，不允许出现重复授权。如不同的主体就相同的项目申请发明专利，专利权只能授权一个，而且只能授予先申请者，另一申请者即使确实是自己独立研究作出的发明创造，也只能通过征得专利权人许可的方式来使用该专利。也许有人认为这与物权法中“一物一权原则”相同，这个理解并不对。物权法中并不排除权利人对两个品质、材料、形状、结构等完全相同的种类物分别享有的所有权，换言之，尽管是两个完全相同的物品，但所有人仍对其分别享有占有、使用、收益和处分权。这在知识产权中是不允许的。

知识产权具有专有性，但这种专有性并非绝对。由于智力成果本身蕴涵了前人的劳动，所以只有为社会公众所掌握和利用，才能促进社会的进步和生产力的提高。因此，各国法律都规定了对知识产权行使的一定程度的限制。例如，著作权法中对作品的“合理使用”、“法定许可”和“强制许可”，专利法中对发明创造的“强制许可实施”、“专利权的例外”的规定，等等。这些固然是对专有权利的行使限制，但它也从另一侧面证明了知识产权的专有性，就是因为具有专有排他性，才有必要通过法律予以一定的限制或强制，使权利人的个人利益与社会公众利益达到平衡与协调。

（四）知识产权具有时间性

知识产权的时间性是指知识产权有时间的限制，在法律规定的期间内，知识产权中的财产权部分受到法律的保护。当法律规定的保护期届满后，权利的客体即其智力成果将进入公有领域，为社会公众所无偿使用，并且使用前无需再征求原有权利人的同意。例如，我国《专利法》规定对发明专利的保护期是 20 年，对实用新型、外观设计的保护期是 10 年。《著作权法》规定作者享有的对复制、出租、播放等使用作品的权利以及由此而获得报酬的权利的保护期为作者有生之年加上作者死后的 50 年。对知识产权给予时间限制是知识产权公约、条约以及世界各国知识产权立法所普遍采用的原则。法律规定知识产权的时间限制的理由是：① 智力成果的无形性使之具有永久保存的特点，它不受时间、空间的限制。技术领域的智力成果在技术不断日新月异的情况下，其价值含量逐渐降低，技术因陈旧而被淘汰。当一项技术不再成为人们竞相利用的对象，不存在竞争优势时，法律的保护也变得没有意义；② 智力成果虽为特定主体所创造，创造人享有对成果的专有权，但社会的发展和科技水平的提高有赖于对该成果的利用，权利人的专有权与社会需求形成矛盾。法律对知识产权的时间限制也是协调这种矛盾的手段和方法之一。

知识产权具有时间性也使知识产权与有形物的所有权区别。知识产权因智力成果而产生，就智力成果本身而言，由于它是无形的，成果产生后不存在何时消灭的问题，也正因为这样才有法律规定其权利保护期的必要，如果允许权利永久受法律保护，无疑对鼓励创新不利，并阻碍社会文化事业的发展和技术的进步。有形物的所有权因物而产生，以物的存在而存在。有形物都具有存在和使用寿命，物的灭失引致所有权绝对消失，因此，没有必要在法律中规定所有权的存续期间。由于法律无需特别规定物的所有权的保护期限，所以在这个意义上来讲，有形物的所有权是没有保护期的限制的，它伴随物的存在而存在。

知识产权具有时间性，但这并非绝对的。以我国商标权为例，商标权的有效限期是 10 年，期满可以续展，续展的有效期也是 10 年。商标权人可以根据自己的需要进行无数次的续展，使商标专用权不断延续下去。当然，每期 10 年的有效期本身也是一个时间性的证明，因为 10 年期满而不续展的话，该商标权不再受到法律保护。此外，对商业秘密的保护，法律没有作出时间的限制。对著作人身权利中的署名权、修改权和保护作品完整权也没有时间限制。这些规定在知识产权法律中是较为特殊的，同时也是根据具体的需要、条件以及具体的权利属性而作出的。

（五）知识产权具有地域性

知识产权的地域性指的是根据一国法律，在该国取得的知识产权只在该国内生效，权利的效力不及于他国，他国没有承认和保护该权利的义务。就是说，知识产权没有域外效力。例如，在我国注册的商标，如果没有在其他国家注册，到了其他国家就不再受到保护。如“同仁堂”药品、“竹叶青”酒、“凤凰”缝纫机、“阿诗玛”香烟、“天坛”蚊香等，很多著名的商标曾在外国被抢注，就是因为这些商标没有在外国注册，当生产经营者意识到需要注册时，商标已被外国厂商抢先注册，这是商标权的地域性所致。当然，这并不排除各国或各地区之间通过公约、条约等方式约定一国对他国知识产权的承认和保护。这种约定不能掩盖知识产权所具有的地域性，相反，它证明了地域性的存在。

知识产权地域性的产生有其历史的原因。最初的版权、专利权就是欧洲封建专制时期由国王通过特别授权颁给特定的居民的，版权是国王授予给图书出版者的出版垄断权，专利权也是国王通过颁发特许证方式授予特定市民的经营垄断权，本身带有强烈的地域色彩。而在近现代，资本主义国家对知识产权给予的地域限制也体现了资本主义国家主权原则，是主权在法律中的反映，因此，地域性特点被保存和延续下来。尽管世界范围内的一些重要知识产权公约如《保护工业产权巴黎公约》、《TRIPS 协议》等都规定了国民待遇原则，明确各成员国在知识产权保护上，对其他国民的待遇不得低于其本国国民，力图突破或减少地域性限制，但事实上，对哪些具体权利加以保护、保护水平高低、保护期间长短等重要问题，仍必须由各国法律作出规定，而各国立法状况的不同将导致保护的结果不同，地域性问题始终没有办法从根本上解决。而承认知识产权域外效力的国家和地区如欧洲经济共同体、法语非洲国家等毕竟是极少数。而且，这些国家和地区内这种域外效力是否能长期存在，各国能否切实执行等问题也会影响域外效力的实现。总体上看，至少目前来说知识产权的地域性仍然是知识产权的特征之一。消除知识产权地域性有利于公平、客观地保护知识产权，在世界经济一体化的今天应是人们追求的目标之一；但各国经济发展水平和政治环境不相同，这个目标能否实现则只能拭目以待。

第四节　知识产权法的概念和制度系统

一、知识产权法的概念

知识产权法，是指调整人们因创造、利用和保护智力成果而产生的各种社会关系的法律规范的总称。

与合同法、担保法等法律不同，知识产权法在立法形式上不存在一个以“知识产权法”命名的单行法，它是由各个具体的知识产权方面的单行法律法规构成的一个相对独立的体系。例如，我国的《著作权法》、《商标法》、《专利法》、《植物新品种保护条例》等等。尽管知识产权属于民事权利之一，但在立法上至少到目前为止没有哪个国家将知识产权纳入民法典加以规定。大多数国家都采取分别立法的方式，通过制定单行法律法规如《版权法》、《专利法》、《商标法》等规范知识产权法律关系。只有法国和菲律宾设有知识产权法典。

知识产权法所调整的社会关系体现为：① 因智力成果的创造和确认而引起的社会关系。这种关系发生在智力成果的完成人之间、完成人与申请人之间以及申请人与审批机构之间。② 因智力成果的利用而产生的社会关系。这种关系发生在智力成果的许可人与被许可人、转让人与受让人之间。③ 因智力成果的保护而产生的社会关系。这种关系发生在智力成果的权利人与侵权人之间。

二、知识产权法的制度系统

（一）知识产权法的制度系统①

知识产权法律制度从兴起到现在虽然只有二三百年时间，但它对促进社会文化事业的发展和科学技术水平提高却起着举足轻重的作用。在强调科学技术是第一生产力的知识经济时代，知识产权法的作用更是不可忽视，成熟的法律制度和法律体系能提高国力，为国家、企业在全世界范围内赢得竞争优势创造一个良好的客观环境。知识产权法从开始发展至今，已形成一套适合于无形财产特点的制度系统，尽管各国制度系统的具体内容上因利益或其他需要的取舍而不尽相同，但在制度系统的整体设置上是相似的。这套制度系统主要由五方面组成：

（1）智力成果的创造激励制度。该制度包括了确认主体的法律地位特别是主体权利范围、客体的私有性，对主体创造行为的奖励等规定。

（2）国家对主体权利取得的调控制度。关于知识产权取得的条件和程序等规定，对不授予权利或不给予保护的智力成果或项目范围等规定，都是该制度的组成部分。

（3）权利独占性的限制制度。此项制度集中体现在对权利保护期限的限制、地域范围的限制以及权能限制三大方面。

（4）权利流转秩序的规制。包括主体对其享有独占权的成果的许可使用所应遵循的规则，以及主体对其权利的让渡所应遵循的规则等。

（5）侵权行为的阻却制度。包括了对侵犯知识产权行为的认定和制裁的规定。

（二）知识产权制度的法律机制②

知识产权法的制度系统保证了知识产权制度法律机制的发挥与实现。法律机制指的是法律使其所调整的社会关系达到一定的目标状态而具有的作用过程和作用手段。由

① 参见李颖怡：《我国高新技术产业知识产权法律制度探析》，载《中外法学》，1999 年第 6 期。

② 参见李颖怡：《我国高新技术产业知识产权制度的法律机制》，载《中山大学学报》（社会科学版），2000 年第 3 期。

此，知识产权制度的法律机制可以分别概括为：① 促进机制。这是知识产权法律制度具有的最基本的机制，也是知识产权法的最高目的。它是一般法律的两种基本功能，即规范功能和社会功能的综合作用在知识产权法领域的具体体现。它通过在法律中确认知识产权关系、关系的主体和客体的法律地位来实现。② 引导机制。知识产权法向主体提供了主体实现其利益的最有效的行为方式。通过规定权利授予、禁止性义务和积极作为义务来实现对主体行为的引导。例如规定哪些作品不能得到保护、哪些商标不能给予注册、商标权人对注册商标的管理和使用等。③ 平衡机制。智力成果的独占性与智力成果必须满足社会公众精神与物质需要的社会性始终是知识产权领域中的一对矛盾，知识产权法始终在平衡这对个人与社会利益的矛盾，并由此形成了关于公共利益以及制止侵犯知识产权的原则和具体规范。这种机制主要通过对知识产权的限制性规定来体现。④ 保护机制。知识产权法一方面对合法行为予以确认和肯定，另一方面对违法行为予以打击和制裁，使权利人的合法权利尽可能恢复到未被侵害时的状态。

知识产权法的制度系统和法律机制可以说是一个问题的两个方面，制度系统是保证法律机制得以正常发挥的具体规范的内容体系，法律机制则是法律的作用过程和作用手段，二者相辅相成。

第五节　知识产权法律体系和地位

一、知识产权法律体系

知识产权法律体系，是指由知识产权领域各具体法律法规构成的具有内在联系的整体。

（1）从法律形式看，知识产权法由调整因智力成果而产生的社会关系的有关法律、法规和由成员国缔结或参加的国际公约组成。以我国为例，我国先后制定了《商标法》、《专利法》和《著作权法》三部基本的法律，制定了《反不正当竞争法》，并且，还制定了各主要法律的实施细则作为配套法规施行。此外，针对特定领域的特点颁行了一系列专门的条例和规则，如《计算机软件保护条例》、《集成电路布图设计保护条例》、《植物新品种保护条例》等。几大法律的颁行为建立知识产权法律体系奠定了良好的基础，而配套法规和专门法规的实施则为该体系的构建增添了新的内容。我国缔结或加入的国际公约如《保护工业产权巴黎公约》、《保护文学艺术作品伯尔尼公约》、《世界版权公约》、《专利合作条约》、《商标国际注册马德里协定》等，也构成了我国知识产权法律体系的一部分。

（2）从具体法律法规的类别看，知识产权法律体系主要由以下几个特定的法律制度组成：

第一，著作权法律制度。目的在于保护文学、艺术和科学作品作者的著作权以及与著作权有关的权益，鼓励有利于社会文明进步的作品的创作与传播，促进社会文化和科学事业的发展。

第二，工业产权法律制度。主要包括商标权法律制度、专利权法律制度和禁止不正当竞争法律制度等。商标权法律制度目的在于加强商标管理，保护商标专用权，促使生产经营者保证商品和服务质量，保障消费者和生产经营者的利益，促进社会经济的发展。专利权法律制度目的在于保护发明创造专利权，鼓励发明创造，有利于发明创造的推广应用，促进科学技术的发展。禁止不正当竞争法律制度的目的在于鼓励和保护公平竞争，制止不正当竞争行为，保护经营者和消费者的合法权益。

第三，新型的知识产权法律制度。主要体现为以一些单行法规形式设立的既不能完全归入工业产权也不能完全归入版权的法律制度，如集成电路布图设计专有权法律制度等。其目的在于对新形势新环境下因新技术的出现而产生的社会关系予以调整，更好地协调个人与社会利益。

二、知识产权法的地位

知识产权法的地位，是指知识产权法在整个法律体系中的地位，表现为知识产权法是属于独立的法律部门还是归属于某个独立的法律部门。在学术界，对于知识产权法的地位存在不同的看法。有学者认为，知识产权法属于民法的组成部分，自己没有独立的调整对象；也有学者认为，知识产权法是一个独立的法律部门，具有特定的调整对象；还有学者认为，知识产权法是一项综合性的法律制度。

我们认为，法的部门的划分基本标准是法律调整的对象以及调整方法。知识产权法在整个法律体系中属于民法的重要组成部分，这取决于知识产权是私权这个权利属性。在关于知识产权的性质部分我们提到，知识产权是私权，主要体现为它是平等主体的公民、法人及公民和法人之间因智力成果而产生的权利，其主体地位和客体、内容具备了民事法律关系的最根本特征。公平、自愿、等价有偿、诚实信用原则同样适用于知识产权法律关系。1986年通过的我国《民法通则》中，知识产权已作为一项民事权利被纳入民法范畴，智力成果也历来被作为民事法律关系三要素的客体之一。尽管知识产权法中带有一些行政机关对知识产权规范和管理的制度，但在总体上和根本上，知识产权带有民事权利的属性，不能因为知识产权法以单行法规的形式出现，或单行法规中存在行政性质或刑事性质的条文即认为知识产权法属于独立法律部门。

知识产权法属于民法的重要组成部分。但因为智力成果的无形性，使智力成果在管理、利用和保护上有别于民法中对有形物的管理、利用和保护。知识产权保护有适用和不适用传统民法一般原则的两个方面。在多数情况下，知识产权保护适用民法一般原则。在为数不少（虽不占多数）的重要场合，知识产权保护不适用一般民法原则。[①] 知识产权法律关系属于较为特殊的民事法律关系，这种特殊性主要是在智力成果与有形物的比较中呈现的，是相对而言的。至于知识产权法是纳入民法典还是以单行法规的形式继续存在，则是立法技术与习惯方面的问题，对知识产权法的地位不构成影响。

① 郑成思:《知识产权法》(第二版)，法律出版社 2003 年版，第 108 页。

第二编　著 作 权 法

第二章 著作权法概述

第一节 著作权的概念、著作权与相近权利的区别

一、著作权的概念

著作权，是指基于作者创作的文学、艺术和科学、工程技术等作品依法所产生的权利。由此可见，应以以下方式理解著作权：

（1）作品是著作权以及一切与著作权有关的权利产生的前提和基础，没有作品，自然就无所谓基于作品产生的一切权利。

（2）作品是基于作者的创作活动而产生的，离开了作者的创作活动，就不可能产生作品。

（3）著作权是依法产生的权利，只有法律规定并保护这种权利，作者才可基于创作的作品享有这种权利。

著作权通常有狭义和广义之分。狭义的著作权是指作者依法享有的权利，包括著作人身权和著作财产权，广义的著作权除了狭义的著作权以外，还包括作品传播者依法享有的权利，也即著作邻接权或与著作权有关的权利，这里的传播者主要是指艺术表演者、录音录像制品制作者和广播电视组织。在我国，还包括图书、报刊出版者。著作邻接权也包括人身权和财产权两部分。

关于著作权的称谓，世界各国不尽一致，主要有版权和作者权两种。从历史上看，版权与作者权有不同含义。“版权”一词源于英文 Copyright，直译为复制权，强调复制的权利，当今英美法系国家均使用版权一词，在法国，由于存在将人格权和财产权统一为一体的认识，故权利术语取 Droitd’ autur 一词，直译为作者权，突出保护作者的权利。受其影响，德国用 Urheberrecht，俄罗斯用 Abmopckoe npaBo，直译都是作者权。日本立法体系取自德国，于 19 世纪末制定的著作权法中采用了“著作权”一词，强调著作人的权利。后“著作权”一词从日本引入我国，同时受英美法影响，“版权”一词也在我国沿续下来。实践中，通常有“有著作权，翻印必究”、“版权所有，不得翻印”等声明标于出版的图书、刊物上。因而，在我们的实际生活中，人们常交替使用“著作权”、“版权”这两个不同字眼。《中华人民共和国著作权法》（简称《著作权法》）第 57 条规定：“本法所称的著作权即版权。”在我国，“著作权”与“版权”在法律上是同义词。

二、著作权与相近权利的区别

（一）著作权与物权的区别

依照我国《民法通则》的规定，著作权属于民事权利，因而著作权与同属民事权利的物权具有共同点：义务主体都是不特定的多数人，属于一种绝对权或对世权；基于权利标的物或客体都享有排他性的财产权利；等等。同时，著作权和物权也有很大区别：

（1）权利的标的不同。物权的标的一般为有形物，包括动产与不动产，特殊的如光、热、电等无形物也可作为物权标的，著作权的标的则是没有形体的思想或情感的表现形式。

（2）权利主体对权利标的占有、使用状态不同。由于物权标的物本身的性质，决定了物权主体对物权标的物通常可以实际占有、使用。例如这支笔是我的，我占有它，并且可使用它，这时，其他人如欲占有、使用它，只有通过转让、赠与等合法行为才可实现。也即当物权人占有、使用其标的物时，排除了其他人同时占有、使用的可能。著作权标的是思想或情感的表现，当标的不被公开时，权利人可实际占有并有限地或不公开地使用它；当标的被公开，基于无形性，权利人无法独占使用该标的，它可以为多数人同时、不同时地起到相同或不同的作用。因而，对著作权独占性、排他性的保护，只有依靠法律的规定才可实现。

（3）权利的完整性不同。物权与著作权同为绝对权，但在独占性和排他性上，物权是完整的。它既不受时间的限制，也不受地域的限制。如果权利人对物的占有、使用、收益、处分的行为不侵害他人利益，不危及社会公众和国家的利益，不违反公序良俗，那么，这些行为的权利是绝对的、完整的。著作权利人的行为除了考虑和遵循与行使物权相同的上述原则外，其权利要受到法律规定的时间性、地域性和权利本身的种种限制，并最后丧失，直到进入公有领域。换言之，著作权只能在法定的保护期内有效，一般也只能在本国领域内有其效力，且受合理使用、法定许可、强制许可的限制。因此，著作权是一种不完整的绝对权利。物权虽然也会因标的物的灭失而绝对丧失，但这只是其有形物本身物理属性决定的，并不排斥物权在法律上的无期限性，所以物权具有完整性。

（二）著作权与工业产权的区别

著作权与工业产权同属知识产权，因而它们的标的都是无形的思想的表现，同属无形财产；权利都具有时间性、地域性、专有性。但二者也有区别：

（1）表现形式不同。工业产权标的，是以一定的产品或方法作为表现形式的，而著作权标的，是以一定的可复制的载体作为表现形式的（口述作品除外）。前者主要用于解决物质生产、生活以及商品流通方面的人类的物质需求，后者则主要用以丰富人类的精神生活。

（2）独占性、排他性不同。工业产权独占性、排他性比著作权强得多，对于相同的构思的表现，根据一定法律规则，法律只保护其中一个，赋予其独占的排他性权利，从而将其他相同的但不符合法律规则的表现形式排除在同样权利之外。而著作权的独占性、排他性是相对的，只要是作者独立创作完成，而非抄袭、剽窃他人之作，即使创作的作品是相同表现形式的，也可分别取得同样的权利。著作权的效力只排斥对自己作品未经许可的使用。

（3）权利产生的方式不同。正因为著作权重在保护对自己作品未经许可的使用，而允许独立完成的相同作品的多个著作权存在，所以著作权通常可以自动产生，也即作品一经创作完成就可自动享有著作权保护。工业产权则不同，在相同的智力创造成果中，只赋予一个独占排他权，从而排除其他智力创造成果再享有同样权利的可能。为此，必须依法由特定机构，依照特定程序进行审查、鉴别，最后确定将专利权或商标权授予合法申请人，即采取国家行政授权的方式确定权利人。

（4）权利的内容不同。著作权内容包括财产权和人身权两方面。前者是著作权主体利用各种手段和方式所得到的经济上的财产权益；后者是著作权主体对作品所享有的以人身利益为内容的权利，是不具有财产性质的。而工业产权仅有财产权内容，不包含人身权。

（5）权利的保护期限不同。著作权的保护期限较长，作品的发表权、使用权和获得报酬权的保护期为公民终身及死之后 50 年；工业产权的保护期限则较短，其中，专利权的保护期分别为发明专利 20 年，外观设计和实用新型 10 年；商标权的保护期为 10 年，期满后可以续展。

第二节　著作权法的概念与特征

一、著作权法的概念

著作权法，是指调整基于作品而产生、控制、利用和保护著作权的社会关系的法律规范的总称。著作权法有广义和狭义之分。狭义的著作权法是指专门集中系统地调整著作权法律关系的法律，在我国即指《著作权法》。广义的著作权法除狭义的著作权法外，还包括其他调整著作权法律关系的法律，在我国包括《著作权法实施条例》、《计算机软件著作权保护条例》等，以及《宪法》、《民法通则》、《刑法》等中的有关条文，最高人民检察院、最高人民法院有关著作权方面的意见、批复、行政法规和规章，地方性法规和规章中有关著作权方面的命令、指示、决议等。我国参加缔结的有关著作权国际保护方面的条约、协定，经批准公布具有国内法效力的，也属于广义著作权法的范围。

二、著作权法的特征

通常所说的著作权法，是指狭义的著作权法。著作权法具有以下特征：

（1）著作权法属于知识产权法。知识产权法包括著作权、专利权、商标权、发现权、商业秘密权，以及禁止不正当竞争等方面的法律制度。著作权法是知识产权法中最为复杂的法律制度，对作者、单位、社会三者之间利益的冲突要进行协调。

（2）著作权法属于民法。《民法通则》第五章“民事权利”中专节将知识产权与财产所有权、债权、人身权等相并列，这是对著作权法的民法属性的直接肯定。因为著作权法调整的对象也是作为平等主体的作者和其他著作权人与其他社会成员之间因作品而产生的人身关系和财产关系。不过与民法的一般性规范相比，著作权法中的确存在不少与民法基本原理不一致的规范，如著作财产权有限期的转让、作者死后的“人身权”、著作权客体与权利的分离等。我们除了要尊重民法基本原理，也要承认并保留著作权的特殊性，因此，在法学理论上都是将民法与著作权法视之为一般法与特别法的关系。著作权法作为特别法，如果其具体法律规范不同于民法原理的，仍按特别法优于一般法的原则办理。①

第三节　著作权制度的历史发展

一、著作权制度的产生与发展

人类社会通过立法来确认文学、艺术和科学作品的作者的权利，并保护权利人因作品被商业性的使用而产生的利益的制度，起源于欧洲。迄今为止，著作权法律制度大体经历了保护出版商、保护作者财产权、保护作者的财产权和人身权、著作权的国际保护四个历史时期，四个时期各有特色，表明著作权的保护在不断完善和进步。

（一）著作权的萌芽时期

在这个时期，着重保护的是出版商人对作品的独占复制和发行的权利。

---

①　吴汉东主编：《知识产权法学》，北京大学出版社2000年版，第29页。

著作权的产生与造纸术和印刷术的采用具有密不可分的关系，这是一个不争的公认的事实。尽管对版权最早起源于欧洲还是亚洲众说不一，但有确切证据表明印刷术最早在中国隋朝就已开始出现，比起 15 世纪欧洲的印刷术早了几百年。

中国的造纸术和活字印刷术传入欧洲并很快推广，使保护印刷商的翻印专有权变得非常必要和紧迫。15 世纪末，威尼斯共和国授予印刷商冯·施贝叶在威尼斯有 5 年印刷出版的专有权，被认为是西方第一个由统治政权颁发的、保护翻印之权的特许令。英国在 1662 年颁布《许可证法》规定：① 凡印刷出版图书，必须在出版商公司登记并领取印刷许可证；② 凡取得许可证者，均有权禁止他人翻印或进口有关图书。这个时期的特许证制度要保护的权利主体是印刷出版商，权利性质是国家授予的特权，所保护的行为是出版，忽视了作者的合法权益。英文“Copyright”就含有此意。

（二）著作财产权的时期

在这个时期，着重保护的是作者的财产权利。

当出版商的权利获得法律保护以后，人们发现作者才是作品创作的真正源泉，如果作者的权益得不到保护，出版商的利益就成了无源之水，无本之木。正如英国哲学家洛克所说：作者在创作作品时所花费的时间和劳动，与其他劳动成果的创作人的花费没有什么不同，因此作品也应当像其他劳动成果一样，获得应有的报酬。

在英国，当资产阶级革命成功后，要求保护作者权的呼声与日俱增。1709 年，英国议会通过了世界上第一部版权法——《安娜女王法案》，并于 1710 年 4 月 1 日生效。《安娜女王法案》第 11 条规定：一般作品的保护期从出版之日起 14 年，如果 14 年届满而作者尚未去世，则再续展 14 年，对于该法生效日前已出版的作品，一律保护 21 年，不再续展。这部法案具有三个突出特点：① 从权利主体来看，它第一次揭示了著作权法的立法目的在于鼓励知识分子努力创作，以便促进社会文化教育事业的发展与进步，它明确了保护主体是作者，作者对其作品享有支配权；② 从权利性质来看，由于权利是依法产生，破除了根据皇室授权才产生著作权，使著作权由公法转变为民法所调整的财产权；③ 它具体规定了对作者的财产权保护期限。总之《安娜女王法案》为现代著作权制度的建立奠定了基石。但此时作者的人身权利（精神权利）未被法律加以保护。

（三）作者权时期

在这个时期，著作权法律制度有了更进一步的发展，著作权的概念更为明确，内容更为丰满。作者的人身权利（精神权利）和财产权利（经济权利）都受到法律的保护。

1791 年法国颁布保护作者权利之一的《表演权法》，1793 年法国又颁布了《作者权法》，以后建立版权保护制度的大多数大陆法系国家，都强调作者的精神权利（人身权利）受保护，精神权利是首要的，然而也要保护作者的经济权利（财产权利），经济权利次之。至此，在大陆法系国家，著作权已发展成为以作者为核心的、由相互依存的多项人身权利和财产权利相结合的民事权利。

从著作权法律制度的历史发展来看，不难看出其发展由于受各国的政治、经济、社会文化和法律传统的影响，从而形成两种不同的著作权法律制度，一个是受普通法影响的法律制度，以英国、美国为主要代表；另一个则是受罗马法影响的法律制度，以法国、德国为主要代表。

（四）著作权保护的国际化时期

在这个时期，著作权的保护已由国内立法转向国际性公约，目的在于国际性地保护作者的创造性思想及其表现，保护知识产权。

不管是大陆法系国家的著作权法，还是普通法系国家的著作权法，其效力仅及于本国领域内，倘若本国以外的国家和地区使用本国的作品，作者的利益就得不到保护，也无法保护。而智力作品载体和传播技术的不断进步，一国作品极易超越国境传播到国外。为防止作品被人任意跨国使用，保护作者的合法权益，法国在 1852 年率先宣布：它将单方面保护所有外国作者在法国的作品，而不问作者国籍或作品的首次出版地，这是著作权在国际保护上的里程碑。在 1886 年 9 月由当时较发达的资本主义国家英国、法国、瑞士、比利时、意大利、德国、西班牙、利比里亚、海地、突尼斯等十个国家发起，缔结了《保护文学艺术作品伯尔尼公约》（以下简称《伯尔尼公约》）。《伯尔尼公约》于 1887 年 12 月生效，到 1997 年 1 月为止，世界上有约 121 个国家参加了《伯尔尼公约》。（补充：截至 2013 年 11 月该公约缔约国总数为 167 个）在《伯尔尼公约》缔结后的半个多世纪里，美国及一批“泛美版权公约”的成员国一直没有加入《伯尔尼公约》。为改变有些国家著作权保护水平较低，达不到《伯尔尼公约》的水平，长期处于国际著作权保护之外的状况，1952 年由联合国教科文组织主持，世界上 50 多个国家在日内瓦通过了《世界版权公约》（简称《公约》），《公约》在 1955 年 9 月生效，截止到 1997 年 1 月世界上共有 95 个国家加入了《公约》。

二、我国著作权制度的产生与发展

（一）1949 年以前的著作权立法

我国虽然从宋代开始就以印刷特许的方式保护原始版权，但是由于商品经济落后，最终未能孕育出无形产权的观念；直至 1910 年《大清著作权律》颁布，才开始了近代著作权保护的历史。

《大清著作权律》是为了适应清末中国资产阶级“变法维新”的需要，由沈家本先生主持起草的。在立法指导思想上，受大陆法系影响较大，尤其受德国、日本的影响大。在概念的使用上，引进了日本的“著作权”的概念，没有使用“版权”一词，其立法理由解释为“版权多出于特许”，“又多指书籍画册、不足以包括雕刻模型等美术物”。1911年，辛亥革命推翻了清王朝，《大清著作权律》未能得到实施，但却对后来北洋政府及国民党政府的历次著作权立法有重大影响。

1915年，北洋军阀政府另行颁布了一部《著作权法》，几乎与《大清著作权律》完全相同。1928年，国民党政府颁布了《著作权法》，并颁布了它的实施细则，该法在1944年、1949年曾修订。1963年，我国台湾地区颁布了一部《著作权法》，其中在受保护客体项下增加了唱片、电影。这两部法的基本内容，均未超出《大清著作权律》的范围。1985年，我国台湾地区对1963年《著作权法》进行了一次全面修订。我国台湾地区的版权法学者认为：只是在这次修订案中，才基本摆脱了《大清著作权律》的影响。此后，1992年和1993年又进行了两次修订，经过修订的台湾地区著作权法与《伯尔尼公约》、《TRIPS协议》及国际惯例基本一致。

（二）新中国的著作权保护制度

1949年新中国成立至1990年之前，由于历史原因，我国没有正式颁布过《著作权法》。在这段时间里，有关著作权的保护，主要是依照一系列“决议”、“规定”、“条例”来解决。

1950年，全国出版工作会议作出了《关于改进和发展出版工作的决议》，对保护著作权问题作出了原则性规定，指出：“出版业应当尊重著作权及出版权，不得有翻版、抄袭、篡改等行为。”“在版权页上，对于初版、再版的时间、印数、著者、译者的姓名及译本的原书名等，均应作忠实的记载。在再版时，应尽可能与作者联系，进行必要的修订。”“稿酬办法应在兼顾作者、读者及出版社三方面利益的原则下与作者协商决定，应尊重作者的权益，原则上不应采取卖绝著作权的办法。”

1953年，中央人民政府出版总署公布的《关于纠正任意翻印图书现象的规定》指出：“一切机关团体不得擅自翻印出版社出版的书籍、图片，以重版权。”

1958年，文化部颁布《关于文学和社会科学书籍稿酬的暂行规定》，以及以后颁布的几个有关出版稿酬、书籍稿酬的规定对稿酬制度作了规定，明确了稿酬标准、付酬方式和字数计算方法。

1984年，文化部颁布了《图书、期刊版权保护试行条例》。这个条例从1985年1月1日开始生效。该条例是我国著作权保护开始走向法制化的重要标志，也是现行著作权法的雏形。

1986年，广播电影电视部发布《录音录像出版物版权保护暂行条例》，自1987年1月1日生效。这是一个极为重要的保护与著作权有关权益的文件。

除上述规定、条例之外，我国还制定和颁布了有关出版工作、期刊管理、台港澳版权贸易管理方面的规定若干件。

1990年《中华人民共和国著作权法》的颁布，开创了我国著作权保护制度的的新纪元。根据著作权法的有关授权条款，1991年国家版权局发布了《著作权法实施条例》；1991年国务院发布了《计算机软件保护条例》；1992年国务院发布了《实施国际著作权条约的规定》；1994年国务院发布了《音像制品管理条例》；1995年国务院 发布了《知识产权海关保护条例》。这些立法标志着我国著作权法律保护体系日臻完善，保护水平也达到了一个新的历史阶段。

自1992年我国批准加入《伯尔尼公约》和《世界版权公约》后，又陆续加入了《唱片公约》、《集成电路知识产权公约》等，并按《与贸易有关的知识产权协议》的要求努力提高著作权保护水平，与国际接轨。在改革开放的进程中，我国还需要加入世界贸易组织。在加入世界贸易组织的谈判中，我国对外承诺在加入世界贸易组织时将全面实行《与贸易有关的知识产权协议》，而我国的著作权法与该协议尚有一些差距，因此著作权法的修订被提上议事日程。

1998年11月28日，国务院向全国人大常委会提交了《中华人民共和国著作权法修正案（草案）》（简称《著作权法修正案》）议案，请求审议。同年12月23日至28日，九届全国人大常委会第六次会议对上述议案进行了初审。由于对《著作权法修正案》第43条是否应当修改，是否应当授予作者、表演者和录音制作者信息网络传播权等重要问题有比较大的分歧，争论双方一时很难取得一致的意见，需要进一步研究和论证，国务院便于1999年6月13日撤回了该议案。随着建立和发展社会主义市场经济体制步伐的加快，为适应我国加入世界贸易组织的进程和解决信息网络传播等新技术给传统版权保护带来的难题，两年后，尽快修改著作权法的问题再次提上了国务院和全国人大常委会的议事日程，2000年11月29日，国务院将修改后的《著作权法修正案》呈报全国人大常委会。九届全国人大常委会分别于2000年12月22日至28日第十九次会议、2001年4月24日至28日第二十一次会议、2001年10月22日至27日第二十四次会议对该草案进行了审议，并在第二十四次会议上以127票赞成、4票弃权顺利通过。这次著作权法的修改是适时的、符合实际的，修改的内容很多，涉及面很广。原著作权法共有56条，涉及修改、增加、删减的条款共达50多处。这次修改广泛地吸收了国内外各方面意见，对于不符合《伯尔尼公约》等国际著作权条约的，特别是在世界贸易组织有关知识产权协议的有关条款进行了必要的修改，同时还充分考虑了网络环境对著作权保护所带来的新问题。概括起来，可分成10个方面进行解析：

（1）扩大了保护客体和保护范围。新《著作权法》增加了对杂技艺术作品、建筑作品和模型作品的保护。这些作品的艺术创作和原创性是显而易见的。以杂技艺术作品为例，杂技过去被看作一种杂耍，无艺术性可言，因而不把它作为具有原创性的文化艺术作品而给予著作权保护。但近年来中国杂技艺术作品连续获得国际比赛金奖改变了人们的看法，这些得奖的作品，从编排到表演都体现了很强的原创性，为激励编导和演员的积极性，理应对这类作品进行保护。同时，新著作权法把数据库作为汇编作品纳入了保护客体的范围，但这种汇编作品只有在内容的选择或编排上体现了独创性时，才对其进行保护。这是我国著作权法首次涉及对类似数据库等汇编作品的保护。

（2）增加了著作权人的权利。新《著作权法》将原著作权法第 10 条之（五），对于使用和获得报酬的权利加以具体化，明确分列为 11 项权利，其中增加了出租权、放映权和信息网络传播权。

（3）强化了邻接权所有者的权利。新《著作权法》增加了出版者专有版式装帧设计的权利；扩大表演者权利，在许可他人现场直播和公开传送现场表演，并获得报酬的同时，还可以许可他人复制、发行录有其表演的录音、录像制品，以及许可他人通过信息网络向公众传播其表演，并获得报酬；增加了录音制作者许可他人出租和通过信息网络向公众传播并获得报酬的权利；增加了广播电台电视台禁止未经其许可将其播放的广播、电视转播和将其播放的广播、电视录制在音像载体上以及复制音像载体。上述权利的保护期均为 50 年。

（4）缩小了著作权合理使用的范围。根据《伯尔尼公约》关于在某些特殊情况下，合理使用他人作品不得损害作品的正常使用，也不得无故侵害作者的合法权益的原则，对合理使用的范围又作了限制，例如，将原《著作权法》第 22 条第 3 款新闻媒体为报道时事新闻“引用已经发表的作品”改为“不可避免地再现或者引用已经发表的作品”，将第 4 款新闻媒体刊登或播放其他新闻媒体“已经发表的社论、评论员文章”，改为“已经发表的关于政治、经济、宗教问题的时事性文章”，并且规定“作者声明不许刊登、播放的除外”。

（5）调整了电影作品作者的权利。新《著作权法》明确规定，编剧、导演、摄影、作词、作曲等电影作品的作者，不仅享有在电影作品上署名的权利，而且有权按照与制片者签订的合同获得报酬。

（6）增加了编写出版教科书使用他人作品的法定许可。考虑到教育事业是一项非营利的社会公益事业，科技兴国是全国人民的共同任务，新《著作权法》将“为实施九年制义务教育和国家教育规划而编写出版教科书”，“在教科书中汇编已经发表的作品片断或者短小的文字作品、音乐作品或者单幅的美术作品、摄影作品”列入可以不经著作权人同意，但应支付报酬的法定许可的范围。此种规定也“适用于对出版者、表演者、录音录像制作者、广播电台、电视台的权利的限制”。

（7）明确了版权集体管理机构的法律地位。新《著作权法》规定“著作权人和与著作权有关的权利人可以授权著作权集体管理组织行使著作权或者与著作权有关的权利。著作权集体管理组织被授权后，可以以自己的名义为著作权人和与著作权有关的权利人主张权利，并可以作为当事人进行涉及著作权或者与著作权有关的权利的诉讼、仲裁活动”。“著作权集体管理组织是非营利性组织，其设立方式、权利义务、著作权中使用费的收取和分配，以及对其监督和管理等由国务院另行规定。”

(8) 增加了司法机关采取临时措施的规定。新《著作权法》规定著作权人或者与著作权有关的权利人有证据证明他人正在实施或者即将实施侵犯其权利的行为，如不及时制止将会使其合法权益受到难以弥补的损害的，可以在起诉前向人民法院申请采取责令停止有关行为和财产保全的措施。同时，为制止侵权行为，在证据可能灭失或者以后难以取得的情况下，著作权人或者与著作权有关的权利人可以在起诉前向人民法院申请保全证据。

(9) 增加了侵权的法定赔偿和侵权人举证责任的规定。新《著作权法》规定，侵犯著作权或与著作权有关的权利的，侵权人应当按照权利人实际损失给予赔偿，实际损失难以计算的，可以按照侵权人的违法所得给予赔偿。赔偿数额还应当包括权利人为制止侵权行为所支付的合理开支。权利人的实际损失或者侵权人的违法所得不能确定的，由人民法院根据侵权行为的情节，判决给予 50 万元以下的赔偿。同时还规定，复制品的出版者、制作者不能证明其出版、制作有合法授权的，复制品的发行者或者电影作品或者以类似摄制电影的方法创作的作品、计算机软件、录音录像制品的复制品的出租者不能证明其发行、出租的复制品有合法来源的，应当承担法律责任。

(10) 加重了对损害社会公共利益的侵权行为的行政处罚。新《著作权法》规定，对诸如盗版、盗播、制作假画等损害社会公共利益的侵犯版权和邻接权的行为，侵权人除承担民事责任外，可以由版权行政管理部门责令停止侵权行为，没收非法所得，没收、销毁侵权复制品，并可以罚款；情节严重的，版权行政管理部门还可以没收主要用于制作侵权复制品的材料、工具、设备等；构成犯罪的，依法追究刑事责任。

2001 年《著作权法》的成功修改，是国家立法、司法与版权行政管理机关，在广大文学艺术和科学作品的作者与版权产业界、法律界、学术界的支持下，共同努力的结果。新《著作权法》的实施，进一步调动我国广大文学艺术和科学作品创作者与传播者进行创造性劳动的积极性，推动我国文学艺术、新闻出版、广播影视、艺术表演、文化娱乐、工艺美术、建筑设计、信息网络、电子商务、软件开发等版权产业的发展；进一步推动了我国文学艺术和科学作品的对外版权贸易，促进我国的对外文化交流合作。

《著作权法》修改公布后，国务院及相关部门根据修改后的著作权法先后制定了三个具体条例和办法，分别是 2005 年 3 月 1 日起施行的《著作权集体管理条例》；2005 年 5 月 30 日起施行的《互联网著作权行政保护办法》以及 2006 年 7 月 1 日起施行的《信息网络传播权保护条例》。我国还于 2006 年加入了《世界知识产权组织版权条约》和《世界知识产权组织表演和录音制品条约》，该两个条约于 2007 年 6 月 9 日在我国生效。此后，根据 2010 年 2 月 26 日第十一届全国人民代表大会常务委员会第十三次会议《关于修改〈中华人民共和国著作权法〉的决定》，对我国《著作权法》进行了第二次修正，此次修正幅度不大，主要针对第四条作出了修改，删除了原来对非法出版物不予以保护的条款，增加了依法进行监督管理的规定，并且新增加了著作权出版登记管理部门的规定。

2011 年 7 月，《著作权法》第 3 次修订工作正式启动。在参考了众多建议的基础上，国家版权局于 2012 年 3 月中旬形成了《著作权法》修改草案（第一稿），并于同月 31 日公开征求各界意见和建议。在为期一个月的意见征求阶段，共收到社会各界 1600 多份意见。该修改草案第 46 条引起了包括高晓松在内的许多知名音乐人的强烈争议，并直言该条款“若实施会使音乐事业倒退。”①

经过对 1600 多份意见进行认真疏理，仔细分析，反复论证，结合专家委员会成员的具体建议，国家版权局于同年 7 月将《著作权法》修改草案（第二稿）向社会公开征求意见。本次修改，删除了原草案第 39 条、第 46 条、第 47 条，增加了第 12 条、第 35 条和第 62 条，对 48 个条文进行了改动。截至 2012 年 9 月 30 日，共收到各界意见 217 份，比草案（第一稿）的意见数量明显减少。

吸收了前两次征求意见的合理成分并经专家委员会论证的《著作权法》修改草案（第三稿）已于 2012 年年底完成，但尚未由官方正式公布。因此，如无特别标注，本书所提及的《〈中华人民共和国著作权法〉（第 3 次修改草案）》，是指《著作权法》修改草案（第二稿）。

① http；//ent. sina. com. cn/y/2012 - 04 - 09/01433599840. shtml（访问于 2013 - 10 - 20）

第三章　著作权的客体

第一节　作品的概念及其构成

著作权的客体即著作权保护的对象，也即作品。

一、作品的概念

著作权法保护的是作品，作者及其他著作权人对其作品依法享有著作权，也即作品是著作权的客体，是著作权主体的权利和义务所共同指向的对象。

由于作品在著作权法中所处的地位特殊，故世界上大多数国家的著作权法均对作品的定义及表现形式作了较详尽的规定。如美国 1976 年的《版权法》第 101 条规定："为作者所创作并固定于有形媒介——不论现有的或者今后发明的，从而可以直接或者借助于机械或者装置被感知、复制或者以其他方式传播的作品，依本法予以保护。"德国《作者权法》第 2 条（2）规定："本法所称著作只指个人的智力创作。"日本《著作权法》第 2 条规定："著作物：是指创作性地表现思想或者情感，属于文学、艺术、美术或者音乐领域的原作。"意大利《著作权法》第 1 条规定："具有创作性并属于文学、音乐、平面艺术、建筑、戏剧和电影范畴的智慧作品，不问其表达方式及形式，而受本法保护。"同时保护著作权的《伯尔尼公约》第 2 条第 1 款规定："'文学和艺术作品'一词包括科学和文学、艺术领域内的一切作品，不论其表现形式或方式如何。"《伯尔尼公约》第 2 条第 2 款提示各成员国可以通过国内立法，要求所有作品或任何特定种类的作品必须以某种物质形式固定下来才予以保护。

我国《著作权法》第 3 条规定："本法所称的作品，包括以下列形式创作的文学、艺术和自然科学、社会科学、工程技术等作品。"《著作权法实施条例》第 2 条规定："著作权法所称作品，指文学、艺术和科学领域内，具有独创性并能以某种有形形式复制的智力创作成果。"虽然定义各不相同，但都承认作品还是具有一定的共性，例如，作品是智力创作成果，作品是反映作者的思想、情感及对客观世界的认识，作品要以一定的形式表现出来，等等。值得注意的是，《著作权法》第三次修改草案增列作品定义条款，即将《著作权法实施条例》的规定上升为法律条文，从抽象和具体两方面入手，更为准确地界定著作权法意义上的“作品”。①

二、作品的构成要件

一件作品能否受到著作权法的保护，关键在于是否满足著作权法所要求的构成要件，由各国对作品定义的规定不难看出，作品必须具备以下构成要件：

（1）作品必须是一种智力创作成果。所谓创作，是指直接产生文学、艺术和科学作品的智力活动，创作应具备两个特征：一是应有认识和表现客观世界的行为，二是通过该行为直接产生文学、艺术和科学作品的后果。那些仅有对客观世界的认识而无创作行为，或为他人创作进行组织活动工作、提供咨询意见及物质条件，或者进行其他辅助性活动，均不得视为创作。比如导师为学生学术研究提供自己的意见、资金、设备、仪器或将学生学术成果在该学术领域广为宣传、征集意见等活动，都不得视为创作。

（2）作品必须是思想或情感的表达。作品是作者的思想或情感得以表达和宣泄的一种方式，作者将自己的思想、风格、观点、爱憎融入作品之中。从此意义上讲，作品是作者人格的真实写照和延伸，“历法、数表、通用表格和公式”并没有表达任何思想或情感，故不属著作权法上的作品。

（3）作品必须具有独创性。独创性，又称原创性，指作品必须是由作者通过独立构思和创作而产生，并且在作品中能反映出作者的思想、风格、手法、技巧等。世界知识产权组织也曾做出解释：独创性是指作品是作者自己的创作，完全不是或基本不是从另一作品抄袭来的。具有独创性的作品受著作权法的保护是世界各国一致通行的惯例。但在独创性高低的问题上，各国所持态度不一，大陆法系国家对独创性的要求往往高于英美法系国家。但一般而言，只要作品是作者独立创作的，不是抄袭、剽窃他人的现成之作，即使这些作品相互近似甚至雷同，也可视为有独创性，属于作品。至于其价值、用途和社会评价则无关紧要。此举在于鼓励作者创作，促进科学文化事业的发展。反之对抄袭剽窃他人作品的行为，不仅不能受到法律的保护，反而应承担相应的法律责任。

同时，作品的独创性不同于发明专利上的“新颖性”、“创造性”。发明专利上的“新颖性”是指在申请日以前没有同样的发明或实用新型在国内外出版物上公开发表过、在国内公开使用过或者以其他方式为公众所知。发明专利上的“创造性”是指“同申请日以前已有的技术相比，该发明有突出的实质性特点和进步”。可见，发明专利上的“新颖性”是要求“前所未有”，“创造性”则要求的是先进。但著作权法中的独创性则并不强求作品是否具有前所未有的新颖性和显著的实质性进步。《著作权法》第三条规定：“本法所称的作品，包括以下列形式创作的文学、艺术和自然科学、社会

① 《〈中华人民共和国著作权法〉（第3次修改草案）》第3条规定：“本法所称的作品，是指文学、艺术和科学领域内具有独创性并能以某种形式固定的智力成果。”该规定详细列举了15种作品种类。

科学、工程技术等作品”，这里的“创作”二字，即是独创性的意思。

(4) 作品必须以法律所允许的客观形式表现出来。作者的思想或情感是隐藏在作者内心之中的，作者必须将它们以各种人们可感知的形式表达出来，使人们通过其视觉、听觉等感觉器官感受、欣赏作品的内容。如果思想或情感仅存于作者心中，没有表现为可以为人所感知并为法律所允许的客观形式，就不能成为著作权法中的作品。这种客观形式通常是指以文字、语言、声音、绘画、雕塑、摄影、软件、建筑等为载体来表达的。

(5) 作品应当能够以某种有形形式复制。也即作品应具有可复制性，应当能被一定的物质载体所固定并能由一份复制多份。这种复制不改变作品的内容，通过手工或机械、电子等方式对作品进行重复性的利用，从而使作者可获取相应的财产利益和精神利益并实现其社会价值。复制的方法主要有印刷、复印、录音、录像、翻录。但是这种复制并不要求作品必须固定在有形载体上，只要能为人所感知，就可以成为作品获得保护的条件。比如我国《著作权法》第3条规定“口述作品”也是法律保护的对象。而不具备有形载体的作品在保护上操作起来比较困难，故英美法系国家一般强调作品在产生时应当被固定，否则不予保护。大陆法系国家一般不要求必须有固定化的外型，只要具备客观的表现形式，能被感知并复制即可。

第二节　作品的种类

一、我国《著作权法》保护作品的种类

我国《著作权法》第3条根据作品不同的表现形式，将《著作权法》保护范围的作品分为以下几类。

(一) 文字作品

文字作品，是指以文字形式表现的作品。其范围极为广泛，包括小说、诗歌、散文、译著、论著、剧本、乐谱、期刊、报纸、文书、日记等形式的作品。因其创作最普遍，数量最多，运用领域最广，故世界各国一般将其列入第一类作品进行保护，计算机软件也是用文字代码等形式进行指令显示，故也应属于文字作品。但由于其具有特殊性，我国《著作权法》第3条将其视为特殊作品，单列一类，而未列入文字作品。

(二) 口述作品

口述作品，也称口头作品，是指即兴演说、授课、法庭辩论等以口头方式创作和表

达的，未以任何物质载体固定的作品。这类作品与文字作品的不同就在于作者的思想或情感不是通过视觉的文字形式来表达，而是通过即兴创作，口头阐述的形式来表达。预先写好底稿然后经口头表述，应属于对文学作品的“朗读”或“表演”，不属于口述作品。口述作品发生纠纷时，确权取证是非常困难的，因而口述作品并非在所有国家都可以成为著作权的保护对象。英美法系国家通常不承认口述作品的存在，大陆法系国家基本上对口述作品持保护态度，不像英美法系国家苛求作品必须具有有形物质载体。

（三）音乐、戏剧、曲艺、舞蹈、杂技作品

（1）音乐作品，是指交响乐，歌曲等能够演唱或演奏的，以乐谱或不以乐谱的形式表现的带词或不带词的作品。音乐作品可以根据不同情况进行分类，如古典音乐和现代音乐，民族音乐和西洋音乐，管乐、弦乐和打击乐等等。

（2）戏剧作品，是将人的连续动作同人的说唱表白有机地编排在一起，在舞台上进行表演，并通过表演来反映某一事物变化发展过程的作品。如话剧、歌剧、地方戏曲等。戏剧作品是一门综合艺术作品，包融文学、音乐、舞蹈、绘画、雕塑、建筑、服装、灯光、道具、化妆、布景等多种艺术于其中，形成了以演员的表演为本体，对多种艺术成分进行吸收与融合，从而形成统一的外在戏剧艺术的表现形式。但是对戏剧作品的法律定义是什么，却有不同认识，我国《著作权法实施条例》第 4 条规定：“戏剧作品，指话剧、歌剧、地方戏曲等供舞台演出的作品。”因而有观点认为：戏剧作品指的是剧本，而不是一台戏的现场演出活动。[①]公认的艺术理论则一致认为，戏剧是指以舞台的演出形式而存在的综合艺术。也有观点认为：关于戏剧作品的本质问题，是艺术理论的课题，而不是法理学任务，因此戏剧作品是剧本还是表演艺术，已经不言自明。不能因法律选择剧本作为保护对象，就把剧本等同于戏剧作品。[②] 本书同意前一观点。正因为著作权法对戏剧作品的何种形式提供保护，是著作权法的选择，而这种选择只能说是其提供法律保护的侧重点不同，并不就是对戏剧作品概念的界定，因而从法律的角度讲戏剧作品指的就是剧本。

（3）曲艺作品，也称说唱艺术，是指相声、快书、大鼓、评书等以说唱为主要表演形式的作品。曲艺是我国独有的艺术形式，它道具简单，形式灵活，取材丰富，目前曲艺种类约有 400 种，其中主要的是相声、数来宝、快板、快书、评书、弹调、大鼓坠子、琴书等。与前相同，著作权法选择供说唱用的脚本作保护，而不是演员的现场说唱表演。说唱表演由邻接权加以保护。

（4）舞蹈作品，是指通过连续的动作、姿势、表情表现的作品。舞蹈含有舞蹈表

① 郑成思著：《知识产权法》，法律出版社 1997 年版，第 337 页。
② 刘春田主编：《知识产权法》，中国人民大学出版社 2000 年版，第 39 页。

情、舞蹈节奏和舞蹈构图三个基本要素，从而形成舞蹈艺术独特的表现形式。舞蹈作品实际上是指对舞蹈的设计，这种设计可以是以舞谱记录下来的书面形式，也可以是以其他形式固定下来的。同样，著作权法选择舞蹈设计进行保护，而不是现场表演。演员的表演受邻接权保护。

（5）杂技作品，是2001年著作权法修改时增加的一种作品形式，杂技是我国的国粹，有着悠久的历史。杂技是表演艺术的一种，包括手技、蹬技、顶技、踩技、口技、车技、武术、爬杆、走索以及各种民间杂耍等，也把戏法、魔术、马戏、驯兽包括在内。其优秀节目的共同特点是以健美有力的形体动作和灵活迅速的手法表演各种高难度技术，以表现劳动人民的智慧、勇敢和坚强毅力。新修改的《著作权法实施条例》规定，受著作权保护的杂技艺术作品，是指杂技、魔术、马戏等通过形体动作和技巧表现的作品，这实质上是对杂技中艺术成分的保护。杂技中表现的动作难度和技巧，并不受著作权保护。同样，如滑冰、体操、跳水、柔术等竞技项目表现出的动作难度与技巧，也不受著作权法保护，旨在鼓励演员、运动员等模仿，并达到新的难度；而一旦成为著作权法保护的对象则意味着禁止他人模仿、复制、表演。著作权保护的是杂技作品的动作编排。杂技表演受邻接权保护.

音乐、戏剧、曲艺、舞蹈以及杂技艺术作品具有一个共同之处就是，它们都是供表演用的，而不是指现场的表演活动。在这些艺术领域里，有不少多才多艺的演员，他们表演的作品往往是自己创作的。在这种“自编自演”的情况下，他们既是作品的创作者又是作品的表演者，可以享有双重权利。

（四）美术、建筑作品

（1）美术作品，是指绘画、书法、雕刻等以线条、色彩或者其他方式构成的有审美意义的书面或者立体的造型艺术作品。绘画是指用笔、刀等工具，以及墨、颜料等物质材料，在纸、木板、纺织物或墙壁等平面上，通过构图、造型、色彩等表现手段，创造可视的形象，如油画、水彩画、山水画等。书法一般指用毛笔进行文字本身表现的艺术。雕刻是指用雕、刻、塑三种方法，以各种可塑、可雕、可刻的材料，制作出各种具有实在体积的形象的空间艺术。美术作品是一类范围难以确定的受保护客体。不同的国家对它的保护范围的规定并不一致，如实用艺术品，许多国家都不予以保护。造型艺术如果是符合专利法规定的工业品外观设计条件的，可由专利法加以保护。我国著作权法和专利法对实用艺术品都给予保护，其区别是取得方式不同。作者需向专利局提出申请并经批准方可获得外观设计专利权，但若作为美术作品，无需申请或批准即可得到著作权的保护。由于著作权的保护期限较长，所以在专利保护期届满以后，该作品仍然可以受到著作权法的保护。

（2）建筑作品，也是2001年《著作权法》修改时增加的一种作品形式。建筑作品是否应受著作权法保护？这在英美等国以及《保护文学艺术伯尔尼公约》中都有着肯定的回答，至于在我国，原《著作权法》只规定了“美术作品”，而没有明确“建筑作品”，只是在国务院批准的《著作权法实施条例》中对“美术作品”进行解释时作了列举。2001年通过的《著作权法》把“建筑作品”明确规定下来，与“美术作品”并列受到保护。因为，一方面，尽管美术作品与建筑作品有相似之处，但毕竟有着显著区别，建筑作品不仅指建筑模型，而且还指建筑物本身这种造型艺术作品；另一方面，随着现代建筑艺术的精雕细琢，建筑设计师的创造性劳动越来越凸显，建筑物是其一定美术构思的表达方式，没有理由不给予相应的著作权保护。我国《著作权法》虽然规定了保护建筑作品，但未规定保护建筑的哪部分。但是，根据新修改的《著作权法实施条例》，建筑作品是指以建筑物或者构筑物形式表现的有审美意义的作品，也就是建筑实物。这种理解虽然与国际流行的概念不同，但这并不表示中国的《著作权法》只保护建筑物本身，因为建筑设计图、建筑模型等分别列入了工程设计图、模型作品等保护范畴。再者，根据《伯尔尼公约》现行文本规定，建筑以及与建筑有关的设计图、草图和立体作品，是著作权的保护对象。而按照世界知识产权组织和联合国教科文组织1986年公布的文件，建筑作品应当包括两项内容：① 建筑物本身（仅指外观、装饰或设计上含有独创成分的建筑物）；② 建筑设计图与模型。[①]由于我国已参加了这两个国际性的著作权保护公约，也就应当适用公约的上述规定。

（五）摄影作品

摄影作品，是指借助器械，在感光材料上记录客观物体形象的艺术作品。主要创作手段是现场选择，即选取事物的最佳瞬间和最佳角度进行拍摄，通过画面构图、光线、色调三种主要造型手段，拍摄既有一定思想内涵，又有形式美的艺术形象。《著作权法》所保护的摄影作品是指摄影的原作品，即摄影底片或一次成像的正片。

（六）电影作品和以类似摄制电影的方法创作的作品

电影作品和以类似摄制电影的方法创作的作品，也即影视作品，是指摄制在一定物质上由系列有伴音或者无伴音的画面组成，并且借助适当装置放映、播放的作品。主要包括电影、电视、录像作品。电影作品是为了便于放映而连续摄制在感光胶片上或配有声音的连续图片影像作品，如故事片、科技片、美术片等。电视作品是利用无线电传送和接收装置传播的图像和音响的组合制品，如电视单本剧、电视连续剧、电视艺术剧等。录像作品是指利用电子摄像技术记录各种社会活动，或对戏剧、曲艺、舞蹈、电影和电视等表演艺术作品进行复制，并通过电视播放装置使之真实再现的图像表现形式。

① 郑成思著：《版权法》，中国人民大学出版社1997年版，第114页。

除此以外，还包括 VCD、DVD 等光盘作品。

2001 年的《著作权法》适应了影像摄制技术的发展，把原来的“电影、录像作品”扩充为“以类似摄制电影的方法创作的作品”。这同时顺应了知识产权国际保护的潮流，与有些国家和地区的保护也趋于衔接，如法国及我国台湾地区均以“视听作品”为名称进行保护；值得一提的是在我国《著作权法》第三次修改草案中将“电影作品和以类似摄制电影的方法创作的作品”修改为“视听作品”，实现了与世界主流国家与地区的同步。可以预见，今后以类似摄制电影的现代多媒体作品就可以得到有效的保护了。①

（七）图形作品、工程设计图、产品设计图、地图与示意图和模型作品

（1）图形作品，是指为施工、生产绘制的工程设计图、产品设计图，以及反映地理现象、说明事物原理或者结构的地图、示意图等作品。

（2）工程设计图，是指利用各种线条绘制的用以说明将要制作工程实物的基本结构和造型的平面图案。

（3）产品设计图，是指用各种线条绘制的用以说明将要生产的产品的造型及结构的平面图案，如服装设计图、家具设计图等。

（4）地图与示意图，是指地图、线路图、解剖图等反映地理现象，说明事物原理或者结构的图形或者模型。地图是以符号、色彩制图原则来表示地面自然现象和社会现象的图形，如地理图、地形图、政区图等。线路图是以线条和符号反映一定自然和社会现象的图形，如电路图、航线图、铁路图等。解剖图主要指全面或局部反映人和某种动物身体内部结构的图形，如人体解剖图等。此外，我国《著作权法》还保护其他以线条、符号、模型来显示某一概念和现象的图形。

（5）模型作品，主要指建筑、工程模型，即指为展示、试验或者观测等用途，根据物体的形状和结构，按照一定比例制成的立体作品，包括落成前的施工模型与落成后的缩影模型。原《著作权法》在《著作权法实施条例》中解释“地图、示意图等图形作品”时作了扩张解释。2001 年的《著作权法》把“图形作品”与“模型作品”作了区分，以突出对模型作品的保护。②

（八）计算机软件

计算机软件，是指计算机程序及其有关文档。在《著作权法》第三次修改草案中

---

① 《〈中华人民共和国著作权法〉（第 3 次修改草案）》第 3 条第 12 款规定：“视听作品，是指固定在一定介质上，由一系列有伴音或者无伴音的画面组成，并且借助技术设备放映或者以其他方式传播的作品。”

② 《〈中华人民共和国著作权法〉（第 3 次修改草案）》第 3 条删除了“模型作品”的规定，但新增加了第（14）款“立体作品”。

将“计算机软件”修改为“计算机程序”。所谓计算机程序是指为了得到某种结果而可以由计算机等具有信息处理能力的装置执行的代码化指令序列，或者可被自动转换成代码化指令序列的符号化指令序列或者符号化语句序列。所谓文档是指利用自然语言或者形式化盲文所编写的文字资料和图表，用来描述程序的内容、组成、设计、功能规格、开发情况、测试结果及使用方法，如程序设计说明书、流程图、用户手册等。

计算机软件具有集作品与工具于一身、开发困难、复制容易、使用效益显著的特点。有些国家将计算机文档列入文字作品予以保护。对计算机程序的保护世界上有三种方式：一是工业产权法；二是商业秘密法或合同法；三是著作权法。我国与世界上大多数国家一样规定计算机程序作品是著作权法律关系的客体，并且颁布了《计算机软件保护条例》加以调整。

（九）民间文学艺术作品

民间文学艺术作品，是指由某社会群体（非个人）在长期的历史过程中创作出来的具有鲜明的民族风格和地方特色，在社会中广泛流传的歌谣、音乐、戏剧、故事、舞蹈、建筑、主体艺术、装饰艺术等文学艺术作品。从1967年突尼斯第一个将民间文学艺术作品列入著作权法保护开始，至今已有40多个国家的国内法律规定了保护民间文学艺术作品，其中非洲国家占大多数。这是因为这些发展中国家是民间文学艺术作品的聚集地，随着与发达国家的相互文化交往，发达国家对发展中国家的民间文学艺术作品自由无偿地使用，使发展中国家的文化资源大大流失，用法律保护民间文学艺术作品就成为必要。我国文化历史悠久，灿烂的文化孕育了丰富的民间文学艺术作品。《著作权法》将民间文学艺术作品列为保护对象，并明确规定具体保护办法由国务院另行规定。这对于继承各民族的文学艺术遗产，弘扬中华民族的优秀文化，具有重要的意义。

2012年国家版权局公布的《〈中华人民共和国著作权法〉（第3次修改草案）》扩大了著作权客体的范围，体现在将“实用艺术作品”纳入其中。根据国家版权局的解释，增加关于实用艺术作品的规定，是由于我国现行《著作权法》中并无实用艺术作品的规定，但是在《实施国际著作权条约的规定》中却有25年的规定，这种超国民待遇的规定长期以来受到学界和实务界的质疑，并且对于我国国民的实用艺术作品是以美术作品保护还是不保护没有统一认识，因此，草案根据《伯尔尼公约》规定对实用艺术作品单列为一类作品进行保护。①

① 国家版权局：《关于〈中华人民共和国著作权法（第3次修改草案）〉的简要说明》，2012年3月。《〈中华人民共和国著作权法〉（第3次修改草案）》第3条第9款规定：“实用艺术作品，是指玩具、家具、饰品等具有实用功能并有审美意义的平面或者立体的造型艺术作品。”并且规定“外国人、无国籍人的实用艺术作品，其作者所属国或者经常居住地国对中国作者的实用艺术作品给予保护的，受本法保护。”

二、我国《著作权法》保护作品的排除

受我国《著作权法》保护的作品应具有前述几个构成要件，缺少任何一要件都不能成为《著作权法》保护的对象。然而具备构成要件的作品，不一定必受著作权法保护。排除在《著作权法》保护作品以外的作品主要是指不适用著作权法的作品，这类作品虽具合法性，但不具独创性，或已进入公有领域，因而不能享受《著作权法》保护。根据我国《著作权法》第5条规定，《著作权法》保护作品的排除有：

（1）法律、法规、国家机关的决议、决定，命令和其他具有立法、行政、司法性质的文件及官方正式译文。这些文件包括三大类型：一是全国人大及其常委会制定的法律，国务院制定的行政法规，各省、自治区、直辖市人大及其常委会制定批准的地方性法规，民族自治区地方的自治条例和其他单行条例，国务院各部委和地方各级政府制定的规章和其他具有普遍约束力的规范性文件；二是各级权力机关、行政机关、人民法院和检察院、军事机关所作出的决议、决定、命令和其他具有立法、行政和司法性质的文件；三是官方对法律、法规，国家机关的决议、命令和其他具有立法、行政和司法性质的文件所发布的正式译文。由于这些官方文件和译文都是国家立法机关、司法机关和行政机关意志的体现，虽然也属作品的范畴，但其制作的目的不是为了享有著作权并限制其广泛传播和被人利用，相反其越是广泛传播，越是被人利用，就越体现出其价值，所以这类作品不享有著作权。

（2）时事新闻。根据新修改的《著作权法实施条例》的规定，时事新闻是指通过报纸、期刊、广播电台、电视台等媒体报道的单纯事实消息。新闻报道追求的是客观、公正，也即遵循事件发生的原貌、忠实地再现给读者，其本身体现的是一种客观记录，基本上不反映记录人的创作性劳动，很难构成作品。况且报道时事新闻的目的就在于让社会公众快速、广泛地得知新闻事件，因而若给予时事新闻以著作权保护，就会妨碍它的传播，故不给予著作权。

（3）历法、通用数表、通用表格和公式。历法是指用年、月、日计算时间的方法，主要有阴历和阳历之分。历法是人类约定俗成用来计算时间和节气的方法，不需任何独创性，因此不属作品的范围。

通用数表是指包含有数字、体现一定关系的表，如元素周期表、三角函数表等，成为人们普遍运用的工具。通用表格是指普遍适用的、为填写文字或数字而按一定项目绘制成的表格，如通用会计账册表格、银行转账支票、统一发票等。公式是指用数字符号表示几个量之间关系的式子，如数学中勾股定理的计算公式、圆周率计算公式、物理学中的万有引力定律计算公式、化学中的稀释定律计算公式等。由于历法、通用数表、通用表格和公式已成人们普遍运用的公共工具，具有通用性和普遍性，人们运用这些工具不断地推动社会发展，因而其不适用《著作权法》保护。

2010 年 2 月 26 日，第十一届全国人民代表大会常务委员会第十三次会议通过的《关于修改〈中华人民共和国著作权法〉的决定》中对该法第 4 条有关违法作品的著作权问题进行了修改。修改前的《著作权法》第 4 条为："依法禁止出版、传播的作品，不受本法保护。著作权人行使著作权，不得违反宪法和法律，不得损害公共利益。"这类作品，一般表现为：① 反对人民民主政权，违反国家法律、法规和政策；② 煽动民族、种族歧视和破坏民族团结；③ 妨碍邦交，反对世界和平，宣传帝国主义侵略战争；④ 泄露国家机密；⑤ 宣扬盗窃、淫秽、凶杀、纵火及其他犯罪行为，危害人民身体健康，败坏社会主义公德，破坏公共秩序；⑥ 其他违反宪法、法律和法规的作品。修改后的《著作权法》第 4 条为："著作权人行使著作权，不得违反宪法和法律，不得损害公共利益。国家对作品的出版、传播依法进行监督管理。"之所以将"依法禁止出版、传播的作品"排除出受法律保护的范围，其目的是为了防止非法作品的作者搭便车而取得受法律保护的"权利"，它所否定的只是作品的内容，而不是出版、传播的程序。况且，如果作品内容根本违法，即使《著作权法》第 4 条第 1 款被删除，仍然可以通过《著作权法》之外的其他法律、法规对这类作品的出版、传播行为进行规制。

三、作品的分类

根据不同的标准，作品有不同的分类。

（一）根据作品的创作与职务的关系，作品可分为职务作品和非职务作品

职务作品是公民为完成法人或其他组织工作任务所创作的作品，有些国家把职务作品称之为雇佣作品。根据我国《著作权法》第 16 条对职务作品所下的定义："公民为完成法人或者其他组织工作任务所创作的作品是职务作品。"① 职务作品的构成要件有：

（1）作者与法人或其他组织有劳动合同关系。职务作品的作者通常都是本单位职工，其与所在单位应具有劳动合同关系。一方面作者有权从单位领取工资、奖金，享受本单位提供的劳动、福利等条件；另一方面又有义务遵守单位规定的劳动规章制度，完成单位交给的工作任务。这里所指的单位工作人员应作广义解释，即在编人员、借调人员及临时招聘人员等均应包括在内。

（2）作品的创作是法人或其他组织依其单位性质提出的工作任务。《著作权法实施条例》第 11 条中解释，"工作任务"，是指公民在该法人或者该组织中应当履行的职责。实务中，工作任务是指党政工作或业务所必需的活动，或者直接服务于所在单位的

① 《〈中华人民共和国著作权法〉（第 3 次修改草案）》第 18 条第 1 款规定："职工为完成工作任务所创作的作品为职务作品。"

法定业务，单位对作者提出的这种工作任务是符合本单位的工作性质，也符合作者的职责范畴。一般而言，接受的创作任务只有符合本单位的工作性质、本人的职责范围，作者才负有创作作品的责任。如果作者接受的创作任务与本单位的工作性质、本人职责毫无关联，则不属于职务作品。

（3）对作品的使用应当属于作者所在单位的正常工作或业务范围。对于作者创作的作品，作者所在单位在使用时，仅限于其正常工作或者法定业务范围。超出单位正常工作或业务范围给作者约定工作职责，作者创作出的作品不应属于职务作品。

职务作品的范围很广，凡与作者职务有关，为完成本单位工作任务而创作的作品均为职务作品。例如，记者为其所在的报纸杂志社、电台、电视台撰写的文章，拍摄的照片；文艺团体的专业创作人员创作的电影、电视剧本、话剧、歌剧等作品；教师为学校教学而编写的教材；科研人员完成科研论文；等等。判断是否属于职务作品，与该作品的创作过程和创作方式无关。一件作品在创作过程中不管是利用工作时间还是业余时间，无论是否利用单位的设备和资料，创作中单位是否给予指导，也不论是否体现单位意志并由单位负责，只要符合职务作品的构成要件，就是职务作品。否则，就不是职务作品。

非职务作品，是指不以履行法人或其他组织的工作任务为目的而创作的作品，例如，音乐教师创作的小说、记者创作的雕刻、业余作曲家创作的歌曲等都是非职务作品。对于非职务作品，作者所在单位不享有任何权利。

（二）根据作者的人数，作品可分为合作作品和独创作品

合作作品是指两个以上主体共同进行创作所产生的作品。根据世界各国的法律规定，可将合作作品分为两种：一种是可分割的合作作品，另一种是不可分割的合作作品。可分割的合作作品是由每一个作者所创作的部分结合而形成，每一个作者创作的那部分都是独立的，可分开单独使用，故又称结合合作作品。可分割的合作作品具有以下特征：① 主观上各合作作者是松散型的合意，即合作作者之间对于作品的创作并无一种紧密的合意，表现在相互之间对作品的具体构思、意图的贯彻等并不严格要求一致。② 客观上合作作者的创作行为是一种松散型的共同创作行为，也即合作作者虽然为完成一个整体作品进行创作，但该创作只是对一个整体作品中自己的那部分进行构思创作，并不需要合作作者的创作行为紧密配合、密不可分，因而各个合作作者的创作行为具有相对独立性。③ 后果上看其具有非整体性和可分割性。不可分割的合作作品是指两人以上共同创作的不可独立使用的作品，各合作作者创作的各个部分相互依存，无法分割使用。不可分割的合作作品具有以下特征：一是主观上各合作作者是紧密型的合意，这种紧密型的合意表现在从合作的意愿开始到创作构思、贯彻意图上均要求各合作人保持统一、前后呼应、严格一致。二是客观上合作作者的创作行为是一种紧密型的共

同创作行为，即这种合作作品中各合作作者实施了创作行为，但其创作行为与其他作者的创作行为已经密不可分，混为一体，这种两人以上精神和物质劳动的不可分性最终体现在同一个劳动成果之中。三是从后果上看其具有整体性和不可分割性。不能将该作品的各个部分分割独立使用，否则有损于作品的总体结构和整体思想。

独创作品是指单个创作主体独立创作所产生的作品。这里的主体可以是自然人、法人或其他组织。独创作品具有独立的创意、创作行为和成果，由其作者独立享有著作权。

（三）根据作品的创作性质，作品可分为原创作品和演绎作品

原创作品，是指直接根据首次创作行为独立地而非基于对他人已有作品的存在而产生的作品。原创作品一经创作完成即享有著作权，法律对其限制较少。

演绎作品，又称再创作作品，是指对已有作品进行再创作而产生的作品。其特点是：① 以已有作品为基础。演绎作品是对已有作品通过改编、翻译、注释、整理、汇编等方式产生的作品。② 再创作性。演绎作品是在已有作品的基础上进行的再创作。原创作品与演绎作品都具有独创性。因而法律给予它们同等保护，只是法律对演绎作品的产生有一定的要求，即应当取得原作品作者的许可方能使用其作品进行演绎活动，并且在创作过程中还要履行下列义务：注明原作品的作者姓名、作品名称、作品出处；支付报酬；尊重原作者意愿等。演绎作品在现实生活中大量存在，美术、摄影、音乐、电影、电视尤其是文字作品均可能是通过演绎他人作品而产生的再创性作品，如词典、期刊、年鉴、百科全书、文集、译著、教材等都是最常见的演绎作品。

（四）根据作品的创作原因，作品可分为自创作品和委托作品

自创作品，是指完全按照创作者自己的意志而创作的作品。委托作品，是指作品的创作是按照他人委托而进行，在满足他人特定要求进行创作之后，获得约定报酬。委托作品具有以下特征：① 它不完全是作者个人的自由意志创作的，要受委托人特定要求约束。② 作品的原件所有权一般归委托人，而著作权可另外约定。③ 它一般不是本单位工作人员为完成本职工作而创作的，而是由本单位以外的人创作完成。在美术、摄影、地图等作品中常有委托作品出现。

第四章　著作权的主体

著作权主体，又称著作权人，是指依法享有著作权的人。根据创作作品的事实依法可以获得著作权的原则，著作权首先属于作者。但是作者以外的人，依法也可以成为著作权的主体。因此，著作权人和作者是两个概念。

第一节　作　　者

一、自然人作者

《著作权法》第11条第2款规定："创作作品的公民是作者。"① 所谓创作，根据《著作权实施条例》第3条规定："指直接产生文学、艺术和科学作品的智力活动。""为他人创作进行组织工作，提供咨询意见，物质条件，或者进行其他辅助活动，均不视为创作。"作为创作作品的活动，离不开作者在内心中的构思和外在的表达两种活动，也即主观见之于客观的活动。作者首先进行构思，将心中的感触和思索进行勾画，最终产生未来作品的全面设计。在此基础上，作者再借助于语言、文字、色彩、线条、声音等媒介，把内心中的主观之意表达出来，即构成作品。这一系列的活动，只有自然人才具备，因而只有自然人才是事实上的真正的作者。其他任何生命体、非生命体和社会组织不具备人的思维和智力创造，不能从事创作活动，也就不是事实上的真正的作者。可见，作者须具备以下条件：① 须有创作作品的能力，也即作品的创作能力，该能力不同于民法所说的完全民事行为能力，因为即便是民法上的无民事行为能力人即未满10周岁的少年儿童，只要最终创作出了作品，即可成为作者；② 须为具体的创作作品的行为，即将自己对作品的构思、规划、思想、情感通过一定的客观表现方式使他人能够得知、感受、领悟；③ 须通过创作完成了作品，也即通过创作活动最终产生著作权法意义上的作品。

自然人是事实上的作者，在创作作品的过程中付出了艰辛的脑力劳动，形成智力成果即作品，因而自然人作者是最直接的和最基本的著作权主体，应当享有最初的、完整的著作权。这是相对于通过转让、继承等法律事实而取得著作权的其他公民、法人或其他组织而言的。通过著作权的转让、继承，其他公民、法人或其他组织虽可成为著作权

---

① 《〈中华人民共和国著作权法〉（第3次修改草案）》第13条第2款将"公民"修改为"自然人"。

主体，但这种著作权不完整、不直接。比如继承获得的一般只是全部著作财产权和部分著作人身权，且是间接地从作者那里取得的，必须以作者的最初著作权为前提。当然，当作者作为最初的完整的著作权人，发生著作权转让和继承等法律事实后，作者就不再是完整的著作权主体，而只是著作人身权的主体。而在一些职务作品中，法人或其他组织能够直接依法律规定享有绝大部分著作权，包括著作财产权和著作人身权，而仅仅将署名权保留给作者。而且此时法人或其他组织享有的权利也并非是从作者手中转移过来，也是一种直接和原始的著作权，所以自然人作者著作权的完整性和原始性是相对而言，而非绝对的。

二、法人或其他组织作者

如上所述，自然人以外的生命体、非生命体以及社会组织都不可能成为事实上的作者。然而，正如法律可以把一定的人和财产结合起来的组织拟制为法律上的“人”一样，在著作权法领域，法律在某些特殊的情况下也将不具备生命力和创造力的法人或其他组织拟制为作者。我国《著作权法》第 11 条第 3 款规定：“由法人或其他组织主持，代表法人或者其他组织意志创作，并由法人或其他组织承担责任的作品，法人或其他组织视为作者。”[①] 也即在特定情况下，为了某种需要，我国法律也可以把某些法人或其他组织当作作者来对待。

法人能否成为作者，理论界争议很大。一种观点认为，法人没有思维，不能创作作品，它可以成为著作权人，但不能是作者。多数大陆法系国家如德国、法国采取这一观点。另一种观点则认为，法人是组织的拟人化，它具有思维能力，可以创作作品成为作者。英美法系国家普遍采取这一观点，认为“雇佣作品”的作者和原始著作权人都应是雇主。日本也持这种观点，《日本著作权法》第 15 条规定：“根据法人及其他使用人的提议，从事该法人等的业务的人在履行职务时做成的著作物，该法人等以自己的名义发表这种著作物时，只要在其做成时的合同、工作章程无另外规定，则该法人等视为作者。”

其他组织也即非法人单位能否成为作者在我国制定著作权法中也是个有争议的问题。一种观点认为，作者和著作权人除公民、法人外，还有“第三主体”，如教研室。日本和我国台湾地区著作权法对此也有规定。《日本著作权法》第 2 条、第 6 条规定：“本法律中规定的‘法人’，包括虽不具备法人资格，但已确定代表人或者管理人的社团和财团。”台湾《著作权法》第 11 条规定：“著作权自始依法归机关、学校、公司或

① 《〈中华人民共和国著作权法〉（第 3 次修改草案）》第 13 条第 3 款规定：“由法人或者其他组织主持或者投资，代表法人或者其他组织意志创作，以法人、其他组织或者其代表人名义发表，并由法人或者其他组织承担责任的作品，法人或者其他组织视为作者。”

其他法人或团体享有者，其期间为30年。”另一种观点认为，在我国，民事主体有三个，即公民、法人和国家，没有所谓的“第三主体”。学校的教研室不具备法人资格，它只是法人的一个分支机构。教研室署名的作品，是教研室全体人员共同创作的作品，作者是教研室的全体成员，而不是教研室。至于一些署名非法人团体的作品，其作者和著作权主体既不是法人，又不是非法人团体，应是非法人团体的全体成员。上述观点之争，主要是考虑到非法人单位没有独立的经费，无责任能力，无法独立承担责任。虽然非法人单位的诉讼主体问题已在民事诉讼法中加以解决了，但如果其财产不足以对外承担著作权责任，或本身不能承担著作权行政责任和刑事责任，能否将此种责任上推至其主管法人，或下卸至组成非法人单位的自然人，我国《著作权法》对此未明确规定。

理论界虽有争议，但法律已有明确回答。我国《著作权法》将法人或其他组织视为作者，主要是基于法人或其他组织具有独立于其成员的意志、尽管它不能直接从事创作，需借助其成员或其他人的智力，但这些人所创作的作品仅仅是反映了单位的意志，而与创作者的主观思想感情无关。加之随着现代科学技术的发展和社会的进步，大型著作或类似软件的高科技作品越来越依赖于一个人力、物力、财力相对集中的单位出面组织、管理和协助，并由单位承担风险和责任，比如电影作品、电视作品、工程设计、计算机软件作品等。因此，在承认作者原则上应为自然人时，在特定情况下将法人或其他组织视为某些作品的作者也是适宜的。

三、作者的认定

作者的认定，是指作者身份的确认，也即认定什么人是作者，它对于确定作品著作权的原始归属及作品的保护期限尤为重要。

认定作品的作者，依作品上的署名，如果没有相反证据，在作品上署名的人即是该作品的作者。这是许多国家著作权法的一般规定，也是惯例。例如，《法国文学艺术产权法》第8条规定：“作者资格属于作品发表时的署名人，有相反证明的除外。”《突尼斯样板版权法》第11条也规定，在无相反证据时，作品的作者即是在其名下发表作品的人。《伯尔尼公约》第15条（一）规定：“为使文学艺术作品的作者受到本公约保护，只要作者的姓名以通常方式出现在作品上，又无相反证据证明其不实，则须将其视为作品的真正作者，使其有权在本联盟的成员国中对侵犯其版权的行为提起诉讼。即使作者采用的是假名，只要它能清楚地确定作者身份，也适用本款。”可见，基于作品的创作活动可认定实质上的作者，而依作品上的署名，在排除了相反证明之后，可认定实质与形式上为同一作者。

我国《著作权法》第11条第4款也作了相应的规定：“如无相反证明，在作品上署名的公民、法人或者其他组织为作者。”① 因而通常情况下署名可以反映出作品的作者。当出现非作者在作品上署名，或真正的作者未署名的情况，提出与作品上署名情况相反主张的，应当提供相反证明。如果因署名问题发生争议，通过其他途径不能解决的，还可以向人民法院提起侵权之诉或确认之诉来解决。

第二节　其他著作权人

其他著作权人，是指除作者以外，其他依法享有著作权的公民、法人或其他组织，包括国家。如果把作者作为著作权的原始主体的话，那么，其他著作权人又叫著作权的继受主体。不同于作者取得著作权是源于对作品的创作，其他著作权人取得著作权的主要有以下几种情况。

一、因合同而取得著作权

因合同而取得著作权有两种情况：① 依委托合同取得著作权。《著作权法》第 17 条规定：“受委托创作的作品，著作权的归属由委托人和受托人通过合同约定。”如合同约定著作权由委托人享有，委托人即成为作者之外的“其他著作权人”。② 依转让合同取得著作权。著作权人可以将其享有的著作权中的财产权利的全部或部分转让给他人，著作财产权的受让人取得著作权后，即成为著作权主体。

二、因继承而取得著作权

依我国《继承法》第 3 条第 6 款规定，公民所享有的著作权中的财产权利可作为遗产，在公民死亡后由其继承人继承。我国《著作权法》第 19 条也规定，著作权属于公民的，公民死亡后，其作品的使用权和获得报酬权在本法规定的保护期内，依照继承法的规定转移。据此，因继承而取得著作财产权的人，能成为著作权法律关系的主体。

三、因遗赠、遗赠扶养协议而取得著作权

遗赠是公民通过遗嘱，将个人财产（包括著作财产权）赠给国家、集体或者法定继承人之外的公民的法律行为。当国家、集体或法定继承人以外的人接受作者遗赠，取得著作权中的使用权和获酬权时，即成为著作权法律关系的主体。

公民可以与扶养人或集体所有制组织签订遗赠扶养协议。按照协议扶养人或集体所有制组织承担该公民生养死葬的义务，享有受遗赠的权利。当公民或集体所有制组织根

---

① 《〈中华人民共和国著作权法〉（第 3 次修改草案）》第 13 条第 4 款将“公民”修改为“自然人”。

据遗赠扶养协议而成为死者著作财产权的受赠人时，也取得著作权人资格。

四、因特殊情形国家取得著作权

国家可成为法律关系的特殊权利主体。国家作为著作权法律关系主体，一般有下列情况：① 购买著作权，即国家出于某种特殊的需要，从著作权人那里购买著作权，从而成为法律关系的主体；② 接受赠予，即公民、法人或其他组织等著作权人将其受保护的作品赠送给国家，国家接受其赠送而成为著作权人；③ 依法律规定，即法律规定某一作品在受保护的有效期限内，著作权由国家行使，国家便成为该著作权法律关系的主体。这种情况较为常见。例如：我国《著作权法》第19条规定了著作权可合法继承发生转移；我国《继承法》第32条规定："无人继承又无人受遗赠的遗产，归国家所有"；《著作权法》第19条第2款规定："著作权属于法人或其他组织的，法人或其他组织变更、终止后，其作品的使用权和获得报酬权在本规定的保护期内，由承受其权利义务的法人或其他组织享有；没有承受其权利义务的法人或其他组织的，由国家享有。"

第三节　著作权的归属

著作权的归属，指著作权归谁所有，从而可成为著作权人。

一、著作权归属的一般原则

由前述可知，作者一经创作完成作品，就依法享有著作权，成为著作权人。著作权属于作者，这是著作权归属的一般原则。许多国家的著作权法都有此规定。这里的作者，从法律上来看，既包括自然人，也包括法人和其他组织，因而除事实上的作者以外，在法律上被视为作者的法人或其他组织依法也可以成为著作权的主体。在我国，著作权归属主要包括：电影作品和类似摄制电影的方法创作的作品中，导演、编剧、摄影、作词、作曲等作者享有署名权，著作权的其他权利属于制片者享有。《著作权法》第16条规定的职务作品的两种情形，作者享有署名权，法人和其他组织享有著作权的其他权利。《著作权法》第17条规定的受委托创作的作品，根据合同，委托人可以成为著作权人。《著作权法》第19条规定，公民的著作权在权利人去世以后，其继承人可以继承该著作财产权，成为著作权人。此外，通过转让部分或全部著作财产权，受让人也可以成为著作权人。特定条件下，国家也可以成为著作权人。

二、各种作品的著作权归属

（一）合作作品的著作权归属

《著作权法》第13条规定：“两人以上合作创作的作品，著作权由合作作者共同享有。没有参加创作的人，不能成为合作作者。合作作品可以分割使用的，作者对各自创作的部分可以单独享有著作权，但行使著作权时不得侵犯合作作品整体的著作权。”① 新修改的《著作权法实施条例》第9条规定：“合作作品不可以分割使用的，其著作权由各合作作者共同享有，通过协商一致行使；不能协商一致，又无正当理由的，任何一方不得阻止他方行使除转让以外的其他权利，但是所得收益应当合理分配给所有合作作者。”第14条规定：“合作作者之一死亡后，其对合作作品享有的《著作权法》第10条第一款第（5）项至第（17）项规定的权利无人继承又无人受遗赠的，由其他合作作者享有。”

理解合作作品的著作权归属时须注意：

（1）合作作品著作权通常由合作作者享有。由前述可知，每个合作作者对合作作品都付出了创作劳动，因而应当享有著作权。没有参加创作的人，不能成为合作作者，也就不享有著作权。

（2）可分割使用的合作作品的著作权，由合作作者分别单独享有。可分割使用的合作作品，每位合作作者按照各自创作部分和所应得的权利份额，分享权利和分担义务，同时在行使著作权时不得侵犯合作作品整体的著作权，也即按份共有著作权。按份共有著作权人，每个共有人有权要求将自己的财产份额转让；但在转让时，其他按份共有人在同等条件下有优先购买的权利。

（3）不可分割使用的合作作品的著作权，由合作作者共同享有。不可分割使用的合作作品，每位合作作者的创作部分相互交融，无法划分各自对著作权所应得的权利份额，因而共同对合作作品享有权利和承担义务，也即共同共有著作权。共同共有的著作权人不能单独使用作品，对著作权的行使应当协商一致，如果不能协商一致，则任何一方无正当理由不得阻止他方行使著作权，但是所得收益应当合理分配给所有合作作者。共同共有的著作权人在分割财产时，一般是平均分配。

---

① 《〈中华人民共和国著作权法〉（第3次修改草案）》第15条规定：“两人以上合作创作的作品，著作权由合作作者共同享有。没有参加创作的人，不能成为合作作者。合作作品可以分割使用的，作者对各自创作的部分可以单独享有著作权，但行使著作权时不得妨碍合作作品的正常使用。合作作品不可以分割使用的，其著作权由各合作作者共同享有，通过协商一致行使；不能协商一致，又无正当理由的，任何一方不得阻止他方使用或者许可他人使用合作作品，但是所得收益应当合理分配给所有合作作者。他人侵犯合作作品著作权的，任何合作作者可以以自己的名义提起诉讼，但其所获得的赔偿应当合理分配给所有合作作者。”

（4）合作作者之一死亡后，其对合作作品享有的除发表权、署名权、修改权、保护作品完整权之外的权利，无人继承又无人受遗赠的，由其他合作作者享有。

（5）对合作作品著作权的归属，法律有规定，按规定办理。比如电影作品和以类似摄制电影的方法创作的作品，著作权法规定了著作权归属及其行使。作者之间有约定的，从约定，但约定的内容不得违反著作权法。合作作者对著作权的行使没有约定的，依著作权共同共有原则办理。

（二）职务作品的著作权归属

著作权首先属于作者是各国著作权普遍遵循的原则。但在职务作品的著作权归属问题上，各国的解决方式却有所不同。主要有以下三种方式：

（1）出于对作者利益的保护，大陆法系国家的著作权法一般规定职务作品的著作权首先由作者取得。如《法国著作权法》规定，雇佣合同、服务合同的存在或者智力作品的作者签订上述合同的行为丝毫不影响作者享有的对其作品的专有的，对一切人都有抗辩力的无形财产所有权。但是，依《劳动法》及《合同法》的规定，雇员在劳动合同中应准许其雇主在约定范围内独占使用有关作品的著作权。1985 年《法国著作权法》规定："除有相反规定，由一个或几个雇员在履行职责时完成的软件属于雇主，所有赋予作者的权利归属后者。"这样，软件作品的原始著作权就转归雇主所有。

（2）英美法系国家的著作权一般规定职务作品的著作权首先由雇主取得。例如，《英国著作权法》第 11 条第（2）项规定："除非雇佣合同有相反规定，由雇员在受雇期间创作之文学、戏剧、音乐或艺术作品，其雇主为首位著作权所有人。"《美国著作权法》第 20 条第（6）项也作了类似的规定。

（3）我国著作权法规定，职务作品的著作权原则上归作者所有，但作者所在单位根据法律规定在一定条件下可行使作者的某些权利。

我国《著作权法》第 16 条、《著作权法实施条例》第 12 条，对职务作品的著作权归属作了明确规定：①

（1）著作权由作者享有，法人或其他组织有权在其业务范围内优先使用。作品完成两年内，未经单位同意，作者不得许可第三人以与单位使用的相同方式使用该作品。单位在业务内使用该职务作品是否向作者付酬，由双方签订合同解决。作品完成两年内，经单位同意，作者许可第三人以与单位使用的相同方式使用作品所获报酬，由作者

---

① 《〈中华人民共和国著作权法〉（第 3 次修改草案）》第 18 条规定："职工为完成工作任务所创作的作品为职务作品，其著作权归属由当事人约定。如无约定或者约定不明的，职务作品的著作权由职工享有，但工程设计图、产品设计图、地图、计算机程序以及受聘于报刊社或通讯社的记者为完成报道任务创作的作品的著作权由单位享有，作者享有署名权。依本条第一款和第二款规定，职务作品的著作权由职工享有的，单位有权在业务范围内免费使用该职务作品。"

与单位按约定的比例分配。如果在作品完成后两年内，单位在其业务范围内不使用，那么，作者可以要求单位同意由第三人以与单位使用的相同方式使用，单位无正当理由不得拒绝。其许可使用作品所获报酬，由作者与单位按约定的比例分配。作品完成两年内，单位可在其业务范围内继续使用。作品完成的两年期限，自作者向单位交付作品之日起计算。

（2）由法律规定的某些特殊职务作品署名权由作者享有，著作权的其他权利由法人或其他组织享有，法人或其他组织可以给予作者奖励。这些特殊的职务作品主要有：① 主要是利用法人或其他组织的物质技术条件创作，并由法人或其他组织承担责任的工程设计图、产品设计图、地图、计算机软件等。《著作权法实施条例》第 11 条对上述的“物质技术条件”作了明确规定：“著作权法第十六条第二款关于职务作品的规定中的‘物质技术条件’，是指该法人或者该组织为公民完成创作专门提供的资金、设备或者资料。”② 法律、行政法规规定或者合同约定著作权由法人或其他组织享有的职务作品。

（3）法人或其他组织视为作者，享有全部著作权。由法人或其他组织主持，代表法人或其他组织的意志，并由法人或其他组织承担责任的职务作品，法人或其他组织视为作者，著作权全部由法人或其他组织享有。作为事实作者的职员只享有依劳动合同而产生的劳动报酬请求权，而不享有著作权。但是，他们应当有权获得适当的奖励。

（三）委托作品的著作权归属

各国著作权法对委托作品的著作权归属的规定有异，有的国家注重维护委托人之利益，规定在一般情况下，著作权人应是委托创作该作品的人，如英国、印度等。有的国家则重视作者权益之保护，规定委托作品的著作权首先应属于作者，如突尼斯。还有的国家采用二者兼顾的方法，规定由作者与委托人共享委托作品的著作权，如菲律宾。

我国《著作权法》第 17 条规定：“受委托创作的作品，著作权的归属由委托人和受托人通过合同约定。合同未作明确约定或者没有订立合同的，著作权属于受托人。”①

（四）汇编作品的著作权归属

我国《著作权法》第 14 条规定：“汇编若干作品、作品的片断或者不构成作品的数据或其他材料，对其内容的选择或者编排体现独创性的作品，为汇编作品。”可见：① 汇编的取材较广泛，可以是作品，也可以是作品的片断，甚至是不构成作品的数据

① 《〈中华人民共和国著作权法〉（第 3 次修改草案）》第 19 条规定：“受委托创作的作品，其著作权归属由委托人和受托人约定。如无约定或者约定不明的，著作权由受托人享有，但委托人在约定的使用范围内可以免费使用该作品。当事人没有约定使用范围的，委托人可以在委托创作的特定目的范围内免费使用该作品。”

或其他材料。② 汇编的活动主要体现在对所选材料内容的选择或编排上，汇编人在选择的内容上或编排有自己特定的标准和要求。③ 汇编必须体现出独创性，也即汇编人在对已有作品、作品的片断或不构成作品的数据或其他材料的内容选择或编排上体现了其独特的思想、观点和构思，具有独创性。报纸、杂志、文摘、选集、论文集、百科全书等都属于汇编作品。

根据我国《著作权法》第 14 条规定，汇编作品的著作权由汇编人享有，但行使著作权时，不得侵犯原作品的著作权。[①] 汇编人可以是自然人，也可以是法人或其他组织，在实践中，法人或其他组织作为汇编人较为常见。因而，由法人或其他组织组织人员进行创作，提供资金或资料等创作条件，并承担责任的百科全书、辞书、教材、大型摄影画册等汇编作品，其整体著作权由法人或其他组织享有。汇编人在进行汇编创作时，如使用的是受著作权保护的作品，必须经原作品著作权人的同意，并向其支付报酬。汇编作品作为一个整体，其著作权虽归汇编人享有，但其中可以独立存在、单独使用的作品，其著作权由该作品的作者享有；但该作品著作权人行使著作权时，亦不得损害汇编作品的著作权人的著作权。

（五）电影作品和以类似摄制电影的方法创作的作品的著作权归属

确定电影作品和以类似摄制电影的方法创作的作品的著作权归属，核心问题是协调作者与制片人的关系。这方面有四种立法例。

（1）美国式。作品的制片人被视为作者，对作品享有版权。

（2）法国式。作品的作者是导演、剧本作者、乐曲作者等人，对视听作品享有作者权，他们可通过合同向制片人转让作品的专有使用权。英国、匈牙利也是作者通过合同将作品财产权利转让给制片人。

（3）德国式。作品的作者权归导演、编剧等作者所有，制片人为邻接人，如果作者允许他人将作品摄制电影，那么，在有争议的情况下视为作者已将专有用益权等权利授予了制片人。法定转让的权利包括修改权、制作电影权、复制权、放映权、电台播放权、演绎权等。意大利也取这种法定转让制。

（4）俄国式。将该类作品的著作权归属按汇编作品对待。《俄国民法典》规定，摄制影视作品的企业，对该作品享有作者权。剧作家、作曲家、导演、主摄影师、艺术导演等人，对其各自作为影视片组成部分的作品享有作者权。《罗马尼亚著作权法》也采用了这种模式。

---

① 《〈中华人民共和国著作权法〉（第 3 次修改草案）》第 16 条规定：“汇编若干作品、作品的片段或者不构成作品的数据或者其他材料，对其内容的选择或者编排体现独创性的作品为汇编作品，其著作权由汇编人享有。使用汇编作品应当取得汇编作品的著作权人和原作品著作权人许可并支付报酬。”

我国《著作权法》第 15 条规定："电影作品和以类似摄制电影的方法创作的作品的著作权由制片者享有，但编剧、导演、摄影、作词、作曲等作者享有署名权，并有权按照与制片者签订的合同获得报酬。电影作品和以类似摄制电影的方法创作的作品中的剧本、音乐等可以单独使用的作品的作者有权单独行使其著作权。"① 在理解该作品著作权归属时须注意以下几点：

（1）电影作品和以类似摄制电影的方法创作的作品著作权归属实行法定分享转让制。依一般原理，该类作品的著作权应属于作者，但由于作者众多，有导演、编剧、作词、作曲、摄影等，并且除去音乐、剧本或美术作品外，大多数作者的创作不可分割地融进同一表现形式中，因而这些作者无法单独行使著作权。如何协调这种关系，既照顾作者的利益又方便著作权的行使，我国《著作权法》规定了法定分享转让制，即由导演、编剧、作词、作曲等作者对其著作权保留署名权，其他权利转归制片者享有。

（2）电影作品和以类似摄制电影的方法创作的作品是特殊的合作作品。依一般原理，合作作品的著作权归合作作者共同享有。但由于前述原因，无法共同享有，只有依法定转让分享著作权，然而该合作作品仍具有与一般合作作品著作权归属方面的某些相同内容。如合作作品可以分割使用的，作者对各自创作的部分可以单独享有著作权。在整个作品的著作权中实行分享著作权分配方式的同时，对其中可单独使用的作品如剧本、音乐等，作者有权单独行使其著作权，实行双层著作权的分配方式。

（3）电影作品和以类似摄制电影的方法创作的作品作者财产权利的实现方式。导演、编剧、作词、作曲、摄影等作者只享有署名权不享有著作权中的其他权利，并不等于这些作者就不享有收益权。只不过这种收益权不是著作权中的财产权利，而是通过合同确定报酬来实现的。

（六）演绎作品的著作权归属

演绎作品是对原作品进行的第二次、第三次甚至更多次创作的作品，其演绎方式有改编、翻译、注释、整理等。我国《著作权法》第 12 条规定："改编、翻译、注释、整理已有作品而产生的作品，其著作权由改编、翻译、注释、整理人享有，但行使著作

---

① 《〈中华人民共和国著作权法〉（第 3 次修改草案）》中，此类作品被修改为"视听作品"。《〈中华人民共和国著作权法〉（第 3 次修改草案）》第 17 条规定："制片者使用剧本、音乐和戏剧等已有作品制作视听作品，应当取得著作权人的许可并支付报酬。视听作品的著作权由制片者享有，但原作作者、编剧、导演、摄影、作词、作曲等作者享有署名权，原作作者、编剧、导演、作词、作曲作者有权就他人使用视听作品获得合理报酬。视听作品中可以单独使用的剧本、音乐等作品，作者可以单独行使著作权，但不得妨碍视听作品的正常使用。"

权时不得侵犯原作品的著作权。”[①] 可见：改编、翻译、注释、整理只要不侵犯原作品的著作权的，改编者、翻译者、注释者和整理者都可享有著作权。演绎作品的作者仅对演绎部分享有著作权，对被演绎的作品不享有著作权，并且无权阻止他人对同一原作进行演绎。如果第三人要使用演绎作品，必须征得原作作者和演绎作品作者的双重许可，因而演绎作品存在双重著作权的保护。同时，改编者、翻译者、注释者和整理者在行使其著作权时，不得侵犯原作品的著作权，在演绎作品中必须表明原作品的名称和作者的姓名。

（七）美术等作品的著作权归属

就美术等作品而言，它涉及两类权利，一类是美术等作品原件所有人对美术等作品原件的所有权，即占有、使用、收益、处分美术等作品原件的权利；另一类是美术等作品的创作人对于美术作品的著作权。这是两类不同的权利，美术等作品的创作人对于美术等作品原件所有权的转移，不视为作品著作权的转移。画家将画出售给甲，甲只享有该画的所有权，不享有该画的著作权。当甲欲展览此画时，涉及画家著作权中的展览权，并与之发生冲突。同时画家如欲展览此画原件时，又不可避免地遭遇原件持有人甲的所有权。为了解决这一矛盾，我国《著作权法》第 18 条规定：“美术等作品原件所有权的转移，不视为作品著作权的转移，但美术作品原件的展览权由原件所有人享有。”[②] 因而即使著作权人想要展览美术等作品原件，也应取得原件所有人的许可，否则，无权实施展览。

（八）匿名作品的著作权归属[③]

匿名作品，是指作者身份不明的作品，作者不具名或不写真实姓名。国际版权理论

---

① 《〈中华人民共和国著作权法〉（第 3 次修改草案）》第 14 条规定：“以改编、翻译、注释、整理等方式利用已有作品而产生的新作品为演绎作品，其著作权由演绎者享有。使用演绎作品应当取得演绎作品的著作权人和原作品著作权人许可并支付报酬。”

② 《〈中华人民共和国著作权法〉（第 3 次修改草案）》第 20 条关于美术作品权利归属增加新的条款：“作者将未发表的美术作品、摄影作品原件转让给他人，受让人展览该原件不构成对作者发表权的侵犯。陈列于公共场所的美术作品的原件为该作品的唯一载体的，原件所有人对其进行拆除、损毁等事实处分前，应当在合理的期限内通知作者，作者可以通过回购、复制等方式保护其著作权，当事人另有约定的除外。”

③ 关于作者身份不明的作品在新的修改草案中有新的规定。《〈中华人民共和国著作权法〉（第 3 次修改草案）》第 25 条：“作者身份不明的作品，其著作权除署名权外由作品原件的所有人行使。作者身份确定后，其著作权由作者或者其继承人、受遗赠人行使。”第 26 条：“著作权保护期未届满的已发表作品，使用者尽力查找其权利人无果，符合下列条件之一的，可以在向国务院著作权行政管理部门指定的机构申请并提存使用费后以数字化形式使用：（一）作者以及作品原件所有人均身份不明的；（二）作者身份不明，作品原件所有人身份确定但无法联系的；（三）作者身份确定但无法联系的。前款具体实施办法，由国务院著作权行政管理部门另行规定。”

认为，匿名可称之为“假名”，即作者不披露他的真实身份，但为了确定其作者身份又虚构了某一姓名，作者不披露他的身份也是作者的一种自由。我国《著作权法》对匿名作品同其他作品一样实行保护。《著作权法实施条例》第 13 条规定：“作者身份不明的作品，由作品原件的合法持有人行使除署名权以外的著作权。作者身份确定后，由作者或者其继承人行使著作权。”

在理解匿名作品的著作权归属时须注意：

（1）匿名作品的原件持有人须是合法持有人，如系保管持有、投稿持有等，盗窃、拾得之人，则不能行使著作权。

（2）原件合法持有人只是行使著作权，不能享有著作权，并且只能行使除署名权以外的著作权。

（3）作者身份确定后，合法的原件持有人不得继续行使著作权，应回归作者或其继承人行使。

（4）作者身份确定之前，原件的合法持有人行使署名权以外的著作权所获收入的归属问题。对此，法条未作明确规定。根据民法“无因管理”理论，原件的合法持有人行使著作权所获收入应转归作为“本人”的作者或其继承人，作者或其继承人应当偿付作为“管理人”的原件合法持有人因代行著作权的管理行为所负担的费用、损失和债务，但以作者或其继承人所获收入为限。

第五章　著作权的内容

著作权的内容，是指由著作权法所确认和保护的作者和其他著作权人与其他任何人之间，基于作品的创作、传播和使用所产生的权利和义务，也即著作权法律关系的内容。特定的著作权人，作为权利主体，享有法定的专有权利，而不特定的著作权人以外的人，作为义务主体，承担不得妨碍著作权人行使其法定权利的义务。一般认为，著作权的内容包括著作人身权和著作财产权两方面。

关于著作权的权利内容，目前世界各国大体上采取两种不同的立法体例：一是大陆法系国家如德国、法国，普遍强调对作者人身权利的保护，规定著作权包括著作人身权和著作财产权两个方面；二是英美法系国家如美国等注重对著作权的经济财产权的保护，而忽视对作者和其他著作权人的著作人身权方面的保护，著作权人的人格按一般人格权对待。

我国《著作权法》采取二元说，认为著作权包括人身权和财产权两部分。同时，立法在规范著作权的两部分内容时，是将财产权与人身权放在一个条文中列举的。① 修改前的著作权法比较注重著作人身权的分项列举，而对于财产权则采用了把几种财产权挤到一项中加以规定。这种立法处理方式不能体现出著作权的经济本质。因为就著作权而言，尽管表面上看不像商标权、专利权那样具有明显的经济性特征，但从其本质上看，还是要通过作品的传播来达到繁荣版权经济的目的。而这又不能没有明确的著作财产权，包括使用权、许可权、转让权和获得报酬权。应当说，2001 年的《著作权法》对上述几种著作财产权都作了相应的完善，其中，对使用权不再像以前那样以“使用方式”形式列举，而是对各种使用方式都冠以“权利”的名称，并加以适当调整、扩大后明确规定了 12 项权利。从这一著作财产权明细化我们可以看出，首先，原著作权法在列举著作财产权时不够规范，顺序排列的依据也是不够充分，而 2011 年的《著作权法》对著作财产权的列举则有一种顺序感强、分类规范的特点。其次，原先的播放权分解细化为广播权和放映权；编辑权也顺应国际潮流统一为“汇编权”；注释权被取消；增加了信息网络权。最后，把使用权、许可权、获酬权、转让权分别规定在不同的条款中，这又透视出立法者在著作财产权的规范问题上确实进行了大的修改，真正为著作权人传播和展示自己的创作风采提供了一个大舞台。

① 这一情况在《〈中华人民共和国著作权法〉（第 3 次修改草案）》中得到明显改变，在著作权项下，将人身权利与财产权利分开立法，形成了总括条款、人身权利条款和财产权利条款鼎立的局面。

第一节　著 作 人 身 权

一、著作人身权概述

著作人身权（Moral Rights），在大陆法系国家通常称为作者人格权，在英美法系国家则称为精神权利，指作者对其作品所享有的各种与人身相联系或密不可分而又无直接财产内容的权利。《伯尔尼公约》将著作人身权定义为："不受作者经济权利的影响，甚至在经济权利转让之后，作者仍保留有要求其作品作者身份的权利，并有权反对对其作品的任何有损其声誉的歪曲、割裂或其他更改，或其他损害行为。"

对著作人身权的具体内容，多数国家规定人身权包括发表、署名、修改和保护作品完整权，法国、德国还规定收回权和更改权也包括在著作人身权范围之内。我国《著作权法》明确规定了作者所享有的发表权、署名权、修改权和保护作品完整权，其内容之广泛，保护期限之长，均在世界上处于领先地位。

一般而言，著作人身权具有永久性、不可分割性和不可剥夺性的特点。所谓永久性，是指著作人身权的保护在一般情况下不受时间的限制。例如，我国《著作权法》第20条规定："作者的署名权、修改权、保护作品完整权的保护期限不受时间限制。"《法国著作权法》第6条明确规定："人身权利是永久的。"所谓不可分割性，是指著作人身权与作者本身不可分离，专属于作者，换言之，即著作人身权不可转让。作者生前，该权利只能由作者享有；作者死后，其继承人有义务保护此权利不受第三人的侵犯；在无继承人的情况下，由国家著作权行政管理机关保护作者的人身权不受侵犯。所谓不可剥夺性，是指任何单位或个人不得以任何理由剥夺作者的上述人身权，除非依法律规定给予适当的限制。

根据我国《宪法》、《著作权法》的规定，著作人身权与民法上的一般人身权相比，二者之间既有相同也有区别。相同在于：都是保护权利主体的人身利益；权利主体所有的专有权和绝对权，都与特定的权利主体人身紧密相连；都无直接的财产利益内容；一般都不能转让、剥夺和继承。区别在于：① 权利产生和终止不同。一般人身权依公民的出生或法人的设立而产生，依公民的死亡或法人的解散等而终止；著作人身权则依作者创作完成作品为产生前提，作者死之后，著作人身权仍不终止，继续受法律保护。② 权利主体范围不同。任何一个公民和法人均可成为一般人身权的权利主体；但著作权的权利主体须是创作作品的作者和其他享有著作权的公民、法人或其他组织。前者范围大于后者。③ 保护客体不同。一般人身权的保护客体是人身利益，包括与公民、法人的人格、身份相关的利益，如生命健康、肖像、法人的名称、荣誉等；著作人身权的保护客体是使署名、发表等权利得以具体体现的作品。④ 权利可否转让不同。依照法律规定，一般人身权是不能转让给他人的；著作人身权表现为多种权利，作者对作品的发表权可转让给他人行使。

二、著作人身权的内容

我国《著作权法》第10条规定著作人身权包括发表权、署名权、修改权和保护作品完整权。[①]

（一）发表权

根据我国《著作权法》第10条第1款规定，发表权是指决定将作品公之于众的权利，即作者决定作品是否公之于众，何时，何地以及以何种方式公之于众的权利。对此，国家版权局专家已做出进一步的理解，即指对作者发表权的行使，任何人不能违背作者的意志，强行发表其作品，更不允许未经作者同意擅自发表作品；否则，均构成对发表权的侵犯。针对"作品公之于众"的理解，通常是指将作品向作者以外的不特定多数人公开，即公开的对象应不限于作者生活范围内的特定人；公开的方法则可以是口述、表演、出版、展览等，只要能使公众感知作品的内容即可，不论作品是否已固定下来。也有学者论述，所谓公之于众是指披露作品并使作品处于为公众所知的状态。至于公众是否知晓或关注被发表的作品，则无关紧要。对于发表权中"公众"的内涵，学界也已经有了共识，即公众是指作者以外的不特定多数人，而不是指作者将自己的作品提供给其亲属、亲友或向某些专家请教。

在司法实践中通常认为作者虽未将作品公之于众，但有下列情形之一的，推定作者同意发表其作品：一是作者许可他人使用其未发表的作品；二是将其未发表的美术作品的原件所有权转让给他人。上述三方面内容，是对正确理解我国《著作权法》意义上"发表权"特性的揭示：① 即作品的发表，要看是否符合作者的主观意志；② 是否针对作者以外的不特定多数人进行；③ 作品是否处于被作者以外不特定多数的社会公众知晓的状态。

发表权是著作权中的首要权利，作品创作完成后，如果不行使其发表权，其他任何人身权与财产权均无从实现。发表权具有以下法律特征：① 它是一次性权利，即作品经公之于众后，作者就不能再次发表作品，所以，作品的初版是发表，再版则不是发表。② 由于作品体现了作者的思想、情感或观点，只有作者才有权决定是否愿意将之

---

① 在《〈中华人民共和国著作权法〉（第3次修改草案）》中，将"修改权"的内容并入"保护作品完整权"，由此，著作权的人身权缩减为发表权、署名权和保护作品完整权三项。笔者认为，这种修改符合国际公约的要求且与主流立法体例相通。

公之于众，所以发表权一般只能由作者本人行使；如果作者死亡，50 年内，作品的发表权可以转移给继承人或受遗赠人行使；没有继承人或接受遗赠人的，由作品原件的合法所有人行使。③ 发表的方式多种多样，既可以书的方式出版，也可向报纸杂志投稿，还可以 CD、VCD 等光碟的方式发表。④ 发表的时间只能是作品初次公之于众之时。

外国人的作品发表应注意以下问题：① 外国人未发表的作品在中国境内并不必然产生著作权，其作品著作权的产生应以发表为前提，只有通过合法方式先在中国境内出版发表的作品才享有著作权。② 外国人作品在中国境外首先出版的，30 天内在中国境内出版的，视为该作品首先在中国境内发表，享有著作权。③ 外国人未发表的作品经授权改编、翻译后首先在中国境内出版的，视为该作品首先在中国境内发表，享有著作权。

（二）署名权

我国《著作权法》第 10 条第 2 款规定，署名权是指表明作者身份在作品上署名的权利。[①] 作品的署名表示了该作品的创造者及著作权的归属，只有作者才享有署名权。

署名权是作者所享有的一项重要权利，包括作者在自己的作品上决定署名与否和禁止他人署名两方面权利。前一项权利主要表现在：作品完成后，作者有权主张自己为作品作者，拒绝其他任何未直接参加作品创作的人提出的确认其为作品作者的请求，决定在自己的作品上署真名、假名、笔名、别名、艺名或不署名；后一项权利主要表现在，作者有权禁止其他任何未直接参加创作的人在自己的作品上署名。《伯尔尼公约》及一些国家的版权法认为："署名权"如果从禁止他人不正当地署名角度去行使，还包含更深一层含义，即不允许他人冒自己的名义发表作品，这就是著作权法中的"冒名"问题。目前，英国、美国、德国、日本、澳大利亚、新西兰等许多国家的著作权法，均有禁止冒名的规定。我国《著作权法》第 47 条也明确规定，制作、出售假冒他人署名美术作品的属侵权行为。

署名只能适用于那些有可能署名的作品，如文字作品等。有些作品，如口述作品，则只能表明作者身份而无法署名。当然，表明作者身份也是署名权的权利内容。在作品上署名的可以是公民、法人或其他组织。独立作品的作者有权独自署名，合作作品的作者有权在作品上署名。而当作者的作品署名发表后，其他任何人以出版、广播、表演、翻译、改编等形式进行传播和使用时，必须注明原作品作者的名字。

---

① 《〈中华人民共和国著作权法〉（第 3 次修改草案）》对署名权的定义作了进一步的完善——决定是否表明作者身份以及如何表明作者身份的权利。国家版权局认为，现行法中"在作品上署名"的规定仅仅反映了如何表明作者身份，并不能完全体现"署名权"的外延，故有这样的修改（见 http：//economy. caijin. com. cn/2012 - 04 - 14/html. 访问于 2013 年 10 月 30 日）。

我国《著作权法》对一些作品的著作权归属作了特别规定，但它们的署名权仍属于作者。如著作权由法人或其他组织享有的职务作品，其署名权仍归作者享有。

此外，署名权不得转让继承，也不存在放弃问题。同时，署名权的保护期不受限制，作者生前对署名权专有，死后署名权亦不得转让或继承，这有利于防止他人在作者死后隐匿、改变作者姓名。

（三）修改权

我国《著作权法》第 10 条第 2 款规定，修改权是指作者对其作品修改或授权他人修改的权利。[①] 之所以规定修改权是因为作品是作者的思想情感和观点的集中体现，当出现情势变化，作者认为作品已有不合时宜的地方，他们有权审时度势，对作品进行修改，如删节、充实、改写等。

修改权的行使，从主体上来看，可以是作者自己修改作品，也可以授权他人对作品进行修改，未经授权而擅自修改他人作品，即构成对作者修改权的侵犯；从对象上看，作品的修改可以是对已发表作品的修改，也可以是对未发表作品的修改；从内容上看既可以对作品的观点、内容和形式等进行实质性修改，也可以是对作品进行技术性修改。当然，作者的修改权也要受到一定限制。如依《著作权法》规定，报社、杂志社可以对投稿作品进行文字性修改、删节，无须征得作者同意，或经作者许可，可对内容进行修改。图书出版者经作者许可，可对作品进行修改、删节。另外，如美术作品原件售出后，著作权人如欲修改作品，就应当经得美术作品原件所有人的同意。

（四）保护作品完整权

我国《著作权法》第 10 条第 2 款规定，保护作品完整权是指保护作品不被歪曲、篡改的权利。[②] 这种权利，在《法国著作权法》称为作品得到尊重权，在《日本著作权法》称为同一性保护权，我国台湾有的学者称为维持著作权原状之权。

保护作品完整权本身算不上一种独立权利，它是作品修改权的延伸，不但禁止他人对作品进行修改，而且还一步禁止对作品的观点、内容、形式和情节等进行歪曲和篡改。他人在演绎作品中表演作品中，都不得歪曲篡改作品。《伯尔尼公约》第 6 条之二规定："作者享有反对对作品进行任何歪曲、割裂或者其他更改，或有损于其声誉的其

---

① 《〈中华人民共和国著作权法〉（第 3 次修改草案）》借鉴德国、日本著作权法的规定，删去"修改权"，将其纳入"保护作品完整权"，在公开征求意见过程中多数人士对此深感认同，认为修改权和保护作品完整权是属于一个权利的两个方面（见 http：//www. economy. caijing. com. cn/2012 - 04 - 14/html，访问于 2013 年 10 月 30 日）。

② 《〈中华人民共和国著作权法〉（第 3 次修改草案）》第 11 条第 3 款规定："保护作品完整权，即授权他人修改作品以及禁止歪曲、篡改作品的权利。"

他一切损害的权利。” 按照该条规定可以推知，歪曲、篡改作品往往涉及作品的思想主张或情感倾向。但这并不意味着著作权法保护思想或情感本身。著作权法的保护只限于作者在作品中所要表达的思想、观点、方法、事实或情感不被改动、曲解、阉割、丑化，而不是指作者对作品中反映的思想观点和情感等内容享有垄断权。歪曲、篡改作品的思想情感必然破坏作品的原有形式，损害原作品形式上的完整性。所以，著作权法通过保护作品形式上的完整，就可以避免作品被歪曲和篡改。可见，《著作权法》的保护只是在思想或情感的表现形式，而不延及其思想和情感本身，故著作权的保护原则是一贯的。但作品在出版发行的过程中，出版人对出版作品所作的技术性处理，如引证的确认、文学和语法错误的更改，不能视为是对保护作品完整权的侵犯。对作品的歪曲篡改主要表现在：割裂、肢解作品，去掉作者的观点，加进自己的观点，曲解作者原意，断章取义。

保护作品完整权的保护期不受限制。作者死后，由作者的继承人或受遗赠人加以保护和行使，无人继承和受遗赠的，则由著作权行政管理部门保护。

第二节　著 作 财 产 权

一、著作财产权概述

著作财产权，又称经济权利，是指著作权人自己使用或授权他人以一定方式使用作品而获取物质利益的权利。

与著作人身权相比，著作财产权有自己独特的地方：① 著作财产权可以转让、继承和放弃；② 著作财产权的保护有时间限制，期限届满，著作财产权消灭；③ 著作财产权的表现方式多种多样，对著作财产权的行使有两种方式，一是作者或著作权人自己使用作品获得报酬，二是许可他人使用，使用者支付报酬。

著作财产权与一般财产所有权相比，二者有相同也有区别。相同之处在于：都是对财产或作品享有占有、使用、收益和处分的权利；都是一种支配权，即权利主体对财产或作品享有直接支配并排除他人干涉的权利；都是一种绝对权利，以不特定的多数人为义务主体；都可继承、转让和放弃。不同之处在于：① 权利的客体不同，一般财产所有权的客体是特定的财产，是有形物，而著作财产权的客体是作品，是无形物；② 使用方式不同，一般财产所有权客体不能同时在多种情形下被使用，而著作财产权的客体则有可能同时在多种情形下被使用；③ 使用的限制有所不同，一般财产所有权的使用人总是权利人或依权利人授权使用财产，而著作财产权的使用人则可不经著作权人同意而合理使用他人作品；④ 保护期限不同，一般财产所有权的法律保护期不受限制，著作财产权要受保护期的限制。

由于作品的使用和传播方式与科学技术的发展密切相关，随着现代科学技术的发展，作品的传播使用方式日益增多，由此会导致著作财产权的范围不断扩大。

二、著作财产权的内容

根据我国《著作权法》第10条的规定，著作财产权有使用权和获得报酬权两大方面。使用权是指作者通过对作品的各种使用方式从而传播其作品的权利，是著作财产权的基本表现。作品的使用权为作者专有，非经作者许可或法律规定，其他人不得使用作品。作者或其他著作权人也可采用与使用者订立著作权许可使用合同的形式将作品使用权授予使用者，这是作者和其他著作权人行使著作权的表现。获得报酬权是指作者或其他著作权人在与使用者订立了著作权许可使用合同，将作品使用权授予使用者后，有要求使用者支付一定报酬的权利。获得报酬权是著作权人实现其著作财产权的重要表现。报酬的多少应符合法律规定或依合同而定，如果是合理使用，则不应收费。著作财产权具体包括：

（一）复制权

复制权，又称重制权，是指以印刷、复印、拓印、录音、录像、翻录、翻拍等方式将作品制作一份或多份的权利，是著作财产权中最基本的一项权利。[①] 复制是使作品能够广泛传播和使用的重要手段，因而作者行使著作权集中地体现在行使复制权上。

复制的概念有广义与狭义之分。狭义之复制，一般仅指以同样形式制作作品复制件的权利，如对文字作品的原样复印。广义之复制还包括以不同形式表现同一作品，如将平面作品制成立体作品等。

我国著作权法修订前对复制是从狭义的角度规定的。原《著作权法》第52条规定："本法所称复制，指以印刷、复印、临摹、拓印、录音、录像、翻录、翻拍等方式将作品制成一份或多份的行为。按照工程设计，产品设计图纸及其说明进行施工，生产工业品，不属于本法所称复制"。而按照《伯尔尼公约》的精神，从平面到立体或从立体到平面的再现原作，也构成复制。这也是多数《伯尔尼公约》成员国的国内法承认的。比如美国在参加了《伯尔尼公约》之后，专门制定了1990年《建筑艺术作品法》，以弥补以往立法不承认按建筑表现图及建筑设计图纸施工建筑建造物的缺陷。如今，我国不仅是两个著作权国际公约成员，而且加入了WTO，与国际接轨成为必要。

① 《〈中华人民共和国著作权法〉（第3次修改草案）》扩大了复制权的范围，将"数字化等方式"纳入"复制"范围。其第11条规定："复制权，即以印刷、复印、录制、翻拍以及数字化等方式将作品固定在有形载体上的权利。"

所以，2011 年的《著作权法》修改后，删除了“按照工程设计，产品设计图纸及其说明进行施工、生产工业品，不属于本法所称复制”条款。同时，还删去了“临摹”这种复制形式。临摹，也称“临模”，是中国书画术语，通常是指以名家书画为蓝本，摹仿学习，是学习书画的一种手段和过程，对临摹行为不应一概而论。有些临摹远非简单复制，特别对不同载体上的美术作品的临摹和印刷、复制、拓印、录音等复制行为有本质不同。临摹需要一定程度的创作技能和技巧，临摹品体现着临摹人的艺术表现力，因而构成新作品。基于此，修改时将临摹删去了。但理论上一般 认为，临摹应属复制行为，法律修改时虽删去临摹这种复制行为，但仍包含在条文之中。

随着新技术的发展，一些发达国家提出了扩大复制的含义：即将信息在计算机内存中“暂存”也视为复制。因为，当信息在计算机中“暂存”时，信息仍然显示在屏幕上，作品的内容出现了“再现”，因而该行为与传统意义上的“复制”具有共性，所以一些国家主张将其纳入“复制”之列。1993 年《俄罗斯著作权法》即持此观点。不过，传统意义上的复制伴随的是载体的“再现”，而信息在计算机中的暂存并不会产生载体的“再生”，关机后该信息不会“再现”。并且，如果将该行为解释为“复制”，虽然有利于加大对计算机程序著作权人的保护力度，但对于普通使用者而言未免过于严苛。解决该问题的关键在于寻找某种公平合理的方式平衡著作权人的利益及使用者的利益。可以想象，新技术的出现和发展，复制的含义将有扩大趋势。

（二）发行权

发行，是指为满足公众对作品的需求，向公众提供一定数量作品的复制件的行为。《著作权法》把该行为作为一项法定权利赋予著作权人，旨在维护著作权的真实和效力，以保障权利人传播其作品的权利。由于这是一项法定的绝对的权利，所以它既不以作品的复制件是否为公众接受为前提，也不以公众是否有偿获得该作品的复制件为条件。只要提供的方式合法，作品原件或复制件所有权发生了转移，都属于发行行为，如出售、出租、散发、粘贴、赠送等。我国《著作权法》第 10 条第 6 款将发行权定义为“即以出售或者赠与方式向公众提供作品的原件或者复制件的权利”，这一定义没有概括发行行为的全部内容。①

发行的概念始于图书，至今已发展成为电影拷贝、电视磁带、录音录像制品。包括磁带、唱片、CD、VCD、DVD 等美术、摄影作品以及计算机程序等都可以使用这个概念。发行与复制通常是连在一起的，复制的目的是发行，发行是复制的必然结果，故人们把复制与发行两者统称为出版。《世界版权公约》第 6 条对“出版”一词的解释，就

① 在《〈中华人民共和国著作权法〉（第 3 次修改草案）》中，“发行”行为的范围得到扩大，包括了“其他转让所有权的方式”。

是指以一定的方式复制某作品，并将复制件在公众中发行，以供阅读或者以其他方式观赏之。《伯尔尼公约》虽未直接规定出版的含义，但是指出戏剧、音乐或电影作品的表演，音乐作品的演奏，文学作品的公开朗诵，文学或艺术作品的有线传播或广播，美术作品的展出和建筑作品的建造不构成出版。也就是说，这类仅能为公众感知，而不向他们提供复制件的行为也不构成发行。这一点，两个国际公约是一致的。

随着科技的进步，发行的含义亦有所变化。目前，某些发达国家如美国已建议将信息传输，即作品从计算机某一终端通过网络以数字信号形式发往另一终端的行为也视为发行，由著作权人专有。这种限制实际上更改了发行的概念。因为传统意义上的发行是向公众提供作品复制件的行为，发生了作品载体的转移，而在信息传输中，仅有信息的传递，并无载体的实际转移，该信息仍存在于输出计算机的内存或相联的存储设施之中，“因此很难把传输归入发行的概念之中。”① 所以，该种解释对作品使用者而言不免过于苛刻。但从另一角度而言，如不对这种传输行为给予一定的限制，则作者无力控制其作品被传输和接收者大量无偿使用的情形。因此，关键问题在于寻找适当的方式给予公平的限制。我国《著作权法》修改后，增列一专门的信息网络传播权，正是基于此考虑。

因此，理解发行权时，应注意：① 发行的目的是为了满足公众的合理需要，对于图书、录音带、光盘等类的作品复制件，只有复制量达到一定程度而使公众了解到作品的内容，才能满足公众的合理需要；对于电影等作品，只需较少的拷贝就可以通过巡回放映使公众了解作品的内容，从而满足公众的合理需要。② 发行的方式日渐多样化，有出售、散发、出租等，然而，TRIPS 协议与《WIPO 版权条约》中发行权与出租权是相互独立的两项权利，出租权所适用的客体只限于计算机软件，影视作品，我国著作权法修改后与之相同。在少数国家的公共图书馆中实行“公共借阅权”制度，也属于发行行为。③ 发行的对象只能是社会公众，即不特定的多数人。④ 发行权穷竭原则，也称为首次销售原则，即发行权只能行使一次，当作品原件或复制件首次向公众发行以后，著作权人对已经发行的这些复制件的分销、转销、散发等再次发行行为，均无权继续加以控制。⑤ 著作权人自己发行作品原件或复制件时，著作权人的发行权与作为原件或复制件的所有权人的处分权重合，此时发行权被所有权湮灭。⑥ 复制与发行共同构成出版行为，也即对作品进行复制、发行，就是对作品的出版。

（三）出租权

出租权，是指有偿许可他人临时使用电影作品和以类似摄制电影的方法创作的作

---

① 参见马克·戴维生、王源扩著：《计算机网络通讯与美国版权法的新动向》，载《外国法译评》，1996 年第 5 期。

品、计算机软件的权利。[①] 但出租的主要标的是计算机而非计算机程序的，则不适用该项权利。

出租权是我国 2001 年《著作权法》修改后，新增加的一种著作财产权。修改前的《著作权法》中，出租权是发行权的一种类型。但出租不同于传统的出售和散发等发行方式。当今世界，很多发达国家作品复制件的出租业日趋发展，录音、录像制品的出租活动尤为普遍。出租者从中可获得不菲的收益，租用者也可花少于购买价的费用使用作品的复制件。因此，著作权人控制出租权是必要的。

著作权的出租权与物的出租权会交叉。著作权的出租权，主要是著作权人享有因他人出租影视作品和计算机软件的载体而获酬的权利。《世界知识产权组织版权条约》第 7 条规定了出租权："（一）① 计算机程序，② 电影作品，③ 按缔约各国内法的规定，以录音制品体现的作品的作者，应授权将其作品的原件和复制品向公众进行商业性出租的专有权。（二）本条第 1 款不得适用于：① 程序本身并非出租主要对象的计算机程序；② 电影作品，除非此种商业性出租已导致对此种作品的广泛复制，从而严重损害了复制专有权。（三）尽管本条第 1 款的规定，任何缔约方如在 1994 年 4 月 15 日已有且现在仍实行作者出租其以录音制品体现作品的复制品获得公平报酬的制度，只要以录音制品体现的作品的商业性出租没有引起对作者复制专有权的严重损害，即可保留这一制度。" 正是基于此，我国《著作权法》修改时增加规定了出租权。

当著作权人自己出租其影视作品、计算机软件时，著作权人的出租权为著作权人作为影视作品、计算机软件的所有人的物的出租权所湮灭。当影视作品和计算机软件载体为他人所有，他人享有影视作品、计算机软件载体的出租权时，他人的这种物的出租权可以对抗著作权人的出租权。他人行使影视作品、计算机软件载体的出租权，即使著作权人不同意其出租，他人仍有权出租。出租的利益，他人不得独吞，应当分给著作权人。

（四）展览权

展览权也称公开展出权，是指公开陈列美术作品、摄影作品的原件或复制件的权利，不管作品发表与否。伯尔尼公约未明列著作权中的展览权，仅提到"美术作品的展出"。展览权的客体主要指美术作品、摄影作品，但不排除文字作品的手稿等可供展出的其他作品。

各国著作权法普遍有关于展览权的规定，但对哪些作品属于展览权的对象却有较大的差别。《德国著作权法》规定，展览权是指将未发表的造型艺术作品的原件或复制物

---

① 《〈中华人民共和国著作权法〉（第 3 次修改草案）》扩大了出租权的客体范围，根据《世界知识产权组织版权公约》第 7 条规定，增加了"包含作品的录音制品"出租权。

或未发表的摄影作品的原件或复制物公开展示的权利。《日本著作权法》则规定展览仅限于美术作品或尚未发行的摄影作品。《美国著作权法》则把适用展览权的作品的范围列得很宽，只要是有著作权的文字、音乐、戏剧、舞蹈、哑剧、绘画、刻印、雕塑，包括电影或其他音像作品中的个别图像，都可以成为展览权的对象。依美国著作权法的解释，展览的方式也很多，是指直接地或用影片、幻灯片、电视图像或任何其他装置或方法显示该作品的复制件，如系电影或其他音像作品，则是显示不连续的个别图像。

关于展览权的性质，我国理论界有两种意见：一种意见认为，展览权是有体物所有权的内容，而不是无体财产著作权的内容，作品的载体无论是原件还是复制品均属所有权调整，不为著作权左右，也即谁拥有物的所有权，谁就拥有展览权。另一种意见认为展览权是著作权人的权利，著作权人可以将作品自行展览，也可以允许他人展览。展览权被许可后，被许可人才能展出著作权的作品。两种意见各从不同角度揭示了展览权的性质，但都不全面。

美术作品和摄影作品的著作权与物权会发生交叉，因而著作权人在行使展览权时会受到限制，当美术、摄影作品的原件所有权和它们的著作权分别属于不同的权利人时，则原件展览权由原件所有人享有。著作权人只能享有除展览权以外的其他著作权。而美术作品、摄影作品的著作权也会与人身权发生交叉，当美术作品或摄影作品涉及第三人肖像，著作权人行使展览权就要受到肖像权人的权利限制，著作权人如未经肖像权人同意而公开展览这类作品，则可能构成对肖像权人人身权利的侵犯。

（五）表演权

表演权也称公演权、上演权，是指以声音、表情、动作等公开表演作品，以及用各种手段公开播送作品的表演的权利。表演权是著作权人的一种权利，与表演者权不同，表演者权是因表演作品而享有的权利，属于邻接权范畴。

表演权对于音乐、戏剧、曲艺、舞蹈等形式作品的著作权人有重要的意义，他们主要是通过行使表演权来实现其财产权的。在很多发达国家，往往通过表演权收费组织来实现作者的表演权。表演权可分为“活表演权”和“机械表演权”两种。《伯尔尼公约》第 11 条第 1 款规定：“戏剧作品，音乐戏剧作品和音乐作品的作者享有下列专有权利：① 授权公开表演和演奏其作品，包括用各种手段和方式公开表演和演奏；② 授权用各种方式公开播送其作品的表演和演奏。”该款①所述即“活表演”；②所述即“机械表演”。

表演权通常以下面几种方式来行使：一是授权他人以各种方式公开表演其作品；二是授权他人表演其作品并将表演通过电台或电视台传播；三是授权他人表演其作品并将表演录制成录音录像作品予以复制发行；四是作品的表演被制成录音录像作品发行且该复制件的购买人对其进行商业性使用的行为；五是将表演的录音录像复制件用来出租的

行为。上述各种行为都是使用作者表演权的行为，均应分别向著作权人支付表演权使用费。

我国在1990年制定《著作权法》时，就曾有人提议规定“机械表演”，对卡拉OK厅、旅店、旅馆、商场、机场等场所播放录音、录像制品时收取音乐作品之著作权使用费，也即表演权费。当时立法者认为，按照著作权原理，营利性使用音乐作品，是应当向音乐作品著作权人付酬的，但目前下文规定向商店、饭馆、歌厅等单位收取音乐作品著作权使用费还为时尚早，且难以行通。表演权只包括了“活表演权”，不含“机械表演权”。事隔10年后，我国著作权保护有了大的发展和进步，我们日趋认识到著作权法律保护的重要性，守法与维权的积极性大大提高。2001年修改《著作权法》时，增加了“机械表演”，商场、饭馆、歌厅等场所营业性播放音乐、录像作品需向著作权人支付作品使用费。

（六）放映权①

放映权，是指通过放映机、幻灯机等技术设备公开再现美术、摄影、电影和以类似摄制电影的方法创作的作品等的权利。这是2001年著作权法修改时新增加的一项权利，这项权利的行使要借助放映机、幻灯机等技术设备，权利的客体是美术、摄影、电影和以类似摄制电影的方法创作的作品。

（七）广播权

广播权，又称播放权，是指以无线方式公开广播或传播作品，以有线传播或者转播的方式向公众传播广播作品，以及通过扩音器或者其他传送符号、声音、图像的类似工具向公众传播广播的作品的权利。②《伯尔尼公约》第11条第二节1款规定：“文学艺术作品的作者享有以下专有权利：① 授权广播其作品或以任何其他无线传送符号、声音或图像的方法向公众传播其作品；② 授权由原有线广播机构以外的另一机构通过有线传播或转播方式向公众传播广播的作品；③ 授权通过扩音器或其他任何传送符号、声音或图像的类似工具向公众传播广播的作品。”

广播权是著作权人的权利，主要是针对广播电台、电视台的播放活动而设立的一项权利。广播权适用于文学作品、戏剧、曲艺作品、音乐作品、电影、电视作品等。

（八）信息网络传播权

信息网络传播权，是指以有线或者无线方式向公众提供作品使公众可以在某个人选

① 《〈中华人民共和国著作权法〉（第3次修改草案）》将此种权利类型删除，将其并入表演权。

② 《〈中华人民共和国著作权法〉（第3次修改草案）》第11条：“著作权财产权利包括：（六）播放权，即以无线或者有线方式公开播放作品或者转播该作品的播放，以及通过技术设备向公众传播该作品的播放的权利。”

定的时间和地点获得作品的权利。①

信息网络传播权是我国2001年著作权法修改时新增加的一项权利，2006年7月1日起施行的《信息网络传播权保护条例》对该权利的保护给予了进一步明确。该条例第二条明确规定：权利人享有的信息网络传播权受著作权法和本条例保护。除法律、行政法规另有规定的外，任何组织或者个人将他人的作品、表演、录音录像制品通过信息网络向公众提供，应当取得权利人许可，并支付报酬。

《伯尔尼公约》中规定了作者对作品享有向公众传播权，根据世界知识产权组织出版的《版权和邻接权法律术语词汇》的解释，所谓向公众传播，是指以任何适当的方法使一般的人而不是限于某一个私人团体的特定个人，能听到、看到某作品、表演、唱片和广播节目。《世界知识产权组织版权条约》第2条和《世界知识产权组织表演和唱片条约》第10条和第14条进一步规定了向公众传播权，赋予作者、表演者和唱片制作者以有线或无线的方式，包括以公众中的成员个人选择时间和地点的方式，授权向公众提供其作品、表演和唱片的权利，这种权利可以涵盖利用网络传输作品的权利。

信息网络传播权的传播方式既可以是有线，也可是无线；传播的作品范围较广，不仅有文学作品，而且有音乐、戏剧、表演、绘画等作品；公众获知作品的形式特别，公众可不受时间、地点的约束，在自己认为合适的时间、地点通过信息网络获得作品；传播的作品在高科技形成的信息网络中流动，公众欲获知，就必须通过一些特殊技术设备进入该信息网络，而该信息网络是公开的。

（九）摄制权

摄制权，也称制片权，是指以摄制电影或以类似摄制电影的方法将作品固定在载体上的权利。② 只是将表演或景物机械地录制下来，不视为摄制。因为该行为没有产生有独创性的作品。

摄制电影或以类似摄制电影的方法将作品固定在载体上，然后进行放映，这是作者传播的一种重要手段，也是著作权人实现其作品的社会价值的一种重要方式。实践中，好的作品在借助被拍摄为电影、电视或录像作品后，可传播更快，获得盛誉更多；不好的作品则可能因被拍摄为电影、电视或录像作品后而一举成名，得到广泛传播，因此，著作权人控制这项权利就成为必要。

---

① 《〈中华人民共和国著作权法〉（第3次修改草案）》第11条："著作权财产权利包括：（七）信息网络传播权，即，以无线或者有线方式向公众提供作品，使公众可以在其个人选定的时间和地点获得作品，以及通过技术设备向公众传播以前述方式提供的作品的权利。"修改草案将信息网络传播权由交互式扩张到直播、转播等方式，解决了实践中提出的定时播放和转播等问题。

② 《〈中华人民共和国著作权法〉（第3次修改草案）》中，将"以摄制电影或以类似摄制电影的方法将作品固定在载体上的权利"修改为"将作品摄制成视听作品的权利"。

（十）演绎权

演绎权，又称再创作权，是指通过改变原作品的语言等表现形式进行再创作的权利，包括改编权、翻译权、汇编权、注释权和整理权。[①]

（1）改编权，是指改变作品的权利，即改变作品的表现形式，不改变作品的基本思想内容，创作出具有独创性的新作品。[②] 改编有两种形式：一是不改变作品原来类型而改编作品，如将长篇著作缩写为简本；二是改变作品的表现形式，将作品由一种形式变成另一种形式，如将小说改编成剧本。由于改编人在改偏已有作品的过程中，进行独创性和劳动，其对改编产生的新作品应享有著作权。改编权是著作权人的权利，著作权人可自行改编，也可许可他人改编并获酬。

（2）翻译权，是指将原作品所用的语言文字变换成其他种语言文字并用以表达作品的权利。翻译可以是将外国语言文字译成本国语言文学，或者将本国语言文字译成外国语言文字，或者将一国语言文字译成另一国的语言文字。翻译主要针对文学作品，也可以是口头作品。翻译权是著作财产权的一项重要权能，国际版权贸易中，涉及最多的就是翻译权转让问题。为防止著作权人对翻译权的垄断而阻碍作品的广泛交流和传播，《伯尔尼公约》和《世界版权公约》均规定了翻译权的强制许可制度，在一定条件下，对外国人的作品，可由政府强制许可翻译，无需征得外国人的同意。我国已加入上述两个公约，应按公约规定执行。翻译者的翻译活动是具有创作性的活动，因而翻译者对翻译作品享有著作权。[③]

（3）汇编权，是指将作品或作品的片断通过选择或编排，汇集成新作品的权利。由于汇编过程中，要对作品进行整理、加工、排列，需要付出大量创作性劳动，因而汇编所形成的作品，享有著作权。1990 年颁布的《著作权法》中所说的“编辑权”，实际上指的就是汇编权。将已有作品经汇编后构成的整体形式，即为汇编作品。作者汇编自己的作品，就会享有基于原作品和基于汇编作品而产生的双重的著作权。前者是原创作品的著作权，汇编作品属于演绎作品，也享有著作权。如果汇编他人的作品，则应取得原作者即汇编权人的许可，汇编者可因此对汇编作品产生新的著作权。[③]

（4）注释权，是指对文字作品中字、词、句进行注明解释，便于使用者充分理解

---

① 《〈中华人民共和国著作权法〉（第 3 次修改草案）》取消了“演绎权”称呼，而代之以“改编权”和“翻译权”，此外还将《计算机软件保护条例》中关于计算机程序的修改权纳入到改编权当中。

② 《〈中华人民共和国著作权法〉（第 3 次修改草案）》对改编权有新的定义，第 11 条：“著作权财产权利包括：（八）改编权，即将作品改变成其他体裁和种类的新作品，或者将文字、音乐、戏剧等作品制作成视听作品，以及对计算机程序进行增补、删节，改变指令、语句顺序或者其他变动的权利。”

③ 考虑到汇编权实际上可以由复制权控制，《〈中华人民共和国著作权法〉（第 3 次修改草案）》将汇编权删除（见 http：//www. economy. caijing. com. cn/2012 - 04 - 14/html. 访问于 2013 年 10 月 30 日）。

和利用作品权利。注释一般只适用于文字作品，注释人对其注释部分享有著作权。

（5）整理权，是指对内容零散和层次不清的已有文字作品进行条理化、系统化加工的权利，例如古籍的校点、补遗。由于在整理过程中，整理付出了大量的创作性劳动，因而对整理而成的作品，整理人应享有著作权，但整理人不得阻止他人对同一对象进行整理。

著作权人可以许可他人行使上述著作财产权，并依照约定或著作权法有关规定获得报酬。[①] 同时著作权人可以全部或部分转让著作财产权，并依照约定或著作权法有关规定获得报酬。

第三节 著作权的限制

法律之所以对作者所创作的作品加以保护，是对作者所付出的创作性劳动的一种肯定。然而任何作品的产生都离不开前人的智慧和文化遗产，同时该作品又将为社会所利用。现代著作权法的立法宗旨在于鼓励和保护优秀作品的创作与传播，因此，著作权人对其作品的控制不应当是绝对和无限制的。在保护著作权人的利益的同时，必须兼顾社会公众的利益，防止权利被滥用，妨碍和束缚科学技术的进步和文化的繁荣，因而，各国均对著作权予以一定的限制。

我国也有著作权的限制规定。但1990年《著作权法》对“权利限制”的规定，名义上是以“一节”的内容，其实只有一条，这在立法中是十分罕见的，况且在具体规定“权利限制”情况时，也存在模糊、遗漏等缺陷。2001年修改的《著作权法》依然采用专节规定“权利限制”，但在法律规则与法律条文的具体安排方面，较以前更加合理。首先，在原来的“孤单一条”基础上又增加了一条，即对教科书编写时的“合理使用”问题作了调整。这不仅是一个条文的简单增加，更是对著作权实践要求的回应。因为对于九年制义务教育和国家教育规划而编写出版的教科书，不可避免地要汇编他人作品。过去主要存在两个问题：一是著作权人滥用著作权，阻挠教科书的编写者汇编其作品，使教科书的编写者无法“合理使用”；另一个问题是教科书的编写者擅自使用了他人作品而不向著作权人支付报酬，也不指明作者姓名、作品名称等。为了从立法上有

① 在《〈中华人民共和国著作权法〉（第3次修改草案）》中，还增加了追续权的规定，这是为了适应我国目前艺术品市场的迅速发展和巨大规模的局面。《〈中华人民共和国著作权法〉（第3次修改草案）》第12条：“美术作品、摄影作品的原件或者文字、音乐作品的手稿首次转让后，作者或者其继承人、受遗赠人对该原件或者手稿的所有人通过拍卖方式转售该原件或者手稿所获得的增值部分，享有分享收益的权利，该权利不得转让或者放弃。外国人、无国籍人其所属国或者经常居住地国承认中国作者享有同等权利的，享有前款规定的权利。”同时，考虑到追续权的内容比较复杂，具体条款由国务院另行规定。

效地解决这两个问题，一方面适应九年制义务教育编写教材的需要，另一方面又要保护著作权人的著作权。所以，2001 年的《著作权法》专门增加一条加以规制，明确规定“除作者事先声明不许使用的除外”，可以不经著作权人许可而“合理使用”，但应支付报酬，指明作者姓名、作品名称且不得侵犯著作权人的其他权利，同时设置第 2 款规定，这种限制不仅适用于作者，而且适用于邻接权人。其次，在“不必支付报酬”的合理使用中，第 12 项规定也显得更加合理。

对著作权的限制有广义和狭义两种：广义的著作权限制包括对著作权保护期限的限制、地域的限制、权能的限制、权利穷竭以及公共秩序保留等；狭义的著作权限制仅指权能的限制，即合理使用、法定许可和强制许可。

本节讲的即是狭义的著作权限制。

一、合理使用

合理使用是指在特定的条件下，法律允许他人使用享有著作权的作品而不必征得著作权人的同意，也不必向著作权人支付报酬。“合理使用”这一术语，源自英文的“Fair Dealing”或“Fair Use”，意为合理使用，现已成为国际版权领域的通用术语。各国著作权法都对著作权合理使用制度予以肯定，如《日本著作权法》第 32 条规定：“已经发表的著作物可以引用，但引用必须符合公正的惯例。在报道、评论研究上的引用，其目的也必须限定于正当范围”。《意大利著作权法》第 70 条规定：“为了评论、论述或教育目的，可以在符合上述目的的限度内，引用一部作品片断或部分章节。”《美国著作权法》则进一步为合理使用确立了四个条件：① 看使用行为的目的：即看是否为商业目的而使用；② 看被使用作品的性质：作品的类型不同，其著作权的使用方式必然不同，是否为合理也不同；③ 看使用作品的数量：在所使用的作品中，被使用的部分与整个作品的比例是否适当，比例不当则不为合理使用；④ 看使用作品对市场有无潜在的价值影响：若使用作品的行为有这种影响也不为合理使用。

合理使用不是自由使用，我国《著作权法实施条例》第 21 条规定：“依照著作权法有关规定，使用可以不经著作权人许可的已经发表的作品的，不得影响该作品的正常使用，也不得不合理地损害著作权人的合法利益。”可见，合理使用他人著作权作品必须做到：① 合理使用时应指明作者姓名、作品名称，并且不得侵犯著作权人的其他权利；② 合理使用的作品必须是已经发表的，对于未发表的作品不得进行合理使用；③ 合理使用的目的仅限于法定情形所列举的目的。以上几点在判断使用他人作品行为的合理性时，必须综合考虑，欠缺任何一点，合理使用都不能成立。

我国《著作权法》第 22 条规定，下列情形使用作品，可以不经著作权人许可，不向其支付报酬，但应当指明作者的姓名、作品的名称，并且不得侵犯著作权人依照本法享有的以下权利：

（1）为个人学习、研究或者欣赏，使用他人已经发表的作品。[①] 这种情况应注意：① 使用作品的目的是学习、研究和欣赏，而不能用于出版、出租和做其他营业性的使用；② 使用的作品应当是已发表了的，未发表的作品不在合理使用之列；③ 使用主体中的“个人”不应理解为仅指使用者自己，应扩充解释为“家庭”，超出家庭范围的使用即属于侵犯他人著作权的行为。

（2）为介绍、评论某一作品或者说明某一问题，在作品中适当引用他人已经发表的作品。[②] 这里应注意：① 引用的目的通常是为了介绍、评论某一作品或说明某一问题；② 引用的要求应当是“适当”，“适当”在这里不能仅理解为量和比例的适当，而且还应理解为质的适当，即所引用的部分不能构成引用人作品的主要部分或实质部分；③ 被引用的作品必须是已发表的。

（3）为报道时事新闻，在报纸、期刊、广播电台、电视台等媒体中不可避免地再现或者引用已经发表的作品。报纸、期刊、广播电台、电视台等传播媒介虽形式不同，但在报道时事新闻的职能上是一致的，可合理使用已经发表作品，但应注意：① 使用的目的仅限于报道时事新闻；② 被使用的作品是已发表的；③ 使用是在报道时事新闻时“不可避免”的，也即为了报道的需要不得不再现或引用；④ 引用应有量的规定性，不得超出必要的数量限度。

（4）报纸、期刊、广播电台、电视台等媒体刊登或者播放其他报纸、期刊、广播电台、电视台等媒体已经发表的关于政治、经济、宗教等问题的时事性文章，但作者声明不许刊登、播放的除外。这里应注意：① 引用作品的性质应是有关政治、经济、宗教等问题的时事性文章，也即是对一个国家重大问题的分析、评论性文章；② 被引用作品是被其他报纸、期刊、广播电台、电视台等媒体已发表的；③ 尊重作者权利的选择，作者声明不许刊登、播放的，不适用合理使用。

（5）报纸、期刊、广播电台、电视台等媒体刊登或播放在公众集会上发表的讲话，但作者声明不许刊登、播放的除外。这里应注意：① 公众集会指的是群众性的政治集会、庆祝活动或纪念性集会；② 刊登或播放的目的是为了迅速传播该讲话，借此扩大宣传范围和影响；③ 合理使用主体仅限报纸、期刊、广播电台、电视台等媒体；④ 作者声明不许刊登、播放的，不适用合理使用。

（6）为学校课堂教学或科学研究，翻译或者少量复制已经发表的作品，供教学或科研人员使用，但不得出版发行。各国著作权法一般都有此类规定，但具体做法有很大

---

① 《〈中华人民共和国著作权法〉（第3次修改草案）》第42条：“（一）为个人学习、研究，复制他人已经发表的文字作品的片段。”修改草案将“欣赏”删除。

② 《〈中华人民共和国著作权法〉（第3次修改草案）》中增加“引用部分不得构成引用人作品的主要或者实质部分”的规定。

的差距，而在一些发达国家，如北欧诸国则把这类使用排除在“合理使用”的范围之外。理解这一条规定，应注意：① 学校课堂教学是专指面授教学，函授教学、广播或电视教学、网络远程教学均不在此列，学校包括全日制学校和各类业余学校；② 使用的数量控制在“少量”是指整个作品被使用的份数的“少量”，不是指所用部分占整个作品的份额的多少；③ 使用的目的是为了教师的课堂教学和科研人员的科学研究，但不得出版发行；④ 使用的作品是已发表的。

（7）国家机关为执行公务在合理范围内使用已经发表的作品。这里应注意：① 国家机关是指国家的立法、行政、司法、法律监督和军事五大机关，除此以外不属国家机关范围；② 使用的方式仅限于执行公务，行使国家机关职能，超出该范围不属合理使用；③ 使用的作品是已发表的。

（8）图书馆、档案馆、纪念馆、博物馆、美术馆等为陈列或者保存版本的需要，复制本馆收藏的作品。这里应注意：① 复制作品仅限于本馆收藏的范围；② 无论是否已经发表，均可作此种复制；③ 复制目的在于本馆陈列或保存版本，不得用于供阅、出租或出售。

（9）免费表演已经发表的作品，该表演未向公众收取费用，也未向表演者支付报酬。这里应注意：① 免费表演不同于义演，免费表演是非营业性的表演，既不向观众收费也不向表演者支付报酬，而义演既向观众收费也向表演者付酬，只是表演者将其所得捐献出来，不属于合理使用范围；② 使用的作品是已发表的。

（10）对设置或陈列在室外公共场所的艺术作品进行临摹、绘画、摄影、录像。[①] 这里应注意：① 可使用的作品仅限艺术作品，包括绘画、书法、雕塑、摄影等；② 可使用的作品设置或陈列在“室外”、“公共场所”，必须强调是在室外的公共场所，虽然在室外，但若不是公共场所，也不属于合理使用；③ 使用的方式仅限于临摹、绘画、摄影、录像。

（11）将中国公民、法人或其他组织已经发表的以汉语言文字创作的作品翻译成少数民族语言文字作品在国内出版发行。这里应注意：① 可使用的作品是汉语言文字作品，作者是中国公民、法人或其他组织，② 使用的方式是由汉语言文字翻译成少数民族语言文字，这里的少数民族限于我国除汉族以外的 55 个少数民族，③ 翻译作品的发行范围不能超出我国地域范围；④ 使用的作品是已发表的。

（12）将已经发表的作品改成盲文出版。将作品改成盲文实际也是一种翻译，由于盲人是残疾人，为使他们获得更多的文化科学知识，法律允许将已发表的非盲文作品改成盲文出版。

---

① 在《〈中华人民共和国著作权法〉（第 3 次修改草案）》增加“向公众传播，但不得以该艺术作品的相同方式复制、陈列以及公开传播”的规定。

以上12种合理使用的情形，同样也适用于出版者、表演者、录音录像制作者、广播电台和电视台。[①]

二、法定许可

法定许可是指依著作权法规定，使用他人已发表的作品可以不经著作权人许可，但应当向著作权人支付报酬。

法定许可与合理使用既有相同点也不同点。

相同点在于：① 均是非著作权人使用著作权人的作品；② 使用均不必经著作权人的许可；③ 均应注明原作者姓名、作品名称及来源。

不同点在于：① 合理使用的作品可以是已发表作品，个别情形下对未发表的作品也可进行合理使用，而法定许可所使用的作品必须是已发表的作品；② 合理使用的主要目的不是为牟利，而法定许可使用的目的主要是为了牟利；③ 合理使用不需要支付报酬，而法定许可则需支付报酬。

法定许可作为一种对著作权的限制措施，大多数国家的著作权法都作了明文规定，但其适用范围有所不同。一般来说，大陆法系国家的法定许可适用的范围要宽于英美法系国家法定许可适用的范围，例如，德国著作权法所规定的法定许可适用的范围涉及对编辑作品、广播评论、报纸文章的复制和传播。而在英美法系国家，法定许可仅适用于将录音制品再行录音和将已发表的美术作品应用于工业生产部门，很少涉及报刊刊载、表演、制作广播、电视节目等领域。

我国《著作权法》第23条、32条、39条、42条、43条对法定许可作了明文规定。与其他国家著作权法关于法定许可规定相比较，我国著作权法对法定许可规定了一个前提条件——作者声明保留权利者除外，这与国际上通行的法定许可有较大的区别，有学者视此为“准法定许可”。我国法定许可使用主要体现在以下几方面：[②]

（1）为实施九年义务教育和国家教育规划而编写出版教科书，除作者事先声明不许使用的外，可以不经著作权人许可，在教科书中汇编已经发表的作品片断或短小的文字作品、音乐作品或者单幅的美术作品、摄影作品，但应当按照规定支付报酬，指明作

① 《〈中华人民共和国著作权法〉（第3次修改草案）》关于合理使用的规定删除了这一条款，同时新增一项条款，即合理使用必须“不得影响作品的正常使用，也不得不合理地损害著作权人的合法利益”，这是首次在我国著作权法中引入《伯尔尼公约》对著作权限制制度规定合理使用的“三步检验法”。

此外，《〈中华人民共和国著作权法〉（第3次修改草案）》新增加了“计算机程序”的合理使用内容，“合法授权使用者”的某些行为可以不经著作权人的许可并不需支付报酬，详见第43条～第45条。

② 《〈中华人民共和国著作权法〉（第3次修改草案）》对著作权法定许可制度有较大的改变，使其更加系统化，规定了“教科书编写”、“报刊转载”两种情形，又增加了法定许可必须事先备案、及时通过著作权集体管理组织支付报酬和指明来源等义务的规定，这种做法既满足了使用者的一般需要也保障了权利人的权利。详见第46条～第48条。

者姓名，作品名称，并且不得侵犯著作权人依照本法享有的其他权利，对出版者、表演者、录音录像制作者、广播电台、电视台也适用与此相同的权利的限制。

（2）作品在报刊上刊登后，除著作权人声明不得转载、摘编的外，其他报刊可以转载或者作为文摘、资料刊登，但应当按照规定向著作权人支付报酬。

（3）录音制作者使用他人已经合法录制为录音制品的音乐作品制作录音制品，可以不经著作权人许可，但应当按照规定支付报酬，著作权人声明不许使用的不得使用。

（4）广播电台、电视台播放他人已发表的作品，可以不经著作权人许可，但应当支付报酬。

（5）广播电台、电视台播放已经出版的录音制品，可以不经著作权人许可，但应当支付报酬。当事人另有约定的除外。具体办法由国务院规定。

三、强制许可

强制许可是指作品的使用者基于某种正当理由需要使用他人已经发表的作品，经申请后由国家著作权主管机关批准即可获得作品的使用权。

强制许可适用的前提条件是：① 该作品已经发表，未发表的作品不能适用；② 使用人有需要使用的正当理由；③ 使用人应向国家著作权主管机关申请使用，经批准才能获得使用权；④ 该使用需支付报酬。

强制许可与法定许可有共同之处，表现在：① 均是使用他人已发表的作品；② 使用他人作品均不需要经著作权人许可；③ 使用后均需支付报酬。

强制许可与法定许可也有区别，表现在：① 法定许可是由法律直接规定使用他人作品的情形，而强制许可则是使用人应先请示著作权人许可使用其作品，被拒绝后方可申请国家著作权主管机关批准；② 法定许可若遇著作权人声明不许他人使用则不能适用，而强制许可若遇国家著作权主管机关对申请不予批准则不能适用。

著作权国际公约《伯尔尼公约》和《世界版权公约》都规定有强制许可制度。根据这两个公约规定，缔约国主管当局享有颁发强制许可证的权力；特别是为了发展中国家的教学、学术活动和科学研究方面的便利，允许主管部门颁发翻译权与复制权的强制许可证；根据强制许可证获得的对作品的使用权是非独占性的，不可转让；强制许可证仅限于该国内有效，而使用报酬通常由法律确定。尽管我国著作权法中没有强制许可制度，但由于上述两个公约都有此规定，我国也已加入这两个公约，故可依据公约实施强制许可制度。作品发表一定时间后，如果著作权人无正当理由而拒绝授权他人出版或者以其他方式传播该作品，那么，为了教育、科研目的，经国家著作权主管机关批准，他人可以强制出版或者以其他方式传播该作品，但必须按照有关规定向著作权人支付报酬。

第四节 著作权的取得和期限

一、著作权的取得

著作权的取得，亦即著作权的产生，是指作者因其创作作品而取得著作权的保护，享有著作人身权和著作财产权。著作权的取得和产生需要什么条件，各国历史传统不一，法律要求也不相同。概括起来，著作权的取得主要有自动取得和注册取得两大类。

（一）著作权自动取得

著作权自动取得，是指作品自作者创作完成之日起就自动产生著作权，不需要履行任何手续，故又称“自动保护主义”或“无手续主义”。

世界上大多数国家都采取这种自动保护制度，《伯尔尼公约》第3条第1款也确定了此原则：“作者为本同盟任何成员国的国民者，其作品无论是否出版，都受到保护。作者非本同盟任何成员国的国民者，其作品首次在本同盟一个成员国出版，或在一个非本同盟成员国和一个同盟成员国同时出版的都受到保护。”应该明确的是，在自动取得著作权制度下，尽管作品著作权的取得不需附加任何条件，但仍然强调了一个前提，即法律对作品和作者的要求，否则，作者创作的作品也可能不能自动产生著作权。

对作者的法律要求有：① 作者必须是本国公民，或在本国长期居住的外国人；② 作者若是外国人则其作品的第一版应在本国出版，或在与本国订有著作权保护双边协定的国家或在与本国共同参加的同一国际著作权保护公约的国家出版。

对作品的法律要求有：① 作品以一定的形式表达了作者的思想或情感；② 作品通过有形的物质载体被固定下来；③ 作品具有独创性。满足了法律规定的对作品和作者的要求，作品一经创作完成，著作权便自动产生。

我国也是采取自动保护主义。《著作权法》第2条规定：“中国公民、法人或其他组织的作品，不论是否发表，依照本法享有著作权。外国人、无国籍人的作品根据其作者所属国或经常居住地国同中国签订的协议或者共同参加的国际条约享有的著作权，受本法保护。外国人无国籍人的作品首先在中国境内出版的，依照本法享有著作权。未与中国签订协议或者共同参加国际条约的国家的作者以及无国籍人的作品首次在中国参加的国际条约的成员国出版的，或者在成员国和非成员国同时出版的，受本法保护。”[①] 之所以采取自动保护主义原则，主要是因为，这个原则是国际公约和多数国家都采用的原则。加之，我国地域辽阔，人口众多，从事作品创作的人不计其数，如采取注册登记取得著作权原则，将费时费力。最重要的是出于保护作者的合法权益，不致使作品完成后到注册登记前这段时间法律无法保护。当然，如何认定“作品创作完成”是理论界和司法界经常遇到的难题，对此，法律也没有明确解释。从理论上讲，创作完成包括全部完成和部分完成。只要作者的某一思想或某一构思已经以某种形式完整地表达出来，即使还只是他全部构思的一个组成部分，甚至是非主要组成部分，亦属于该部分作品的完成，可视为整体作品在一定阶段的创作完成。未经许可而复制或抄袭该部分内容，即属侵权行为。

（二）著作权注册取得

著作权注册取得，是指以登记注册为取得著作权的条件，作品只有登记注册后方能产生著作权。由于这种著作权的产生，一定要履行登记注册，故又称“注册主义”或“手续主义”。

实行注册主义的国家，如果作品在创作完毕后不履行登记注册手续，其作品就不会受到著作权法的保护。实行这种方式的国家有哥伦比亚、利比里亚、马里等拉丁美洲国家和非洲一些国家。《世界版权公约》和《伯尔尼公约》虽然不以注册登记为著作权取得的前提条件，但也不禁止其成员国要求以履行登记手续为著作权取得的前提条件，且实行注册登记产生著作权的成员国，其效力仅限于本国的作者，而不得要求成员国国民的作品也要履行该登记手续。此外，世界上还有一些国家也规定了作品的“登记”，但意义不同，如阿根廷、巴拿马规定作品完成后的登记只是延续著作权的条件，美国则规定登记是提起侵权诉讼的前提，我国台湾地区规定登记是著作权转让、继承或设定质权和对抗第三人的条件，而日本则规定登记是发生著作权纠纷时，判定权利归属的证据。

（三）著作权其他取得

著作权其他取得方式有：① 加注标记取得著作权。如《世界版权公约》明文规定，一切已发表作品均应加注版权标记，否则视该作品进入“公有领域”。目前，世界上许多国家的著作权法都要求作品的所有版本应附注著作权标记，即使许多实行自动保护主义的国家，也都在出版物上加注了标记，但不以此作为取得著作权的先决条件。版权标

① 《〈中华人民共和国著作权法〉（第3次修改草案）》第2条对本法条新增了3个条款，涉及版式设计和相关权：“中国自然人、法人或者其他组织的版式设计、表演、录音制品和广播电视节目，受本法保护。外国人、无国籍人的版式设计、表演、录音制品和广播电视节目，根据其所属国或者经常居住地国同中国签订的协议或者共同参加的国际条约，受本法保护。未与中国签订协议或者共同参加国际条约的国家的外国人和无国籍人，其在中国境内的表演或者在中国境内制作、发行的录音制品，不受本法保护。”

记一般有三个部分：一是“不许复版”或“版权专有”字样，或在英文字母C外加一圆圈，如系音像制品，则在英文字母P外加一圆圈；二是版权所有者姓名；三是首次出版年份。② 作品必须以有形物固定下来，才能获得著作权。如美国著作权法就有此规定。

二、著作权的期限

著作权的期限，是指著作权受法律保护的时间界限，即确认文学、艺术和科学作品的著作权，并依法予以保护的法定期限。在著作权保护期限内，著作权人依法对作品享有著作权，其他人未经著作权人许可，不得使用著作权人的作品；当著作权保护期届满，著作权人便丧失其著作权，作品进入公有领域，不再受法律保护，任何人均可对作品进行无偿使用。著作权的保护期限，一般由本国著作权法直接作出规定。著作权包括著作财产权和著作人身权，一般来说，各国对著作人身权和著作财产权规定的保护期是不同的。

（一）著作财产权的保护期限

所有建立了著作权保护制度的国家都认为，对于著作财产权的保护要有一定的期限，所谓著作权具有时间性，也是从这个意义上说的。目前，对著作财产权的保护，各国普遍采取限制主义原则，即具体规定若干年的保护期限。

1．自然人作者的保护期

世界各国对自然人作者的著作财产权保护期都是以作者有生之年加死后若干年计算的。综观著作权立法史，保护期限呈不断增长的趋势。1710年英国《安娜法》中的保护期，是从出版日起算直至第14年。1809年《美国版权法》中，作者享有自作品发表之日起28年的保护。1837年《德国版权法》规定，作者享有一生加30年的保护期。1848年《伯尔尼公约》中，作者享有一生加50年的保护期。1993年欧盟保护期限批令中，作者享有一生加70年的保护期限。目前，大多数国家规定为作者终生加上其死亡后50年，截止于第50年的12月31日。

关于保护期的起算方法，从各国立法例来看，大致有三种：第一种以作者死亡之日作为起算日；第二种从作者死亡后第二年1月1日起算；第三种从作者死亡当年的1月1日起算。以上三种方法中，只有第一种方法计算的保护期是连续的，故死亡之日的起算日比死亡后的起算日较合理。

2．法人作者的保护期

法人视为作者的，其著作财产权的保护期限采取作品发表后若干年的办法。由于法人是无生命的组织或团体，故各国无一例外地明确规定法人作者的著作财产权保护期为作品发表后的若干年，期限从10年至50年不等。如果作品创作后一直未发表的，则为作品创作后的若干年。如《日本著作权法》第 53 条第 1 款规定，以法人或团体名义发表的作品的著作权，保护到该著作物发表后 50 年；著作物于其创作后 50 年以内未曾发表的，为其创作后 50 年。由于发表的形式多种多样，对于作者为法人的作品的保护期的计算，都是从作品发表的当日起算。

3. 特殊作品著作财产权保护期限的规定

（1）合作作品。合作作品通常适用一般作品保护期，即作者有生之年加死后若干年；死亡保护期的起算，则以合作作者中最后死亡者的死亡日期为起点。

（2）摄影作品。多数国家认为，摄影作品是借助器械的力量创作的作品，其保护期限应短于一般作品的保护期。《伯尔尼公约》规定，摄影作品的保护期至少应为作品完成后 25 年。但少数国家仍坚持摄影作品适用一般作品的保护期。

（3）电影作品。对于电影作品的著作权的保护期，各国通常规定为 20 年至 50 年，长短不一。《伯尔尼公约》规定，对于电影作品，成员国可规定保护期仅为经作者同意而公开放映之后 50 年；如果作品完成后 50 年内未公开放映，则保护期为作品完成后 50 年。

（4）唱片和广播电视节目。各国对此类作品规定适用特殊的保护期限，长的 50 年，短的 10 年，其中，唱片著作权的保护期限一般从首次发行之日起计算，广播电视节目则一般从广播或播放的具体时间开始计算。

（5）遗作。关于遗作著作权保护期的规定有两种立法例：一是规定为遗作发表后若干年；二是规定遗作的保护期与一般作品的保护期一样，均为作者终生加死亡后若干年。具体保护期限，各国规定不等。

（6）匿名作品。由于匿名作品的作者身份一般无法确认，因此无法适用著作权保护期的一般规定。各国的通常做法是，匿名作品保护期为出版后若干年，但是作者身份一旦确定，则适用一般的保护期。

（二）著作人身权的保护期限

著作权中的人身权是可以独立于财产权而存在的，因而其保护期的长短不受财产权保护期的影响。由于人身权与人身不可分离的特性，即使在著作财产权期限届满的情况下，著作人身权仍然需要受到法律的保护。

世界各国著作权法关于著作人身权期限的规定，大体上有两种不同的做法：① 大多数大陆法系国家强调要保护作者的人身权，并认为它是与作者人身密不可分的专有权利；② 英美法系国家和少数大陆法系国家的著作权法规定，著作人身权的保护是有期限的，其保护期或延长至作者死亡后一段时间，或与著作财产权同时终止。

（三）我国著作权的保护期限

我国著作权法对著作人身权和著作财产权的保护期限是分别加以规定的。著作人身权中的署名权、修改权和保护作品完整权永久受到法律保护。发表权与著作财产权的保护期相同。作为作者的公民死亡，法人或其他组织变更、终止后，其署名权、修改权、保护作品完整权仍受著作权法保护。

著作财产权的保护期是有限制的，根据著作权主体和作品性质不同，其保护期限有所区别：①

（1）自然人的作品，其发表权、使用权和获得报酬权的保护期为作者有生之年加死亡后50年，即不论作品是否发表，在何时发表，在作者有生之年均享有著作权；作者死亡后，其保护期以作者死亡之日开始计算，截止于第50年的12月31日保护期届满。

（2）法人或其他组织的作品、著作权（署名权除外）由法人或者其他组织享有的职务作品，其发表权、使用权和获得报酬权的保护期为50年，一般自作品首次发表时起算，截止于作品首次发表后第50年的12月31日；但作品自创作完成后50年内未发表的，著作权法不再保护。

（3）电影作品和以类似摄制电影的方法创作的作品、摄影作品其发表权、使用权和获得报酬权的保护期为50年，截止于作品首次发表后第50年的12月31日，但作品自创作完成后50年内未发表的，其著作权不再受法律保护。

（4）合作作品的发表权、使用权和获得报酬权的保护期为作者终生加死亡后50年，但50年的计算以合作作者中最后死亡的作者的死亡时间为起算点。

（5）作者身份不明的作品，其使用权和获得报酬权的保护期为50年，截止于作品首次发表后第50年的12月31日。但作者身份一经确定，则适用著作权法的一般规定。

① 《〈中华人民共和国著作权法〉（第3次修改草案）》第28条对著作权保护期作出了详细的规定，在新的草案中删除了“截止于第50年的12月31日”字样，取而代之的是更加强调权利的起算日期，而且新增了实用艺术作品的著作权保护期。

第六章 邻 接 权

第一节 邻 接 权 概 述

一、概念和渊源

邻接权，是指作品传播者包括表演者、录音录像制作者以及广播组织因传播作品所享有的权利。“邻接权”一词来源于英文“Neighboring right”，有与版权中作者的权利相邻接的意思。在世界贸易组织“与贸易有关的知识产权协议”中，这类权利被称为“有关权”（related rights）。① 在我国《著作权法》中，邻接权也被称为“与著作权有关的权利”，其含义也是“有关权”的意思，比如，《著作权法》第 48 条第（6）（7）项、第 49 条、第 50 条、第 51 条、第 52 条等。目前，有关的国际公约以及大多数国家的版权法中都采用了 Neighboring right，即邻接权的概念。对邻接权保护的理念是传播者在传播作品的过程中有创造性劳动，这种劳动应受到法律的保护。

如果说著作权的产生是由于印刷出版业的发展带来的，那么，邻接权的出现就和表演活动分不开，尤其是 1877 年爱迪生发明了“留声机”，使音乐表演者的表演可以采用录制的方式固定下来，人们可以不经由现场就能欣赏音乐作品的表演，这为保护作品表演者的权利提供了必要条件。《德国著作权法》早在 1910 年就将音乐作品及音乐、戏剧作品的表演者，视为原作的“改编创作者”加以保护。英国在 1925 年颁布了与版权法并行的《戏剧、音乐表演者保护法》，1926 年当时的捷克斯洛伐克在版权法中增加了保护表演者权的条款，1936 年奥地利和意大利进一步把保护表演者扩大为保护录音制品的制作者。②

二、邻接权与著作权的区别

邻接权的主体往往从事的是作品的传播活动，而不是作品的原始创作，因此，邻接权保护的主体与版权保护的主体不同。没有作品的创作就谈不上对作品的传播，更谈不上因传播作品而获得邻接权保护，邻接权保护的客体与版权保护的客体是紧密联系在一起的。版权保护的客体是作品本身，而邻接权保护的客体是表演活动、录音录像制品以

① 《TRIPS 协议》第二部分第一节：版权和相关权利。
② 郑成思著：《版权法》，中国人民大学出版社 1997 年版，第 50 页。

及广播电视节目信号，两者保护的客体不相同。版权是作者基于创作作品而产生的权利，其权利的内容是围绕作品的出版、发行、使用、许可、转让进行的，因此，版权的内容包括作者所享有的发表权、署名权、修改权、使用权以及获得报酬权。邻接权是基于作品的传播而产生的权利，其权利的内容是围绕表演者的表演行为、录音录像制品及广播电视节目信号在市场中的利益进行的。因此，邻接权的内容包括保护表演者的形象不受歪曲、许可或禁止他人从表演现场直播或转播等。版权和邻接权在权利内容的表现上是不同的。邻接权与著作权的区别主要表现在：

（1）保护的主体不同。邻接权保护的是传播者的权利，传播者是把别人的作品拿来进行传播，如果没有原始创作的作品，传播者是无法传播的；而著作权保护的是作者的权利。

（2）保护的客体不同。邻接权所保护的对出版者来说是版式设计、装帧设计，对表演者来说是通过表演的各种动作等形式对文学、艺术作品的再现，对录制者和广播者来说是通过传播媒体对作品的再现；而著作权保护的是作者的作品。

（3）保护的深度和广度不同。邻接权所保护的主要侧重于财产权，只有表演者权中有部分精神权利，而录音录像制作者权和广播组织权中都不存在精神权利；而《著作权法》第10条的规定，著作权人享有发表权、署名权、修改权、保护作品完整权以及使用权和获酬权。因而，两者保护的深度和广度不同。

三、邻接权的国际保护

在国际范围内，对邻接权保护的主要国际公约有：《罗马公约》，《TRIPS 协议》及《表演和录音制品条约》。《罗马公约》的全称是《保护表演者、录音制品制作者与广播组织的国际公约》，1961 年 10 月 26 日在罗马签订，于 1964 年 5 月 18 日生效，截至 2012 年年底，已经有 91 个成员。[①] 1995 年 1 月 1 日生效的《TRIPS 协议》，在承认原有知识产权领域中基本的国际公约、条约（包括罗马公约）的基础上，对各成员知识产权的保护内容、标准、条件乃至于执法程序等方方面面都提出了更为具体的规范和要求，并且将这些规则的执行纳入世界贸易组织争端解决机制的管辖范围，使得成员对知识产权的保护与贸易关系紧密联系在一起。伴随信息技术和通信技术的飞速发展，传统版权规则已不能够有效解决新技术尤其是数字技术和网络环境下的版权保护问题。为此，世界知识产权组织于 1996 年 12 月通过了两个条约，即《世界知识产权组织版权条约》（WIPO Copyright Treaty，英文简称 WCT，中文简称《WIPO 版权条约》）及世界知识产权组织《表演和录音制品条约》，主要为解决国际互联网络环境下应用数字技术而产生的版权保护新问题，将《伯尔尼公约》及《罗马公约》确立的传统著作权及邻接

---

① 见 WIPO 网站：http：//www. wipo. int/（2013 年 5 月 21 日访问）。

权保护原则延伸至网络数字环境下。这两个条约已于 2007 年 6 月 9 日在我国生效。

在邻接权领域，目前影响最大的是《罗马公约》、《TRIPS 协议》以及《表演和录音制品公约》。本教材在第六编“知识产权的国际保护”中对相关公约均有专门介绍，为免重复，本章不予介绍。

第二节 表 演 者 权

一、表演者与表演

根据《罗马公约》第 3 条的解释，表演者，是指演员、歌唱家、音乐家、舞蹈家和表演、歌唱、传达、朗诵、演奏或以其他方式表演文学或艺术作品的其他人员。《世界知识产权组织表演和录音制品条约》2 条（a）规定：“表演者”指演员、歌唱家、音乐家、舞蹈家以及表演、歌唱、演说、朗诵、演奏、表现、或以其他方式表演文学或艺术作品或民间文学艺术作品的其他人员。”《日本著作权法》第 2 条 1 项第 3 款规定：“表演即将著作权以演出、舞蹈、演奏、歌唱、话艺、朗诵或其他方法演出者。表演人即演员、舞蹈家、演奏家、歌手及其他为表演之人，以及指挥或导演之人。”① 可见，表演者只能是表演文学艺术作品的自然人。世界上绝大多数国家的著作权法也规定表演者是自然人，如同从事文学艺术作品创作只能是自然人一样，文学艺术作品的表演也只能是自然人。按照《中华人民共和国著作权法实施条例》第 5 条第 6 项的解释，表演者，是指演员、演出单位或者其他表演文学、艺术作品的人。该条例中的演出单位实际上应该是表演者权主体而非表演者，这与我国《著作权法》中“作者”也包括法人或非法人组织是一样的意义。值得注意的是国家版权局 2012 年 7 月发布的《中华人民共和国著作权法修改草案》将表演者明确为以朗诵、歌唱、演奏以及其他方式表演文学艺术作品或者民间文学艺术表达的自然人。②

在我国，表演是指演奏乐曲、上演剧本、朗诵诗词等直接或者间接借助技术设备以声音、表情、动作公开再现作品。表演是一种艺术活动，表演者通过声音、表情、动作或其组合向观众传达作品，在这个过程中，由于表演者对作品的领悟和见解不同，以及自身表现能力的差异，使得相同作品由于不同表演者的表演活动而存在极大差异。从这个角度上讲，表演是一种二次创作活动。需要说明的是，由于著作权法并不要求获得表演者权保护的表演行为必须具有独创性，所以，表演者的每一次表演活动都可以获得表

① 《日本著作权法》第 2 条 1 项第 3 款。

② 《中华人民共和国著作权法修改草案》第 32 条。

演者权保护。

表演者权利的主体是表演者，表演者权利的客体是表演行为。

二、表演者的权利

表演者基于自己对文学艺术作品的认识和理解，通过声音、动作、语言、技巧等方式演绎作品，使作品以不同的形式进行传播，这一过程在某种程度上是对原作品的再创作。在现实生活中，有许多的文字、戏剧、音乐、舞蹈等作品往往通过演员的表演活动得以广泛流传。基于表演者的创造性劳动以及对传播作品所做出的贡献，法律赋予表演者特有的权利，这些权利包括精神方面和财产方面。根据我国《著作权法》第38条的规定，表演者有以下人身权利和财产权利。

（一）表演者的人身权利

1. 表明表演者身份

如同作者享有署名权一样，表演者有权表明自己的身份，包括在演出的广告宣传资料中或剧照中表明演员姓名、身份等；在现场有节目主持人对表演者的介绍；通过电台、电视台播报表演者的姓名以及通过字幕在屏幕上显示表演者姓名；等等。

根据《伯尔尼公约》的解释，署名权一方面是表演者以任何方式表明自己的姓名、身份；另一方面是表演者有权禁止他人以自己的名义进行表演活动，或者在不是自己表演的作品上以自己的名义进行宣传等行为。

2. 保护表演形象不受歪曲

表演形象是表演者依靠自己的专业知识和艺术修养，经过对原作品的认识和理解之后，根据需要所创作的作品中人物的形象。表演形象不同于表演者本身的形象，对于表演者个人肖像，多归于人格权法保护。歪曲表演形象，不仅会给创作这一艺术形象的表演者带来名誉、声望的损失，也有可能给表演者的正常生活带来负面的影响，进而影响其经济利益。因此，著作权法保护表演者的表演形象不受歪曲、虚假或丑化。

著作权法对表演者表明身份和保护表演形象不受歪曲的保护期限没有限制。

（二）表演者的财产权利

《罗马公约》向表演者提供的最低限度保护是“防止”不经其许可而实施某些规定的行为的可能性，目的是给各成员的国内立法预留更大的空间。为表演者提供的保护应当包括防止可能发生的下列情况：① 未经表演者同意，广播和向公众传播他们的现场表演，但是，如该表演本身就是广播演出或出自录音、录像者例外；② 未经表演者同意，对现场表演进行录制；③ 未经表演者同意，复制其表演的录制品，如果原始录制未经表演者同意，或制作该复制品的目的与表演者所同意的目的不一样的话。

《TRIPS 协议》除了要求所有世界贸易组织的成员都不得因协议的规定有损于成员之间依《罗马公约》已经承担的现有义务外，[①] 第 14 条还规定，对于将表演者的表演固定于录音制品的情况，表演者应有可能制止未经其许可而为的下列行为：对其尚未固定的表演加以固定，以及将已经固定的内容加以复制。表演者还应有可能制止未经其许可而为的下列行为：以无线方式向公众广播其现场表演，向公众传播其现场表演。可以将《TRIPS 协议》第 14 条理解为在罗马公约之外增加的权利。

《表演和录音制品条约》第二章共 6 个条文规定表演者权，分别是第 5 条的表演者精神权利、第 6 条的表演者对其尚未录制的表演的经济权利、第 7 条的复制权、第 8 条的发行权、第 9 条的出租权和第 10 条的提供已经录制表演的权利。

为适应《TRIPS 协议》的要求，2001 年 10 月 27 日，我国第九届全国人大第 24 次会议对《著作权法》作了修改，扩大了表演者的财产权利。表演者的财产权利有：① 许可他人从现场直播和公开传送其现场表演，并获得报酬；② 许可他人录音录像，并获得报酬；③ 许可他人复制、发行录有其表演的录音录像制品，并获得报酬；④ 许可他人通过信息网络向公众传播其表演，并获得报酬。

国家版权局于 2012 年 7 月公布的《中华人民共和国著作权法修改草案》（以下简称《著作权法修改草案》）对表演者的财产权利表述为：① 许可他人以无线或者有线方式公开播放其现场表演；② 许可他人录制其表演；③ 许可他人复制、发行、出租其表演的录制品或者该录制品的复制件；④ 许可他人以无线或者有线方式向公众提供其表演，使公众可以在其个人选定的时间和地点获得该表演，以及通过技术设备向公众传播以前述方式提供的表演。[②]

《罗马公约》规定对表演者权所给予的保护期限至少应当为 20 年，对唱片和录制在唱片上的节目，从录制年份的年底计算；对未被录制成唱片的节目，从表演年份的年底计算；对广播节目，从开始广播的年份的年底计算。《TRIPS 协议》将《罗马公约》的保护期限修改为至少应当自有关的固定或表演发生之年延续到第 50 年年终。我国《著作权法》中对表演者的财产权利保护期限规定为 50 年，截止于该表演行为发生后第 50 年的 12 月 31 日。

外国表演者在中国境内的表演，受《中华人民共和国著作权法》保护。

三、表演者的主要义务

根据《著作权法》第 37 条的规定："使用他人作品演出，表演者（演员、演出单

① 《TRIPS 协议》第 2 条：本协议第 1 至第 4 部分之规定，均不得有损于成员之间依照《巴黎公约》、《伯尔尼公约》、《罗马公约》及《集成电路知识产权条约》规定已经承担的现有义务。

② 《著作权法修改草案》第 33 条。

位）应当取得著作权人许可，并支付报酬。演出组织者组织演出，由该组织者取得著作权人许可，并支付报酬。使用改编、翻译、注释、整理已有作品而产生的作品进行演出，应当取得改编、翻译、注释、整理作品的著作权人和原作品的著作权人许可，并支付报酬。”

第三节　录制者的权利

1971年10月29日缔结的《保护录音制品制作者防止未经许可复制其录音制品公约》（简称《保护录制者公约》或《日内瓦公约》，也有称为《唱片公约》），是在《罗马公约》的基础上达成的、在邻接权领域特别针对录音制品制作者权利保护缔结的公约。该公约开宗明义：缔约各国担心普遍和不断增加的对录音制品的未经许可的复制以及由此给作者、表演者和录音制品制作者利益带来的损害，相信保护录音制品制作者，防止此种行为，还将有利于其表演和作品录制在录音制品上的表演者和作者。

《日内瓦公约》中所说的“录音制品”，是指任何仅听觉可感知的对表演的声音或其他声音的固定；“录音制品制作者”是指首次将表演的声音或其他声音固定下来的自然人或法人。①

按照我国《著作权法实施条例》第5条的解释：录音制品是指任何对表演的声音和其他声音的录制品；录像制品，是指电影作品和以类似摄制电影的方法创作的作品以外的任何有伴音或者无伴音的连续相关形象、图像的录制品。录音制品的载体有唱片、磁带、CD等；录像制品的载体有录像带、VCD光盘、DVD光盘等。由于唱片是最早发明的声音载体，所以在国际公约中通常将录音制品称为“唱片”，甚至有人直接将《保护录音制品制作者防止未经许可复制其录音制品公约》译作《唱片公约》。但随着声音载体不断出现，所谓“唱片”的范围也就更多了，并且“唱片”成为一切声音载体的统称，与“录音制品”同义。

早期录制者权的客体中并没有包括录像制品，在《罗马公约》、《录音制品公约》甚至《世界知识产权组织录音制品公约》中都只涉及录音制品，许多国家的版权立法中也仅包括录音制品。但随后的录像技术发展迅速并得到极大的普及，以致于在对表演活动进行记载中，录像制品所占比重超过录音制品，现实中存在对录像制品提供保护的需要。为此，我国《著作权法》将录像制品与录音制品给予同等保护。

录音制作者，是指录音制品的首次制作人。录像制作者，是指录像制品的首次制作人。习惯上将录音制作和录像制作统称为音像制作，从事录音录像制作的人就是音像制

① 国家版权局网站http：//www. ncac. gov. cn（2013年5月22日访问）。

作者。所谓录制者包括录音制作者和录像制作者。对于自然人和法人或非法人机构都可以作为音像制作者这一点不存在争论，只要是第一个将音像制品中的音或像固定在录制品上就可以成为音像制作者受到邻接权的保护，就事实上，从制作音像制品进行传播的目的看，大多数的音像制品制作者都是机构或单位，而非个人。

录制者权利保护的客体是音像制品，包括录音制品和录像制品。

一、音像制作者的权利

在某种程度上，录音录像制品是作品创作者、表演者和录音录像制作者这三方共同努力的结果，在作者、表演者的权利受到保护的情况下，录制者的权利也不应被忽视。事实上，许多作品的广泛传播正是依靠了录制品这种方式实现的，与出版、表演行为相比较，录制品的传播更快捷、简便、迅速。

根据我国《著作权法》第42条的规定："录音录像制作者对其制作的录音录像制品，享有许可他人复制、发行、出租、通过信息网络向公众传播并获得报酬的权利。"

《日内瓦公约》要求缔约国国内法对录音录像制品给予自录音制品载有的声音首次被固定之年年底起，或从录音制品首次出版之年年底起不少于20年的保护。但《TRIPS协议》第14条将保护期限延长至有关的固定发生之年年终延续到第50年年终。

我国《著作权法》第41条规定："音像制作者的权利保护期为50年，截止于该制品首次制作完成后第50年的12月31日。"

1. 复制发行权

录音录像制作者的复制权包括两方面：一是自己复制发行其制品的权利；另一方面是许可或禁止他人复制发行其制品的权利。发行是指将音像制品的复制品提供给公众，复制与发行往往联系在一起，是录制者权中最基本的经济权利。

《日内瓦公约》将"复制品"定义为：一件含有直接或间接从录音制品获取的声音的物品，该物品载有固定在该录音制品上的声音的全部或主要部分。"公开发行"指将录音制品的复制品直接或间接提供给公众或任何一部分公众的行为。根据《日内瓦公约》的规定，上述录音制作者许可或禁止他人复制发行其制品的权利，还包括有权防止未经录音制品制作者同意而制作复制品和防止此类复制品的进口，只要任何此种制作或进口的目的是为了公开发行；以及防止公开发行此类复制品。《TRIPS协议》第14条也规定，录音制品制作者应享有权利许可或禁止对其作品的直接或间接复制。

2. 出租权

出租权是指录制者有权许可或禁止他人将录制品进行商业性出租。

出租权是《TRIPS协议》规定的权利。之所以为录制者设定出租权，是因为录音录像制品的出租获利行为在很大程度上影响了录制者通过销售录制品获利的机会。

3. 信息网络传播权

1996年缔结的世界知识产权组织《表演和录音制品条约》规定，录音制作者有权许可或禁止他人通过互联网络向公众提供录音制品。网络传播录制品主要是通过上传音乐、影像，使公众可以在自己选定的时间和地点在线点播或下载。该项权利对录制者尤为重要，尤其是越来越多的使用者通过互联网使用音乐和视频。

二、音像制作者与著作权人和表演者的关系

在音像制品中，如果所录制的内容是他人的文学、艺术作品，或者是对他人表演活动的录制，就会存在音像制作者与著作权人、表演者的关系。

1. 音像制作者与著作权人的关系

音像制作者使用他人的原创作品制作录音录像制品，无论这些作品的表现形式是小说、诗歌、故事或是音乐、舞蹈、绘画等，也无论这些作品是否已经发表，都应当取得著作权人许可，并支付报酬；音像制作者使用他人的改编、翻译、注释、整理已有作品而产生的作品，应当取得改编、翻译、注释、整理作品的著作权人和原作品著作权人许可，并支付报酬。

2. 音像制作者与表演者的关系

录音录像制作者制作录音录像制品，应当同表演者订立合同，并支付报酬。录音录像制作者与表演者就制作音像制品所订立合同属于表演者权许可使用合同的一种，是表演者许可他人录音录像权利的具体表现。由于音像制品的传播范围、速度、便捷等都是直接表演活动无法比拟的，将表演活动固定下来，有助于表演的广泛传播和迅速扩大表演者的影响，但另一方面也使表演者直接表演的机会相对减少。因此，对表演者的权益应该在合同中加以保障。

外国录音录像制作者在中国境内制作并发行的录音录像制品，受著作权法保护。

另外，我国在2012年7月公布的《著作权法修改草案》仅规定了录音制作者权，且为录制者权设定两项法定许可：一是以无线或者有线方式公开播放录音制品或者转播该录音制品的播放，以及通过技术设备向公众传播该录音制品的播放；二是通过技术设备向公众传播录音制品。

第四节　广播电视组织者的权利

广播电视组织，是指通过载有声音、图像的信号而传播作品的广播电台、电视台及有线广播组织。

广播组织者权，是指广播组织对由其组织编排并播放的载有声音、图像的信号所享

有的权利。广播组织的权利基于“播放”，而非基于“节目”享有广播组织者权。因为广播组织者播放的节目，可能是自己创作并播放的，也有可能是对表演活动进行录制并播放的，对于前者，可以称之为录音录像作品，即由广播电台与电视台创作的、以录音录像形式体现的作品；后者则可以称之为录音录像制品，广播电台、电视台对此享有录制者权。对广播电台、电视台的录音录像作品，是由著作权加以保护的；对广播电台、电视台录制的录制品是由邻接权保护的。比如：由广播电台或电视台摄制的电视剧，就是著作权法保护的电影或以类似拍摄电影的方法创作的作品；而由广播电台、电视台录制并播放的对某个问题的现场讨论、智力测验、咨询节目等，享有录制者权，由邻接权保护。事实上，电视台制作的电视节目大量的都是录像作品，因而享有版权保护；其他是录像制品，享有邻接权保护；广播电台制作的广播节目，绝大多数是录音制品，受邻接权保护。只有广播组织播放的节目信号，比如经过授权许可获得的直播或转播的体育赛事节目信号等，才是广播组织者权保护的对象。

广播组织者权产生源自“播放”行为，而非节目。

一、广播电视组织者的权利

根据《罗马公约》，广播组织应当有权授权或禁止：① 转播他们的广播节目；② 录制他们的广播节目；③ 复制：未经他们同意而制作的他们的广播节目的录音或录像；或根据合理使用的规定而制作的他们的广播节目的录音和录像，但复制的目的不符合该条规定的目的；④ 向公众传播电视节目，如果此类传播是在收门票的公共场所进行的。行使这种权利的条件由被要求保护的缔约国的国内法律确定。

我国《著作权法》规定，广播电台、电视台有权禁止未经其许可的将其播放的广播、电视转播；或是将其播放的广播、电视录制在音像载体上以及复制音像载体。

1. 将其广播电视节目转播

根据《罗马公约》的规定，“转播”是指一个广播组织同时播放另一个广播组织的广播电视节目。未经许可的转播行为不仅会侵犯损害广播组织的邻接权，也会损害版权所有人的广播权。比如，中央电视台与中国足协签约确定其将在未来3年半的时间拥有中国之队比赛在大陆地区的独家电视转播权、新媒体转播权。① 如果其他地方电视台也同步播放比赛，则会导致央视独家播放利益受损，进而也对中国足协对广播权的许可使用造成损害。

2. 将其播放的广播电视节目录制在音像载体上

录制是将广播电台、电视台播放的节目通过录制固定在有形载体上，形成节目的有

---

① 中国新闻网 http：//www. chinanews. com/2011年7月12日“央视与中国足协签下未来3年半境内独家转播权”（2013年5月22日访问）。

形复制件。复制是将该录制品制作多份的行为。

《TRIPS 协议》对广播组织权的保护期限，仍旧按照《罗马公约》的规定为自有关广播被播出之年年终起至少 20 年。我国《著作权法》第 45 条规定："广播组织权的权利保护期为 50 年，截止于该广播、电视首次播放后第 50 年的 12 月 31 日。"

二、广播电视组织与著作权人、节目表演者和音像制作者的关系

1. 广播组织与著作权人的关系

广播电台、电视台播放他人未发表的作品，应当取得著作权人许可，并支付报酬。作者对未经发表的作品，享有著作权法所规定的全部精神权利和财产权利，采用广播电台、电视台播放实际上是作者的首次发表形式，因此，获得授权和支付报酬是必需的。

广播电台、电视台播放他人已发表的作品，可以不经著作权人许可，但应当支付报酬。对已经发表的作品，采用广播电台、电视台播放纯粹是对作品的另一种传播，是符合作者公开作品的意愿的。但广播电台、电视台播放在一定程度和范围上占据了应属于作者的市场空间，影响了其利益，因此，向作者支付报酬是应该的。

2. 广播电视组织与节目表演者的关系

虽然著作权法在广播电台、电视台播放一节中没有与表演者有关的直接规定，但由于表演者有权许可或禁止他人从现场直播或转播其表演。因此，广播组织播放其组织的有表演者表演的节目时，应当同节目表演者订立合同，支付报酬，并且应该保障表演者依法享有的人身权。

3. 广播电视组织与音像制作者的关系

广播电台、电视台播放已经出版的录音制品，可以不经著作权人许可，但应当支付报酬。当事人另有约定的除外。具体办法由国务院规定。

电视台播放他人的电影作品和以类似摄制电影的方法创作的作品、录像制品，应当取得制片者或者录像制作者许可，并支付报酬；播放他人的录像制品，还应当取得著作权人许可，并支付报酬。

2009 年，国务院发布《广播电台电视台播放录音制品支付报酬暂行办法》明确规定："广播组织使用音乐作品，除向音乐作者或者著作权管理组织支付报酬（即著作权使用费）外，还有提供音乐作品使用报告的义务。"2013 年 4 月 24 日，中央人民广播电台台长向中国音乐著作权协会交付了 2012 年音乐作品使用报告。这是我国广播行业第一次向音著协交付翔实、准确的音乐作品使用报告。报告记录了该台 2012 年全年播放的 7000 多小时音乐作品的使用情况，包括每首作品的使用时长、作词、作曲等版权信息。①

---

① 邹韧：广播行业首次向音著协交付音乐作品使用报告，《中国新闻出版报》，2013 年 4 月 25 日。

尽管广播组织权是《罗马公约》的保护内容，但在《TRIPS 协议》中允许成员不对广播组织权进行保护，这是因为 WTO 的许多成员不将邻接权归入版权法的保护范围之内。

第五节 出版者的权利

无论是《罗马公约》还是世界贸易组织的《TRIPS 协议》，都不包括出版者权利。在邻接权中加入出版者权利是中国著作权法的一个独特之处。

出版，指将作品编辑加工后经过复制向公众发行。出版者，是指出版社、报社、杂志社和音像出版机构等。出版者通过与作者签订出版合同，取得合法复制和发行作品的权利；同时，出版者在编辑出版作品的过程中，围绕作品的出版方式、版面设计、装帧以及字体、字号选择、编排体例等方面，都因为自己的创造性劳动而获得邻接权的保护。所谓出版者权利即是图书、期刊的出版者对特定版本的权利，也称版式设计权。不能将出版者权利理解为出版者对作品享有的独家出版权，因为出版权无论是否独家，都是依据出版者与作品作者之间签订的出版合同加以约定的，因此，属于合同权利。

一、图书出版者的权利

图书出版者对著作权人交付出版的作品，按照合同约定享有的专有出版权受法律保护，他人不得出版该作品。在《著作权法》中，出版者的专有出版权是通过合同形式体现，而不是法定的。这意味着作者有权选择和决定是否给予出版社专有的出版权。

出版者根据出版合同，对出版的书籍享有署名权和版式设计权。在出版合同有效期内和在合同约定地区内，以同种文字的原版、修订版和缩编本的方式出版图书的独占权利，受法律保护。出版者有权许可或者禁止他人使用其出版的图书、期刊的版式设计。

版式设计，是指出版物版面格式的设计。以图书为例，它包括标题、题眉、正文、图片、天头、地脚、字体、字号、行距、行宽、切口、勒口等。版式设计决定于书籍的性质及开本的大小与长宽比例。书籍的性质不同，其结构、体例、层次则有所不同；开本的大小与长宽比例不同，其版心的大小及长宽比例也有所不同。版式设计是书籍总体设计的一部分，设计得好，可以使读者减少疲劳，阅读时产生清新愉快之感，可以收到较好的阅读效果。

出版物的装帧设计，是指图书（刊物）的总体美术设计。包括图书的开本、封面、书脊、封底、护封、环衬、扉页、插图、版式以及装订形式和选用材料等，是图书付印前根据其内容、性质、体裁风格、读者对象、使用条件等各种要素进行艺术和科学的整体设计，为图书塑造一个完美的外观形象。

二、报纸杂志的出版权

著作权人向报社、期刊社投稿的，自稿件发出之日起15日内未收到报社通知决定刊登的，或者自稿件发出之日起30日内未收到期刊社通知决定刊登的，可以将同一作品向其他报社、期刊社投稿。双方另有约定的除外。作品刊登后，除著作权人声明不得转载、摘编的外，其他报刊可以转载或者作为文摘、资料刊登，但应当按照规定向著作权人支付报酬。报社、期刊社可以对作品作文字性修改、删节。对内容的修改，应当经作者许可。

三、图书出版者的义务

（1）图书出版者出版图书应当和著作权人订立出版合同，并支付报酬。

（2）图书出版者应当按照合同约定的出版质量、期限出版图书，图书出版者不按照合同约定的期限出版，应当依照本法第54条的规定承担民事责任。

（3）图书出版者重印、再版作品的，应当通知著作权人，并支付报酬。图书脱销后，图书出版者拒绝重印、再版的，著作权人有权终止合同。

（4）图书出版者经作者许可，可以对作品修改、删节。

（5）出版改编、翻译、注释、整理、汇编已有作品而产生的作品，应当取得改编、翻译、注释、整理、汇编作品的著作权人和原作品的著作权人许可，并支付报酬。

出版者对版式设计的权利保护期为10年，截止于使用该版式设计的图书、期刊首次出版后第10年的12月31日。

第七章 著作权的行使与集体管理

著作权是作者对创作作品的使用权和处分权，这也正是将著作权称作“财产权”的基本出发点。正如有形的财产可以被出售、出租、赠与、放弃等一样，著作权作为一种无形的财产权，所有人也享有类似的使用或处分的权利。只是由于著作权表现为一种特殊的、无形的财产权，使用和处分的形式不同于有形财产，因此，我们将著作权的上述权能表述为转让、许可使用、出租等。著作权人正是通过这些方式行使财产权，从而实现在市场上垄断使用以及因此而获得利益，许可他人使用作品，或者通过转让著作权方式是权利人获得利益的基本途径。

著作权人依法享有独占的使用权和处分权，但由于复制和传播技术的发展，作品的使用方式也日趋多样化、国际化，著作权人仅凭个人力量完全了解其作品的被使用情况几乎是不可能的，这势必影响其自身权益的实际行使和保障，这就为著作权集体管理机构的产生、存在、发展提供了必要性。著作权集体管理机构，通过从事著作权代理、介绍或者信托活动，帮助著作权人行使权利，实现利益。集体管理机构的主要职能在于：监督有关作品的使用情况，与作品使用者谈判、签约，发放使用许可，收取、分配使用费和追究侵权责任等。

第一节 著作权的行使

著作权的行使方式包括许可使用、转让和继承。

一、著作权的许可使用

著作权的许可使用，是指在不改变权利归属的前提下，著作权人通过合同的形式将著作权许可给他人在一定的时间、范围以及采用一定的方式使用，而使用者需要向著作权人支付使用费。许可使用是著作权人实现其作品市场利益的最常见、最有效的途径。

（一）著作权许可使用的特点

（1）著作权人只能将著作权中的财产权许可他人使用。著作权中的人身权因与特定的人身不可分离，不能转让、许可他人使用。

（2）著作权人的许可使用不改变著作权的归属。被许可人取得的仅仅是作品的使用权，而不是所有权，所以，即使著作权人许可他人使用作品，也不丧失自己继续使用的权利。

（3）以作品的使用方式为标准，可以将著作财产权分为若干种类。著作权人可以许可他人行使著作财产权中的一项或数项，比如许可他人出版、发行其作品，或者许可他人翻译或改编其作品。

（4）著作权人可以就同一权能许可一个或多个人使用，使用的期限、范围、方式可以相同，也可以不相同。比如复制权可以分为影印复制、机械复制、彩色复制；也可以按照出版物的装帧进行区分；还可以对行使方式进行限制，比如发行仅限于销售途径，或将计算机软件限于与计算机整机进行搭售等。

（5）著作权人许可他人使用作品通过签订许可使用合同的形式实现，有关作品的使用期限、范围、使用方式、使用费的计算和支付等都可以在合同中加以约定。

（6）在著作权的许可使用中，被许可方只能按照合同约定的期限、范围和方式使用作品，且不得擅自将所获得的使用权再行许可第三人。

（二）著作权许可使用合同

我国《著作权法》第24条规定："使用他人作品应当同著作权人订立许可使用合同，本法规定可以不经许可的除外。"

1. 著作权许可使用合同的概念和种类

著作权许可使用合同，是指著作权人与使用人之间就著作权中某一项或多项权项的使用而达成的协议。有权许可他人使用的一方为许可方，获得授权使用作品的一方为被许可方。通过签订许可使用合同，被许可方获得对作品一项或多项权项的使用权，在合同约定的期限、范围以及方式上使用作品，其使用权和所获得的利益受法律保护。另一方面，许可方通过将作品许可他人使用，扩大传播范围和市场的需求，并从中获得利益。著作权许可使用合同是确定许可方与被许可方权利义务的法律文件和双方履行合同的依据。著作权许可使用合同也是合同的一种，同样应该遵循合同法的基本原则和规范。

根据作品的使用方式不同，著作权许可使用合同种类可以分为出版合同、表演合同、录音录像合同、播放合同、电影电视制片合同、改编合同、翻译合同、委托合同等。

2. 著作权许可使用合同包括的主要内容和条款

（1）许可使用的权利种类。《著作权法》第10条列举了著作权人享有的12种财产权类型，以及应当由著作权人享有的其他权利，它们都是可供许可使用的权利种类，如出版（复制权）许可使用合同、表演权许可使用合同、改编权、翻译权许可使用合同等。

（2）许可使用的权利是专有使用权或者非专有使用权。除著作权法另有规定外，合同中未明确约定授予专有使用权的，使用者仅取得非专有使用权。

专有使用权是指合同的有效期限内，被许可方独占的、排它的拥有使用权，其他任何人，包括许可方本人也不得以同样的方式使用作品。例如，出版社通过与著作权的许可方签订合同取得专有出版权，电视台取得的独家转播的权利，等等。非专有使用权是指著作权人将一项或数项著作权许可他人使用，在合同的有效期限内，还可以将同样的权利再许可第三人使用。换句话说，如果被许可方取得的是非专有使用权，就无法阻止许可方将该项权利许可其他人使用，也不能限制或阻止许可方自行使用。专有使用权可以被看作对某一市场的垄断，一般而言，该作品的使用收益较大，自然被许可方支付的使用费也相对较高。按照《著作权法实施条例》第 23 条、第 24 条要求，对于许可使用的权利是专有使用权的，应当采取书面形式，但是报社、期刊社刊登作品除外。专有使用权的内容由合同约定，合同没有约定或者约定不明的，视为被许可人有权排除包括著作权人在内的任何人以同样的方式使用作品；除合同另有约定外，被许可人许可第三人行使同一权利，必须取得著作权人的许可。

1991 年的《著作权法》中规定了出版者享有专有出版权，即著作权人无权选择许可的使用方式；在 2001 年对《著作权法》进行修改时，确定出版者的专有出版权要通过签订许可使用合同，经过著作权人授权获得并受法律保护。法定与非法定的区别在于：出版者通过签订许可使用合同取得专有出版权，必须得到著作权人的同意和许可。这样，著作权人就有权根据自己的意愿和市场的需要进行选择；如果所使用的许可合同是由出版者提供的格式合同，著作权人也可根据《中华人民共和国合同法》的格式合同规则保障自己的利益。

（3）许可使用的地域范围、期间。地域范围是著作权人许可他人使用在空间上的效力，将一项或数项权利许可各个不同使用人在不同地域内使用，从而可以充分地实现著作权人的权利，最大限度地使用和传播作品。许可使用的期间是著作权人许可他人使用在时间上的效力。对于许可使用地域范围和期间的限制，主要基于作品的类型、使用的方式不同而有所区别，例如，文字作品的出版合同往往比音乐作品的表演合同期间要长一些，而使用的地域范围则要大一些。

（4）付酬标准和办法。《著作权法》第 28 条的规定："使用作品的付酬标准可以由当事人约定，也可以按照国务院著作权行政管理部门会同有关部门制定的标准支付报酬。当事人约定不明确的，按照国务院著作权行政管理部门会同有关部门制定的标准支付报酬。"按照这一规定，著作权使用许可合同的价格，首先是可以由当事人选择自行约定，只有在没有约定或约定不明的情况下，可执行国家版权局制定的付酬标准。

国家版权局于 1999 年出台《出版文字作品报酬规定》：文字作品的报酬可以选择基本稿酬加印数稿酬，或版税，或一次性付酬的方式。基本稿酬加印数稿酬，指出版者按照作品的字数，以千为单位向作者支付一定报酬（即基本稿酬），再根据图书的印数，以千为单位按基本稿酬的一定比例向著作权人支付报酬（即印数稿酬）。作品重印时只支付印数稿酬，不再支付基本稿酬。版税，指出版者以图书定价×发行数×版税率的方式向作者付酬。一次性付酬，指出版者按作品的质量、篇幅、经济价值等情况计算出报酬，并一次性向作者付清。基本稿酬标准为：① 原创作品：每千字 30—100 元。② 演绎作品：改编：每千字 10—50 元；汇编：每千字 3—10 元；翻译：每千字 20—80 元；注释：注释部分参照原创作品的标准执行。在印数稿酬方面，原创作品和演绎作品均按基本稿酬的 10% 支付。版税率为：原创作品 3%—10%，演绎作品 1%—7%。《出版文字作品报酬规定》在授权许可使用，特别是在作者与使用者间发生纠纷进行和解、仲裁、诉讼等情况时，都起到了重要的指导、参考和规范作用。但现行稿费标准多年未变，低稿酬状态近年来更让业内人士担忧，中国文学会因此失去可靠的经济保障和充足的原创力。为抢先获得优质作品，《收获》、《上海文学》等杂志 2010 年率先宣布，将最低稿费标准提升至其原标准（80 元/千字）的 2 倍，有些好稿的稿酬甚至可涨至原来的 5 倍，达到 400 元/千字。这一举措引起了强烈反响，吸引了不少好作品。韩寒做主编的《独唱团》虽然只出了一期，但其“封面推荐的原创文章每千字 2000 元、普通稿件每千字 1000 元”的高稿酬标准，也引起业界震荡。[①] 除此之外，网络文学的风起云涌，不仅带来新鲜的作品和创作，更是在考量付酬标准在市场化的大潮下如何成为推动和繁荣文学创作的有力武器。

（5）违约责任。指合同当事人违反合同约定义务所应承担的民事责任。按照《中华人民共和国合同法》的规定，当事人一方不履行合同义务或履行合同义务不符合约定的，应当承担继续履行、采取补救措施或者赔偿损失等违约责任。当事人可以约定一方违约时应当根据违约事实向对方支付一定数额的违约金，也可以约定因违约产生的损失赔偿额的计算方法。

（6）双方认为需要约定的其他内容。合同双方在上述条款之外，还可以约定出版日期、赠送样书、图书再版、购买优惠、合同中止、仲裁条款等，以进一步完善合同，便于双方遵守和执行。

3．许可使用合同中应注意的一些问题

（1）合理注意义务。根据最高人民法院《关于审理著作权民事纠纷案件适用法律若干问题的解释》第 20 条的规定：“出版者应对其出版行为的授权、稿件来源和署名、所编辑出版物的内容尽到合理注意的义务，否则，当出版物侵犯他人著作权时，会根据出版者的过错、侵权程度及损害后果等承担民事赔偿责任。”因此，在出版合同中必须体现出版者对出版物内容所尽到的注意义务，即要求作者担保所提供的作品是自己独立创作的，或是有合法来源的，并且不存在侵权或违约的情况。如果出版者尽了合理注意

① “新稿酬标准或提高 2 至 5 倍”，见中央网络电视台 2012 年 1 月 12 日新闻（http：//news. cntv. cn/）。

义务，著作权人也无证据证明出版者应当知道其出版涉及侵权的，依据《民法通则》第117条第1款的规定，出版者只承担停止侵权、返还其侵权所得利润的民事责任。如果出版合同中没有这种担保条款，在发生侵权的情况下，出版社往往会被认为有过错，从而应共同承担侵权责任。

（2）关于著作权人的其他权利。许可他人出版只是著作权人行使复制权的一种形式，且出版不是目的，发行及获利才是出版的意义所在。因此，出版和发行常常相伴并行。为了明确双方的权利，除了出版合同中约定的涉及复制许可的内容外，还可以约定有关发行权的内容，减少可能出现的矛盾。复制出版往往是作品其他使用方式如翻译、改编等的前提和基础。即使许可他人出版、发行作品，著作权人仍然保留表演、录音、摄制电影、播放、展览、改编、翻译或以其他任何方式使用其作品的权利。

（3）关于对作品的修改。编辑出版是一项专业性很强的工作，一般创作者难以承担。在我国，大部分书稿在出版前都要经过出版社的编辑加工。如果编辑在针对作品内容作出修改、删节或调整的，就应得到作者或著作权人的同意，以避免侵犯作者的修改权和保护作品的完整权。解决这一问题，最简单的办法是在出版合同中加以明确，得到著作权人的许可。

（4）网络环境下许可合同形式的更新。传播技术的发展极大地改变了著作权主体和使用者之间的利益格局，在网络环境下，著作权主体数量、客体类型与利用方式皆不断增加，著作权交易无论在范围和频率上都远超以往。如果沿用传统的许可机制，其中的交易成本将抵销甚至超过新技术所降低的成本，致使许可效率与传播效率脱节。为此，如何变革许可机制，使之适应市场变化需求，成为全球性的难题。

二、著作权转让

著作权转让，是指著作权人将其作品著作权中的财产权转移给他人，从而使受让人取得部分或全部著作权，它是著作权人对著作权进行处分的一种方式。

（一）著作权转让的特点

著作权转让不同于一般有形财产的转移，最突出的特点在于其可分性：有著作权中人身权与财产权的分离，有著作财产权中各项权能的分离，还有著作权与作品原件及作品物质载体的分离。

1. 著作权转让的对象只能是著作权中的财产权利

我国《著作权法》第10条规定了著作权人的精神权利和财产权利，精神权利是指作者因创作作品而依法享有的与特定人身不可分离的权利，包括发表权、署名权、修改权和保护作品完整权。财产权利是指作者对获得著作权保护的作品所享有的使用权和获得报酬权，包括复制权、发行权、出租权、展览权、表演权、放映权、广播权、信息网络传播权、摄制权、改编权、翻译权、汇编权以及应由著作权人享有的其他权利。

著作权转让只能就其中的财产权利进行转让，著作权中的精神权利是与作者的特定人身相联系的，不能转让。

2. 著作权中的各项财产权利可以分割转让

《著作权法》第10条中第5～17项规定的是著作权人的财产权利，由于对作品的使用方式不同，作者的财产权利也体现为不同的表现形式。著作权人可以将全部或部分财产权进行转让，著作权全部转让后，受让人成为新的著作权人，原著作权人不再拥有著作权；在部分著作权财产权转让中，比如，文字作品的著作权人向出版社转让复制权、发行权；向电影制片厂转让改编权、摄制权；音乐作品的著作权人向演员转让表演权等，都是部分权利的转让，没有经过转让的权利仍然归属于著作权人。

3. 著作权转让是一种主体的变更

当事人通过签订著作权转让合同，使受让人成为新的著作权人，而原著作权人对于已经转让的著作权的部分或全部，不再拥有财产权利，也不得再行使著作权人许可他人使用的权利等。

4. 著作权转让与作品载体所有权无关

作者所创作的作品，无论以何种形式表现，都应有一定的载体，比如摄影作品的照片、绘画作品的油画、电影作品的胶片等。载体体现了作品的表现形式，作为物权客体的作品载体（著作物）是可以作为买卖、赠予、继承等标的的，但著作权仍然属于著作权人，因此，作为物权客体的作品载体的转让并不当然引起著作权的转移，也不影响作品著作权的继续存在。

5. 著作权转让合同应当以书面形式成立

《著作权法》第25条规定："转让著作财产权利，应当订立书面合同。"可见，订立书面合同是法律规定著作权转让合同生效的形式条件，如果当事人未采用书面形式订立著作权转让合同的，该如何确定著作权转让合同的效力呢？根据《最高人民法院关于审理著作权民事纠纷案件适用法律若干问题的解释》第22条的规定，著作权转让合同未采取书面形式的，人民法院可依据《合同法》第36条、第37条的规定审查合同是否成立。即法律、行政法规规定或者当事人约定采用书面形式订立合同，当事人未采用书面形式但一方已经履行主要义务，对方接受的，该合同成立。采用合同书形式订立合同，在签字或者盖章之前，当事人一方已经履行主要义务，对方接受的，该合同成立。

著作权转让合同可以向著作权行政管理部门备案。

（二）著作权转让合同

（1）著作权转让合同是指著作权人将著作权中部分或全部财产权转让给受让人的

协议。通过著作权转让合同，受让人成为新的著作权人或部分财产权利的所有人，原著作权人不再拥有著作权全部或部分财产权利。根据著作权法的规定，著作权人转让包括复制权、发行权、出租权、展览权、表演权、放映权、广播权、信息网络传播权、摄制权、改编权、翻译权、汇编权以及应由著作权人享有的其他权利，应当与受让人签订书面合同。签订书面合同是著作财产权转让的生效条件，书面形式应被理解为合同生效的法定条件。

（2）著作权转让合同包括的主要内容：① 作品的名称；② 转让的权利种类、地域范围；③ 转让价金；④ 交付转让价金的日期和方式；⑤ 违约责任；⑥ 双方认为需要约定的其他内容。

著作权转让合同是合同的一种，因此，当事人签订转让合同，除了需要符合著作权法的规定，同时应符合合同法关于合同成立、生效的实质条件和形式要求。著作权人在转让合同中未明确转让的权利，未经著作权人同意，另一方当事人不得行使。

三、著作权继承

对自然人作者的著作权的保护期限是作者有生之年加死后的50年。根据《著作权法》第19条规定："著作权属于公民的，公民死亡后，其著作权中的财产权在有效的保护期内，依照继承法的规定转移。著作权属于法人或者其他组织的，法人或者其他组织变更、终止后，其著作权在有效的保护期内，由承受其权利义务的法人或者其他组织享有；没有承受其权利义务的法人或者其他组织的，由国家享有。"

对于著作权继承，需要特别加以说明：

（1）只有著作权中的财产权利才能依照继承法的规定继承，著作权中的人身权不能作继承。

著作权法规定作者的署名权、修改权和保护作品完整权的保护不受时间限制，按照《著作权法实施条例》第20条的规定，作者死亡后，其著作权中的署名权、修改权和保护作品完整权应由作者的继承人或者受遗赠人保护。著作权无人继承又无人受遗赠的，其署名权、修改权和保护作品完整权应由著作权行政管理部门保护。

（2）合作作者之一死亡后，其对合作作品享有的使用权和获得报酬权无人继承又无人受遗赠的，由其他合作作者享有。

（3）国家享有的著作权，由著作权行政管理部门代表国家行使。

（4）作者生前未发表的作品，如果作者未明确表示不发表，作者死亡后五十年内，其发表权可由继承人或者受遗赠人行使；没有继承人又无人受遗赠的，由作品原件的合法所有人行使。

第二节　著作权集体管理

复制和传播技术的发展，使作品的使用方式日趋多样化、国际化，著作权人对作品的被使用情况很难了解，著作权集体管理可以有效地解决因地域范围广、时间跨度大致使著作权人无法直接行使著作权的问题。从现存的著作权保护制度和国际上通行的做法来看，著作权集体管理是一种集中的、规模化的、经济的保护和利用著作权的一种重要和有效的方式。

一、著作权集体管理的含义和作用

《著作权法》第 8 条规定："著作权人和与著作权有关的权利人可以授权著作权集体管理组织行使著作权或者与著作权有关的权利。"

著作权集体管理，是指著作权人、邻接权人或者其他权利所有人授权有关组织，代为集中管理著作权、邻接权的行为，是著作权人和邻接权人实现著作财产权利的有效途径。集体管理组织根据著作权人和邻接权人的授权，将众多著作权集中起来以自己的名义，通过与作品使用者谈判、签约、发放使用许可，收取、分配使用费和追究侵权责任等活动，为著作权人和邻接权人实现财产权利提供中介服务。著作权集体管理组织不是行政部门根据法律赋予的职责实行的管理，而是非营利组织对私权的经营性管理。

2005 年 3 月 1 日起施行的《著作权集体管理条例》，对于著作权集体管理组织设立方式、权利义务、著作权许可使用费的收取和分配做出明确规定。根据该条例，我国著作权集体管理组织法律地位的确定应包含以下内容：

（1）著作权集体管理组织是依法成立开展活动的社会团体法人。这一机构既不是国家机关或国家机关的附属单位，也不是企业，而是具有法人资格的民间性、非营利性的社会团体。

（2）机构通过著作权集体管理方式维护其成员的著作权权益。机构接受成员的授权，监督、检查作品使用情况，代表成员同作品使用者谈判并发放许可证，向使用者收取使用费转交成员，进行涉及著作权或者与著作权有关的权利的诉讼、仲裁。

（3）机构是一个相对独立、统一的整体。尽管机构工作接受国家有关部门的指导、管理与监督，但机构本身具有独立地位，机构的人事、财务、管理结构形成一个不可分割的统一整体，依照章程实行自治，处理内部事务。

（4）机构作为法人，经权利人授权，集中行使权利人的有关权利并以自己的名义进行活动。

二、著作权集体管理组织的成立条件

著作权集体管理组织，是指为权利人的利益依法设立，根据权利人授权、对权利人的著作权或者与著作权有关的权利进行集体管理的社会团体。著作权集体管理组织应当依照有关社会团体登记管理的行政法规和《著作权集体管理条例》的规定进行登记并开展活动。

2005 年 3 月 1 日起实施的《著作权集体管理条例》第 7 条规定："依法享有著作权或者与著作权有关的权利的中国公民、法人或者其他组织，可以发起设立著作权集体管理组织。设立著作权集体管理组织，应当具备下列条件：① 发起设立著作权集体管理组织的权利人不少于 50 人；② 不与已经依法登记的著作权集体管理组织的业务范围交叉、重合；③ 能在全国范围代表相关权利人的利益；④ 有著作权集体管理组织的章程草案、使用费收取标准草案和向权利人转付使用费的办法（以下简称使用费转付办法）草案。申请设立著作权集体管理组织，需向国务院著作权管理部门申请获得审查批准，之后再依照有关社会团体登记管理的行政法规到国务院民政部门办理登记手续。"

三、目前国内著作权集体管理组织的类型

（1）中国音乐著作权协会。1992 年 12 月 17 日由国家版权局和中国音乐家协会共同发起成立的音乐著作权集体管理组织，是专门维护作曲者、作词者和其他音乐著作权人合法权益的非营利性机构。协会管理音乐著作权的权利来源为：会员的授权；与海外同类协会签署相互代表协议，从而获得对海外音乐作品进行管理的权利；以及经国家版权局授权，协会承担音乐作品法定许可使用的使用费收转工作。协会实行会员制，凡具有中国国籍的音乐著作权人，包括作曲者、作词者、音乐改编者、音乐作者的继承人以及获得音乐著作权的出版者和录制者，拥有音乐著作权的机构团体也可以成为会员。

（2）中国音像著作权协会。经国家版权局正式批准于 2008 年 5 月 28 日成立（国权［2005］30 号文）、民政部注册登记的我国唯一音像集体管理组织，依法对音像节目的著作权以及与著作权有关的权利实施集体管理。管理的权利种类包括音像节目的表演权、放映权、广播权、出租权、信息网络传播权、复制权、发行权以及其他适合集体管理的音像节目著作权和与著作权有关的权利。

（3）中国文字著作权协会。由中国作家协会、国务院发展研究中心等 12 家著作权人比较集中的单位和陈建功等 500 多位我国各领域著名的著作权人共同发起，于 2008 年 10 月 24 日在北京成立。文字著作权的管理主要包括：报纸、期刊、图书、电子出版物和数字化制作等各种传媒使用的文字作品，通过信息网络传播方式使用的文字作品，通过广播方式使用的文字作品，以汇编方式使用的文字作品，以机械表演或现场表演方式使用的文字作品，以法定的其他许可方式使用的文字作品，其他适合集体管理的对文

字作品的使用。为集体管理目的，而对未加入协会的文字著作权人，协会也为其向使用者收取法定许可情形下的使用费并向其分配。

（4）中国摄影著作权协会。该协会是由中国摄影家协会联合众多全国性摄影团体和一百多位著名摄影家发起的、经国家版权局批准、在民政部登记并报国务院办公会议核准通过成立的著作权集体管理组织。协会于2008年11月21日在北京成立，是政府指定的、国内唯一的从事摄影著作权保护的非营利性社会组织。中国摄影著作权协会管理的是摄影作品的信息网络传播权、放映权、复制权、广播权、展览权。

（5）中国电影著作权协会。2010年4月16日中国电影著作权协会成立，标志着我国涵盖音乐、音像、文字、摄影、电影等领域比较完备的著作权集体管理体系已经初步形成，《电影作品著作权集体管理使用费收取标准》和《电影作品著作权集体管理使用费转付办法》经国家版权局公告后，中国电影著作权协会以自己的名义，受会员单位委托发放电影作品的使用许可，收取和转付使用费用，并对侵权盗版行为以自己的名义进行维权。协会集体管理的权利包括：广播权（包括但不限于电台、电视台的播放）的全部或部分，信息网络传播权（包括但不限于互联网和局域网、网吧、含有线和无线方式）的全部或部分，部分放映权、复制权、出租权（包括但不限于音像制品的出租）、其他权利人自己难以有效行使的权利或可以由著作权集体管理组织进行集体管理的相关权利。

第八章　著作权侵权及责任

各国对版权侵权行为多采用列举方式，但对侵权行为的含义则少有清晰规范。学界对此也各有说辞，有学者认为侵犯著作权的行为是指未经著作权人许可，从事著作权法授予著作权人所控制、限制或禁止的那些行为。[①] 也有学者认为，侵害著作权的行为是指未经著作权人许可，又无法律上的根据，擅自行使受著作权人专有权控制的行为。[②] 近年来，有学者在讨论版权侵权行为时直接表述为：直接侵权、间接侵权、违约侵权和仅仅侵犯作者精神权利等。[③] 或者陈述为：如果他人在未经著作权人许可和缺乏法律依据的情况下实施受著作权专有权利控制的行为，即构成对著作权的“直接侵权”。而教唆、引诱他人实施著作权侵权行为，或在知晓他人侵权行为的情况下，对该侵权行为提供实质性帮助，则构成对著作权的“间接侵权”。[④] 从这些不同的表述中，至少可以归纳出侵权行为的以下含义：一是侵权人行使了著作权法规定的专属于著作权人的行为；二是该行为未经著作权人许可，也没有法律上依据。至于行为人是否具有主观过错，或者以何种行为方式实施侵权行为，则由于归责原则和构成要件不同而有所区别。总之，侵犯著作权的行为是未经著作权人许可，且无法律上的依据，擅自行使专属于著作权人、受著作权法保护的行为。

第一节　侵 权 行 为

一、侵害著作权人精神权利的行为

（一）未经著作权人许可而发表其作品的行为

发表权指作者有权决定自己的作品是否发表，以及何时、何地、以何种方式发表，任何人未经作者同意而以任何方式发表其作品都是属于侵犯发表权的行为。发表权是一种双重性的权利，同时具有著作精神权利和财产权利，对著作财产权利的处分必然附随发表权的处分。比如作者将作品许可给出版社首次以印刷出版的方式公开，就既处分复

---

① 郑成思著：《版权法》（修订本），中国人民大学出版社 1997 年版，第 207 页。

② 张玉敏、张今、张平著：《知识产权法》，中国人民大学出版社 2009 年版，第 175 页。

③ 李明德、许超著：《著作权法》，法律出版社 2003 年版，第 223 页。

④ 王迁著：《知识产权法》，中国人民大学出版社 2007 年版，第 276 页。

制权，也同时表明其允许作品发表，因此，也行使了发表权。又比如未经作者许可，将自己保存的他人信件公开发表的行为，无论是通过书报、杂志、印刷品散发、口头表述、表演、广播或是在互联网上公开，都是侵犯作者发表权的行为。未经许可发表他人未发表的作品，往往同时侵犯著作权人的财产权利和精神权利。

（二）未经合作作者许可而将与他人合作创作的作品当做自己单独创作的作品发表的行为

根据我国《著作权法》第13条的规定："两人以上合作创作的作品，著作权由合作作者共同享有。合作作品可以分割使用的，作者对各自创作的部分可以单独享有著作权，但行使著作权时不得侵犯合作作品整体的著作权。合作作品不可以分割使用的，合作作者对著作权的行使如果不能协商一致，任何一方无正当理由不得阻止他方行使。"

"合作作品"强调的是作者的结合，而不是作品的结合。

英国《版权法》第10条（1）规定："在本编中，合作作者之作品是指两个或两个以上作者合作创作的作品，在该作品中，各作者的贡献无法彼此分开。"美国《版权法》第101条规定："合作作品是两名或多名作者创作的作品，其意图是把他们的创作部分合并成为一个单一体中的不可分割的或相互依存的部分。"德国《著作权法》第8条规定："数人共同创作一部著作并不可能单独使用各自的创作部分的，他们即这部著作的合作著作人。"日本《著作权法》第2条规定："两个或两个以上的人共同创作，并且每个人的创作成果无法分开单独使用的著作物。从各国的相关规定看，合作作品应该包括两个构成条件：其一是作者在两人或以上；其二是合作作品的组成部分本身不能单独使用。"

对于多个作者共同创作的行为，在有些国家的版权法中称为合成创作。如德国《著作权法》第9条规定："数名著作人为共同使用其著作而互相联合的，其中任何一名著作人均可要求其他著作人根据诚实信用原则许可他发表、使用和改动该合成著作。"[①]"合成作品"强调的是作品内容方面的汇合，所以作品的各组成部分可以分割使用。比如，不同词、曲作者的歌曲创作。从这样的规定看，作者是两人或两人以上是合作作品和合成作品都具有的特点，所不同的是合作作品不能单独使用，而合成作品是由不同的单独作品集合而成，因此各部分是独立的，当然也可以分开使用。可以这样理解，合作作品是一种共同共有关系，而合成作品则是一种按份共有的关系。根据我国《著作权法》第13条的内容，我国关于合作作品的规定似乎包括了合成作品和合作作品的内容。因为其条文表述为"合作作品可以分割使用的，作者对各自创作的部分可以单独享有著作权，但行使著作权时不得侵犯合作作品整体的著作权。合作作品归合作

① 许超著：《著作权疑难问题评述》，浙江教育出版社2000年版，第1页。

者共同所有，在行使所有权时，应以协商一致为基础，在意见不一致时，任何一方无正当理由都不得妨碍他方行使著作权。

合作作品属于作者共同的财产，其中的合作者在没有征得其他合作者同意的情况下，无权单独处分财产。将与他人合作创作的作品当作自己单独创作的作品发表，不仅侵犯了其他合作者的发表权，也侵犯了他人的署名权。

对于多人合作完成的作品署名顺序，按照最高人民法院的司法解释：有约定的按约定确定署名顺序；没有约定的，可以按照创作作品付出的劳动、作品排列、作者姓氏笔划等确定署名顺序。

（三）没有参加创作，为谋取个人名利而在他人作品上署名的行为

在著作权的各项精神权利中，署名权的人身专属性最强，其受重视的程度就很高。比如，主要是利用法人或者其他组织的物质技术条件创作，并由法人或者其他组织承担责任的工程设计图、产品设计图、地图、计算机软件等职务作品，作者也享有署名权。作者身份不明的作品，由作品原件的合法持有人行使除署名权以外的著作权。根据《著作权法》第 11 条第 4 款的规定：如无相反证明，在作品上署名的公民、法人或者其他组织为作者。因此，没有参加创作，为谋取个人名利，在他人作品上署名，就是一种侵犯他人署名权的行为。这种行为割断了作品与作者之间的天然联系，违背了民法所确认的诚实信用原则，对读者和社会造成欺骗，因此必须承担侵权责任。

（四）歪曲、篡改他人作品的行为

这是侵犯作者保护作品完整权的行为。

作品反映出作者独特的思想、风格、情感以及表达习惯，保护作品内容的完整性是对作者创作的尊重。反对“有损作者声誉的”歪曲、篡改、修改或其他贬抑，是《伯尔尼公约》赋予作者的一项权利。歪曲、篡改他人作品是对作者人身权利中保护作品完整权的侵犯，可能会对作者的精神和财产都带来损失。萧雄林在所著《新著作权法逐条释义》一书中曾举例：某甲写小说交乙出版，乙为了迎合市场上一些人的要求，增加销路，擅自在小说中增加甚多煽情文字，甲所在公司的老板观念甚为保守，致甲被公司解雇，收入受损。另甲之配偶、亲属和朋友不谅解，使甲的名誉蒙受损失，此为精神损害。

（五）剽窃他人作品的行为

剽窃，包括抄袭和窃取，都是将他人的创作成果据为己有的行为，是《著作权法》历来所禁止的一种行为，即使在没有著作权制度的国家，抄袭也是受谴责的行为。在著作权制度实施初期，法律惩罚的剽窃仅指那些照搬他人作品的现象。及至文学、艺术市

场的扩大及新的表达形式的出现，公众对创新的要求不断提高，抄袭也不再是一字不改、原封不动地照搬套用，当今大多数涉及剽窃的诉讼是因为对作品情节、角色、主题等方面有相同或相似之处。对于照搬别人的作品中的主要内容、情节、角色、主题等达到一个怎样的“量”才发生质变而构成抄袭？如何判断是合理使用还是抄袭？是抄袭还是独立创作中的“巧合”等问题，都有待于法官在审理案件的过程中加以判断。法官通常会考虑这样一些因素：被告以前是否看过或了解过原告的创作；原告的作品是否首创；情节是否是同一主题的翻版，或者是作者独具匠心的创作，也会就两部作品所达到的效果进行分析比较，并且是以普通人的立场去做出判断。

以上为我国《著作权法》第46条列举的侵犯著作权人精神权利的行为。对著作权人精神权利的损害，导致权利人人格利益受损，按照我国《民法通则》的规定，行为人应承担停止侵权、消除影响、赔礼道歉和赔偿损失的民事责任。

二、侵害著作权人财产权利的行为

（一）《著作权法》第46条列举的侵害著作权人财产权利的行为

1．未经著作权人许可，以展览、摄制电影和以类似摄制电影的方法使用作品或者以改编、翻译、注释等方式使用作品的

这一列举性规定涉及作品的展览权和演绎权。

展览主要是美术、摄影等作品的常见使用方式，展览权是作者公开陈列美术作品、摄影作品的原件或者复制件的权利。联合国教科文组织及WIPO认为，就美术作品来说，“展出权”应包括在三种情况下的控制权：其一是在展览会上；其二是公共场所；其三是电影或电视中。

演绎是在他人作品的基础上，通过重新创作或改编而形成新作品的行为，通过该演绎行为获得的新作品即为演绎作品。许可或禁止他人以摄制电影和以类似摄制电影的方法使用作品，属于著作权人演绎权的范畴。

改编，是指在原有作品的基础上，通过改变作品的表现形式或者用途，创作出具有独创性的新作品。例如，将小说改编为电影，将电影改编为漫画等，大多数作品都可以进行改编。原作与改编作品的区别仅在于表现形式的差异，二者的内容基本一致，同时，原著的某些独创性特点同样会反映在改编作品中。

翻译权是文字作品和计算机软件的作者都可以享有的权利，指作者有权许可或禁止他人将其作品从一种文字转换成另一种语言文字，将计算机软件的源代码改变为目标代码的权利。未经著作权人许可，“编译”他人的文学作品，即使没有逐字逐句翻译，也会被视为侵犯他人的翻译权。翻译权是继复制权后最先出现在经济权利中，也是著作权国际保护的重要内容之一。

注释，是指对文字作品中的字、词、句进行解释。[①]

制片权，在《伯尔尼公约》中直接被表述为“电影权”或“电影改编权”，这项经济权利是指已有的文学艺术作品的作者，有权许可或禁止其他人将该作品改编为电影或拍摄到电影中去。未经许可，将一部小说拍成电影或电视剧，或将某个剧本拍成电影，一部乐曲作为电影配乐，或将画家的画、雕塑家的作品等摄入电影等，均构成侵权。制片权作为演绎权的一项，不是指电影或电视剧作品的著作权所有人享有的权利，而是指原作品能否及怎样被制片人使用的权利。

原作品的作者行使其制片权而演绎出电影作品，如果根据电影作品再演绎出戏剧作品，则改编人为第二次演绎人，不仅要得到电影作品版权人的授权，还需要得到原作品作者的授权。[②]

赋予原作者对多次演绎后的作品享有版权，是《伯尔尼公约》第14条(2)款的规定。根据世界贸易组织的《TRIPS协议》第9条之1的规定，《伯尔尼公约》的这一规定同样对世界贸易组织的成员有约束力。

2. 使用他人作品，应当支付报酬而未支付的

这一项内容主要是针对法定许可使用情况下，使用人应支付报酬而未支付的情形。在我国，《著作权法》规定的法定许可情形包括：①《著作权法》第33条第2款的规定：“作品刊登后，除著作权人声明不得转载、摘编的外，其他报刊可以转载或者作为文摘、资料刊登，但应当按照规定向著作权人支付报酬。”②《著作权法》第40条第3款的规定：“录音制作者使用他人已经合法录制为录音制品的音乐作品制作录音制品，可以不经著作权人许可，但应当按照规定支付报酬；著作权人声明不许使用的不得使用。”③《著作权法》第43条第2款的规定：“广播电台、电视台播放他人已发表的作品，可以不经著作权人许可，但应当支付报酬。”④《著作权法》第44条的规定：“广播电台、电视台播放已经出版的录音制品，可以不经著作权人许可，但应当支付报酬。使用人因法定许可的规定使用作品，可以不经作者或所有人同意，但必须支付报酬，如果没有支付报酬，同样构成侵权。权利人针对此类侵权行为，得以获得报酬权请求法律救济。”

3. 未经电影作品和以类似摄制电影的方法创作的作品、计算机软件、录音录像制品的著作权人或者与著作权有关的权利人许可，出租其作品或者录音录像制品的

本项是对侵犯出租权行为的规定。

《TRIPS协议》仅规定了对计算机程序和电影作品给予出租权。《世界知识产权组织版权协议》（WCT）第7条则不仅授予计算机程序和电影作品出租权，而且授予其作

① 《中华人民共和国著作权法实施条例》第5条第10项。

② 郑成思著：《版权法》（修订本），中国人民大学出版社1997年版，第188页。

品包含在录音制品中的作者专有出租权，同时也规定，如果缔约方国内法规定其作品包含在录音制品中的作者仅享有获得报酬权，则该缔约国可以保留原有规定。

依我国《著作权法》第10条第7项规定："出租权，即有偿许可他人临时使用电影作品和以类似摄制电影的方法创作的作品、计算机软件的权利，计算机软件不是出租的主要标的的除外。"从该项规定看，出租权并不适用于所有作品形式，也并非所有著作权人都能享有的一项权利。严格来说，出租是发行的一种，传统的发行即包括以出售、出租等方式提供作品原件或复制件的行为。例如，《美国版权法》第106条第3项规定："发行是指，将享有版权作品的复制品或录音制品，通过销售或其他的所有权转移方式，或者通过出租、租借或借阅的方式，提供给公众。"我国1991年的《著作权法实施条例》第5条也将出租行为包含在发行权之中。对于电影以及计算机软件作品而言，仅仅提供发行权，无法有效阻止以出租方式获得利益的作品使用人，而权利人亦不能从作品的出租使用中得利。为此，世界贸易组织《TRIPS协议》将出租行为从发行中分离出来，单设一项出租权，但此项权利仅赋予电影作品及以类似摄制电影的方法创作的作品、计算机软件、录音录像制品。而所谓"计算机软件不是出租的主要标的的除外"，指的是计算机软件包含在整个用于出租的物品中，但不是出租物品价值的主要部分，例如，出租汽车上的导航系统软件，虽然软件也起作用，但显然不是出租汽车的主要标的，软件著作权人不能因为出租权而阻止汽车出租。但如果是利用批量计算机开设网吧，提供游戏、电影等在线使用，就属于利用计算机软件出租的情形了。

4. 未经出版者许可，使用其出版的图书、期刊的版式设计的

本项是对侵犯出版者版式设计权行为的规定。

版式设计，是指对印刷品的版面格式的设计，包括对其版心、排字、用字、行距、标点等版面布局因素的安排。装帧设计，是指对开本、装订形式、插图、封面、书脊、护封和扉页等印刷物外观的装饰。[①] 出版者对其出版的图书、报纸、杂志的版式、装帧设计，享有专有使用权。《著作权法》第36条规定："出版者有权许可或者禁止他人使用其出版的图书、期刊的版式设计。"这一规定显示仅有出版者享有版式设计专有使用权，其他人未经许可不得擅自按照原样复制。对版式设计的保护期为10年，截止于使用该版式设计的图书、期刊首次出版后第10年的12月31日。

5. 未经表演者许可，从现场直播或者公开传送其现场表演或者录制其表演的

《伯尔尼公约》所确定的表演包含两方面：一是自然人的现场表演；二是指机械表演，即借助唱片、录像带或电影胶片等再现录制下来的表演。我国《著作权法》也规定表演者除享有许可他人从现场直播和许可他人录音录像的财产权利外，还有权许可他人公开传送其现场表演；许可他人复制、发行录有其表演的录音录像制品；许可他人通

---

① 姚伯岳著：《试论出版者的版式、装帧设计权》，《著作权》1995年第4期，第22－23页。

过信息网络向公众传播其表演。

“直播”是指与演出行为同步播放，即广播电台、电视台以无线方式传送表演活动的信号，使远端的公众能够接收并欣赏表演活动中的声音和图像；“公开传送”则是指通过除广播以外的任何媒体向公众播送表演，使不在现场的公众可以同步欣赏表演。比如酒吧外设立的带有扬声器的大屏幕，可以让身处酒吧外广场的公众也能同步观看表演。

现场直播权是表演者享有的重要的财产权利。如果没有现场直播权的控制，表演者将无从控制使用者选择表演场所之外的地方收看或收听节目，从而丧失应得之利益。

现场表演经过录制固定在一定的介质上，不仅可以长期保存，也可以进行批量复制，因此对表演者的利益影响深远。表演者许可他人对自己的表演活动进行录制，表明表演者愿意将自己的表演活动在现场之外的地方和范围内传播，不受表演时间和场所的限制。

6. 其他侵犯著作权以及与著作权有关的权益行为的

《著作权法》第 47 条规定的侵犯著作权民事责任中，特别设定一项弹性规定，为难以被归入一一列举的侵权行为，以及未来可能出现的侵权行为预设依据。

针对《著作权法》第 47 条列举的侵权行为，行为人应当承担停止侵害、消除影响、赔礼道歉、赔偿损失等民事责任。

（二）《著作权法》第 48 条列举的侵害著作权人财产权利的行为

1. 未经著作权人许可，复制、发行、表演、放映、广播、汇编、通过信息网络向公众传播其作品的

本项规定涉及侵犯著作权人的复制权、发行权、表演权、放映权、广播权、汇编权和信息网络传播权的行为，这些权利是所有作品形式均可享有的权利。

2. 出版他人享有专有出版权图书的

本项是针对侵犯图书出版者所享有的专有出版权的规定。在 2001 年著作权法中，出版者的专有出版权不再是法定，而是要由著作权人与出版者进行约定。通过出版合同约定出版者享有的专有出版权属于合同权利，有关合同的效力不仅受著作权约束，也受合同法约束。

3. 未经表演者许可，复制、发行录有其表演的录音录像制品或者通过信息网络向公众传播其表演的

本项是针对侵犯表演者权利的规定。但需要说明的是著作权法规定表演者的财产权利还包括现场直播权和首次录制权，本项规定仅涉及其中许可他人复制、发行录有其表演的录音录像制品或通过信息网络向公众传播其表演的内容，这是因为就侵权行为给表演者造成的损害而言，复制、发行录制品和通过互联网传播，比现场直播和首次录制更大、更广，且对公众利益也造成损害。

4. 未经录音录像制作者许可，复制、发行、通过信息网络向公众传播其制作的录音录像制品的

本项是针对侵犯录制者权的规定。侵犯录制者权利的行为中，侵犯出租权的行为及应承担的责任已在《著作权法》第46条中加以规定，即侵犯录制者的出租权，侵权人只有民事责任，而侵犯录制者的复制、发行及信息网络传播权则有可能除民事责任外，还需承担行政责任，甚至刑事责任。

5. 未经许可，播放或者复制广播、电视转播的

本项是对侵犯广播组织者权行为的规定。根据《著作权法》第44条的规定，广播电台、电视台有权禁止未经其许可将其播放的广播、电视转播；或是将其播放的广播、电视录制在音像载体上以及复制音像载体。本项规定即针对未经许可的转播和复制行为。

（三）《著作权法》第48条列举的其他侵权行为

1. 未经著作权人或者与著作权有关的权利人许可，故意避开或者破坏权利人为其作品、录音录像制品等采取的保护著作权或者与著作权有关权利的技术措施的

数字技术一方面给盗版者和侵权人提供了极大的便利，以至于人们认为在信息时代，版权领域最大的问题不是作品的传播，而是如何有效防止轻而易举的复制；另一方面，著作权人为维护合法使用作品创造出越来越多的技术手段，这就是在网络时代版权领域新出现的“技术措施”。技术措施是著作权人在网络上行使其权利的一个防盗系统，由于作品在网上的传播极为迅速、简便，使得网上对作品的复制变得空前廉价、简单和快捷，作品一旦上网，著作权人只能通过设置一定的技术措施和手段用于限制、控制他人访问、下载作品，从而保护和实现自己的专有权利。这些措施包括要求登记、必须输入口令、数字签名等，以求减少作品被侵权的风险。但这些技术措施不断遭受电脑黑客的破解、破坏，以至于网络和计算机的安全成为一个新的专业。除了专家们不断更新防盗技术外，在法律上对任意破解他人技术措施的行为也应该作出一种规范，使网络成为一个有序的世界。

1996年12月20日世界知识产权组织在日内瓦通过的两个条约，即《世界知识产权组织版权条约》（简称《版权条约》WCT）和《世界知识产权组织表演和录音制品条约》（简称《表演和录音制品条约》WPPT）对此都作了规范。《世界知识产权组织版权条约》第11条规定：“缔约方应该规定适当的法律保护和有效的法律补救方法，制止规避由作者行使本条约所规定的权利而使用的、对就其作品进行未经该有关作者许可或未由法律准许的行为加以约束的有效的技术措施。”《世界知识产权组织表演和录音制品条约》第18条规定：“缔约方应该规定适当的法律保护和有效的法律补救方法，制止规避由表演者和录音制品制作者为行使本条约所规定的权利而使用的、对就其表演和录音制品进行未经该有关表演或录音制品制作者许可或未由法律准许的行为加以约束的有效的技术措施。”1997 年《欧盟指令草案》第 6 条规定：“成员国应当提供充分的法律保护制止行为人知道或应当知道未经许可规避用来保护版权和相关权的任何有效的技术措施的行为。”我国《著作权法》也规定了保护版权技术措施的内容。

技术措施是权利人主动采取的、对其计算机软件等作品进行保护和管理的技术手段，其主要目的是防止他人非法使用。从技术措施的作用看，技术措施主要包括控制访问的技术措施和规避作品使用的控制技术措施。前者比如：要求登记、注册、加密等；后者如反复制设备、追踪系统等。《著作权法》、《计算机软件保护条例》以及《信息网络传播权保护条例》中所说的技术措施指的是用于防止、限制未经权利人许可浏览、欣赏作品、表演、录音录像制品的或者通过信息网络向公众提供作品、表演、录音录像制品的有效技术、装置或者部件。其设定目的是为了限制对其作品未经许可的使用行为。同时，权利人所采取的技术措施只能是防御性的，不具有攻击能力，也不得损害公共利益，比如植入病毒等。

我国《著作权法》第 48 条之（6）规定：“未经著作权人或者与著作权有关的权利人许可，故意避开或者破坏权利人为其作品、录音录像制品等采取的保护著作权或者与著作权有关的权利的技术措施的”，应承担民事责任、行政责任甚至刑事责任。

《计算机软件保护条例》第 24 条（3）规定：“故意避开或者破坏著作权人为保护其软件著作权而采取的技术措施的，应当根据情况，承担停止侵害、消除影响、赔礼道歉、赔偿损失等民事责任；同时损害社会公共利益的，由著作权行政管理部门责令停止侵权行为，没收违法所得，没收、销毁侵权复制品，可以并处罚款；情节严重的，著作权行政管理部门并可以没收主要用于制作侵权复制品的材料、工具、设备等；触犯刑律的，依照刑法关于侵犯著作权罪、销售侵权复制品罪的规定，依法追究刑事责任。”

我国《信息网络传播权保护条例》第 4 条对技术措施的保护也作出了较为明确的规定：“任何组织或者个人不得故意避开或者破坏技术措施，不得故意制造、进口或者向公众提供主要用于避开或者破坏技术措施的装置或者部件，不得故意为他人避开或者破坏技术措施提供技术服务。但是，法律、行政法规规定可以避开的除外。”《信息网络传播权保护条例》第 18 条规定：“故意避开或者破坏技术措施的，根据情况承担停止侵害、消除影响、赔礼道歉、赔偿损失等民事责任；同时损害公共利益的，可以由著作权行政管理部门责令停止侵权行为，没收违法所得，非法经营额 5 万元以上的，可处非法经营额 1 倍以上 5 倍以下的罚款；没有非法经营额或者非法经营额 5 万元以下的，根据情节轻重，可处 25 万元以下的罚款；情节严重的，著作权行政管理部门可以没收主要用于提供网络服务的计算机等设备；构成犯罪的，依法追究刑事责任。”《信息网络传播权保护条例》第 19 条规定：“故意制造、进口或者向他人提供主要用于避开、破坏技术措施的装置或者部件，或者故意为他人避开或者破坏技术措施提供技术服务的，由著作权行政管理部门予以警告，没收违法所得，没收主要用于避开、破坏技术措施的装置或者部件；情节严重的，可以没收主要用于提供网络服务的计算机等设备，非法经营额5万元以上的，可处非法经营额1倍以上5倍以下的罚款；没有非法经营额或者非法经营额5万元以下的，根据情节轻重，可处25万元以下的罚款；构成犯罪的，依法追究刑事责任。”

2. 未经著作权人或者与著作权有关的权利人许可，故意删除或者改变作品、录音录像制品等的权利管理电子信息的

权利管理电子信息，是指识别作品、作品的作者、对作品拥有任何权利的所有人的信息，或有关作品使用的条款和条件的信息，以及代表这种信息的任何数字或代码，各该项信息均附于作品的每件复制品上或在作品向公众进行传播时出现。[①] 权利管理信息与技术措施有密切联系，有些技术措施本身就具有识别功能，起到权利管理信息的作用。这些有关作品、权利人、使用条件等信息被嵌在电子文档里，附加在作品的每件复制品上或在作品向公众进行传播时出现。权利管理信息不仅能够标示权利信息，而且能够按照预定的条件许可用户使用，其对维护权利的积极作用是不言而喻的。对于权利管理信息的法律保护其理由与技术措施的法律保护是一致的。

我国在1996年3月14日生效的《电子出版物管理暂行规定》中曾有类似内容，该规定第13条规定："出版电子出版物，应当在出版物及其装帧纸上标明出版单位的名称和地址、电子出版物的专用中国标准书号及书号条码、出版时间、著作权人姓名等事项。出版进口的电子出版物，还应当标明进口出版许可证号和著作权人合同登记证号。”该规定列举的上述项目就属于著作权管理信息的范畴。

在传统的传播方式下，对书籍、磁带、光盘的销售，电影的放映，或者广播电视节目的播放等，去除或者改变权利管理信息既不便利，也容易留下痕迹被人发觉，为权利人维权提供直接凭证。而在网络环境下去除或者改变权利管理电子信息不仅非常容易，且不留痕迹，甚至会出现真假难辨，真伪颠倒的情况。其结果将直接影响著作权人的精神利益和财产收入。因此，禁止去除或者改变权利管理电子信息仅是表面现象，其实质是通过这种禁止维护作品著作权人的人身权和财产权。

《世界知识产权组织版权条约》第12条和《世界知识产权组织表演和录音制品条约》第18条规定了“关于权利管理信息的义务”。根据规定，任何人不得未经著作权人许可去除或者改变任何权利管理的电子信息；不得发行、为发行目的进口、广播或者公开传播明知已被未经许可去除或者改变权利管理电子信息的作品或者作品的复制品。

我国《著作权法》第48条之（7）规定："未经著作权人或者与著作权有关的权利

① 《世界知识产权组织版权条约》第12条第2款，《世界知识产权组织表演和录音制品条约》第19条第2款。

人许可，故意删除或者改变作品、录音录像制品等的权利管理电子信息的，应承担民事责任、行政责任甚至刑事责任。”《信息网络传播权保护条例》则对该规定予以进一步细化。根据该条例，任何组织或者个人未经权利人许可，不得故意删除或者改变通过信息网络向公众提供的作品、表演、录音录像制品的权利管理电子信息，但由于技术上的原因无法避免删除或者改变的除外；不得通过信息网络向公众提供明知或者应知未经权利人许可被删除或者改变权利管理电子信息的作品、表演、录音录像制品。违反该规定的，根据情况承担停止侵害、消除影响、赔礼道歉、赔偿损失等民事责任；同时损害公共利益的，可以由著作权行政管理部门责令停止侵权行为，没收违法所得，非法经营额5万元以上的，可处非法经营额1倍以上5倍以下的罚款；没有非法经营额或者非法经营额5万元以下的，根据情节轻重，可处25万元以下的罚款；情节严重的，著作权行政管理部门可以没收主要用于提供网络服务的计算机等设备；构成犯罪的，依法追究刑事责任。

3. 制作、出售假冒他人署名作品的

署名是作者表明其身份最基本和直观的权利，作为作者的一项精神权利，按照我国著作权法的规定，如果没有相反证据，则在作品上署名者为作者，而作者即著作权人，因此，署名也体现著作权归属。对于应在作品上署名而未获得署名的作者，或者基于署名方式产生的争议等，均可提起侵犯署名权的诉讼，其意在确定作者或著作权人的地位。但如果假冒他人的姓名发表自己的作品，是否可以提起署名权侵权之诉，则有不同的看法。有人认为借名家之名发表作品，意在利用名家的声誉为自己谋取不当利益，对名家声誉会造成损害，是典型的侵犯精神权利的行为；也有意见认为著作权是针对具体作品产生的。因此，没有作品何来的著作权，冒名行为已经超出著作权法中署名权的范围，应该在民法人身权中寻求解决。针对假冒他人姓名发表自己作品的行为，如果提起署名权侵权之诉，则与署名权的宗旨不相吻合，因为署名的前提是作品，如果没有作品，的确谈不上署名；但明显的假冒他人姓名为自己的作品谋取不当利益，不仅仅与姓名有关，更与作品有关，因此，单纯依靠人身权解决似有所不及，我国《著作权法》在2001年修改时，采用在第47条单列一项的方式，确定其为侵权行为。

总之，上述复制、发行、表演、放映、广播、汇编、通过信息网络向公众传播作品等都是对作品最常见的使用和传播方式。著作权人正是通过对这些使用和传播方式的有效控制和处分来实现其创作作品的价值。只有在创作人的利益得到保障的前提下，才会有更多的人投入创作，产生更多的新作品，从而繁荣整个社会艺术作品的创作，著作权保护制度正是创作者与市场必然联系的核心所在。未经著作权人的许可，复制、发行、表演、放映、广播、汇编、通过信息网络向公众传播作品的行为割断了作者与市场利益的联系，不仅剥夺了著作权人从市场获得利益回报的机会，同时也欺骗了消费者、读者，破坏了文化市场的公平竞争的整体秩序。因此，行为人除了承担相应民事责任外，还要承担行政责任。

与《著作权法》第47条规定的侵权行为及民事责任相比较，《著作权法》第48条列举的侵权行为，不仅首先要承担民事责任，同时损害公共利益的，可以由著作权行政管理部门责令停止侵权行为，没收违法所得，没收、销毁侵权复制品，并可处以罚款；情节严重的，著作权行政管理部门还可以没收主要用于制作侵权复制品的材料、工具、设备等；构成犯罪的，依法追究刑事责任。

第二节 侵权类型

一、直接侵权

直接侵权，是指未经作者或者其他著作权人许可，以任何方式复制、出版、发行、改编、翻译、广播、表演、展出、摄制影片等，构成对版权的直接侵犯。[①] 我国《著作权法》第10条中列举了16项权利，作为著作权人享有的专有权受到保护，任何未经许可，又缺乏“合理使用”或“法定许可”等抗辩理由，而实施了属于著作权人专有权利范围之内的行为，即构成直接侵权。

直接侵权的本质特征是侵权人直接实施了侵犯他人享有的专有权利的行为，且不存在特定的免责事由。至于行为人的主观心理状态如何，是否存在主观过错，只影响损害赔偿以及救济方法，不影响直接侵权的构成。

我国《著作权法》第47条、第48条所列举的侵权行为都属于直接侵权行为。

二、间接侵权

间接侵权是相对于直接侵权而言的。有鉴于这类行为与“直接侵权”相比，并未表现为直接侵犯著作权人的权利，因此，被称为“间接侵权”。

1. 间接侵权的概念、构成条件和法律规范

间接侵权，是指行为人并未直接实施侵犯他人专有权利的行为，而是通过如教唆、帮助等间接的方式在客观上促使了直接侵权行为的发生，进而侵犯了他人的专有权利。间接侵权行为为直接侵权的发生提供了帮助或者扩大了直接侵权行为给权利人造成的损失。因此，间接侵权的成立离不开直接侵权，其是以直接侵权的存在为前提的。[②] 即：“没有实施受知识产权‘专有权利’控制的行为，但故意教唆、引诱他人实施‘直接侵

① 郑成思：《版权法》（修订版），中国人民大学出版社1997年版，第207页。

② 徐娟：《网络服务商间接侵权法律问题研究》，北京工业大学硕士学位论文，2011年4月。

权’，或在明知或应知他人即将或正在实施‘直接侵权’时为其提供实质性的帮助，从而导致损害结果扩大的行为。”①

间接侵权的构成应包括以下三个构成要件：一是间接侵权行为不直接侵犯知识产权的专有权利；二是间接侵权行为的成立以在先的直接侵权行为的存在为前提；三是间接侵权的构成要求行为人主观上具有过错。

我国《著作权法》中没有间接侵权的规定，与之相关联的情形均归入共同侵权解决。比如，《民法通则》第130条规定：“两人以上共同侵权造成他人损害的，应当承担连带责任。”最高人民法院《关于贯彻执行〈中华人民共和国民法通则〉若干问题的意见》第170条规定：“教唆、帮助他人实施侵权行为的人，为共同侵权人，应当承担连带民事责任。”有学者认为，鉴于这样的规定，即使著作权法中没有间接侵权的规定，教唆、引诱和帮助他人实施“直接侵权”的行为也构成“间接侵权”。②

比较间接侵权与共同侵权，两者之间存在很大差异，主要表现在：其一，归责原则不同。共同侵权要求各共同加害人主观上具有共同过错，各共同加害人之间的行为存在相对紧密地联系；而间接侵权并不要求行为人与直接侵权人之间存在共同过错。在著作权直接侵权中，甚至并不要求行为人具有主观过错，只要其未经许可实施受专有权保护的行为，且无法律上的免责事由，即可构成侵权。而间接侵权的构成则要求必须具有主观过错，只有明知或应知自己的行为实质上帮助直接侵权人的侵权行为，才会因此承担间接侵权责任。其二，在责任承担形式上。共同侵权各加害人之间承担连带责任，而间接侵权责任与直接侵权责任之间无法连带，不能等同，也不能互换，且间接侵权责任人无法像共同侵权责任承担人一样在清偿共同债务后取得追偿权。其三，在诉讼程序上。民法中共同侵权通常以共同诉讼的形式出现，各加害人为共同被告；而间接侵权诉讼中通常没有将直接侵权人列为共同被告，事实上，现实中往往由于直接侵权人分散、且不在同一法定管辖区域，因而难以进行共同诉讼。

如果直接侵权的构成对行为人的主观过错在所不问，那么对于间接侵权而言，行为人的主观过错则是必要构成要件。这意味着著作权人指控他人构成间接侵权，需要举证证明该行为人在具有主观过错的情况下，实施了引诱、教唆或帮助等间接侵权行为。

我国2010年7月实施的《侵权责任法》第8条规定：“两人以上共同实施侵权行为，造成他人损害的，应承担连带责任。”《侵权责任法》第9条规定：“教唆、帮助他人实施侵权行为的，应当与行为人承担连带责任。”《侵权责任法》第36条第一款规定：“网络用户、网络服务提供者利用网络侵害他人民事权益的，应当承担侵权责任。网络用户利用网络实施侵权行为的，被侵权人有权通知网络服务提供者采取删除、屏

① 王迁、王凌红：《知识产权间接侵权责任研究》，中国人民大学出版社2008年版，第3页。

② 王迁著：《知识产权法教程》，中国人民大学出版社2007年版，第281页。

蔽、断开链接等必要措施。网络服务提供者接到通知后未及时采取必要措施的，对损害扩大部分与该网络用户承担连带责任。网络服务提供者知道网络用户利用其网络服务侵害他人民事权益，未采取必要措施的，与该网络用户承担连带责任。”相比较《民法通则》的原则性规定，《侵权责任法》对间接侵权责任的规定更为详细，尤其是有关网络服务提供商的责任。

2. 网络环境下的版权间接侵权

版权领域的间接侵权制度在互联网时代显得尤为重要。究其原因：一是网络复制的零成本。传播技术的高度发展使得网络复制成本非常低廉，只需鼠标轻轻一点，数百页的著作可以瞬间被复制并传遍全球；二是侵权个体广泛及分散，且赔偿能力有限。网络世界是由一个个虚拟的个体组成，这些个体分散于世界各地及赔偿能力有限，一旦发生版权侵权行为，版权人的权利难以得到有效保护；三是网络服务商为网络环境下的侵权行为提供了必要的技术和平台支持，以至于离开网络服务商，个体的侵权行为无论是程度还是影响都难以对版权人的权利构成威胁。

网络服务提供者未经版权人许可，将版权作品上传到网页的行为，直接侵犯版权人的复制权和信息网络传播权，版权人可以直接适用现行法律追究其直接侵权责任。但更多的时候，网络服务提供商并不是因为“上传”行为，而是因为对他人的“上传”行为提供技术支持和帮助，以至于离开网络服务商的帮助，直接侵权行为难以实现，或是难以形成对权利人的实质损害。从技术层面看，网络环境下的任何传播行为都离不开网络服务提供商的基础设施和技术服务，因此，此处所说的网络服务提供者的法律责任，主要是指网络服务提供者对他人利用其所提供的服务实施侵犯著作权行为所应承担的法律责任，即间接侵权责任。

最高人民法院《关于审理涉及计算机网络著作权纠纷案件适用法律若干问题的解释》第4条规定：“提供内容服务的网络服务提供者，明知网络用户通过网络实施侵犯他人著作权的行为，或者经著作权人提出确有证据的警告，但仍不采取移除侵权内容等措施以消除侵权后果的，人民法院应根据《民法通则》第130条的规定，追究其与网络用户的共同侵权责任。”该规定中“明知”，即证明行为人主观过错，是网络服务提供者间接侵权构成中关键所在。如果该条规定中“经著作权人提出确有证据的警告”在实践中还比较易于掌握的话，那么，对“明知”的判断则更为困难，特别是该规定并不包括侵权行为法中通常接受的“应当知道”，即推定为知道的情形。

3. 网络服务提供者侵权责任免除

历史上，每一次传播技术的进步都在一定程度上改变着原有的利益格局，给法律的适应性带来挑战。一方面针对数字技术广泛运用给侵权行为带来的便利和效果，著作权人强烈要求对网络服务提供商苛以严格责任；另一方面，面对海量的网络信息和快捷的传输，作为中介桥梁的网络服务提供商既无法像政府监管机构一样拥有行政执法权，也无法为互联网使用设置过高门槛，以致减损新技术带来的进步，因而，需要为网络环境下的著作权人和网络服务提供者之间寻求利益平衡。

对此，美国《千禧年数字版权法》（Digital Millennium Copyright Act 简称 DMCA）第 512（C）款规定了依照用户指令而将资料存贮于服务器的网络服务提供商有关免责事由：① 网络服务提供商主观上不知或没有意识到侵权行为的发生，或者在知道侵权行为发生的情况下立即删除了侵权资料；② 网络服务提供商在有权力或有能力控制侵权行为的情况下，未从侵权行为中直接获利；③ 网络服务提供商在收到版权人的侵权通知后立即删除了侵权资料或是断开对该信息的链接。这些免责事由为网络服务提供商设定了“安全港”，即网络服务提供商只要履行这些义务，就无需承担相应的版权侵权责任，这些内容即是所谓的“避风港”原则。

我国《著作权法》借鉴了避风港原则，在《信息网络传播权保护条例》第 14 条规定：“对提供信息存储空间或者提供搜索、链接服务的网络服务提供者，权利人认为其服务所涉及的作品、表演、录音录像制品，侵犯自己的信息网络传播权或者被删除、改变了自己的权利管理电子信息的，可以通过书面通知要求网络服务提供者及时删除侵权内容或者断开相关链接。通知书应当包含下列内容：权利人的姓名（名称）、联系方式和地址；要求删除或者断开链接的侵权作品、表演、录音录像制品的名称和网络地址；构成侵权的初步证明材料。”

最高人民法院《关于适用网络著作权解释》第 4 条规定：“如果著作权人提出确有证据的警告，提供内容服务的网络服务提供者仍不采取移除侵权内容等措施以消除侵权后果的，人民法院应当根据《民法通则》第 130 条的规定，追究其与该网络用户的共同侵权责任。”

第三节　临 时 措 施

世界贸易组织《与贸易有关的知识产权协议》在第 42 条中提出了“公平合理程序”的要求：成员应为权利持有人提供本协议所包括的任何知识产权执法的民事司法程序。被告应有权获得及时的、足够详细的、包含权利主张之依据的书面通知。应允许独立的法律顾问充当各方当事人的代理人，有关的程序不得强行规定强制当事人本人出庭以增加额外负担。应正式赋予程序中的当事各方证明其权利主张以及出示一切有关证据的权利。该程序应提供措施以便识别和保护秘密信息，除非有关措施与现行宪法的要求相背离。在《与贸易有关的知识产权协议》第 43 条至 48 条规定了证据提供、禁令、停止侵权、损害赔偿、销毁侵权复制品及设备、原料、要求侵权人提供信息等民事救济措施。

我国《著作权法》在第50条、第51条和第52条对上述内容进行了规范。

一、诉前禁令

禁令（Injunction），是衡平法上的救济措施。禁令是法院作出的裁定，指示一人或数人不要做某项具体的事或做某项具体的事，但指示做某项具体事的较少。禁令是TRIPS协议第44条规定的内容：司法当局应有权责令当事人停止侵权，尤其有权在海关一旦放行之后，立即禁止含有侵犯知识产权的进口商品在该当局管辖范围内进入商业渠道。司法机构可以依职权或受害人的申请采取发布禁令的救济措施，制止侵权行为的发生和防止损害扩大。我国《著作权法》第50条作出了诉前停止侵权的相关规定："著作权人或者与著作权有关的权利人有证据证明他人正在实施或者即将实施侵犯其权利的行为，如不及时制止将会使其合法权益受到难以弥补的损害的，可以在起诉前向人民法院申请采取责令停止有关行为和财产保全的措施。"

"与著作权有关的权利人"包括：著作权使用许可合同的被许可人、著作权的合法继承人。著作权使用许可合同被许可人中，独占使用许可合同的被许可人可以单独向人民法院提出申请；排他使用许可合同的被许可人在著作权人不申请的情况下，可以提出申请；普通许可合同的被许可人只能以著作权人的名义提出申请。

诉前责令停止侵权的申请，应当向侵权行为地或者被申请人住所地对案件有管辖权的人民法院提出。侵权行为地包括侵权行为的实施地、侵权复制品储藏地或者查封扣押地。著作权侵权纠纷案件，由中级以上人民法院管辖。各高级人民法院根据本辖区的实际情况，可以确定若干基层人民法院管辖第一审著作权民事纠纷案件。

诉前责令停止侵权的申请，应当递交书面申请状。申请状应当载明：① 当事人及其基本情况；② 申请的具体内容、范围；③ 申请的理由，包括有关行为如不及时制止，将会使商标注册人或者利害关系人的合法权益受到难以弥补的损害的具体说明。

申请人提出诉前停止侵权的应当提供担保。申请人提供保证、抵押等形式的担保合理、有效的，人民法院应当准许。人民法院确定担保的范围时，应当考虑责令停止有关行为所涉及的商品销售收益，以及合理的仓储、保管等费用，停止有关行为可能造成的合理损失等。申请人不提供担保的，驳回申请。人民法院接受诉前停止侵权的申请后，经审查符合规定的，应当在48小时内作出书面裁定；裁定责令被申请人停止侵权行为的，应当立即开始执行。当事人对诉前责令停止侵犯著作权行为裁定不服的，可以在收到裁定之日起10日内申请复议一次。复议期间不停止裁定的执行。

申请人在人民法院采取停止有关行为的措施后15日内不起诉的，人民法院应当解除裁定采取的措施。如果因此造成被申请人损失的，被申请人可以向有管辖权的人民法院起诉请求申请人赔偿，也可以在著作权人或者利害关系人提起的侵犯著作权的诉讼中提出损害赔偿请求，人民法院可以一并处理。

根据最高人民法院《关于审理著作权民事纠纷案件适用法律若干问题的解释》第30条，人民法院采取诉前措施，参照《最高人民法院关于诉前停止侵犯注册商标专用权行为和保全证据适用法律问题的解释》的规定办理。

二、证据保全

证据保全是我国民事诉讼法确定的一项保全措施，在证据可能灭失或者以后难以取得的情况下实施。比如：证人因衰老、疾病或死亡可能导致作证不能，作为证据的物品容易发生腐烂、变质或者证人会离开当地等情形下，可以由当事人向法院提出保全证据的书面申请。如果人民法院认为必要，也可以主动采取证据保全。根据民事诉讼法的规定，物证、书证等都可以成为证据保全的对象。

当事人在向法院提出书面申请时，应当写明申请保全证据的形式、内容、存在地点，这个证据能证明什么事实，以及申请证据保全的理由和原因。人民法院接受申请，应当作出裁定，并在裁定书中指明保全哪一项证据，在什么时间、地点，用什么方式实施保全。保全证据的方法，可以根据证据的不同形式，采取不同的措施。例如：对书证，可以复制、拍照；对物证，可以录像、拍照、制作勘验笔录；对证人证言，可以预先询问、制作笔录、录音、录像；等等。根据《著作权法》的规定，人民法院接受申请后，必须在48小时内作出裁定；裁定采取保全措施的，应当立即开始执行。人民法院可以责令申请人提供担保，申请人不提供担保的，驳回申请。申请人在人民法院采取保全措施后15日内不起诉的，人民法院应当解除保全措施。

三、财产保全

财产保全的意义在于通过采取一系列限制有关财产处分或转移的措施来保护利害关系人或当事人的合法权益，维护人民法院生效判决的严肃性和权威性。财产保全包括诉前财产保全和诉讼中的财产保全，著作权法规定的财产保全是诉前财产保全，是因为情况紧急，不立即采取财产保全的措施将会使著作权人或者与著作权有关的权利人的合法权益受到难以弥补的损害，例如，侵权方提取、抽逃资金、隐匿财产等而采取的保全措施。

人民法院处理诉前财产保全的申请，申请人应当提供担保，不提供担保的，驳回申请。人民法院在接受申请后，必须在48小时内作出裁定；裁定采取财产保全措施的，应当立即开始执行。申请人在人民法院采取保全措施后15日内不起诉的，人民法院应当解除财产保全。财产保全限于请求的范围，或者与本案有关的财物。财产保全采取查封、扣押、冻结或者法律规定的其他方法。人民法院冻结财产后，应当立即通知被冻结财产的人。财产已被查封、冻结的，不得重复查封、冻结。被申请人提供担保的，人民法院应当解除财产保全。申请有错误的，申请人应当赔偿被申请人因财产保全所遭受的损失。当事人对财产保全裁定不服的，可以申请复议一次。复议期间不停止裁定的执行。

第四节　侵权责任

一、民事责任

对侵犯著作权的行为，应当根据情况，承担停止侵害、消除影响、赔礼道歉、赔偿损失等民事责任。

停止侵权民事责任属于事后救济，适用于正在进行的侵权行为，作用在于及时制止侵权行为，防止扩大侵害后果的产生或蔓延。[①] 2002 年 10 月 12 日通过的最高人民法院《关于审理著作权民事纠纷案件适用法律若干问题的解释》第 28 条规定："侵犯著作权的诉讼时效为两年，自著作权人知道或者应当知道侵权行为之日起计算。权利人超过两年起诉的，如果侵权行为在起诉时仍在持续，在该著作权保护期内，人民法院应当判决被告停止侵权行为；侵权损害赔偿数额应当自权利人向人民法院起诉之日起向前推算两年计算。"可见，停止侵害应以侵害行为的违法性和侵害行为正在进行或仍在延续中为适用条件。停止侵权的归责原则适用无过错责任原则，即行为的违法性（侵权行为）是停止侵权唯一的构成要件。

侵犯作者的发表权、署名权、修改权，以及侵犯表演者的身份权，会造成社会对作者或者表演者声望、信誉评价降低，故权利人可诉求消除影响，具体方式可登报声明以消除影响；如果作者为自然人或者表演者为演员，则作者或者表演者还会感受到自身人格屈辱，"名誉感"受损，此时，权利人还可以诉求赔礼道歉。此种情况下，公开登报赔礼道歉能同时起到消除影响与赔礼道歉的作用。[②]

赔偿损失是承担侵权的民事责任最常见的方式。《TRIPS 协议》第 45 条对此作了具体要求：对已知或有充分理由应知自己从事之活动系侵权的侵权人，司法当局应有权责令其向权利人支付足以弥补因侵犯知识产权而给权利持有人造成之损失的损害赔偿费。司法当局还应有权责令侵权人向权利持有人支付其他开支，其中可包括适当的律师费。在适当场合即使侵权人不知或无充分理由应知自己从事之活动系侵权，成员仍可以授权司法当局责令其返还所得利润或令其支付法定赔偿额，或两者并处。《著作权法》第 49 条中增加了关于损害赔偿数额的计算和法定赔偿：侵犯著作权或者与著作权有关的权利

---

① 张广良：《知识产权侵权民事救济》，法律出版社 2003 年版，第 101 页。

② 张晓都：《知识产权侵权民事责任中消除影响与赔礼道歉责任方式的确定》，中国知识产权司法保护网（http://www.chinaiprlaw.cn/）2004 年 12 月 7 日发布，2013 年 6 月 15 日访问。

的，侵权人应当按照权利人的实际损失给予赔偿；实际损失难以计算的，可以按照侵权人的违法所得给予赔偿。赔偿数额还应当包括权利人为制止侵权行为所支付的合理开支。权利人的实际损失或者侵权人的违法所得不能确定的，由人民法院根据侵权行为的情节，判决给予50万元以下的赔偿。赔偿数额还应当包括权利人为制止侵权行为所支付的合理开支。

权利人的实际损失，可以根据权利人因侵权所造成复制品发行减少量或者侵权复制品销售量与权利人发行该复制品单位利润乘积计算。发行减少量难以确定的，按照侵权复制品市场销售量确定。

人民法院在确定赔偿数额时，应当考虑作品类型、合理使用费、侵权行为性质、后果等情节综合确定。

制止侵权行为所支付的合理开支，包括权利人或者委托代理人对侵权行为进行调查、取证的合理费用。人民法院根据当事人的诉讼请求和具体案情，可以将符合国家有关部门规定的律师费用计算在赔偿范围内。

我国《著作权法》第52条规定："人民法院审理案件，对于侵犯著作权或者与著作权有关的权利的，可以没收违法所得、侵权复制品以及进行违法活动的财物。"

二、行政责任

（一）行政责任形式

根据《著作权法》第47条规定："对侵权行为，应当根据情况，承担停止侵害、消除影响、赔礼道歉、赔偿损失等民事责任；同时损害公共利益的，可以由著作权行政管理部门责令停止侵权行为，没收违法所得，没收、销毁侵权复制品，并可处以罚款；情节严重的，著作权行政管理部门还可以没收主要用于制作侵权复制品的材料、工具、设备等。"

为规范著作权行政管理部门的行政处罚行为，保护公民、法人和其他组织的合法权益，根据《中华人民共和国行政处罚法》、《中华人民共和国著作权法》和其他有关法律、行政法规，国家版权局制定《著作权行政处罚实施办法》，自2009年6月15日起施行。

（二）海关中止放行

海关对于存在侵犯知识产权嫌疑的进出口货物中止放行，是世界贸易组织《TRIPS协议》中第51～60条关于边境措施的内容，在保护知识产权中起到直接禁止性的独特作用。将海关对进出境货物的监管纳入知识产权的保护体系，是世界贸易组织对知识产权国际保护的一个重大举措。海关对进出境货物进行知识产权保护的监管，被认为是阻止假冒及侵犯他人知识产权的商品在其他国家自由流通的最后一道屏障，也是最有效堵截侵权产品的措施。根据《TRIPS 协议》第三部分第 4 节的规定，海关采取边境措施的内容有二：一是中止放行侵权商品，避免其在本地的自由流通；二是可以对意图从本地出口的侵权商品中止放行。

海关采取中止放行的措施只能是“依请求”或“依职权”产生。

顺应《TRIPS 协议》的要求，我国于 2003 年 12 月 2 日颁布《中华人民共和国知识产权海关保护条例》，对知识产权海关备案、扣留侵权嫌疑货物的申请及处理，以及法律责任作出规定。2010 年 3 月 24 日，国务院对该条例进行修改，修改后的《中华人民共和国知识产权海关保护条例》自 2010 年 4 月 1 日起施行。

根据该条例的规定，如果知识产权的合法持有人发现有侵权嫌疑的货物即将进出境的，可以请求海关禁止这些商品进出口。如果申请被接受，有关当局有权要求申请人提供足以保护被告、防止权利滥用的保证金或同等的担保。

海关发现进出口货物有侵犯备案知识产权嫌疑的，应当立即书面通知知识产权权利人，知识产权权利人按照规定时间提出申请，并按规定提供担保的，海关应当扣留侵权嫌疑货物，书面通知知识产权权利人，并将海关扣留凭单送达收货人或者发货人。知识产权权利人逾期未提出申请或者未提供担保的，海关不得扣留货物。

海关扣留侵权嫌疑货物期间，经海关同意，知识产权权利人和收货人或者发货人可以查看有关货物。收货人或者发货人认为其货物未侵犯知识产权权利人的知识产权的，应当向海关提出书面说明并附送相关证据。海关认为收货人或者发货人有充分证据证明其货物未侵犯知识产权权利人的知识产权的，应当放行被扣留的侵权嫌疑货物。

三、刑事责任

《TRIPS 协议》第 61 条规定：“全体成员均应提供刑事程序及刑事惩罚，至少对于有意以商业规模假冒商标或对版权盗版的情况是如此。可以采用的救济应包括处以足够起威慑作用的监禁，或处以罚金，或两者并处，以符合适用于相应严重罪行的惩罚标准为限。在适当场合，可采用的救济还应包括扣留、没收或销毁侵权商品以及任何主要用于从事上述犯罪活动的原料及工具。成员可规定将刑事程序及刑事惩罚适用于侵犯知识产权的其他情况，尤其是有意侵权并且以商业规模侵权的情况。”

我国对严重侵犯著作权的行为给予刑事追究的依据是《著作权法》第 47 条规定：“构成犯罪的，依法追究刑事责任。”《刑法》第 217 条规定了侵犯著作权罪、第 218 条规定销售侵权复制品罪两个罪名。在我国《刑法》第 217 条中规定了四类以营利为目的的犯罪行为：“① 未经著作权人许可，复制发行其文学作品、音乐、电影、电视、录像作品、计算机及软件及其他作品的；② 出版他人享有专有出版权的图书的；③ 未经录音录像制作者许可，复制发行其制作的录像；④ 制作、出售假冒他人署名的美术作品的。对于这些行为，违法所得数额较大或有其他严重情节的，处 3 年以下有期徒刑或者拘役，并处或单处罚金；违法所得数额巨大或有其他特别严重情节的，处 3 年以上 7 年以下有期徒刑，并处罚金。”《刑法》第 218 条规定销售侵权复制品罪：“以营利为目的，销售明知是《刑法》第 217 条规定的侵权复制品，违法所得数额巨大的，处 3 年以下有期徒刑或者拘役，并处或单处罚金。”

最高人民法院、最高人民检察院于 2004 年 12 月 21 日公布了《关于办理侵犯知识产权刑事案件具体应用法律若干问题的解释》，针对刑法涉及侵犯知识产权犯罪的构成条件以及法律适用进行解释，并于 2007 年 4 月对该解释进行修改，降低了侵犯知识产权犯罪的构成条件。

第三编　商 标 法

第九章　商 标 概 述

第一节　商标的概念和特征

一、商标的概念与特征

（一）商标的概念

商标是以一种有特色的图画、文字以及一切可辨认的标记来区分与鉴别不同商品的原产地和不同服务提供者的标志。

民间习惯将商标称为“品牌”，事实上，从商标法和国际惯例上看，品牌并不是一个法律概念，也没有一个确定的含义，不宜于在商标法中适用。作为一个法律概念，商标有其严格的、特定的含义。《TRIPS 协议》第 15 条第 1 款将商标定义为：“任何能够将一个企业的商品或服务区别于另一企业的商品或服务的符号或符号组合均能构成商标。这样的符号，特别是字，包括姓氏、字母、数字、图形要素及颜色的组合以及任何这些符号的组合都应能注册为商标。如符号本身不能区别相应的商品或服务，缔约方可根据实际使用所取得的显著性确定是否注册，缔约方可以要求符号是从视觉上能够辨认的。”从这条规定中可见，《TRIPS 协议》关于商标的定义范围非常广泛，除了音响商标和气味商标等不能从视觉上辨认的标志外，凡是能够将一种商品或服务与另一种商品或服务区分开的符号或符号的组合都能成为商标。在《欧洲共同体委员会协调成员国商标立法第一号指令》（1988 年 12 月 21 日）及欧共体商标法上更将商标的定义扩大到所有的标记，它规定：所有可用书面形式表示的标记，尤其是字词（包括人名）、图形、字母、数字、商品及其包装的外形，只要能将一个企业的商品或服务同其他企业界的商品或服务区别开，均能构成商标。

我国现行《商标法》规定：“任何能够将自然人、法人或者其他组织的商品与他人的商品区别开的可视性标志，包括文字、图形、字母、数字、三维标志、颜色组合和声音等，以及上述要素的组合，均可以作为商标申请注册。”

（二）商标的特征

（1）商标具有显著性。显著性是指商标的自然属性。商标是用来区别来源不同的同种或同类商品与服务的，标识的显著性是商标的本质特征，是其成为商标的基础。商标的显著性大多是自然取得的，是在设计和选择商标时所必须考虑的因素。一个好的商标应具备创意新、易认易记、布局合理、科学的基本要求，同时也应考虑到行销地区人民的语言、文化、消费心理及审美情趣等。新颖别致的商标能使商标的功能和作用得到最大限度的体现。

（2）商标与特定的商品或服务不可分离。我国《商标法》规定："在生产经营活动中，对其商品或服务需要取得商标专用权的"应申请商标注册，商标通常表现在商品的外包装或容器，或者商品或服务的说明书及其他附着物上，非使用于商品或服务上的标志不是商标。

（3）商标是区分商品或服务的标志。作为表现商品或服务的标记，商标以其确定不变的性质将不同生产者、经营者生产或经营的相同或类似的商品或服务区分开来。因此，一般所见的如商品检验证、合格标记等验证标记和检验标记不属于商标。

二、商标与近似标记的区别

（一）商标与商品装潢

商品装潢体现在商品的外包装和外形上，它是从色彩、构图等方面对商品进行装饰，力求使商品富于美感，从而激起人们的购买欲望。

商品装潢和商标的区别主要表现在：① 法律对商品装潢没有作特别的限制，它可以是单一的颜色、线条，也可以是复杂的图案、形状，而商标必须具备独创性，且大多简洁明了，易于辨认；② 商品装潢以美感为目的，而商标的目的在于区分商品或服务的来源，并不要求其具有美感；③ 商标的设计大多与所适用的商品或服务没有直接的联系，而设计装潢时大多会考虑所适用的商品的性能、原料等，消费者极易从装潢中知悉商品的内容；④ 商品装潢设计人可以获得著作权法的保护，当商品装潢用于工农业生产中时，也可申请外观设计，从而获得专利法的保护，对于知名商品的装潢还可通过《反不正当竞争法》予以保护，《商标法》本身并不保护商品装潢。⑤ 商标具有相当的稳定性，一般情况下商标使用人不会轻易更改商标；而商品装潢通常会随着市场的变化而变化。尽管商标和商品装潢有区别，但二者也有一定的联系，具体表现在，商标可以是商品装潢的一部分，商品装潢也可以分解成若干部分进行商标注册，从而使整个商品装潢受到商标法的保护，但应注意的是，此时商标法保护的并非商品装潢，而是构成商品装潢的各个商标。

（二）商标与企业名称

企业名称是区别不同市场主体的标志，它由行政区划、字号、行业或经营特点、组织形式构成，其中字号是区别不同企业的主要标志。企业名称与商标的相同之处在于企业名称也可以产生专有使用权，也可以转让。

商标与企业名称的区别主要表现在：① 商标是区别商品或服务不同出处的一种标志，企业名称是区别不同企业的称谓；② 商标可以有文字、图形或三维立体的形式表现出来，企业名称只能由文字构成；③ 商标可以注册，也可以不注册，企业名称是企业人格权的重要表现，依照法律规定，企业在开始生产经营活动前，必须进行名称登记；④ 根据《商标法》的规定，商标在某国注册之后，即在该国领域对其他相同或相类似的商品或者服务产生排他性，而企业名称的排他性表现在企业名称在核准登记后，在规定的范围内享有专有权，即在登记主管机关辖区内不得与已登记注册的同行企业名称相同或近似。⑤ 商标由《商标法》给予保护，企业名称目前由《民法通则》、《反不正当竞争法》、《企业名称登记管理规定》给予保护。商标和企业名称之间虽有区别，但也存在着紧密的联系，实践中，许多企业采取商标与企业名称重合的做法，将商标与企业形象联系在一起，在宣传、推广商标的同时，树立企业良好形象，从而获得最佳的经营效果。

（三）商标与域名

域名是联入网络的计算机在 Internet 网络中的特定标识符，是计算机 IP 地址的外部代码，它是人们按照一定的规则使用英文字母命名自己的网址，再由计算机将其转换成计算机地址，进行传输。域名的构成有严格的规则，它可以按照使用人的性质分为行业性域名和区域性域名。如政府的后缀为 gov，教育机构的后缀为 . edu 等。域名本来只是作为企业在网上的地址，与知识产权无关，但由于商业活动的发展，域名已经逐步具有网上识别企业的功能，因此又称其为“网上商标”。目前对于域名是否为一种新的知识产权，专家和学者没有得出结论，WIPO 的“最终报告”对此也没有进行阐述，但有一点是清楚的，域名和商标是不同的。

域名与商标的区别主要表现在：① 域名是通过在网上注册而获得，在我国，信息产业部是域名主管部门，中国互联网络中心（CNNIC）是域名注册管理机构，域名注册的具体事宜由 CNNIC 授权的各地域名注册服务机构办理；商标本身并不需要通过任何程序而获得，它是由设计产生，商标权是商标使用人通过向国家商标局申请，经国家商标局审查合格，由国家商标局授予的权利。② 域名的作用是在网上宣传自己的企业，推销自己的产品，并使自己与其他企业区分开来，商标的作用在于区分不同生产者或服务者生产的商品或提供的服务，使用于商品或服务上。③ 适用法律不同，在我国对于涉及计算机网络域名注册、使用等行为的民事纠纷根据《民法通则》、《反不正当竞争法》等法律的规定处理，对于涉及商标权的纠纷适用《商标法》处理。④ 排他性不同，域名一旦注册，即在全球范围内具有唯一性，只有在不同的顶级域名下才可以有相同的二级域名，而商标的排他性是受地域限制的。⑤ 申请注册的域名与已注册域名只要存在差别，哪怕这种差别极其细微，仍然符合注册的条件；对商标而言，为避免消费者对商品或服务的来源产生混淆，相同或相似的商品或服务上不能使用相同或近似的商标。近年来，随着互联网的迅速发展，有关域名的纠纷逐渐增多，其中相当数量的纠纷涉及商标。例如，域名或其主要部分构成对他人驰名商标的复制、模仿、翻译或音译，或者与他人的注册商标相同或近似，足以造成相关公众的误认，或者为商业目的将他人驰名商标注册为域名等。为此，中国互联网络中心于2000年11月颁布了《中文域名注册管理办法（试行）》和《中文域名争议解决办法（试行）》，我国最高人民法院也公布了《关于审理涉及计算机网络域名民事纠纷案件适用法律若干问题的解释》，这些规定对域名的注册、管理以及使用中的问题、产生纠纷如何处理等作了具体规定。

（四）商标与外观设计

外观设计是就产品的形状、图案、色彩或其组合所提出的富有美感并适应于工业上应用的新设计。在我国，外观设计可通过《专利法》得到保护。商标和外观设计的共同点在于二者都可以通过图形、三维立体的方式表现出来。

外观设计与商标的区别主要表现在：① 外观设计可以由发明创造人向专利局申请，经过专利局审查，获得专利局授予的专利权，商标可以由商标申请人通过向商标局申请，由商标局授予商标权。② 保护时间不同。外观设计的保护期是10年，不得续展，商标的保护期是也是10年，但可以无限制地续展，每次续展时间为10年。③ 内容不同，外观设计必须富于美感，以引发消费者的购买欲望，商标不一定要有美感，它更强调识别性。④ 表现形式不尽相同。外观设计主要通过图形和三维立体的形式表现出来，商标虽然也以图形和三维标志作为表现形式，但更多的商标是以文字来表现的。

当一个设计既符合申请外观设计的条件，又符合商标注册条件时，就可能产生一个对该设计选择采用外观设计专利权保护，还是采用商标权保护的问题。

（五）商标与实用艺术品

实用艺术品在知识产权的保护中是一个较为复杂的问题，关于实用艺术品的概念，世界知识产权组织编写的《版权法与邻接权法词汇》认为：实用艺术品不同于美术作品，美术作品仅仅是某种艺术品，而实用艺术品除了必须是艺术品外，还必须是为实际使用而创作的作品，即不能仅为观赏目的而创作。

实用艺术品与商标的主要区别在于：① 实用艺术品仅限于作品本身，商标涉及商品的外包装。② 实用艺术品强调作品的艺术性、新颖性、创造性，商标强调可识别性。③ 实用艺术品作为《著作权法》的保护对象，其权利的产生不需要履行任何手续，作品从完成之日起自动产生著作权，商标是经过商标局审核后才可能取得相应的权利。

第二节　商标的种类

一、根据商标结构划分种类

根据商标结构划分，可分为文字商标、图形商标、数字商标、颜色商标、三维商标、组合商标、声音商标等。

（1）文字商标。文字商标是以文字为主组成的商标，如“白玉”牙膏等，文字可使用汉字，也可使用少数民族文字、外文、汉语拼音等。文字商标以内涵少、在不同的语言环境中都不产生歧义为佳，它是较为常见的商标表现形式，便于传播，容易记忆。

（2）图形商标。图形商标是指用图形构成的商标，如上海老城隍庙工艺品商店就是以城隍庙的图形作为商标，图形商标不受语言的限制，易于识别，但在图形的设计上一定要简洁明了，如果图形过于复杂，即起不到商标的作用，传播也有难度。

（3）数字商标。数字商标是以阿拉伯数字组成的商标，如“555”、“777”等，由于数字本身难以具备显著性，因此，在一些国家数字商标不符合申请注册的条件。我国原《商标法》对是否可使用数字商标未作明确规定，但在实践中对于数字商标具备《商标法》规定的注册条件是给予注册的，2001 年修改后的《商标法》已明确将数字商标列入商标权的客体范围。

（4）颜色商标。与数字相同，目前世界上大多数国家并不保护“纯色商标”，因为单纯的颜色本身不易产生显著性，但这并不能因此完全否定颜色组合商标可能存在的显著性，事实上颜色的合理选择和适当组合是能产生一定的显著性的。《TRIPS 协定》以及有关商标的国际公约、条约基本都承认颜色组合具备显著性的可以作为商标注册，我国现行《商标法》已将颜色组合商标纳入保护范围。

（5）三维商标。三维商标即立体商标，到目前为止，大多数国家给予三维商标以法律保护，我国 2001 年修订的《商标法》也将其列入保护范围。这种商标可用于商品的外形和包装上，最常见的是用于饼干、巧克力、香皂的外形以及香水瓶、饮料瓶、酒瓶等商品的包装。

（6）组合商标。组合商标是以文字、图形、数字、三维标志、颜色组合等结合起来的商标，它可以是全部上述要素的组合，也可以是其中某两个或某几个要素的组合，组合商标因其图文并茂而容易引起人们的注意，也是比较常见的商标。

（7）声音商标。声音商标是由音符构成的商标，可以通过乐谱记载固定下来。声音商标分为音乐声音、非音乐声音。目前，世界上已有几十个国家开始接受声音商标注册。我国在商标法最新修改中也认可了“声音商标”。

除此之外，“气味商标”、“电子数据传输商标”等新的商标表现形式在一些国家得到认可，WIPO 2006 年缔结的《商标法新加坡条约》已将商标扩大到任何标志。

二、根据商标用途划分种类

根据商标用途划分，可将商标分为商品商标、服务商标。

（1）商品商标。商品商标是用于生产销售的商品上的标记商标大多属于商品商标的范围，按照《商标注册用商品和服务国际分类尼斯协定》的规定，在 45 类商品和服务分类中，商品占 34 类，服务只有 11 类。

（2）服务商标。服务商标是用于服务行业，以便与其他服务行业相区别的标记。在服务标记能否成为商标的问题上一直存在不同观点。有人认为，商标是使用于商品上的标志，但并非所有的商品都有使用商标的可能和必要，只有有形的动产才使用商标，精神产品、劳务或服务等虽然都可以作为交易对象，但都不使用商标，商品的商标和服务标记是有明确区别的，因而商标权的客体不应包括服务标记。另有人认为在经济活动中，有些企业的“产品”不是作为有形的商品提供给买主，而是作为商业性质的服务项目提供给顾客，不同企业提供的不同的“产品”也需要有不同的标记把它们区分开来，这就是服务标记，它应该成为商标权的客体。我国在 1982 年颁布的《商标法》中并没有关于服务商标的规定，而只规定了商品商标，但随着社会服务业的发展以及 1985 年我国成为《巴黎公约》的成员国，按照社会需要和公约的规定法律应当对服务商标提供保护。1993 年我国在修改后的《商标法》中增加了对服务商标的保护，并开始受理服务商标注册申请。由于过去我国法律没有对服务商标予以保护，按照法律规定，连续使用至 1993 年 7 月 1 日的服务商标，与他人在相同或类似的服务上已注册的服务商标（公众熟知的服务商标除外）相同或近似的，可以依照国家工商行政管理局有关规定继续使用；但这种使用受到一定限制，包括使用人不得扩大服务商标的使用范围，不得改变该服务商标的图形、文字、色彩、结构、书写形式等，不得转让或许可他人使用，如发生实际混淆，造成消费者误认的，使用人应增加地理名称等其他相应标志，以示区别，连续三年停用的服务标记，不得再用，等等。

三、根据商标的作用和功能划分种类

根据商标的作用和功能划分，可将商标分为证明商标、集体商标、防御商标和联合商标。

（1）证明商标。证明商标是指由对某种商品或者服务具有监督能力的组织所控制，而由该组织以外的单位或者个人使用于其商品或者服务，用以证明该商品或者服务的原产地、原料、制造方法、质量或者其他特定品质的标志。证明商标的主要作用是证明商品或服务的原产地、原料、精确度、制造方法、质量或其他特定品质，其内容为一般商标所不允许。

证明商标可分为两大类：一类是特定品质证明商标，如纯羊毛标志就是国际驰名的证明商标，它用于高级纯棉产品上，其他诸如“绿色食品”标志、“安全认证”标志等，均属于这类证明商标。另一类是地理标志，地理标志又称原产地名称，是特定地方的地理名称或标记，它标示着商品来源于某地区以及该商品的特定质量、信誉或者其他特征，地理标志主要由该地区的自然因素或者人文因素所决定。我国2001年修改的《商标法》增加了对地理标志的保护，规定：“商标中有商品的地理标志，而该商品并非来源于该标志所标示的地区，误导公众的，不予注册并禁止使用；但是，已经善意取得注册的继续有效。”以地理标志作为证明商标注册的，其商品符合使用该地理标志条件的自然人、法人或者其他组织可以要求使用该证明商标，控制该证明商标的组织应当允许。目前，我国已将茅台酒、水井坊、龙井茶等作为地理标志加以保护。

（2）集体商标。集体商标是指以团体、协会或者其他组织名义注册，供该组织成员在商事活动中使用，以表明使用者在该组织中的成员资格的标志。集体商标是由某企业、商业协会集体申请注册的商标，该商标为集体组织所有，凡该集体组织成员均可使用该注册商标。集体商标不是为了区别商品的来源，而是为了向用户表明使用该商标的企业所生产的商品具有共同的特点，是为了表明商品的质量，创立集体信誉。根据我国法律规定地理标志既可作为证明商标申请注册，也可作为集体商标申请注册。以地理标志作为集体商标注册的，其商品符合使用该地理标志条件的自然人、法人或者其他组织，可以要求参加以该地理标志作为集体商标注册的团体、协会或者其他组织，该团体、协会或者其他组织应当依据其章程接纳为会员；不要求参加以该地理标志作为集体商标注册的团体、协会或者其他组织的，也可以正当使用该地理标志，该团体、协会或者其他组织无权禁止。

针对集体商标、证明商标本身的复杂性，对其注册和管理办法，国家工商行政管理局在1994年公布了《集体商标、证明商标注册管理办法》，并于1998年、2003年对其进行了修改，该《集体商标、证明商标注册管理办法》对集体商标、证明商标的注册程序、使用管理规则等作了具体规定。

（3）防御商标和联合商标。防御商标和联合商标主要是防护驰名商标不受直接或影射的侵害。防御商标是将同一商标注册于不同的商品或服务上，构成一个防御体系，以防止他人在不同商品或服务上使用该商标可能给消费者造成的混淆。联合商标是指将与已注册商标相近似的商标在相同或类似商品或服务上加以注册，以防止“影射侵权”行为。

第三节 商标的作用和历史沿革

一、商标的作用

（一）指导消费者区别不同生产者和经营者所生产或经营的同一种产品或服务

现代经济中，公司数量众多，产品琳琅满目，产品科技含量的增多和复杂程度的增大令消费者难以做出抉择，由于商标能代表某种产品或服务的品质与性能，消费者往往通过商标的知名度和信誉度购买到适合自己的产品，因此商标已成为现代社会消费者选购商品或服务的主要标志。

（二）标示商品或服务的质量

商标是商品或服务质量的标示者，质量是商标信誉价值的基础。任何人在依据商标购买某件商品或享受某项服务的时候，都有理由期望商品或服务具有某种特定的质量，并期望在下次购买该商品或享受该服务时能有大致相同的质量保证。一个有信誉、知名度高的商标，可以体现出生产者或经营者对质量的保证和责任，更有一些生产者通过商标来标示产品的不同质量标准，如日本丰田汽车公司拥有皇冠、亚洲龙、佳美等商标，这些不同的商标表示出了不同的汽车档次和质量；再如宝洁公司对洗涤用品也是以不同的商标表示不同的功能。

（三）便于广告宣传

广告是生产者或经营者将自己的商品或服务通过传播媒介等形式向消费者传播信息、推销商品或服务的重要手段，它能使商品信息得到有效的传递和反馈。商标和广告在商品生产与交换中休戚相关、相辅相成，一方面商标必须借助于广告这一传播媒介扩大影响，在消费者心中树立起自己的形象，另一方面商标强化了广告的效果。广告宣传的内容多种多样，其共同之处在于商标是广告的核心，广告宣传必须突出商标，因为商标中包含了企业和产品的全部信息，且特征明显，易于接受，消费者大多通过商标对生产者建立信任。实践证明，通过商标广告来了解企业和产品是消费者成本最低的获取信息的方法。

（四）为企业贮存财富

各国法律都明文规定商标权在质押中可以作为质物出质，以担保债权的实现，法律还规定在企业破产、关闭时应对企业所有的商标权进行评估、拍卖，用以清偿债权债务，商标权同其他财产权一样可以有偿转让等，如美国经营连锁餐馆的 HOOTERS 公司，在 2001 年即以 6000 万美元的高价从商标的创始人中买下 HOOTERS 商标。由此可见，商标权本身是具有一定的经济价值的，它是企业财产的组成部分，它可以为企业带来一定的、甚至巨大的利益，并且这种利益可以随着商标知名度的增长而增长。因此，拥有自己的商标，并使商标的知名度不断得以提高是企业贮存财富的一种手段。

二、商标的历史沿革

13 世纪以前，欧洲一些国家已开始出现商标，但由于当时商品经济不发达，因而商标也并未引起人们的注意；直到自由资本主义时期，良好的经济环境和法律环境使商标法律制度应运而生。1803 年法国的《关于工厂、制造厂和作坊的法律》开创了现代商标管理法律制度的先河，之后英国、德国、美国、日本相继颁布有关商标方面的法律。

我国商标的发展史可谓源远流长。早在汉朝时期我国就出现了商标的萌芽，在距今 800 多年前的北宋就已经有了图文并茂的商标。但我国第一部商标法是清朝末年才制定的，1904 年清政府颁布了《商标注册试办章程》，该章程共 28 条，由于清政府垮台，该章程并未得到实施。1928 年国民政府设立了全国的商标注册局，实行全国商标统一注册；1932 年颁布了商品分类表。但由于当时战事不断，事实上并未建立起完善的商标制度。

新中国成立后，为保证产品质量和消费者的利益，1950 年政务院批准颁布了《商标注册登记暂行条例》及实施细则，开始办理全国商标注册。1953 年又公布了《关于未注册商标处理原则和处理办法》。这一时期的商标管理工作的重点是保护社会主义企业的商标专用权，肃清含有帝国主义、封建主义色彩的商标。1957 年我国实行工商业社会主义改造以后，经济形势发生了重大变化，为适应当时形势的需要，我国仿效苏联的做法，实行商标全面注册制度，当年即受理注册商标 2 万多条。1963 年国务院公布了《商标管理条例》，进一步强调全面注册原则，同年中央行政管理局公布了《商标管理条例实施细则》。然而，随之而来的“文化大革命”使商标法同其他法律制度一样化为乌有。

党的十一届三中全会后，我国开始走向社会主义建设的轨道，商标管理制度迅速得以恢复，1978 年 11 月，国家工商行政管理局恢复了全国统一的商标注册工作。1982 年 8 月 23 日，国家正式公布了《中华人民共和国商标法》（以下简称《商标法》)，1983 年 3 月 10 日，国务院颁布了《中华人民共和国商标法实施细则》（以下简称《商标法实施细则》)，全面规定了商标注册的条件和程序、注册商标的期限、转让和使用许可、注册商标争议的裁定、商标管理及注册商标专用权的保护等，其中在商标注册程序中的申请、审查、注册等诸多方面的原则，都达到或基本达到国际通行标准。为适应改革开放和经济发展的需要，1993年我国对《商标法》作了一次重要修正，修正后的《商标法》及《商标法实施细则》增加了对服务商标的保护，强化了对注册商标专用权的保护力度，简化了申请手续，完善了确权程序。此外，国家工商行政管理局还发布了《商标印制管理规定》、《商标使用许可合同备案管理办法》等一系列规章。为进一步打击假冒注册商标的犯罪行为，维护商标权利人和广大消费者的合法利益，全国人大常委会在1993年制定了《关于惩治假冒注册商标犯罪的补充规定》（以下简称《补充规定》），对严重侵犯他人注册商标且构成犯罪的行为作了明确界定，并扩大了责任主体，提高了刑期，并对纵容、包庇犯罪行为的国家工作人员也规定了刑事责任，该《补充规定》后被纳入1997年修订的《刑法》中。1996年国家工商行政管理局发布了《驰名商标认定和管理暂行规定》，对驰名商标的认定和保护进行了系统的规定，从而使我国的驰名商标保护工作进入了法制化的轨道。在近20年的时间里，我国商标注册和管理取得显著的成效，仅2001年申请注册的商标就达27万件，截至2001年年底，我国有效注册商标量位居世界前列，达到145万多件，与日本、美国等商标大国并驾齐驱。然而由于1982年制定《商标法》时，我国加入的知识产权国际公约仅限于《建立世界知识产权组织公约》，而到目前为止，我国已加入了《保护工业产权的巴黎公约》、《商标注册马德里协定》、《马德里议定书》、《尼斯协定》，并于1994年分别在WTO的《知识产权协议》和《商标法律条约》上签字，特别是我国在2001年12月11日正式加入世界贸易组织后，原有《商标法》的缺陷成为我们履行各项公约的障碍。为实现我们加入公约时的承诺，2001年全国人大常委会第24次会议通过了对《商标法》的第二次修正，修改后的《商标法》一是扩大了商标的保护客体，增加了对地理标志、三维标志、驰名商标的保护规定，并将集体商标、证明商标从原来的《商标法实施细则》中增加到《商标法》中；二是放开自然人商标注册申请权，规定了商标权的共有；三是简化和完善了注册程序，如完善了注册无效程序、撤销程序，增加了错误更正程序，优先权的规定等；四是加大了对侵权行为的处罚力度，增加了查封、扣押、没收等手段，强化对权利人的损害赔偿。随着社会发展需要，我国商标法保护的客体范围会随之发展变化，商标申请注册程序将更为简单、方便、合理，对侵犯商标权的惩罚力度也在加强。2013年8月，第十二届全国人大常委会通过对《商标法》修改草案，增加了新的保护客体，完善、简化了注册程序，进一步规范注册异议制度，规范并完善了驰名商标保护制度及商标代理活动等。

第十章　商　标　权

第一节　商标权的概念和内容

一、商标权的概念

商标权是指商标所有人对其商标拥有的独占的、排他的权利。由于我国在商标权的取得方面实行的是注册原则。因此，在我国商标权实际上是因商标所有人申请，经政府主管部门确认的专有权利，即因注册商标而产生的权利，它包括三个基本要素：主体、客体和内容。从权利性质上看，商标权与所有权一样，属于绝对权的范围，即权利主体对其注册商标享有完全的使用权，并排除他人的一切干扰；从权利的特征上看，商标权与其他工业产权一样，具有专有性、时间性、地域性和授予性。

二、商标权的内容

商标权的内容即商标权人所享有的权利。根据我国《商标法》的规定，商标权人主要有以下五项权利：

（1）使用权。商标权人享有将注册商标在其注册时核定的商品或服务上使用并因此得到合法利益的权利，包括将注册商标使用于商品广告、信函、发票、说明书、价格表或其他交易单据上。

（2）禁止权。商标权人有权禁止他人未经许可在相同或近似的商品或服务上使用其注册商标，有权禁止他人以任何方式在相同或类似商品或服务的交易中使用与注册商标相同或近似的商标，有权禁止他人擅自制造、销售注册商标标识。

（3）许可使用权。商标权人有权通过签订商标许可使用合同，许可他人使用其注册商标，并因此获取商标使用费。

（4）转让权。商标权人有权根据自己的需要有偿或无偿地转让注册商标于他人。

（5）司法救济权。商标权人在其商标专用权受到或可能受到他人侵犯时，有权请求商标管理部门或人民法院给予保护。

第二节　商标权的主体

一、商标权的主体的概念

商标权的主体，是指通过法定程序，在自己生产、制造、加工、拣选或经销的商品或者提供的服务项目上享有商标专用权的人。

商标权的主体地位主要是通过自己申请商标注册获得有关部门的核准而取得，也有一部分是通过商标权的转让而取得。对于注册商标申请人的资格，各国法律或多或少做了一些限制性规定，如《美国联邦商标法》曾根据其宪法的“贸易条款”（第1条第8节第3款）即国会有权“规定合众国与外国、各州间及与印第安种族间的贸易”、“在各州间贸易中使用”成为商标权产生的条件。因此，美国在很长时间里一直不允许没有在贸易中实际使用的商标注册，但由于外国人根据《兰哈姆法》第44条之四（2）“不需宣称在商业上的使用”的规定，即可申请商标注册，这事实上造成外国人享受高于本国人的优惠待遇。为此，美国1988年11月16日修改的商标法中不再以在贸易中使用为商标注册的前提条件，改为允许有真实使用意图的人申请商标注册。德国过去只允许企业申请商标注册，1992年颁布的《工业产权延伸法》解除了该限制，从而使任何人均可申请商标。《TRIPS协议》规定注册商标申请人能否成为商标权人可以由缔约方根据该商标是否使用来确定，但是，对注册商标申请人而言：“一个商标的实际使用不应成为提交注册申请的前提条件，不得仅仅以没有在自申请日起的三年之内实现所声称的使用来驳回一个申请。”（《TRIPS协议》第15条第3款）我国《商标法》在注册商标申请人的资格方面也做了一些限制性规定，即要求申请人应“在生产经营活动中”申请商标注册。

二、商标权的主体的范围

（1）法人。法人是最常见的商标权人，它是指依法成立，有独立的财产并能独立承担责任的企事业单位，包括全民所有制企业、集体所有制企业、中外合资经营企业以及符合法人条件的中外合作经营企业、私营企业、外资企业等。

（2）其他经济组织。其他经济组织是指依法成立，不具备法人资格的社会经济组织，包括不具备法人条件的私营企业、中外合作经营企业、外资企业、个人合伙及其他不具备法人资格的经济组织。

（3）自然人。商标权从本质上说是一个私权，世界上绝大多数国家和国际条约（包括台、港、澳地区的法律）对商标权的主体都是开放的，即包括自然人，又包括法人。我国对于外国自然人和法人一直给予保护，但在国内我们过去一直将自然人申请商标注册的资格限定在个体工商户的范围内，不允许一般自然人申请商标注册。1982 年的《商标法》规定，企业、事业单位和个体工商业者可申请商标注册。为适应社会经济发展的需要，1993 年修订的《商标法实施细则》增加社会团体、个人合伙为商标权的主体，但仍然将一般自然人排除在商标权主体之外。在我国《民法通则》中，自然人的专利权和著作权得到承认，唯独没有自然人的商标权的规定。不允许自然人注册商标，是为了与我国的营业登记制度一致，它有利于防止掮客的产生，对规范社会经济秩序具有积极的意义。但是，我们应当看到，目前自然人从事的经营活动已经放开，事实上社会中存在许多不需要进行营业登记的民事主体，如农民，他们的商标注册申请权不应剥夺，特别是商标权的继承，往往涉及自然人，如果仍然将自然人排除在商标权主体之外，将有可能损害一些人，尤其是农民的利益。为此，新修改的《商标法》将一般自然人增加到商标权人的行列，解除对自然人申请商标注册的限制。

（4）商标权的共有。共有是财产权中普遍存在的形式，我国自 1989 年加入《马德里协定》及 1996 年加入《马德里议定书》以来，国际局不断转来要求在中国领土延伸保护的共有商标国际注册申请，这反映了商标所有人的要求。因此，修改后的《商标法》第 5 条规定："两个以上的自然人、法人或者其他组织可以共同向商标局申请注册同一商标，共同享有和行使该商标专用权。"

（5）外国人。即具有外国国籍的外国人或外国企业，我国法律规定，外国人在中国申请商标注册，按照其所属国和中国签订的协议或共同参加的国际条约办理，或按对等原则办理，外国人或外国企业在中国申请商标注册或办理其他商标事宜，应当委托国家工商行政管理局指定的商标代理组织代理。

第三节　商标权的客体

一、商标权的客体的概念

商标权的客体，是指经商标局核准注册的商标，即注册商标。我国《商标法》第 56 条规定："注册商标专用权以核准注册的商标和核定使用的商品为限。"可见，在我国未注册商标不属于商标权的客体范围，不受法律保护。与过去的《商标法》相比，现行《商标法》扩大了商标权的客体范围，原《商标法》将商标限定在文字、图形以及其组合上，而现行《商标法》与《TRPIS 协议》的规定相一致，以"可区别性标志"作为商标的构成要素，并将一直以来争议颇大的三维标志、声音都列入商标权的客体范围，同时规定了对地理标志、驰名商标的保护，以适应商标保护的需要。

二、商标权的客体——注册商标的条件

（一）注册商标构成的积极条件

1. 商标应具备显著性

《商标法》第9条规定："申请注册的商标，应当有显著特征，便于识别。并不得与他人在先取得的合法权利相冲突。"显著性或称可识别性是商标申请注册的重要条件。商标的显著性来源于两方面：一是商标标识本身固有的足以区别商品的来源的特性。一个出色的商标大多具备形象鲜明、简洁易记、布局合理、与商品或服务相匹配等特性，这种特性的存在，使消费者极易辨别商品或服务的来源，从而实现商标的主要功能。因此，仅仅表示商品或服务的质量、主要原料、功能、用途、重量、数量及其他特点的文字、图形，因缺乏显著性，不能作为商品或服务的标记。二是通过使用获得显著性，即商标本身并没有显著特征，但通过使用获得了"第二含义"，在此情况下，大多数国家认为是可以申请商标注册的。所谓"第二含义"是指一个说明性词汇，在某企业生产的商品上作为商标实用一段时间后，产生了除其原意之外的新含义，消费者看到这个词，就会自然地把它和某种商品联系起来，于是它作为商标就有了识别性。商标因具备显著性而获得注册，商标也可因显著性丧失而被撤销。当商标的显著性因为使用不当而丧失，致使该商标成为某一类商品或服务的通用名称或代名词时，由于其不能起到区分商品或服务的作用，因此不能再作为商标注册、使用。这种情况往往发生在一些高度有名的商标上，如CELLOPHANE、THERMOS等，原为商品的商标，现已成为透明胶纸、热水瓶的通用名称。

姓氏是否具有显著性，能否作为商标注册，对此大多数国家的法律是肯定的；但也有国家如英、美法律规定，姓氏只有获得了"引申义"才能成为一个商标，如果公众知道某个名字是作为商标，而不是仅指一个人，那么，这个姓氏就具备了"引申义"。在确定一个姓氏是否已具备"引申义"时，可以考虑其使用的频率，法律同时规定，姓氏的保护不能阻止同姓的人为了其生意而使用姓氏，只要这种使用不导致混淆即可。

2. 商标应具备新颖性

商标的新颖性体现在商标不能同已注册商标相同或相似。一个商标是否具备新颖性可从四个方面加以考查：① 在同一种商品和服务上比较两商标是否相同，即两商标在视觉上有无差别；② 在同一种商品和服务上比较两商标是否近似，即两商标相比较，在字形、读音、含义，构图及颜色，或者整体结构方面是否相似，或者是否在视觉上不易分辨，易使消费者对商品或服务的来源产生混淆；③ 在类似商品或服务上比较两商标是否相同；④ 在类似商品上比较两商标是否近似。类似商品是指在功能、用途、消费对象、销售渠道等方面相关，或者存在着特定联系的商品，类似服务是指在服务的目

的、方式、对象等方面相关，或者存在某种特定联系的服务。商品和服务使用相同或者相近似的商标，易使消费者对商品或者服务的来源产生混淆的，都属于类似商品与服务。在具体认定商品或服务是否类似时，应以普通消费者对商品或服务的客观认识进行综合判断，并以《商标注册用商品和服务国际分类表》和国家工商行政管理局商标局1998年公布的《类似商品和服务分类表》作为参考。

3. 商标应具备非功能性

所谓功能性是指事物或方法所发挥的有利的作用、效能。判断一个商标是否具有功能性，大体上有三个标准：① 该标识是否为商品性质所独有；② 该标识是否为取得技术成果所必须；③ 该标识是否为形成商品实质性价值。一个标识如果具备上述标准之一即不能作为商标进行注册，这对于三维标志和颜色标记尤为重要。

（二）注册商标构成的消极条件

注册商标构成的消极条件即商标标识不得具有的文字、图形。我国《商标法》规定凡使用了下列文字、图形的标记不能作为商标使用及注册：

（1）同中华人民共和国的国家名称、国旗、国徽、国歌、军旗、军徽、军歌、勋章相同或近似的文字、图形。以及同中央国家机关的名称、标志所在地特定地点的名称或者标志性建筑物的名称、图形相同的。《商标法》对涉及我国国家主权的标记的保护是绝对的，不允许有例外，即使在大众没有被混淆、误导的情况下，也不能将国家主权的标记作为商标使用及注册。

（2）同外国的国家名称、国旗、国徽、军旗相同或近似的文字图形。但该国政府同意的除外。

（3）同政府间国际组织的旗帜、徽记、名称相同或近似的文字、图形如联合国、国际刑事警察机构等；但经该组织同意或者不易误导公众的除外。如2002年2月我国国务院颁布的《奥林匹克标志保护条例》规定未经奥林匹克标志权利人许可，任何人不得为商业目的（含潜在商业目的）使用奥林匹克标志。

（4）与表明实施控制、予以保证的官方标志、检验印记相同或者近似的，但经授权的除外。

以上四种标记作为商标来使用或注册可能会侵害象征国家及政府间国际组织的主权，并且可能误导大众对使用该商标的商品的来源，因此，不得或未经许可不得作为商标使用及注册。

（5）同“红十字”、“红新月”的标志、名称相同或近似的文字、图形。“红十字”是一个志愿的、国际性的救护、救济组织，在战时救护，在和平时也救护其他灾害的受害者，在伊斯兰国家称其为“红新月”，这两种标志因其特定的含义，在国际上统一禁用于商标和其他非救护、救济组织。

（6）带有民族歧视的。我国是一个多民族的国家，各民族一律平等，我国在宪法上就明确禁止对任何民族的歧视，其中也包括尊重民族风俗习惯。

（7）带有欺骗性，容易使公众对商品的质量等特点或产地误认的。这条规定的目的在于保护消费者的合法权益，商标具有指导人们采购商品的作用，具有欺骗性的商标易引起人们的误解，损害消费者的利益，如“健康牌”香烟商标、以棉花图形用于化纤布料等。

（8）有损于社会主义道德风尚或有其他不良影响的。维护社会主义道德风尚是社会主义法的基本功能之一，也是建设社会主义精神文明的需要，有害于社会主义道德风尚的标记，如宣扬封建迷信、低级趣味、不良意识的标记会对社会环境造成污染。

（9）县级以上行政区划的地名或公众知晓的外国地名，除作为集体商标、证明商标组成部分外，不得作为商标，但是地名具有其他含义的除外。此项规定在1982年的《商标法》中并没有出现，因此，《商标法》规定已经注册的使用地名的商标继续有效。

（10）就相同或者类似商品申请注册的商标是复制、摹仿或者翻译他人未在中国注册的驰名商标，容易导致混淆的。

（11）就不相同或者不相类似商品申请注册的商标是复制、摹仿或者翻译他人已经在中国注册的驰名商标，误导公众，致使该驰名商标注册人的利益可能受到损害的。

第十一章 商标权的取得

第一节 商标权的取得方式

一、商标权的原始取得

商标权的原始取得，是指商标权第一次产生或者不依靠原所有人的权利而取得商标权。大多数的商标权都是通过原始取得的方式获得的。一般财产所有权的原始取得方式主要是生产、孳息、没收、添附等。商标权作为一项知识产权，因其所具有的与一般财产权不同的属性，致使其权利的产生方式与一般财产权的产生方式不同。商标权的原始取得方式是通过有关部门授权，即商标申请人将其商标向商标局提出注册申请，经商标局审查核准，授予其商标权，从而使商标申请人成为该商标的第一个权利人。商标申请人可以是商标标识的设计人，也可以是以合法方法从商标设计人处获得标识使用权的法人、其他经济组织或自然人。

二、商标权的继受取得

商标权的继受取得，是指商标权以原权利人的权利为根据，即通过权利转移的方式产生。继受取得的主要方式有四种：

（1）通过商标权的转让获得权利。在商标权的价值得到广泛认可的今天，商标权的转让一般都是有偿的。主要转让方式有：① 通过转让合同将商标权转让给受让方；② 在企业破产、终止时，通过拍卖的方式获得该企业的商标权；③ 以债权人身份获得债务人享有的商标权，以抵偿债务人所欠债务。

（2）通过继承或赠与等方式获得商标权。这是指商标所有人因死亡或其他原因，将商标专用权移转给其合法的继承人或权利义务的承担者。商标权因继承而取得的情况目前基本没有，究其原因，一是因为我国在知识产权保护方面起步较晚，二是因为1982年《商标法》不允许一般自然人作为商标权主体。由于新《商标法》增加了自然人作为商标权主体的规定，商标权因继承或赠与而获得的情况将会出现。通常可有两种情况：① 作为自然人的注册商标所有人死亡，其继承人依继承程序继承死者生前所有的注册商标；② 作为自然人的注册商标所有人因年老或病残丧失了经营能力，由其他人继受取得其注册商标，继续进行生产经营活动；

（3）因企业合并概括承受商标权。企业合并在现代经济生活中十分常见，企业合并是将不同企业的资产加以整合，重新组成一个新的企业或使原某个企业的规模得到扩大。新的企业或变更后的企业将概括承受被合并企业的有形资产、无形资产及各项债权债务。

(4) 因其他合法根据而获得商标权。例如，因合伙而共有商标权等。

无论通过上述哪种方式继受取得商标权，都应符合法律有关商标权转让的规定并办理相关手续。

第二节　商标权的取得原则

一、使用原则

使用原则，是指商标的首先使用人有权取得商标的专用权，而不论其是否办理了商标注册手续。采取这种制度的国家将注册看作一种声明，而不是确定商标权归属的依据。这种原则的优点在于保护在先使用人对其所使用的商标应具有的合法权益，防止他人恶意抢注他人在先使用的商标。商标的价值是通过使用而获得的，商标使用人在使用商标中或多或少要投入一定的资金，采用使用原则可使商标使用人的付出得到合理回报。这种原则的最大弊病在于它在保护商标在先使用的同时，忽视了对一般商标注册人的保护，因为一般商标注册人很难知道某一商标是否已被他人使用。使用在先原则也给商标管理工作以及商标纠纷的解决带来困难。目前，世界上采用这种做法的国家很少。

二、注册原则

注册原则，是指以商标注册作为取得商标权的条件，仅凭使用商标这一事实不能产生任何权利，在法律上得不到有效的保护。这种原则为商标权的管理和保护确定了一个容易判断的、明确的标准，避免了注册商标长期处于不稳定状态的情况，便于解决商标纠纷。世界上大多数国家采用这一原则。

三、混合原则

混合原则，是指在规定期间内是否有人对已注册的商标提出指控来决定商标专有权是否存在。根据这种制度，首先使用某个商标的人，对该商标的使用受法律保护，无须履行注册手续，如果有人将该商标予以注册，则在先使用人可提出异议，要求宣告该注册无效，如在法定期间内没有提出异议，则商标注册人取得商标权。

英美法系国家和地区基本上采取注册原则和使用原则并重的做法，即使用和注册都可以产生商标权，所不同的是通过使用而获得商标权必须是商标已经使用并在一定范围内确立了商品信誉，而通过注册获得商标权并不要求申请注册的商标已使用及产生信誉，并且法律对因使用而获得的商标权的保护力度也不及因注册而取得的商标权。

我国在商标权的取得上采取注册原则，即只有经过注册的商标才有权排斥他人使用相同或近似的商标，才有权对侵权行为提起诉讼。《商标法》对商标注册规定了严格的程序，但同时也充分考虑了商标在先使用人的利益，如《商标法》第31条规定："两个或两个以上的商标注册人就相同或近似商标在同一种商品或类似商品上同一天申请注册的，初步审定并公告使用在先的商标，驳回其他人的申请，不予公告。"《商标法》第31条规定："申请商标注册不得以不正当手段抢先注册他人已经使用并有一定影响的商标。"这些规定都涉及商标的在先使用权问题，但这只是注册原则的一个例外，并不等于我国《商标法》放弃了注册原则。

第三节　商标注册的原则

一、自愿注册原则

我国对商标注册实行自愿原则。按照《商标法》第4条的规定："自然人、法人或者其他组织在生产经营活动中对其商品或服务需要取得商标专用权的，应当向商标局申请商品商标注册。"这表明商标是否注册取决于当事人自己的意愿，不论商标是否注册都不影响其生产、销售、出口和参加优质产品的评比。与此同时，从确保人民健康，维护社会秩序出发，法律、行政法规规定必须使用注册商标的商品，必须申请商标注册；未经核准注册的，不得在市场销售。目前，我国必须使用注册商标的有两类商品：一是人用药品，包括中成药（含药酒）、化学原料药及其制剂、抗生素、生化药品、放射性药品、血清疫苗、血液制品和诊断药品；二是烟草制品包括卷烟、雪茄烟和有包装的烟丝。但对在医院试用的药品，药店根据医生或传统处方临时配制的中药成药，以及医院专门为本院病人配制的中西药制剂，可以不使用商标。法律规定必须使用注册商标而未使用的，工商行政管理机关有权责令限期申请注册，并可以禁止其商品销售和广告宣传，封存或收缴其商标标识以及根据情节处以罚款。

二、申请在先原则

根据我国法律规定，商标注册采取申请在先原则，即同一或近似商标有两个以上的人在相同或类似商品或服务上申请注册的，商标权授予申请在先的人；两个或两个以上的申请人，在同一种或类似商品或服务上，以相同或近似的商标在同一天申请的，商标权授予使用在先的人。对于使用在先的认定，由申请人自己在接到商标局通知后30天内提交第一次使用该商标的日期的证明，同日使用或均未使用的，各申请人可以自收到商标局通知之日起30日内自行协商，并将书面协议报送商标局，不愿协商或协商不成，由商标局通知各申请人以抽签的方式确定一个申请人，驳回其他人的注册申请。商标局已经通知但申请人未参加抽签的，视为放弃申请，商标局应当书面通知未参加抽签的申请人。采用申请在先原则，有利于商标局在审查商标注册申请时确定一个标准，即以申请日作为判断申请注册的商标是否具备新颖性的基准日，有利于促使商标使用人尽早申请商标注册，也有利于商标管理机关对商标的管理工作，因此，世界上多数国家都采取申请在先原则。

三、优先权原则

优先权是指外国商标注册申请人自其商标在外国第一次提出商标注册申请之日起六个月内，在中国就相同商品以同一商标提出商标注册申请的，依照该外国同中国签订的协议或者共同参加的国际公约，或者按照相互承认优先权的原则，享有优先权，即以申请人在外国第一次提出商标注册的申请日作为在我国申请商标注册的申请日。

外国商标注册申请人在我国享有优先权必须具备以下条件：① 该外国人所在国与中国签订了双边或多边协议，或者与中国共同参加了某一国际公约，或按对等原则办理；② 优先权必须在法定期限内提出，即申请人应自其商标在外国第一次提出申请之日起6个月内向中国提出申请，或者该商标在中国政府主办的或者承认的国际展览会展出的商品上首次使用的，自该商品展出之日起6个月内向中国提出申请的，该商标的注册申请人可以享有优先权。③ 提出优先权要求的，应当在申请商标注册时提交书面声明，并同时或在提出商标注册申请3个月内提交在其他成员国第一次提出商标注册申请的副本，副本应经该成员国商标主管机关证明，并应注明申请日期和申请号，或者展出其商品的展览会名称、在展出商品上使用该商标的证据、展出日期等证明文件；未提出书面声明或者逾期未提交证明文件的，视为未要求优先权。要求优先权的声明经我国认可后，在外国第一次申请商标注册的日期，即为在我国申请的日期。

第四节 商标注册的申请与审核

一、商标注册的申请

（一）申请商标注册的方法

1. 按规定的商品分类表填报使用商标的商品或服务类别及其名称

商品分类表是划分商品或服务类别和进行商标注册管理的重要依据，由于商品种类繁多，而不同的人使用相同或近似的商标，其商品或服务又不能为同一种类或类似商品，因此，为便于办理商标注册，就要制定商品分类表，确定在什么范围内申请的商标可以核准或应当驳回，并确定注册商标权受法律保护的范围。供商标注册用的商品分类表，不同于国家统计局的商品分类表，也不同于工业部门和商业部门的商品分类，它是把成千上万的商品品种，根据商品的原料、用途、性能、制造方式或服务性质等条件，按照物以类聚方法，分成若干类，商标主管机关审查商标申请时，也是以此作为依据核准或驳回商标注册申请。商品分类表是商标管理法规中的一个重要文件，是确定和保护商标权的必要手段。以前，世界各国都由商标主管机关根据本国的情况及对商品的理解制定各自的商品分类表，供商标主管机关及商标注册申请人使用。到了 20 世纪 50 年代，世界经济得到较大发展，国际间交往频繁，各国使用各自的商品分类表已不能适应有关商标事务的国际联系，给商标权人带来麻烦，不利于商标事业的发展，在这种情况下产生了《商标注册用商品和服务国际分类尼斯协定》，该协定是一个有多国参加的国际公约。我国 1988 年 11 月 1 日开始采用《尼斯协定》的商品分类表申请商标注册，1994 年加入尼斯联盟。该协定将商品和服务分为 42 类，其中 34 类商品、8 类服务项目，覆盖了一万多个商品和服务项目。1997 年 1 月 1 日《尼斯协定》的第 7 版开始执行。随后，尼斯联盟第 18 次专家委员会会议通过对尼斯分类第 7 版的修改，并决定从 2002 年 1 月 4 日起正式使用尼斯分类第 8 版。修改后的尼斯协定将商品和服务分为 45 类，增加了 3 类服务项目，包括由个人或机构为消费者提供食物和饮料的服务以及为使在宾馆、寄宿处或其他提供临时住宿的机构得到床位和寄宿所提供的服务；由个人或机构向人或动物提供的医疗、卫生和美容服务，以及与农业、园艺和林业领域相关的服务；由他人提供的为满足个人需要的私人和社会服务以及为保护财产和人身安全的服务等。

2. 同一申请人在不同类别的商品上使用同一商标的，应当按商品分类表提出注册申请

我国在商标申请上曾采取“一标一类”，即商标注册申请人在不同类别的商品上申请注册同一商标的，应当按商品分类表提出注册申请。注册商标需要在同一类的其他商品上使用的，应当另行提出注册申请。为简化商标申请程序，新修改的《商标法》将“一标一类”改为“一标多类”，即一份申请可以指定申请注册的商标在不同类别商品上使用。

3. 注册商标需要扩大使用范围的，应另行申请注册

注册商标仅限于经商标局核准的商品上专用，擅自超过这个使用范围是不合法的，随着生产的发展，企业需要在同一类的其他商品上使用注册商标的，应另外提出注册申请，否则法律不予保护。

4. 注册商标需要改变标志的，应当重新提出注册申请

商标权不仅以核定使用的商品为限，而且以核准注册的商标为限，商标权人如要改变注册商标的文字、图形必须重新提出注册申请，这也体现了商标法的尊严，有助于维护注册商标的严肃性，提醒商标权人重视其商标权。

5. 注册商标需要变更注册人的名义、地址或其他注册事项的，应当提出变更申请

商标注册人名义变更意味着商标权的归属发生变更，引起商标注册人名义变更的情况很多，如企业合并、分立、联营等，如果在此情况下不办理变更手续，法律将不承认变更后的商标所有人拥有商标权；对于因企业迁移造成地址变更的，也应办理变更手续，如不办理变更手续，将给商标管理带来一定的困难。

（二）申请商标注册的步骤

（1）申请商标注册首先由申请人向商标局提出申请，并按规定填写申请书，申请书中商品名称必须是商品通用名称，技术标准必须是实际执行的标准，申请人必须与《营业执照》一致，地址必须是申请人的实际地址。由于申请书是一个法律文件，每一项都关系到申请人的切身利益，因此，申请人必须认真填写，做到清晰、工整。材料要真实、准确、完整。

（2）依照公布的商品分类表按类申请，每一个商标注册申请应当向商标局交送《商标注册申请书》1份、商标图样10份（指定颜色的彩色商标，应交送着色图样10份）、黑白墨稿1份。

（3）申请人用药品商标注册，应当附送卫生行政部门发给的证明文件；申请烟草制品商标注册的，应当附送国家烟草主管部门批准生产的证明文件。

（4）申请人委托商标代理组织申请办理商标注册的，应交送代理人委托书一份，委托书应载明代理内容及权限。

二、商标注册的审查和核准

（一）对申请注册商标的审查

《商标法》规定：对申请注册的商标，商标局应自收到申请文件之日起9个月内审查完毕。

1．形式审查

形式审查是对商标注册申请书是否合乎《商标法》的要求进行审查，内容包括申请人是否有申请资格，申请文件是否齐全，书写格式是否正确，应附的证件、说明是否完备，是否按规定交纳申请注册费等。经过形式审查，符合商标法规定的，商标局予以受理，编定申请号，发给《受理通知书》；对于申请手续基本齐全或申请书件基本符合规定，但需要补正的，商标局通知申请人予以补正，限其在收到通知之日起 30 日内，按指定内容补正并交回商标局，限期内补正并交回商标局的，保留申请日期；未作补正或超过期限补正的，视为放弃申请，申请日期不保留；商标局应当书面通知申请人。对于申请手续不齐备或未按照规定填写申请书件的，予以退回，申请日期不予保留。商标注册申请人或者注册人发现商标申请文件或者注册文件有明显的、但不涉及实质性内容的错误的，可以申请更正。商标局也可依法在其职权范围内做出更正，并通知当事人。为避免商标申请人提交的文件资料即使有小瑕疵也有可能被驳回，从而不得不再次提出申请的情况，商标修改拟增加审查意见书制度，即以审查意见书的方式允许申请对文件资料瑕疵加以修正。

2．实质审查

实质审查是对申请注册商标的文字、图形的内容进行审查，即审查申请注册的商标是否具有显著特征，是否与已注册在相同或类似商品或服务上的商标相同或近似，商标的文字、图形是否违背《商标法》的禁止规定。商标局对受理的申请经过实质审查，认为符合《商标法》的有关规定并具有显著性的商标，予以初步审定，并予以公告；商标局认为商标注册申请内容需要修正的，发给《审查意见书》，限其在收到通知之日起 15 天内予以修正，未作修正、超过期限修正或修正后仍不符合规定的，驳回申请，并书面通知商标注册申请人。申请人对驳回申请表示不服的，可以在收到驳回通知之日起 15 天内，将驳回《商标复审申请书》一份交送商标评审委员会申请复审，商标评审委员会经过复审做出决定，书面通知申请人。当事人对商标评审委员会的决定不服的，可以自收到通知之日起 30 日内向人民法院起诉。

（二）对申请注册商标的异议

对商标局初步审查后予以公告的商标，自公告之日起 3 个月内，在先权利人等认为审定公告的商标不合法的都可以提出异议，提出异议的理由与实质审查的标准一致。异议人应当将商标异议书一式两份交送商标局。商标异议书应当写明被异议商标刊登《商标公告》的期号及初步审定号。商标异议书应当有明确的请求和事实依据，并附送有关证据材料。商标局将商标异议书交给被异议人，限其在收到通知之日起 30 天内答辩，当事人需要在提出异议申请或者答辩后补充有关证据材料的，应当在申请书或者答辩书中声明，并自提交申请书或者答辩书之日起3个月内提交；期满未提交的，视为当事人放弃补充有关证据材料。

商标局听取异议人和被异议人陈述事实和理由，经调查核实后，自公告期满之日起12个月内作出是否准予注册的决定，由商标局通知有关当事人。当事人对商标局的异议裁定不服的，可在收到商标异议裁定之日起15天内，将《商标异议复审申请书》一式两份交送商标评审委员会进行复审，由商标评审委员会自收到申请之日起12个月内作出裁定，并书面通知异议人和被异议人。当事人对商标评审委员会的裁定不服的，可以自收到通知之日起30日内向人民法院起诉。人民法院应当通知商标复审程序的对方当事人作为第三人参加诉讼。

商标注册异议制度可以阻止不符合商标法规定的商标注册，新《商标法》完善了异议制度，限制提出异议的主体和理由，对防止异议程序被滥用具有积极意义。

（三）核准注册

核准注册有三种情况：① 商标局对商标注册申请经过初步审定予以公告后3个月内没有人提出异议，商标局予以核准注册。② 对初步审定的商标提出了异议，但经过商标局审查异议不成立，提起异议人在法定期限内对商标局做出的裁定，不申请复审或者对商标评审委员会做出的裁定不向人民法院起诉的，裁定生效，予以核准注册；或者虽提起复审或向人民法院起诉，但经审理商标评审委员会或人民法院仍然认为异议不成立的，予以核准注册。③ 商标局对被异议的商标做出异议成立的裁定，被异议人在法定期限内申请复审或者对商标评审委员会做出的裁定不服向人民法院起诉，经复审或人民法院审理认为异议不成立的，予以核准注册。

商标获准注册由商标局发给注册证书，并予以公告，注册商标开始受法律保护。经裁定异议不能成立而核准注册的，商标注册申请人取得商标专用权的时间自初审公告3个月期满之日起计算。

经异议审查不成立而裁定核准注册的商标，自该商标公告期满之日起至准予注册决定作出前，对他人在同一种或类似商品上使用与该商标相同或近似的标志的行为不具有追溯力，但恶意使用人给商标注册人造成损失的，应当赔偿。

三、涉外商标注册

（一）外国商标在我国申请注册

我国对外国商标来我国注册的分三种情况处理：

（1）申请人所属国与中国已达成协议的，按协议办理。国与国之间的协议是解决相互间关系的常用办法，

（2）按照双方共同参加的国际条约办理。我国已加入《保护工业产权的巴黎公约》、《建立世界知识产权组织公约》和《商标国际注册马德里协定》，如申请人所属国也是这些公约的成员国，则按公约的有关规定在我国办理商标注册。

（3）按对等原则办理。对等原则适用于申请人所属与中国既没有签订商标互惠条约，也没有共同参加的有关商标内容的国际公约的情况，根据对等原则，如果申请人所属国接受我国商标办理注册，我国便可接受其商标在我国注册。

外国商标在中国申请商标注册必须按我国法律规定委托我国指定的商标代理组织代办商标注册手续。申请办理商标注册时，除应提交载明代理内容及权限的代理人委托书外，还应当载明委托人的国籍。

（二）我国商标到外国注册

商标保护实行属地原则，我国商品要开拓国际市场，就应当根据需要到商品销售国进行商标注册，否则商品出口就没有保障，我国曾有一些已经进入或经营多年的市场，由于商标被他人抢注，不得不退出该国市场或更改商标，给我们留下了深刻的教训。目前，我国企业界仍存在着一些亟待解决的情况：一是忽视到国外注册商标的工作，只满足于接受国外的定牌生产或被许可使用外国商标，不注意创自己的商标；二是把到国外注册商标看得很神秘，或者因不清楚到国外注册商标的程序而放弃注册；三是把他人在国内已注册商标拿到国外注册，造成同一商标国内外商标专用权不属于同一企业所有，自相摩擦，造成损失。因此，企业有必要清楚到国外注册商标的手续、程序。

（1）做好注册前的准备工作。准备工作包括：① 该国是否为《巴黎公约》、《马德里公约》成员国，因为我国已参加了这些公约，可以按公约的规定进行商标注册，如果该国没有参加上述公约，应清楚该国是否与我国订有商标注册互惠协议；② 该国申请注册商标是采取国际分类还是分部注册，国际分类即按照《商标注册商品分类尼斯协定》分类申请，世界上大多国家都采取这种分类法受理注册申请；分部注册是按照商标受法律保护的范围来申请注册的，如英国、澳大利亚商标法就这样规定；③ 了解该国是实行注册在先原则，还是使用在先原则，目前世界上大半以上国家采用注册在先原则，采用使用在先的国家主要有英国、美国、澳大利亚、泰国等；④ 了解该国不能作为商标的主要禁忌，如阿拉伯国家禁忌黄色、澳大利亚忌用兔、日本忌用菊花等；⑤ 了解该国对注册商标的保护期限。

（2）向国外申请商标注册的手续。按照我国法律规定，各企业在县、市工商行政管理局就其欲到国外申请注册的商标进行登记后，即可通过代理人或其他方式到国外办理商标注册申请。一般情况下，由于对外国的法律规定不熟悉，我国企业向国外申请商标注册是通过代理人代办的，企业可以委托中国国际贸易促进委员会代理，也可以委托当地有关机构代理，委托代理的申请人应提交《申请至国外注册商标委托函》。同时备好注册文件，通常包括申请书、本国注册证件、国籍证明书、商品单、商标图样，如要求优先权的，提供优先权的证明文件。

（3）对我国企业到国外申请商标注册的管理。国家提倡、鼓励企业到国外申请商标注册，但为了避免混乱现象，掌握我国企业在国外注册商标的情况，国家工商行政管理局决定对我国企业在国外申请商标注册进行管理。首先，我国要求到国外申请商标注册的申请人应先到所在地县、市工商行政管理局登记。到国外申请注册的商标必须是申请人自己的商标，任何企业不得擅自持他人在我国注册的商标以自己的名义到国外申请注册，因特殊情况需持他人在国内注册的商标到国外申请注册的，须征得国内注册人同意，并就在国内使用该商标的问题签订商标使用许可合同；持他人在我国注册的商标以自己的名义在国外注册，未经国内注册人同意在国内使用该商标的，视为商标侵权行为，由工商行政管理机关依法查处，外贸管理部门视情况撤销该商品的出口经营权或按有关规定给予其他行政处理；对已经产生注册商标国内、外注册人不一致的，应按有关规定逐步办理注册商标转让，做到内外一致。其次，到国外申请注册商标获准注册或被驳回，或已注册商标发生下列变化的，企业也应到所在地县、市工商行政管理局进行登记：① 注册人名义或地址变更的，应登记变更前后的注册人名义、地址、变更日期；② 商标转让的，应登记转让人名义和地址、受让人名义和地址、转让的商品及转让日期；③ 商标权失效的，应登记失效商标所有人名义和地址、失效原因、商品以及失效日期。

（三）商标的国际注册

商标的国际注册是指根据《商标国际注册马德里协定》（以下简称《马德里协定》）和《商标国际注册马德里协定有关议定书》（以下简称《马德里协定书》）进行商标注册，这种注册可使商标所有人根据自己的需要通过一次申请、履行一次手续、交付一次费用即可在参加该协定的多个成员国内获得商标注册，这无疑大大节省了注册的时间、费用。我国自1989年加入《马德里协定》后，凡需要到马德里联盟其他成员国申请商标国际注册的我国商标所有人均可以按照《马德里协定》和《马德里议定书》进行国际注册。

（1）申请人资格。申请商标国际注册的，必须首先在我国取得商标注册或获得商标初步审定，并且必须符合下列条件之一：一是在我国设有真实有效的工商营业场所；二是在我国有住所；三是拥有我国国籍。

（2）申请程序。我国商标所有人可采取两种方式进行国际注册：一是直接制，即申请商标国际注册及办理国际注册续展、转让、变更或其他有关事宜的，可直接到国家工商行政管理局商标局办理，直接办理的，由申请人填写申请书，若填写时翻译确有困难的，商标局可以安排翻译；二是代理制，即申请人委托国家工商行政管理局指定的代理组织代理申请。但是，不论通过何种方式申请，都必须通过商标局向世界知识产权组织国际局提出。具体程序如下：

第一，申请人应按国际局提供的表格填写申请书，内容包括申请人名称、地址（委托代理的还应写明委托人名称、地址）、在我国注册或初步审定商标的申请日期和编号、注册或初审日期和编号、并按《商标注册用商品和服务国际分类》的类别顺序申请商标使用的商品、指定保护的国家、要求保护的期限等。其中指定保护的国家可以是马德里联盟一个或多个成员国，但不能包括中国。

第二，申请人将申请文件直接递交国家工商行政管理局商标局，同时按规定向商标局交纳基本注册费、附加注册费、补充注册费及其他规定的规费等。商标局收到申请书和费用后，经审查认为手续齐备，自申请之日起30天内将申请书转交给国际局；申请手续不齐备或未按规定填写申请书的，予以退回，申请日期不予保留。申请文件需要补正的，商标局应通知申请人自收到通知之日起15日内补正并交回商标局，补正期间，保留申请日期。

第三，国际局对申请进行审查后，即将该商标在国际注册簿上登记，并刊登在《世界知识产权组织国际商标公告》上，发给申请人商标国际注册证，同时通知指定保护国家在1年内对该商标进行审定，若申请保护的商标在提出申请之日起1年内被指定保护的国家驳回，国际局将驳回声明交给我国商标局，商标局在收到该声明之日起20天内将该声明转申请人或代理组织，申请人可以根据该驳回国的国家法，委托代理组织进行申诉；若在一年内保护申请未被驳回，则商标为自动得到保护。

第四，国际局将在国际注册簿上登记的商标刊登在《世界知识产权组织国际商标公告》上，从该公告出版次月1日起的3个月内，任何人可对延伸至我国要求保护的国际注册商标向商标局提出异议。

四、商标代理

商标代理是国际上普遍实行的一项重要的商标制度，它是指商标代理机构接受委托人的委托，以委托人的名义办理商标注册申请及其他有关商标事宜。有权从事商标代理事宜的是由国家工商行政管理局批准的商标代理机构。

我国由于历史上的原因，商标申请等项工作一直由各级工商行政管理局核转。这种核转制起到了一定的商标代理作用，但随着形势的发展，这种做法已不能适应商标事务发展的需要。工商行政管理部门是商标的行政管理机构，不能集行政管理和商标代理人身份于一身，商标作为一项法律性很强的事务，应当有一批商标代理人，作为民间机构代理商标所有人的权益，从事商标事务活动。1990年我国开始推行商标代理制度，现已初步形成了一个覆盖面较广的商标代理服务网络，完成了商标核转制向商标代理制的转轨工作。商标事务所也在此过程中得到发展。从1990年到1998年我国的商标事务所大多隶属于各地工商局，1999年国家工商行政管理总局颁布《商标代理管理办法》，出现民办性质的商标代理机构，为适应加入WTO的需要，2002年1月国家工商行政管理总局又下发了《关于商标代理机构脱钩改制工作的通知》，明确要求商标代理事务所与各工商行政管理机关、其他政府机关、企事业单位、社会团体脱钩，商标局、商标评审委员会以及从事商标注册、管理和复审工作的国家机关工作人员不得从事商标代理业务，建立健全与市场经济相适应的商标代理体制，促进商标代理机构独立、客观、公正地执业，更好地发挥商标代理机构在商标注册和管理中的作用。2009年11月11日，新的《商标代理管理办法》生效。2013年新修改的《商标法》对商标代理组织的代理行为作出具体规定，以防止商标代理组织在商标代理中的不规范行为。

（一）国内商标代理

（1）商标代理机构。在我国，申请设立商标代理组织的，由申请人向所在地县级以上工商行政管理部门申请登记，领取《企业法人营业执照》或者《营业执照》。未经国家工商行政管理局批准，任何机构不得开展商标代理业务。2013年1月1日起生效施行的、国家工商总局和司法部共同制定的《律师事务所从事商标代理业务管理办法》规定：律师事务所可以经过向商标局备案取得商标代理资格，这标志着律师事务所及其律师正式进入我国商标代理行业领域。

（2）商标代理机构的主要业务。商标代理机构代理的有关事宜包括：① 申请商标注册；② 申请商标续展、转让、变更、撤销、补证及注销注册商标；③ 商标异议和商标评审；④ 商标侵权投诉；⑤ 商标使用许可合同备案；⑥ 商标设计和商标法律咨询；⑦ 依有关规定确定的其他有关商标事宜等。

（二）涉外商标代理

我国法律要求外国人或外国企业在中国申请商标注册和办理其他商标事宜的，应当委托国家认可的具有商标代理资格的组织代理。这是一项强制性的法律规定，即申请人必须委托我国指定的组织代为办理商标事宜，这有别于国内商标代理的任意性。

第十二章　注册商标的使用

第一节　注册商标的使用及有效期

一、注册商标的使用

注册商标的使用是指将已注册商标用于商品或服务上，使之发挥其应有的功能作用。商标的使用，包括将商标用于商品、商品包装或者容器以及商品交易文书上，或者将商标用于广告宣传、展览以及其他商业活动中。商标的使用是注册商标所有人的一项主要权利，也是注册商标所有人的一项基本义务，根据法律规定，注册商标所有人如连续若干年停止使用注册商标，将导致注册商标被撤销的后果。事实上，商标使用是企业积累财富、贮存财富的重要前提，因为，如前所述，商标的价值并非与生俱来，大多数商标在投入使用前是一文不值的，商标的价值是通过使用而获得的。商标的知名度越广，它所带来的经济效益越大，它自身的价值也就越高。

二、注册商标的有效期及续展

商标权作为一种知识产权，其受到的法律保护也是有一定的期限限制的，我国《商标法》将注册商标的保护期限限定在 10 年，从核准注册之日起计算。与专利权不同的是，注册商标在其保护期满后可以续展即注册商标的保护期可以延长，按照我国《商标法》的规定，注册商标有效期满，需要继续使用的，应当在期满前 12 个月内申请续展注册，在此期间未能提出申请的，可以给予 6 个月的宽展期。续展注册可以无限制的重复进行，每次续展注册的有效期为 10 年，自该商标上一次有效期满次日计算。在注册商标的宽展期内，商标注册人提出续展申请且被核准的，商标权连续存在，他人在此期间内使用与该商标相同或近似的商标的，属于商标侵权行为。

申请商标续展注册的，每一个申请应当向商标局交送《商标续展注册申请书》一份，商标图案五份，交回原《商标注册证》，经商标局核准后，将原《商标注册证》加注发还，并予以公告。不符合商标法有关规定的，商标局不予核准，予以驳回。申请人对商标局驳回注册商标续展申请不服的，可在收到通知之日起 15 天内，将《驳回续展复审申请书》一份交向商标评审委员会复审，同时附送原《商标续展注册申请书》和《驳回通知书》。

第二节　注册商标的转让和使用许可

一、注册商标的转让

注册商标的转让即注册商标所有人依法将其因注册商标产生的商标权转让给他人，转让后，原注册商标所有人不再享有该注册商标的专用权，受让人成为该注册商标的所有人，享有商标专用权。

在注册商标转让中常见的是合同转让，这是一种双方法律行为，与任何双方法律行为一样，它要求行为人双方具备权利能力、行为能力，要求当事人在平等自愿的前提下达成一致的意思表示，要求合同内容真实合法。除此之外，注册商标作为知识产权的一种，在转让时有与一般商品转让所不同的特殊性，具体表现在以下几个方面：

（1）受让人必须具备注册商标申请人的资格，包括依法成立的企业、事业单位、社会团体、个体工商户、个人合伙及自然人，符合法律规定的外国人或外国企业。受让的注册商标必须用于其生产、制造、加工、拣选或经销的商品，或用于其提供的服务项目，转让人用药品或烟草制品的注册商标时，受让人还必须附送相应的商品生产主管部门的证明。

（2）商标注册人对其在同一种或类似商品中注册的相同或近似的商标，必须一并办理转让手续，以免出现混乱。对可能产生误认、混淆或其他不良影响的转让注册商标申请，商标局可不予核准。

（3）注册商标的转让不影响转让前已生效的商标使用许可合同的效力，但许可合同中另有约定的除外。许可他人使用注册商标是许可人与被许可人通过签订合同来实现的，许可人之所以能够许可他人使用注册商标是基于其拥有的商标权，许可人要转让这种权利，许可使用合同即失去了存在的前提，这将有可能损害被许可人的合法权益，因此，一般情况下注册商标权利人转让注册商标不影响许可合同的效力，当事人有另有约定的从约定。

（4）受让人必须保证使用该注册商标的商品质量。商标的信誉是以商品的质量为基础的，保证商品达到该商标应有的质量是为了维护注册的信誉，也是为了保护消费者的利益，因此，如果受让人不能保持受让商标的商品质量，就不能取得转让的注册商标。

（5）商标在转让前应进行评估。针对一段时间国有资产大量流失的现象，我国规定，今后凡属国有企业拍卖、转让、兼并、出售、联营等都要进行资产评估，商标作为国有企业资产的组成部分也应在转让时按国家有关规定进行评估。

申请转让注册商标的，转让人和受让人应当向商标局交送《转让注册商标申请书》一份，转让注册商标申请手续由受让人办理，商标局经过审查认为符合转让条件的，发给受让人相应证明，并予以公告。受让人自公告之日起享有商标专用权。

二、注册商标的使用许可

注册商标的使用许可是指注册商标所有人通过签订商标使用许可合同，许可他人使用其注册商标，同时收取一定的许可使用费。注册商标使用许可分为独占的使用许可、普通使用许可和排他使用许可三种。独占的使用许可是指商标注册人在其商标专用权范围内，仅将该商标许可一个被许可人使用，自己也放弃商标使用权的商标使用许可；排他的使用许可是指商标注册人仅将注册商标许可一个被许可人使用，但并不妨碍自己对该注册商标的使用；普通使用许可是指商标注册人在许可一个被许可人使用注册商标的同时，不仅自己使用该注册商标，而且还可能许可另外的人使用该注册商标。在现代国际贸易中商标的许可转让大多是跟随其他工业产权或技术贸易进行的。注册商标的许可使用与注册商标的转让不同，在许可他人使用的情况下，许可人仍然是注册商标的所有人，仍享有该注册商标的专用权。

注册商标的使用许可制度是商品生产、销售及服务领域中普遍使用的商标使用形式，是企业扩大市场占有率，增加商标知名度的有效方法，同时，它也对优化资源结构起着积极的作用，因而实施得当对国家、对民众、对合同双方都十分有益。

注册商标使用许可的条件是：① 许可人是被许可的注册商标的所有人或有充分处置权人；② 被许可人有生产许可使用的商品的资格；③ 许可使用的商标在法律保护的期限内，且许可使用期限不得超过该注册商标的有效期限；④ 许可使用的商品在该注册商标核定使用的商品范围内；⑤ 许可使用的商标与注册商标一致。

注册商标在使用许可中应注意下列问题：

（1）注册商标的使用许可应通过许可人与被许可人签订书面合同来实现。商标作为一项无形的财产，使用过程中有其特殊性和复杂性，因而应当将双方的权利义务以书面的方式明确规定下来，如许可使用的商标名称、注册证号码、许可使用注册商标的商品类别、使用期限、使用费的数额等都应在合同中有所体现。商标被许可人应在合同约定的范围内从事生产经营活动，如果被许可人违反合同约定，超出被许可使用的商品或服务的范围、使用期限或商品数量的行为且构成商标侵权的，工商行政管理机关可以应许可人的请求依法查处。

（2）不得利用商标许可合同从事违法活动，损害社会公共利益和消费者权益。对利用商标使用许可合同从事违法活动的，由县级以上工商行政管理部门依据《商标法》及其他法律、法规和规章的规定处理；构成犯罪的，依法追究刑事责任。

（3）许可人应当监督被许可人使用其注册商标的商品质量；被许可人应当保证使

用该注册商标的商品质量。许可人在与被许可人签订许可使用合同前就应对被许可人的生产经营能力作全面了解，以保证被许可人生产的产品与注册商标所有人自己生产的产品质量一致，否则不仅注册商标所有人的声誉会受到损害，而且注册商标所有人还要承担连带责任。

（4）经许可使用他人注册商标的，必须在使用该注册商标的商品上标明被许可人的名称和商品产地。对服务商标而言，由于具有无形特性，使服务商标被许可人无法直接在其提供的服务上标明其名称和地址，但服务商标被许可人应当以其他适当方式让消费者了解名称和地址，比如在其提供服务场所的显著位置标明，在其提供服务的工具上标明或在交付消费者的商业文书上标明等。这项规定的目的是为了使消费者对自己购买的商品有一个清楚的了解，避免误导消费者。违反这条规定的由被许可人所在地工商行政管理部门责令限期改正，收缴其商标标识，并可根据情节处以罚款。

（5）商标使用许可合同应当报商标局备案。《商标法实施细则》及《商标使用许可合同备案办法》（国家工商局 1997 年）规定，许可人应当在许可合同签订之日起三个月内，将合同副本报送商标局备案，并由商标局予以公告，许可他人使用人用药品和烟草制品的在将许可合同副本交送存查时，被许可人应当附送卫生行政管理部门和国家烟草主管部门批准生产的有效文件。未备案的，不得对抗善意第三人，但不影响许可合同的效力。许可合同中明确约定备案为合同生效条件的，未备案的合同不生效。对以欺骗手段或其他不正当手段取得备案的，由商标局注销其商标使用许可合同备案并予以公告。

（6）独占使用许可的被许可人在许可合同有效期内可以作为商标权利人以自己的名义向工商行政管理机关投诉。

第三节　商标权的终止

一、因注册商标被注销而终止

注销是因注册商标所有人自动放弃使用注册商标而引起，具体包括三种情况：

（1）注册商标有效期届满，商标注册人未提出续展申请，或者提出续展申请但未被核准的。

（2）注册商标所有人自愿申请放弃商标权，并向主管部门办理注销手续。

（3）作为商标所有权人的企业关闭或公民死亡，自终止或者死亡之日起 1 年期满，该注册商标没有办理移转手续的，任何人可以向商标局申请注销该注册商标，同时提交有关该商标注册人终止或者死亡的证据。该注册商标专用权自商标注册人死亡或者终止之日起终止。

二、因注册商标被撤销而终止

撤销是指注册商标所有人违反商标管理法规，被商标行政主管部门强制终止其商标权。注册商标可因下列几种情况被撤销：

（1）因注册不当或注册商标争议被商标局裁定撤销的。

（2）因擅自改变注册商标文字、图形或其组合或自行改变注册商标的注册人名义、地址或其他注册事项而被撤销的。

（3）不经商标主管部门核准，自行转让注册商标的。

（4）连续若干年停止使用其注册商标，超过法律规定年限的。使用包括自己使用，也包括许可他人使用。商标连续3年停止使用的，由商标局责令限期改正或撤销其注册商标。因为商标的价值和信誉存在于使用之中，商标注册后长期不使用使商标没有使用价值，也失去了注册的意义，因此，除一些具有特殊功能的商标如防御商标外，对于不使用的商标，可予以撤销。

（5）对使用注册商标的商品粗制滥造、以次充好，损害消费者利益的。

三、因注册商标变成商品通用名称而终止

商标由于使用不当导致显著性退化，最终成为某一类商品或服务的通用名称时，即不能再作为注册商标受到法律的保护。

四、因国际注册期满或由于在原属国商标注册失效而终止

根据《商标国际注册马德里协定》进行国际注册的商标，因国际注册期满或由于在原属国商标注册失效，其在有关国家的注册也随之失效。

第十三章　注册商标的无效宣告

注册商标的无效宣告是商标注册过程中的一个补救程序，按照《商标法》的规定，商标在注册过程中历经形式审查、实质审查、公告异议等过程，尽管如此，也不能保证已注册商标的完全合法性。注册商标的无效宣告程序可纠正商标审查中的不当，弥补商标审查中的疏漏。

第一节　注册商标的相对无效

一、注册商标相对无效的概念

注册商标相对无效，是指注册在先的商标注册人或利害关系人认为注册在后的商标与其在同一种商品或类似商品上已注册的商标相同或近似，或损害了自己的其他合法利益，从而请求商标评审委员会予以裁定的程序。

二、注册商标相对无效的认定标准

（1）两个注册商标在文字、图形或其组合上相同或近似，或争议的两个商标涉及同一种或类似商品或服务的。

（2）在不相同或不相类似的商品或服务上注册易与驰名商标相混淆的商标，给公众造成误导的。

（3）未经授权，代理人或代表人以自己的名义将被代理人或被代表人的商标进行注册的。

商标所有人的代理人或代表人未经该所有人同意而以自己名义向商标局申请商标注册，该所有人应有权反对进行注册或要求取消注册，或者商标所有人可要求将该项注册转让给自己，除非该代理人或代表人能证明其行为是正当的。

（4）商标中有商品的地理标志，而该商品并非来源于该标志所标示的地区，误导公众；但是在修改后的《商标法》颁布之前已经善意注册的继续有效。

（5）损害他人现有的在先权利，或以不正当手段抢先注册他人已经使用并有一定影响的商标。在先权利包括以下方面：

第一，著作权。著作权的标的为文学、艺术和科学等作品，商标权的标的也可以是艺术作品，因此二者可能发生冲突，主要表现为注册商标所使用的文字、图形、三维标志或其组合的图案属于他人著作权的保护对象，因商标使用人未征得著作权人同意，而构成对著作权人在先权利的侵犯。

第二，肖像权。肖像权是自然人人格权的重要表现，我国《商标法》并不禁止以肖像作为商标进行注册，但在使用他人肖像作为商标进行注册时，应征得肖像权人的同意，并在肖像权人许可的范围内使用，未经同意将他人肖像作为商标注册构成侵犯肖像权。

第三，已受保护的企业名称权。商标权和企业名称权均为经法律程序确认的权利，二者在实践中不可避免地会发生交叉，以他人已登记的企业名称作为商标进行注册或商标中的文字和企业名称中的字号近似的情况常常出现，结果是易使他人对市场主体及其商品或服务的来源产生混淆。为此，国家工商行政管理局于2004年颁发的《企业名称登记管理实施办法》第41条规定：“已经登记注册的企业名称，在使用中对公众造成欺骗或者误解的，或者损害他人合法权益的，应当认定为不适宜的企业名称予以纠正。2002年修改的《商标法实施条例》第53条规定：“商标所有人认为他人将其驰名商标作为企业名称登记，可能欺骗公众或者对公众造成误解的，可以向企业名称登记主管机关申请撤销该企业名称登记。企业名称登记主管机关应当依照《企业名称登记管理规定》处理。”

第四，已受保护的工业品外观设计专有权。外观设计是指对产品的形状、图案、色彩或其组合提出的富有美感并适于工业上应用的新设计，而《商标法》规定：图形、文字或文字与图形的组合特别是三维标志可以作为商标注册，这就使一些图形、文字或三维标志既可以作为商标进行注册，又可以申请外观设计专利，从而产生商标权与外观设计权的冲突。为解决此类问题，国家工商局于1995年下发《关于处理商标专用权与外观设计专利权利冲突问题的意见》指出：在申请商标注册和外观设计专利权时，都不能侵犯他人的在先权利，即不得将他人已获得专利权的外观设计作为商标进行注册，也不能将他人已注册商标作为外观设计申请专利，否则，商标局或专利局可依法撤销已注册商标或取消专利权。对于以外观设计专利权对抗他人商标专用权的，若该商标的初步审定公告日期先于该外观设计申请日期，在该外观设计专利被撤销或宣告无效之前，工商行政管理机关可以依照《商标法》及时对商标侵权案进行处理。

第五，姓名权。《巴黎公约》和《TRIPS协议》都允许以姓名作为商标。姓名权是自然人的人身权利，它包括命名权、更改权和使用权，根据我国《民法通则》的规定，任何人未经本人同意，不得滥用、盗用他人姓名从事营利或其他不利于姓名权人的活动。因此，未经本人同意以他人姓名作为商标注册是一种侵权行为。但应注意到，姓名重名的可能性很大，而且姓名也可能包含有其他的含义，如黎明、和平等；如果商标注册人善意使用某一姓名进行商标注册不应作为侵权行为对待。

第六，以不正当手段抢先注册他人已经使用并有一定影响的商标。所谓不正当手段，是指商标注册申请人以不合理或不合法的方式，在商标注册申请书件和提供的相关材料中不真实地填报了有关事项。其中包括申请人利用与他人同行业的关系，或者利用与他人地理邻近，或者利用与他人曾经合作的关系，剽窃他人已经使用但未申请注册的商标等；抢先注册是指以自己的名义，先于商标使用人向商标局注册该使用人商标的行为。有一定影响的商标，是指在一定地域被一定的人群所知晓的区别性标记。

三、注册商标相对无效的宣告程序

（一）提起无效的主体是在先权利人或者利害关系人

注册商标相对无效更多地涉及相关当事人的合法利益。事实上，在相关当事人没有提出撤销申请之前，商标局或其他人是很难了解到已经注册的商标存在注册不当的情况。

（二）撤销申请应在法定时间内提起

一般情况下自商标注册之日起5年内，商标所有人或者利害关系人可以请求商标评审委员会裁定撤销该注册商标。对恶意注册的，驰名商标所有人不受5年的时间限制。从理论上说，商标权是绝对的，但长时间不行使权利将产生有时甚至是很严重的后果。相关当事人在不知道在先权利存在的情况下善意使用或注册了一个商标，在相当长的时间里没有受到权利人的反对，而当事业越来越兴隆之时，突然被禁止使用，这是不公平的。为防止这种情况出现，许多国家作出了限制性规定。例如，法国规定：商标依善意申请且已被容忍使用5年的，无效诉讼不予受理。在后注册的商标的使用已被容忍5年的，除其注册是依恶意者外，对其不得提起侵权诉讼。但是，不受理的范围以被容忍使用的商品或服务为限。我国原《商标法》对提起争议的时间也作了限制性规定，但期限是“自该商标经核准注册之日起1年”，这项规定与大多数国家5年的期限不同，不利于保护利害关系人的合法利益。因此，2001年修改后的《商标法》将这个期限延长至5年，从而使与其他国家的有关规定相吻合。

（三）商标评审委员会审查并作出宣告

商标评审委员会收到宣告注册商标无效的申请后，应当书面通知有关当事人，并限期提出答辩。商标评审委员会应当自收到申请之日起12个月内作出维持注册商标或者宣告注册商标无效的裁定，并书面通知当事人。有特殊情况需要延长的，经国务院工商行政管理部门批准，可以延长6个月。当事人对商标评审委员会的裁定不服的，可以自收到通知之日起30日内向人民法院起诉。人民法院应当通知商标裁定程序的对方当事人作为第三人参加诉讼。

商标评审委员会在依照前款规定对无效宣告请求进行审查的过程中，所涉及的在先权利的确定必须以人民法院正在审理或者行政机关正在处理的另一案件的结果为依据的，可以中止审查。中止原因消除后，应当恢复审查程序。

法定期限届满，当事人对商标局宣告注册商标无效的决定不申请复审或者对商标评审委员会的复审决定、维持注册商标或者宣告注册商标无效的裁定不向人民法院起诉的，商标局的决定或者商标评审委员会的复审决定和裁定生效。

第二节　注册商标的绝对无效

一、注册商标绝对无效的认定标准

凡符合下列条件之一的商标，均作为注册不当予以撤销。

（1）商标使用了《商标法》第 10 条明文禁止使用的文字、图形。

（2）商标使用了商品通用名称或直接表示商品功能、用途等特点以及缺乏显著性。

（3）三维标志本身具有功能性或具有实质性价值。

（4）以欺骗手段或其他不正当手段取得注册的，如虚构、隐瞒事实真相或伪造申请书及有关文件进行注册的。

二、注册商标绝对无效的宣告程序

（一）提起无效的主体是商标局、其他单位或个人

上述四类注册不当商标由于使用了法律禁止的文字、图形，或采取了非法手段，或不具备商标的基本特征，因而对社会及他人的负面影响较大，提起无效的主体范围广泛，包括商标局和其他任何单位和个人。

（二）提起撤销没有时间上的限制

（三）商标评审委员会审查并作出宣告

商标局作出宣告注册商标无效的决定，应当书面通知当事人。当事人对商标局的决定不服的，可以自收到通知之日起 15 日内向商标评审委员会申请复审。商标评审委员会应当自收到申请之日起 9 个月内作出决定，并书面通知当事人。有特殊情况需要延长的，经国务院工商行政管理部门批准，可以延长 3 个月。当事人对商标评审委员会的决定不服的，可以自收到通知之日起 30 日内向人民法院起诉。

其他单位或者个人请求商标评审委员会宣告注册商标无效的，商标评审委员会收到

申请后，应当书面通知有关当事人，并限期提出答辩。商标评审委员会应当自收到申请之日起9个月内作出维持注册商标或者宣告注册商标无效的裁定，并书面通知当事人。有特殊情况需要延长的，经国务院工商行政管理部门批准，可以延长3个月。当事人对商标评审委员会的裁定不服的，可以自收到通知之日起30日内向人民法院起诉。人民法院应当通知商标裁定程序的对方当事人作为第三人参加诉讼。

当事人对商标评审委员会作出的裁定不服可以向人民法院提起诉讼是2001年《商标法》给当事人增加的一项权利。原《商标法》规定：商标局是商标争议裁决的终局机关，当事人对商标局的裁决不得向法院起诉，这种规定限制了当事人的权利，也与国际公约的规定不相符合。例如，《TRIPS 协议》规定："在获得或维护知识产权的程序中作出的终局行政决定均应接受司法机关或者准司法机关的审查。"诉讼程序有其完整的保障体系，是保证实体公正的重要手段，为权利人保留司法最终救济权，可以增强权利人的对抗力，同时约束行政权的行使。

三、撤销注册商标的法律效力

依照《商标法》撤销的注册商标，其商标权视为自始即不存在，撤销注册商标的决定或裁定，对在撤销前人民法院作出并已执行的商标侵权案件的判决、裁定或工商行政管理机关作出并已执行的商标侵权案件的处理决定，以及已经履行的商标转让或使用许可合同，不具有追溯力。但因商标人的恶意给他人造成损失的，应当予以赔偿。

第十四章　商标的管理

第一节　商标管理机关及其作用

商标管理，是指国家工商行政管理部门根据《商标法》对注册商标、未注册商标的使用进行监督和管理，对违反《商标法》的侵权行为依法予以制裁的行政活动。

一、商标管理机关

根据我国《商标法》的规定，国务院工商行政管理部门商标局主管全国商标注册和管理的工作。国务院工商行政管理部门设立商标评审委员会，负责处理商标争议事宜。地方各级工商行政管理局是地方各级商标管理机关。

我国商标管理工作实行商标集中注册，分级管理的原则，国家工商行政管理局商标局主要职权是受理商标注册申请，审查核准商标注册，对商标异议进行裁定，对已注册商标进行裁定，办理注册商标的转让、变更、续展注册，注销和撤销注册商标等。地方各级工商行政管理局对商标管理的职权主要有负责商标申请注册和注册商标的转让、变更、续展的核转工作，对注册商标和未注册商标的使用进行管理，通过商标管理监督产品质量，对商标标识的印制进行管理，处理商标侵权行为和其他违反商标法的行为。

二、商标管理的作用

商标管理在商标制度中具有十分重要的意义：① 可以督导商标行为规范化，促进商标功能更好地为市场服务。商标法对商标管理作了专章规定，对如何使用商标、保证商品质量以及印制商标标识和不正确使用商标的法律责任规定的十分明确具体，依法加强管理，必然导致商标行为的规范化，促进商标功能和作用的发挥，从而促进市场经济的发展。② 可以增强企业和商标使用人的法制观念。③ 避免和减少商标犯罪。④ 通过监督管理可以不断完善商标法律制度。鉴于此，《商标法》在第六章特别对商标的管理做了专章规定。

第二节　商标使用的管理

一、对注册商标使用的管理

对注册商标的使用包括将商标用于商品、商品包装或容器以及商品交易书上，或将商标用于广告宣传、展览以及其他业务活动。商标管理机关对注册商标的管理主要有以下几方面：

（1）检查是否按规定使用注册商标的标记。使用注册商标应当标明“注册商标”字样或标明注册标记。在商品上不便标明的，也应当在商品说明书以及其他附着物上标明。这项要求可以使注册商标与未注册商标加以区别，严肃商标法律制度，便于查处有关损害消费者利益的行为。

（2）检查是否有自行改变注册商标文字、图形或其组合的情况，或自行改变注册商标注册人名义、地址或其他注册事项的。注册商标需要改变其标志，或者需要变更注册人的名义、地址或者其他注册事项的，应当提出变更申请。因为，注册商标的内容是经过核准注册的，使用商标必须与核准注册的商标一致，否则，商标注册即失去了意义。按照法律要求，注册商标所有人如要改变注册商标的文字、图形或其组合，以及改变地址、名义等均应办理注册商标变更手续，违反此项规定，由工商行政管理机关责令商标注册人限期改正，拒不改正的，由商标注册人所在地的工商行政管理机关报请商标局撤销其注册商标。

（3）检查注册商标是否使用于核定的商品范围。注册商标专用权只有在注册时核定的商品上使用才受到法律的保护。

（4）检查是否有自行转让注册商标的情况。转让注册商标是注册商标权人的一项权利，但由于注册商标专用权具有的法定授予性，因而任何其他人要取得商标专用权必须履行法定的转让手续，否则法律将不承认受让人的商标专用权，且对于自行转让注册商标者将予以撤销其注册商标的处罚。

（5）检查注册商标是否有连续三年停止使用的情况。注册商标长期搁置不用，不但不能产生价值，而且还会影响他人使用商标，对连续 3 年停止使用注册商标的，任何人可以向商标局申请撤销该注册商标，并说明有关情况。商标局收到申请后，应通知商标注册人，限其在收到通知之日起 3 个月内提供该商标使用的证明或不使用的正当理由，逾期不提供证明或证明无效的，商标局撤销该注册商标。

（6）检查使用注册商标的商品质量是否合格。对使用注册商标的商品粗制滥造，以次充好，欺骗消费者的，由工商行政管理机关限期改正，情节严重的，责令检讨，予以通报，并处以罚款；对有毒、有害并且没有使用价值的商品，予以销毁，并可撤销其注册商标。

（7）对《商标注册证》进行管理。《商标注册证》是享有商标专用权的凭证，《商标注册证》遗失或者破损的，必须申请补发，商标注册人应当向商标局交送《补发商标注册证申请书》五份，商标图样五份，对于《商标注册证》遗失的，还应在《商标公告》上刊登遗失声明。破损的《商标注册证》应交回商标局。对于伪造或涂改《商标注册证》的，由其所在地工商行政管理机关根据情节处以 2 万元以下的罚款，并收缴伪造或涂改的《商标注册证》。

（8）对已撤销或已注销商标的管理。已撤销或注销的商标不再受法律保护，但由于在一定时间内其影响依然存在，为了避免商标使用上出现混乱，保护消费者的合法权益，《商标法》规定：注册商标被撤销或期满不再续展的，自撤销或期满之日起一年内，商标局对与该商标相同或近似的商标注册申请，不予核准，但是因连续 3 年停止使用而被撤销的商标除外。注册商标被撤销或注销后，原来商标的专用权所有人已不再享有该商标专用权，但对于广大消费者，不可能对此了解，如果在该注册商标被撤销后的短时间内商标局又对其他在同一种或类似商品上使用的与该商标相同或近似的商标注册申请予以核准，就易使消费者对于商品实际来源产生误解，以导致误购，对其中的某一企业也可能产生不良后果，所以要间隔一段时间。但对于注册商标连续 3 年停止使用的，实际上已可视为一段较长时间的间隔，这类商标在被撤销前已有相当长时间没有使用，在社会上没有留下太大的影响，原注册商标的影响、声誉已大大减少或消失，对消费者造成错误认识的可能性不大甚至不存在，不会引起混乱。所以，在该商标被撤销之后，如有相同或近似商标申请注册不受时间限制。

二、对未注册商标的管理

未注册商标，是指没有通过法定程序获得商标专用权的商标。我国在商标注册方面采取自愿原则，除人用药品和烟草制品以外，在商品或服务上使用未注册商标是允许的。未注册商标与注册商标的最大区别在于，未注册商标不能得到国家有关法律的保护。从实际情况看，我国目前未注册商标数量不少，涉及的种类、范围都比较广。大量商标未注册的原因：一是由于企业商标意识薄弱，重有形、轻无形；二是由于一些生产者和经营者认为对于生产尚不稳定、产品尚未定型的商品或地产地销的小商品不需要使用注册商标；三是由于市场瞬息万变，一些产品上使用的商标来不及进行注册；四是由于商标注册需要一定的时间，一些商标正在办理注册之中。

大量存在的未注册商标给商标在管理带来一定的难度，为此，国家工商行政管理局商标局早在 1985 年就为此专门发布了《关于使用未注册商标几点意见的通知》，强调对未注册商标的管理工作，具体归纳为以下几点：

（1）检查是否有冒充注册商标的情况。冒充注册商标包括四种情况：一是在未注册也未申请注册的商标上使用注册标记；二是虽已申请注册但在未获核准之前加注注册标记；三是商标注册人超出了核定使用的商品或服务范围使用注册商标，并加注注册标记；四是超过了注册商标保护期限，因未办理续展手续注册商标被注销，或注册商标使用不当被撤销后，原注册人仍继续使用并加注注册标记的。根据法律规定，R 是注册标记，使用与 R 标记近似的标记，易使人误认为该商标是注册商标，也属于冒充注册商标的行为。至于在未注册商标周围标注的文字是否构成冒充注册商标行为，应视具体情况而定，一般应以所标注的文字是否会使普通消费者施以一般注意力时误以为该商标是注册商标为准。

（2）检查是否使用了商标法禁止使用的文字、图形。未注册商标在主观上、客观上均不得违反《商标法》有关禁用条款。《商标法》对商标文字、图形的有关禁止性规定不仅适用于注册商标，也适用于未注册商标，以避免给社会公众和正常的经济生活带来不良的影响。

对于上述两种行为法律规定由工商行政管理机关禁止其进行广告宣传，封存或收缴其商标标识，责令其限期改正，并可根据情节予以通报，处以罚款。

（3）对使用未注册商标的商品质量进行监督管理。对于粗制滥造，以次充好，以假充真，质量低劣的商品，要从严查处，没收其非法所得，还可采取罚款、销毁等处罚措施，对屡教不改的，应当吊销其营业执照。为便于对商品质量进行监督，保护消费者利益，国家工商行政管理局曾专门发出通知要求商品使用未注册商标时应当在商品上和包装上标明企业名称或地址，有些在商品上不便标明的，必须在包装上标明，否则不得在市场上销售。

第三节　商标标识的管理

一、商标印制单位

根据 2004 年国家工商行政管理局颁布的《商标印制管理办法》的规定，凡是依法登记从事印刷、印染、制版、刻字、织字、晒蚀、印铁、铸模、冲压、烫印、贴花等项业务的企业和个体工商户均可承接商标印制业务。

二、商标印制委托人

商标印制委托人包括注册商标权利人、未注册商标使用人、商标被许可人以及符合《商标法》规定的其他商标使用人。商标印制委托人委托商标印制单位印制商标的，应当出示营业执照副本或者合法的营业证明或者身份证明，并出示《商标注册证》或者由注册人所在地县级工商行政管理局签章的《商标注册证》复印件。签订商标使用许可合同使用他人注册商标，被许可人需印制商标的，还应当出示商标使用许可合同文本；商标注册人单独授权被许可人印制商标的，除出示由注册人所在地县级工商行政管理局签章的《商标注册证》复印件外，还应当出示授权书并提供一份复印件。

三、商标印制单位的义务

商标印制单位在承接商标印制业务时，应严格核查下列内容：

（1）所要印制的商标样稿与《商标注册证》上的商标图样相同，并标明“注册商标”字样或使用®或注标记。

（2）印制未注册商标的，不得违反《商标法》第10、11、12、13、16条规定，不得标注“注册商标”字样或使用®或注标记。

（3）被许可人印制商标的，有明确的授权书或其出示的商标使用许可合同文本中含有许可人允许其印制商标的内容，其商标样稿应当标明被许可人的企业名称和地址。

委托印制未注册商标的，商标印制委托人提供的商标图样应当符合下列要求：

（1）所印制的商标不得违反《商标法》第10条的规定。

（2）所印制的商标不得标注“注册商标”字样或者使用注册标记。

四、建立完善的商标标识管理制度

（1）商标印制管理人员对符合印制条件的商标，应按规定填写《商标印制业务登记表》，并在其承印的商标标识上标明《印制商标单位证书》的编号。

（2）商标标识印制完毕，商标印制单位应当提取商标标识样品，连同《商标印制业务登记表》、《商标注册证》复印件、商标使用许可合同文本复印件、商标印制授权书复印件等一并造册存档。

（3）建立商标标识出入库制度，对废次商标标识，必须集中彻底销毁，任何单位和个人不得非法买卖商标标识。凡买卖商标标识者，将被收缴其商标标识，并可根据情节处以非法经营额20%以下的罚款；企业自行销售本企业注册商标标识和带有商标标识的包装物品的，商标局可予以通报、罚款或撤销其注册商标。商标印制单位擅自出售带有他人注册商标的废次商标标识的单位和个人，除赔偿被侵权人的损失外，其非法所得全部没收，并处以其非法所得等值以下的罚款，情节严重的，由司法机关追究刑事责任。

第十五章 商标权的保护

商标权作为知识产权的重要内容，是产品质量和企业信誉的象征。在市场经济发展的过程中，商标已越来越受到企业的重视，商标保护意识渐入人心。自《商标法》颁布以来，我国工商行政管理机关和司法机关通过查处各种商标侵权行为和其他商标违法行为，保护了商标专用权，在打击犯罪行为、维护市场公平竞争的秩序方面发挥了积极的作用。但一些不法分子在高额利润的驱使下，利用假冒商标进行不正当竞争的行为仍然相当严重，已成为经济生活中的一大公害。为制止侵犯商标权的行为，《商标法》加大了对商标侵权行为的打击力度，为注册商标的保护提供了更加具体、完备、科学的法律依据。

第一节 商标侵权行为的认定

一、受商标法保护的商标权范围

《商标法》第56条规定："注册商标的专用权，以核准注册的商标和核定使用的商品为限。"这条规定将商标法所保护的商标权范围限定在以下三个方面。

（一）核准注册的商标

商标因注册取得专用权，从而得到法律的保护。未注册商标是否受法律保护一直是一个争议比较大的问题，一般认为，未注册商标不受法律保护，考虑到有些商标虽未注册但长期使用的事实，《商标法》第32条规定申请商标注册"不得以不正当手段抢先注册他人已经使用并有一定影响的商标"的规定，这表明《商标法》在保护注册商标的同时，开始给予未注册商标使用人的利益以必要的关注。我国在商标注册上采取自愿的原则，在对注册商标赋予专用权的同时，也允许使用未注册商标（少数商品除外）。现实中常出现这样的情况，当某商标使用出名以后，因为其他人的抢先恶意注册，使商标使用人或以高额代价赎回商标，或忍痛放弃经过长时间使用的商标，而商标使用人大量的广告、宣传费用付之东流，这既对于商标使用者不公平，也容易助长一部分人不劳而获的思想。采用注册原则产生的这种负面效应，在许多实行注册原则的国家都曾出现过。为解决这个问题，一些国家如德国、日本等逐步采取措施强调注册的善意性，即注册不得损害他人的利益，使注册原则的负面效应受到限制，我国《商标法》在2001年修改时充分考虑到这一情况，增加了对未注册商标在一定条件下的保护，以体现市场经济条件下诚实信用的基本准则。当然，对未注册商标的有限保护并不意味着注册商标和未注册商标在法律地位上的一致，因为，未注册商标使用人并不享有对该商标的专用权，无权依《商标法》禁止他人使用，而只能有限地不受他人不正当干扰的使用权。

（二）核定使用的商品或服务

就普通商标而言，在核定使用的商品或服务上使用注册商标是法律保护的基本条件，他人未经许可不得在相同或类似商品或服务上使用相同或近似的商标。法律所保护的范围仅限于注册商标申请人在申请商标注册时指定并经商标局核定使用的商品或服务上使用的注册商标。注册商标需要在同一类的其他商品上使用的，应当另行提出注册申请。

（三）注册商标在法律保护期内

注册商标的保护期是10年，可无限续展，注册商标超过保护期没有续展，即不再受到法律的保护。

二、侵权行为的表现形式

（1）未经注册商标专用权人许可，在同一种商品或类似商品上使用与其注册商标相同或近似的商标，或者在相同或类似服务上，擅自使用与他人服务商标相同或者近似的商标。包括在同一种商品或服务上使用与他人注册商标相同的商标、在同一种商品或服务上使用与他人注册商标相类似的商标、在类似商品或服务上使用与他人注册商标相同的商标、在类似商品或服务上使用与他人注册商标相近似的商标。

（2）销售侵犯注册商标专用权的商品的。2001年修改前的《商标法》对这一侵权行为的认定是以行为人“明知”或“应知”为构成要件的，否则不构成侵权行为，这一规定同许多国家不同，在大多数国家的《商标法》中“不知者不为侵权”是极为罕见的情况，这一规定也不符合TRPIS的规定，在TRPIS上这种“不知者不视为侵权”只是作为一种例外情况，一般仅适用于集成电路的布图设计和商业秘密。此外，从我国的司法实践看，以一般过错责任作为侵权的构成要件，会造成受害人举证困难，不利于打击侵权行为。因此，《商标法》在修改时去掉了“明知”二字，同时规定：“销售不知道是侵犯注册商标专用权的商品，能证明该商品是自己合法取得的并说明提供者的，不承担赔偿责任。”这表明，我国现行法律在认定行为人是否因销售侵犯商标权的商品而构成侵权时不再以主观过错作为构成要件，除非行为人能证明自己销售的商品合法，否则，就要承担赔偿责任。

（3）伪造、擅自制造他人注册商标标识或销售伪造、擅自制造的注册商标标识的，包括伪造、擅自制造该服务行业所使用的、带有他人服务商标标识的物品，如餐饮业的餐具等。

（4）未经商标注册人同意，更换其注册商标并将该更换商标的商品又投入市场的。国际上有人将此称之为“反向假冒”，例如，1994 年北京百盛商业中心在其出售的新加坡“鳄鱼”牌服装的专柜上，将其购入的北京服装厂制作的“枫叶”牌服装，撕去“枫叶”注册商标，换上“鳄鱼”商标，以高出原“枫叶”服装数倍的价格出售，曾引起广泛的注意，由于当时我国《商标法》没有将这种行为确定为商标侵权行为，由此引发了一场争论。《商标法》在修改过程中对此问题进行了充分的论证，将其明确规定为商标权行为的一种表现形式。事实上，禁止并惩罚这种行为，是国际上通行的做法。如澳大利亚商标法第 148 条规定：未经许可撤换他人商品上的注册商标或出售这种撤换商标后的商品，均构成刑事犯罪。

（5）给他人的注册商标专用权造成其他损害的。例如，在同一种或类似商品上，将与他人注册商标相同或近似的文字、图形作为商品名称或商品装潢使用，并足以造成误认；在相同或类似服务上，擅自将与他人服务商标相同或近似的文字作为服务名称使用，并足以造成误认的以及利用广告、宣传媒介或者其他引导消费的手段；擅自使用与他人服务商标相同或近似的服务商标，并足以造成误认；等等。

（6）故意为侵犯他人商标行为提供方便条件，帮助他人实施侵犯商标权行为的。

第二节 商标侵权案件的处理

我国在处理商标侵权案件时采取了“双轨制”，即工商行政管理机关和人民法院均有权查处商标侵权行为。因商标侵权行为引起纠纷的，当事人可进行协商解决，不愿协商或协商不成的，商标注册人或者利害关系人可以向有民法院起诉，也可以请求工商行政管理部门处理。这种体制已被实践证明是合理、有效率的。当事人就商标侵权纠纷，可以自愿向人民法院起诉或向工商行政管理机关投诉，工商行政管理部门也可依职权主动查处商标侵权行为。

一、工商行政管理机关对商标侵权案件的处理

（一）工商行政管理机关查处的商标侵权案的范围

（1）商标侵权及假冒案件。

（2）商标违法使用案件。

（3）非法印制或买卖商标标识案件。

（4）商标使用许可证违法案件。

（5）其他违反商标法律、法规及规章的案件。

（二）工商行政管理机关对商标侵权案件的管辖

根据《商标法实施细则》的规定：对侵犯注册商标专用权的，任何人都可以向侵权行为地县级以上工商行政管理机关控告或检举。这里所指的侵权人所在地是指法人的主要办事机构所在地、登记地、公民的户籍所在地等；侵权行为地是指侵权行为实施过程中涉及的地域，包括侵权物品生产地、运输地、销售地及仓储地等。两个以上地方的工商行政管理机关对同一商标侵权案件均有管辖权的，由先立案的工商行政管理机关管辖。

当事人先向人民法院起诉的，工商行政管理机关一般不再就同一当事人提出的同一商标纠纷控告进行立案受理，但以下三种情况属于例外：① 工商行政管理机关先于人民法院立案；② 行为人对社会经济秩序造成损害而没有受到相应的处罚；③ 人民法院仅就侵权人和被侵权人双方损害纠纷进行审理的。

（三）工商行政管理机关在查处商标侵权案件中行使的职权

县级以上工商行政管理部门根据已经取得的违法嫌疑证据或者举报，对涉嫌侵犯他人注册商标专用权的行为进行查处时，可以行使下列职权：① 询问有关当事人，调查与侵犯他人注册商标专用权有关的情况；② 查阅、复制当事人与侵权活动有关的合同、发票、账簿以及其他有关资料；③ 对当事人涉嫌从事侵犯他人注册商标专用权活动的场所实施现场检查；④ 检查与侵权活动有关的物品；对有证据证明是侵犯他人注册商标专用权的物品，可以查封或者扣押。

（四）工商行政管理机关查处商标侵权案件的程序

工商行政管理机关应根据《商标法》和《商标法实施细则》的规定，对商标违法案件予以定性和处理。立案机关在案件定性方面确有困难的，可以与有关部门会商，对于重大疑难案件，可以遵循逐级请示的原则向上级机关请示。在查处商标违法行为的过程中，工商行政管理机关对于假冒注册商标商品及标识鉴定有困难的，应当由商标注册人进行鉴定，出具书面鉴定意见，并承担相应的法律责任。被侵权人请求工商行政管理机关对商标侵权商品采取行政强制措施，并自愿对强制措施的后果承担责任的，应当出具书面意见。工商行政管理机关查获的假冒注册商标行为，已达到最高人民检察院《关于假冒商标犯罪立案标准的规定》，而工商行政管理机关尚未立案的，应依法移送公安机关立案侦查。工商行政管理机关已经立案的，应依照《商标法》做出处理后，及时移送人民检察院。对人民检察院立案侦查后认为不构成假冒商标罪，移送工商行政管理机关的案件，由管辖权的工商行政管理机关审查后认为符合受理条件的，应立案受理。

（五）工商行政管理机关对商标侵权案件进行处理的效力

工商行政管理部门在受理商标侵权案件后，可根据法律规定对当事人进行行政处罚，当事人对行政处罚处理决定不服的，可以自收到处理通知之日起15日内依照《中华人民共和国行政诉讼法》向人民法院提起行政诉讼；侵权人期满不起诉又不履行的，工商行政管理部门可以申请人民法院强制执行。

工商行政管理部门在处理商标侵权案件中可以根据当事人的请求，就侵犯商标专用权的赔偿额进行调解；调解不成的，当事人可以依照《中华人民共和国民事诉讼法》向人民法院提起民事诉讼。

二、人民法院对商标侵权案件的处理

（一）人民法院审理商标案件的管辖和范围

1．人民法院受理的商标案件

（1）不服国务院工商行政管理部门商标评审委员会（以下简称商标评审委员会）作出的复审决定或者裁定的案件。

（2）不服工商行政管理部门作出的有关商标的具体行政行为的案件。

（3）商标专用权权属纠纷案件。

（4）侵犯商标专用权纠纷案件。

（5）商标专用权转让合同纠纷案件。

（6）商标许可使用合同纠纷案件。

（7）其他商标案件。

2．人民法院审理商标案件的管辖

（1）不服国务院工商行政管理部门商标评审委员会（以下简称商标评审委员会）作出的复审决定或者裁定的案件的第一审，由北京市高级人民法院根据最高人民法院的授权确定其辖区内有关中级人民法院管辖。

（2）不服工商行政管理部门作出的有关商标的具体行政行为的案件，根据《行政诉讼法》的有关规定确定管辖。由最初做出具体行政行为的行政机关所在地人民法院管辖。经复议的案件，复议机关改变原具体行政行为的，也可以由复议机关所在地人民法院管辖。

（3）商标民事纠纷第一审案件，由侵权行为地或被告住所地的中级以上人民法院管辖。

（4）各高级人民法院根据本辖区的实际情况，经最高人民法院批准，在本辖区内较大的城市中确定特定的基层人民法院受理第一审商标民事纠纷案件。

（5）商标注册人或者利害关系人向工商行政管理部门就侵犯商标专用权行为请求处理，又向人民法院提起侵犯商标专用权诉讼请求损害赔偿的，人民法院应当受理。

（6）人民法院受理的侵犯商标专用权纠纷案件，已经过工商行政管理部门处理的，人民法院仍应当就当事人民事争议的事实进行审查。

（二）诉前临时禁令制度

诉前临时禁令制度是指人民法院根据商标注册人或者利害关系人的请求，在有证据证明他人正在实施或者即将实施侵犯注册商标专用权的行为时，为保护权利人合法权益采取的有效保护措施。申请诉前临时禁令须具备三个条件：① 商标注册人或利害关系人提出申请；② 商标注册人或利害关系人有证据证明行为人侵犯或即将侵犯商标专用权；③ 法院如不及时采取措施，权利人将遭受无法弥补的损失。诉前临时禁令包括三种情况：

1．诉前申请人民法院制止侵犯商标专用权的行为

商标注册人或利害关系人提起商标侵权诉讼的最终目的是为了制止商标侵权行为，商标注册人或利害关系人在诉前向人民法院申请制止侵犯商标权或即将侵犯商标权的行为，可以降低侵权损害的程度，减少权利人的损失，对于处于准备阶段、尚未开始实施的侵权行为，通过人民法院的及时制止，可将侵权行为消灭于萌芽状态，有效地保护权利人的利益。

2．财产保全

财产保全是人民法院依法对诉讼中出现的特殊紧急情况采取的限制当事人处分一定财物，以保证将来人民法院生效裁判的执行的措施。人民法院处理商标侵权案件中采取财产保全措施时应注意以下几个问题：

（1）人民法院根据民事诉讼法有关规定采取财产保全措施时，需要对注册商标权进行保全的，应当向国家工商行政管理局商标局（以下简称商标局）发出协助执行通知书，载明要求商标局协助保全的注册商标的名称、注册人、注册证号码、保全期限以及协助执行保全的内容，包括禁止转让、注销注册商标、变更注册事项和办理商标权质押登记等事项。

（2）对注册商标权保全的期限一次不得超过 6 个月，自商标局收到协助执行通知书之日起计算。如果仍然需要对该注册商标权继续采取保全措施的，人民法院应当在保全期限届满前向商标局重新发出协助执行通知书，要求继续保全。否则，视为自动解除对该注册商标权的财产保全。

（3）人民法院对已经进行保全的注册商标权，不得重复进行保全。

3. 证据保全

证据保全是为制止侵权行为，在证据可能灭失或者以后难以取得的情况下，由人民法院对证据采取的固定和保护措施。《商标法》规定：商标注册人或者利害关系人可以在起诉前向人民法院申请保全证据。人民法院接受申请后，必须在48小时内做出裁定；裁定采取保全措施的，应当立即开始执行。人民法院可以责令申请人提供担保，申请人不提供担保的，驳回申请。申请人在人民法院采取保全措施后15日内不起诉的，人民法院应当解除保全措施。

第三节 商标侵权行为的法律责任

从各国法律的现状看，对商标侵权行为的处罚力度都有增强的趋势。许多国家商标法在修改时都大幅度地增强了处罚，尤其是刑事处罚力度。《TRIPS协议》第61条要求：缔约方应规定，至少在以商业规模蓄意地假冒商标案件中适用刑事诉讼程序和刑事处罚。对商标侵权行为的处罚应包括足以起到威慑作用的监禁或罚金，以及充公、没收或销毁侵权物品和主要用于犯罪的材料和设备等。在美国属于自然人初犯的处25万美元以下的罚款或5年以下监禁，法人则处100万美元以下罚款。法国法律规定，假冒商标者处二年监禁及罚金，法庭还可以对违法侵权单位处不超过5年的全部或部分以及最终或临时停业。临时停业期间不得取消或中止劳动合同，也不得停发工资。而且，侵犯商标权的罪犯可在不超过5年内被剥夺商事法庭、工商会、行业协会的选举权和被选举权及参加调解委员会的权力等。英国法律规定，经起诉定罪的，可处10年以下监禁或罚金。瑞士法律规定蓄意侵权者处1年以下监禁或10万瑞士法郎以下罚金。

我国《商标法》、《刑法》等法律在经过几次修改之后，对商标侵权行为规定了如下法律责任。

一、民事责任

我国法律对侵犯商标权，未构成犯罪的，可以采取以下民事处罚措施：

（1）停止侵害，消除影响。停止侵害，消除影响是商标侵权案件中侵权人首先应承担的一项民事责任，它往往和其他民事责任合并使用。商标侵权行为的严重后果是给消费者造成混淆，使商标权人的商品或服务受到不利影响，停止侵害，消除影响可以减少商标权人的损失，尽快恢复商标权人在市场竞争中应有的位置。因此，在处理商标侵权案件时，通常要求侵权人承担此类民事责任。

（2）赔偿损失。商标侵权行为或多或少会给被侵害人带来经济上的损失，为此，被侵权人可向侵权案件处理机关提出。侵犯商标专用权的赔偿数额，为侵权人在侵权期间因侵权所获得的利益，一般是指销售收入减去成本及应缴纳的税金，销售收入只计涉及侵权人的实际收入，即已销出商品部分的收入，不包括库存商品；被侵权人在被侵权期间因被侵权所受到的实际损失，包括直接损失和间接损失。直接损失为被侵权人在被侵权期间所减少的利润或侵权人的销售额乘以被侵权人销售正常商品的平均利润率的积；间接损失为被侵权人承担的因调查侵权人的侵权行为所支付的代理费、调查费等合理费用。赔偿间接损失是考虑到一些案件，尤其是涉外案件处理后，当事人得到的赔偿还不够补偿律师费用，从而影响了当事人主张权利的积极性，对我国保护知识产权的国际形象也不利。侵权赔偿包括律师费用及合理的诉讼费用，这是国际惯例，TRPIS 第45条也对此作了要求。被侵权人可以选择以侵权人在侵权期间所获得的利润或被侵权人在侵权期间因被侵权所受到期的损失计算赔偿额。由于在一些情况下，侵权人因侵权所得利益，或者被侵权人因被侵权所受损失难以确定，《商标法》特此确定了一个“法定赔偿额”，即在侵权人因侵权所得利益，或者被侵权人因被侵权所受损失难以确定时，由人民法院根据侵权行为的情节判决给予 50 万元以下的赔偿。在我国司法实践中，由于侵权赔偿数额难以认定，因此常常适用法定赔偿标准来确定赔偿数额，多数人认为，我国现行法律规定的50 万元以下赔偿数额偏低，不利于保护权利人的合法权益，有必要提高法定侵权赔偿数额。新修改的《商标法》将法定赔偿额改为 300 万元。

二、行政责任

行政责任是工商行政管理部门在处理商标侵权案件中对当事人作出的处罚。《商标法实施细则》第 43 条对此规定了几条具体措施，包括：① 责令立即停止销售，收缴并销毁侵权商标标识，消除现存商品上的侵权商标，收缴直接专门用于商标侵权的模具、印版和其他作案工具，如采取这些措施不足以制止侵权行为的，或者侵权商品与商标难以分离的，责令并监督销毁侵权物品。② 罚款。对侵犯注册商标专用权，尚未构成犯罪的，工商行政管理机关可根据情节处以罚款，违法经营额 5 万元以上的罚款数额为非法经营额 5 倍以下；非法经营额不足 5 万元的，罚款数额为 25 万元以下。

三、刑事责任

根据我国《刑法》的规定，商标犯罪违法行为有假冒注册商标罪、销售假冒注册商标的商品罪、非法制造及销售非法制造的注册商标标识罪三种。

（一）侵犯商标权犯罪的构成要件

（1）必须侵犯了国家商标管理制度和他人的注册商标专用权。

（2）必须实施了侵犯其他企业已注册商标的行为，包括：① 未经商标注册人许可，在同一种商品上使用与其注册商标相同的商标；② 伪造、擅自制造他人注册商标标识或者销售伪造、擅自制造的注册商标标识；③ 销售明知是假冒注册商标的商品。

侵犯注册商标权的犯罪是以“情节严重”作为标准的，所谓“情节严重”，表现为：① 未经注册商标所有人许可，在同一种商品上使用与注册商标相同的商标，违法所得数额在2万元以上的；② 销售明知是假冒注册商标的商品，违法所得数额在2万元以上的；③ 伪造、擅自制造他人注册商标标识或销售伪造、擅自制造的注册商标标识，违法数额在1万元以上的；④ 假冒他人已经注册的人用药品商标；⑤ 假冒他人注册商标造成恶劣社会影响、国际影响的；⑥ 因假冒他人注册商标被工商行政管理部门给予两次行政处罚又假冒他人注册商标的；⑦ 利用贿赂等非法手段推销假冒商标商品或伪造、擅自制造他人注册的商标标识的。

(3) 侵犯商标权的主体可以是自然人也可以是单位。对单位的刑事处罚包括罚金和对直接负责的主管人员和其他直接责任人员判处刑罚。所谓“直接责任人员”是指企业中直接决定、策划和主办假冒商标的人员。由于我国经济政策的放宽，假冒商标的行为人已不局限于企业，还包括个体工商户以及公民个人。

(4) 行为人在主观上必须是故意的，即有假冒他人注册商标以非法牟利，或破坏他人商标信誉或谋取其他非法利益的目的。行为人在主观上没有犯罪故意，不构成此罪。在对销售假冒注册商标的商品行为进行处罚时，要注意承担民事责任和承担刑事责任的构成要件不同，行为人承担民事责任不以“明知”作为构成要件，而承担刑事责任行为人必须明知其销售的是假冒注册商标的商品，这是区分罪与非罪的重要界限。

(二) 刑罚

为了惩治假冒注册商标的犯罪行为，全国人民代表大会1997年通过的《刑法》修正案对涉及商标的犯罪行为在量刑事幅度上有了提高，原《刑法》规定：“违反商标管理法规，工商企业假冒其他企业已经注册的商标的，对直接责任人员，处三年以下有期徒刑、拘役或罚金。”现行《刑法》规定：“未经注册商标所有人许可，在同一种商品上使用与其注册商标相同的商标，情节严重的，或销售明知是假冒注册商标的商品，销售金额较大的，或伪造、擅自制造他人注册商标标识的以及销售伪造、擅自制造他人注册商标标识，情节严重的，处三年以下有期徒刑或拘役，可并处或单处罚金；情节特别严重或销售金额巨大的，处三年以上七年以下有期徒刑，并处罚金。单位犯此罪的，对单位判处罚金，并对直接负责的主管人员和其他直接责任人员追究刑事责任。”

(三) 与商标侵权有关的其他犯罪行为

《商标法》规定：“从事商标注册、管理和复审工作的国家机关工作人员必须秉公执法，廉洁自律，忠于职守，文明服务。”

从事商标注册、管理和复审工作的国家机关工作人员玩忽职守、滥用职权、徇私舞弊，违法办理商标注册、管理和复审事项，收受当事人财物、牟取不正当利益，构成犯罪的，可依《刑法》第 397 条、385 条等规定追究刑事责任。

第四节　驰名商标的法律保护

驰名商标能给国家和企业带来巨大的经济效益，驰名商标的多少，在一定程度上体现了一个国家的经济实力和水平。保护驰名商标有利于制止不正当竞争，维护社会经济秩序，保护驰名商标权人的合法权益，维护消费者的利益。随着经济尤其是广告的不断发展，商标不仅可能在较短时间内做到家喻户晓，而且经过同企业形象的有机结合，一些高度驰名的商标逐渐产生了，这种高度驰名的商标不仅具备商标的原始功能，而且已渐渐演变成一种质量、品味、时尚的象征，即开始具备独立于商标之外的个性和价值。对于驰名商标的保护，在世界范围内一直没有形成一个统一的、明确的法律制度，1995 年世界知识产权组织专门成立了一个“驰名商标问题委员会”，并于 1995 年 11 月在日内瓦召开了由 65 个国家及欧洲联盟代表出席的第一次专家委员会，对驰名商标的定义、保护标准以及强化驰名商标保护的措施等问题上进行了广泛的讨论，以后又举行了几次专家委员会，以期通过一项保护驰名商标的国际协议。我国是《巴黎公约》的成员国，在商标的国际保护中也承担着保护驰名商标的义务。我国 1982 年《商标法》虽然没有提及驰名商标这一概念，但在《商标法实施细则》中提到“已为公众熟知的商标”，如第 25 条第 2 款规定：“违反诚实信用原则，以复制、模仿、翻译等方式，将他人已为公众熟知的商标进行注册的，属以欺诈手段取得的注册。”第 48 条规定：“连续使用至 1993 年 7 月 1 日的服务商标，与他人在相同或类似的服务上已注册的服务商标（公众熟知的服务商标除外）相同或近似的，可以依照国家工商行政管理局的有关规定继续使用。”这些规定对于“公众熟知的商标”都给予与一般商标不同的保护，这事实上就是对驰名商标的保护。从实践中看，我国工商局也曾以驰名商标为由，驳回他人在不相类似商品上的商标注册申请。1990 年国家工商行政局曾发布《关于大力加强企业商标工作的通知》，其中提到鼓励企业创驰名商标，将创一批国内外驰名的商标作为企业的一项战略任务，使我国的企业能在强手如林的国际市场上占一席之地。随后我国以民间投票、社会调查和消费者评议等办法，对驰名商标进行评选，并于 1991 年公布了第一批驰名商标，包括茅台酒、凤凰自行车、永久自行车、青岛啤酒、五粮液酒、琴岛—海尔电冰箱、北极星钟、霞飞化妆品、泸州曲酒和中华牌卷烟等。但从总体上看，我国缺乏一个完整的、严密的确认驰名商标的法律原则，对驰名商标的保护力度也明显不够，这种局面与我国社会主义市场经济的发展和参与国际市场竞争的需要是不相适应的。为适应社会发展的需要，为与国际知识产权保护体系接轨，进一步切实保护驰名商标权利人的合法权益，1996年9月，国家工商行政管理局颁发了《驰名商标认定和管理的暂行规定》，它对于保护驰名商标所有人的合法权益，维护社会经济秩序，促进公平竞争，起到了积极的作用。2001年修改的《商标法》弥补了旧法对驰名商标保护不力的缺陷，正式将驰名商标列入《商标法》的保护范围，其中的第13条、14条、41条都对驰名商标的保护作了特殊规定，其规定符合世界性的潮流，符合《巴黎公约》和《TRPIS协议》的标准。自2003年6月1日起，由国家工商行政管理总局通过的《驰名商标认定和保护规定》开始施行，2009年国家工商行政管理总局颁布《驰名商标认定工作细则》，2009年4月，最高人民法院《最高人民法院关于审理涉及驰名商标保护的民事纠纷案件应用法律若干问题的解释》，针对驰名商标司法认定中出现的问题进行纠正、规范。

一、驰名商标的认定标准

一般认为，驰名商标是指在某一国家或地区有一定影响，质量优异，商品有相当规模的销售量，销售范围广泛，商标使用时间较持久，知名度高的商标。对于驰名商标的认定标准各国及国际公约上都不统一。《巴黎公约》1967年文本仅规定驰名商标是“商标注册国或商标使用国主管机关认为一项已在该国成为驰名商标”的商标，对什么是驰名商标，驰名商标的认定标准是什么，则由成员国自己去确定，并未给出统一标准。世界贸易组织在《TRPIS协议》第16条第2款中规定了确认驰名商标的原则，即：“确认某一商标是否为驰名商标应考虑相关范围的公众对其知晓程度，包括成员国地域内因宣传商品使公众知晓的程度。”在地区性的协定《北美自由贸易区协定》中对驰名商标的认定规定是：在确认某个商标是否驰名时，应考虑有关领域的公众对该商标的知晓程度，包括在一国地域内通过宣传促销而使用公众知晓的程度，但贸易区的成员国不应要求该商标在与有关商品或服务有正常联系的公众之外也具有知名度。就目前的情况看，无论哪一个国际条约所规定的驰名商标的认定标准都不能为当今世界各国所普遍接受，但各国在实践中对驰名商标的内涵已达成基本共识，即一个驰名商标起码应具备三点：一是为公众所熟知，二是在较大的范围内有影响，三是商品质量优异并具有一定的稳定性。

我国《商标法》及国家工商行政管理总局颁布的《驰名商标认定和保护规定》，将驰名商标定义为“在中国为相关公众广为知晓并享有较高声誉的商标”。根据这些规定，认定一个商标是否驰名可从以下五个方面加以考虑：① 相关公众对该商标的知晓程度；② 该商标使用的持续时间；③ 该商标的任何宣传工作的持续时间、程度和地理范围；④ 该商标作为驰名商标受保护的记录；⑤ 该商标驰名的其他因素，如该商标的商品在中国及外国的销售量和销售区域、使用该商标的商品近3年来的主要经济指标（年产量、销售额、利润、市场占有率等）及在中国同行业中的排名、该商标在中国及外国的注册情况等。

二、驰名商标的认定程序

（一）行政认定

根据我国有关法律规定，商标注册人可依据该规定向国家工商行政管理局商标局或商标评审委员会提出认定和保护驰名商标的申请和证明材料，请求保护其驰名商标的权益。驰名商标的认定机构是国家工商行政管理局商标局，其他任何组织和个人不得认定或采取其他变相方式认定驰名商标。从 2003 年 6 月 1 日起行政主管部门不再对驰名商标进行“主动保护，批量认定”，而是按照“个案认定”、“被动保护”的原则对商标是否驰名进行认定。驰名商标认定的提起途径包括：① 在商标管理程序中提出驰名商标认定申请；② 在商标异议程序中提起驰名商标认定申请；③ 在商标异议复审、商标争议程序中提出驰名商标认定申请。

（二）司法认定

自 2001 年起，我国法院开始对驰名商标进行司法认定和保护，通过多年司法实践，逐步建立了驰名商标个案认定、因需认定、事实认定等基本制度。根据 2009 年 4 月最高人民法院《关于审理涉及驰名商标保护的民事纠纷案件应用法律若干问题的解释》，只有在审理涉及驰名的注册商标跨类保护、请求停止侵害驰名的未注册商标以及有关企业名称与驰名商标冲突的侵犯商标权和不正当竞争民事纠纷案件中，才可以启动驰名商标认定程序。

企业在申请认定驰名商标时，应提交驰名商标认定申请报告，在报告中须提供其商标权益受到损害的证据。同时应如实填写《驰名商标认定申请表》，并提供相应的证明材料。这些证明材料主要包括：

（1）驰名商标认定申请人的营业执照副本复印件。

（2）驰名商标认定申请人委托商标代理机构代理的，应提供申请人签章的委托书，或者申请人与商标代理机构签订的委托协议（合同）。

（3）使用该商标的主要商品或服务近 3 年来主要经济指标（应提供加盖申请人财务专用章以及当地财政与税务部门专用章的各年度财务报表或其他报表复印件，行业证明材料应由国家级行业协会或者国家级行业行政主管部门出具）。

（4）使用该商标的主要商品或服务在国内外的销售或经营情况及区域（应提供相关的主要的销售发票或销售合同复印件）。

（5）该商标在国内外的注册情况（应将该商标在所有商品或服务类别以及在所有国家或地区的注册情况列明，并提供相应的商标注册证复印件）。

（6）该商标近年来的广告发布情况（应提供相关的主要的广告合同与广告图片复印件）。

（7）该商标最早使用及连续使用时间（应提供使用该商标的商品或服务的最早销售发票或合同或该商标最早的广告或商标注册证复印件）。

（8）有关该商标驰名的其他证明文件（如省著名商标复印件等）。

企业申请认定驰名商标，可以自行准备申请材料，也可以委托国家工商行政管理局批准的商标代理机构代理。

三、驰名商标的保护范围

驰名商标的保护，是指各国根据参加的国际公约和本国法律对本国或其他成员国商标主管部门认为已在该国成为驰名商标的商标给予的、有别于一般商标的特别保护。

为有效保护驰名商标所有人的合法利益，无论是国际公约还是各国国内法，都对驰名商标制定了有别于一般商标的特殊保护规定，具体表现在以下方面：

（1）就不相同或者不相类似商品或服务申请注册的商标是复制、摹仿或翻译他人已经在本国注册的驰名商标，误导公众，致使该驰名商标注册人的利益可能受到损害的，不予注册并禁止使用。未经注册商标所有人许可，在同一种商品或类似商品上使用与注册商标相同或近似的商标并足以造成误认的行为属于侵犯注册商标专用权的行为，这是各国普遍采用的原则，《巴黎公约》对于驰名商标的保护范围也仅限于相同或类似的商品，没有涉及在不同商品或服务上使用或注册驰名商标如何对待的问题。但TRPIS规定，如果某一注册商标满足驰名的条件，那么其权利人不仅对他人在同类商品或服务上申请与注册驰名商标相同或类似的商标可以提出异议，请求驳回其注册，而且有权禁止他人在不同类的商品或服务上使用与驰名商标相同或近似的商标。这一规定现已被各国国内法广泛接受。

（2）就相同或者类似商品或服务申请注册的商标是复制、摹仿或者翻译他人未在本国注册的驰名商标，容易导致混淆的，不予注册并禁止使用。在实行注册原则的国家，未在本国注册的商标通常不受本国法律的保护，但对驰名商标而言，是否在本国注册并不是法律保护的必备条件，一些国家规定，只要申请注册或正在使用的商标与驰名商标容易发生混淆，即不得注册和使用。

（3）将与他人驰名商标相同或相近似的商标使用在非类似的商品上，且会暗示该商品与驰名商标注册人存在某种联系，从而可能使驰名商标注册人的权益受到损害的，驰名商标注册人有权请求工商行政管理部门予以制止。

（4）他人将与驰名商标相同或近似的文字作为企业名称一部分使用，且可能引起公众误认的，企业登记机关不予登记；已登记的，驰名商标注册人可请求予以撤销。

（5）他人以恶意取得注册的，驰名商标所有人可在任何时候向商标评审委员会提出撤销不当注册的商标，不受时间限制。《巴黎公约》第 6 条之 2 规定："凡是成员国认定为驰名商标的标识禁止其他人抢先注册，禁止其他人使用与之相同或近似的标识，如果在驰名商标未来得及注册前，有人在先注册了，则五年之内，驰名商标所有人有权要求撤销在先注册人的商标专用权，如果在先注册是恶意的，则不受 5 年限制。"我国《商标法》也规定："对不当注册的商标，商标所有人或利害关系人可在五年内提出撤销该商标的申请，对恶意注册的，驰名商标所有人不受 5 年时间的限制。"

除上述法律规定外，一些国家在司法实践中对驰名商标的保护更为全面，如对于他人出于冒犯和污蔑的目的而擅自使用他人驰名商标，且可能污损商标与其特定商品相联系所唤起的人们的满意感的，也是一种侵权行为。

四、防止驰名商标显著性的退化

驰名商标因高知名度而容易成为该类商品或服务的代名词，导致显著性的退化甚至丧失。这一点应当引起驰名商标所有人的高度重视。为避免这种情况的发生，一些国家在法律中专门对此做了规定，如德国《商标法》规定"如果在字典、百科全书或类似参考作品中对注册商标的复制给予人以该商标构成其注册的商品或服务的通用名称的印象，则该商标所有人有权要求作品出版者在该商标的复制品上提示这是一个注册商标"。法国过去并不承认商标显著性的退化问题，但在修改后的法国《商标法》中也承认了这一点，规定："商标所有人因其所为包括未采取有效防范措施等而使商标出现下列情事者丧失商标权：① 在商业活动中商标成为该商品或服务的代名词；② 引人误解，尤其是在商品或服务的性质、质量或产源方面。瑞士法律规定：如果字典、参考材料或类似著作中引用一个商标而未指出它是一个商标时，商标所有人有权要求出版商或发行商至迟在下一次印刷时予以纠正，以避免商标退化。"

五、驰名商标的反淡化

驰名商标的淡化是指将与他人驰名商标相同或相近似的标志用于与驰名商标所使用的商品或服务不相类似的商品或服务上或作为域名在网络上注册，或作为企业名称，意图通过这种行为使消费者误认该商品或服务，或某一企业与驰名商标有一定的联系，从而获得不当利益。由于商标使用的商品越广泛，它所能唤起的人们对特定产品的集中和注意力就越小。因此，这种行为的后果是直接或间接削弱甚至损害了驰名商标的个性和价值，将驰名商标逐渐淡化为一般商标。为防止驰名商标的淡化，许多国家《商标法》对此作了专门规定，有的国家如美国甚至专门制定了"反淡化法"。禁止在不相类似的商品或服务上使用与驰名商标相同或近似的标识、禁止将他人的驰名商标作为自己企业的名称、禁止将他人的驰名商标作为域名在网络上注册、禁止在商品包装或装潢上使用他人驰名商标、禁止利用他人驰名商标宣传自己商品或服务等是防止驰名商标淡化的有效措施。

第五节　企业商标工作

一、当前我国企业商标工作中存在的问题

当今世界的竞争，归根到底是科技和人才的竞争，是知识产权的竞争，事实证明，知识产权已成为当今世界最重要的一种资源，保护好这种资源可为市场营造一个公平竞争的环境，并大大推动技术创新产业化的进程。我国在2001年年底加入了世界贸易组织，这意味着我国已加入到全球经济一体化的行列，世界贸易组织的规则将成为我们对外交往、发展经济的又一准则。这一重大变化给企业商标工作带来深远的影响。改革开放以来，随着商品生产的迅速发展，我国企业的商标法制观念和商标意识有了明显增强，许多人认识到商标不仅是区别商品或服务来源的标志，而且是企业社会声誉、形象的反映，它往往可以将企业的管理水平、保证体系、科技容量、营销策略、广告宣传、售后服务等素质集中体现出来，制定一个完整的商标战略，对于一个企业走向世界，参与国际经济大循环，到国际市场上去竞争具有十分重要的意义。尽管如此，从我国目前企业界的情况看，仍有相当数量的企业负责人并未真正意识到商标在企业生产经营及管理中的重要性。

我国企业商标工作存在的问题表现为：① 不重视商标注册工作，自1983年《商标法》正式实施以来，我国商标注册总量由原来的2万～3万件上升到2001年的145万多件，这确实是速度惊人的，但总体而言，注册商标在所有使用中的商标中所占比例依然较低。② 假冒注册商标和其他侵犯注册商标专用权的行为时有发生，仅2001年，国家工商行政管理部门查处的假冒商标案件已达到22813件，大量的假冒行为既影响了消费者的生活，也影响了投资环境。③ 缺乏长远观念，常为短期利益所迷惑。近几年我国不少企业把“商标权入股”“商标作价出售”作为一种时尚，事实上虽然我国法律允许以工业产权作为出资入股的方式，但在实际转让工业产权时我们是持慎重态度的。究其原因，一是因为工业产权是一种无形资产，在作价上有一定的难度，社会的迅速发展往往会使其价值大幅度上涨或下降，造成不公平的现象；二是从我国近几年的实际情况看，不少企业在将自己已有一些名气甚至驰名的商标以“高价”入股合资企业或转让外商后，即被对方压下不再使用，久而久之，被人们淡忘，失去已有的市场，被外方知名或不知名的商标所取代，把已经开拓的市场拱手让给外资企业，以洋名牌取代国产名牌，极大削弱了我国民族工业的赢利能力，对中国工业的未来发展构成严重威胁。一些企业在转让注册商标后，经济上受到严重损失，不得已再以高出原转让价回购商标。④ 在不顾及产品质量的情况下，扩大商标使用范围，损害商标信誉，造成知名商标贬

值。⑤ 对商标这一无形资产的宝贵价值没有予以充分重视，造成无形资产的流失。⑥驰名商标尤其是在国际市场上驰名的商标不多。

二、我国企业商标管理工作的主要方面

（一）明确管理机构和制度

发达国家和知名企业的经验表明，自觉运用和有效保护商标对于推动经济的发展具有重要的意义，一个成功的企业通常都十分重视自己的知识产权，通过建立专门的管理机构对商标及其他知识产权给予保护和管理，如著名的日本松下株式会社除总部设有知识产权部并设专门负责商标管理工作的专职人员外，另在全国各地设有分支机构，从事知识产权保护和管理的人员达 500 多人，海外机构有 50 多人。我国目前企业中商标管理人员少，专业和法律水平普遍不高，不利于企业的发展。因此，做好企业商标管理工作首先要建立一个专门的管理机构，配备商标专职管理人员，制定相关的保护制度，制定符合企业发展的商标战略和策略，提高全体企业内部的商标意识。

（二）做好商标注册工作

我国是实行“注册原则”的国家，商标注册是商标受法律保护的前提，虽然我国允许未注册商标存在，但使用未注册商标只能是一种短时期的、过渡性的行为。企业的着眼点应该是注册商标而不是未注册商标。企业在进行商标注册时，首先，应选择好商标所使用的文字、图案，除不得使用法律禁止使用的文字、图形、符号外，商标还应新颖，显著、便于识别，避免与已有的注册商标相同或近似，如果要到国外申请商标注册的，还应考虑当地的风俗习惯及法律规定，设计一个好的商标是企业实施商标战略的第一步，一个形象鲜明生动的商标对于提高商品的知名度大有帮助，如麦当劳标记简洁明快，使人过目难忘，为其打开世界市场立下了不小的功绩。其次，要把握时间，及时申请。我国有许多企业由于迟迟没有申请注册，致其使用多年的商标被他人抢注，造成重大经济损失。再次，重视防御商标、联合商标的作用，防止影射侵权行为的发生。最后，应及时对注册商标进行续展，以保证商标始终处于法律保护之下。

（三）做好商标使用工作

1996 年年初，我国首次公布了一批因注册期满未申请续展而失去商标专用权的商标，这些商标有相当部分是由于企业使用不当，使其渐渐失去名气，在竞争中失败。如前所述商标的显著性既可以是自身所有的，也可以是因使用而获得的；反之，使用不当

会使本来具备显著性的商标失去显著性。可见，正确使用商标是极为重要的，要正确使用商标包括做好注册商标转让工作、加强对许可他人使用的注册商标的管理、努力创设驰名商标等。

（四）加强商标的自我保护

加强商标的自我保护是保证商标不被侵犯及减少商标侵权行为带来的损害的重要手段自我保护的方法包括关注商标局发布的申请注册商标公告，及时对有可能损害自己注册商标专用权的商标提出异议，请求商标局撤销不当注册商标；通过对市场的调查，尽早发现商标侵权行为，及时请求工商行政管理部门对违法行为予以处理或向人民法院提起诉讼，以防止损失扩大；全面收集查找有利证据，以便于在打击侵权行为中获取主动，并使自己因侵权行为受到的损失得以充分的补偿。

（五）处理好工贸关系

在 20 世纪 60 年代，原中央工商行政管理局根据当时我国工业企业没有出口经营权，只有外贸企业有出口经营权的外贸体制，并考虑到外贸企业在国外申请商标注册时，一些国家要求其必须先在原属国注册商标的实际情况，采取了“两本账”的做法，即对于同一商标使用在相同商品上而在国外销售的，可核准工贸双方在我国注册，分别使用于国内外销售，外贸企业为满足出口需要，常会将本地区所有相同产品以同一商标出口。随着经济体制改革，外贸不再为外贸企业所垄断，工业部门也可以出口产品，同时外贸部门出口的商品也可转内销，这样，同一种商标的商品在国内外市场上难免相撞，工贸双方矛盾日益尖锐。为此，国家工商行政管理局在 1990 年先后下了两个意见并规定：1966 年 11 月以前注册的商标，依据当时的商标法规，谁注册在先，该商标归谁所有。1966 年 11 月至 1970 年 10 月期间注册的商标，谁先使用归谁所有。曾由转让人和受让人依法申请转让注册并经核准的，该商标归受让人所有，如当时未经原注册商标人同意，只由受让人或某个组织单方面将该商标办成转让的，均视为无效，商标仍归原注册人所有。工贸双方注册的同一商标，其中一方多年来确实未使用，或基本不使用，或经营管理不善、经济效益很差的，应放弃该商标，将商标归属于多年来一直使用的或经营管理能力强、经济效益好的一方。在确定某一商标归一方所有后，另一方应将其在国内外注册的相同商标一并转让，不能因国内注册商标转让而导致国外注册商标权的丧失（个别不再用于出口的商标除外）。商标归一方所有后，应允许对方继续使用两年，作为过渡，也可以由双方协商共同使用商标的期限，但应签订商标使用许可合同服国家工商行政管理局商标局备案。外贸企业拥有出口商品商标专用权，只能用于安排出口货源、经销出口商品时使用，不得用于内销商品的生产和销售，也不得擅自许可他人在内销商品上使用，工业企业拥有内销商品商标专用权，不得擅自用于出口商品，外贸企业需要将出口商品转内销或工业企业需要将内销商品转外销的，双方必须签订商标使用许可合同，否则，属于侵权行为。

第四编　专　利　法

第十六章　专利制度概述

第一节　专利的概念和特征

一、专利的概念

“专利”一词在我国最早见于《国语》中的记载。西周大夫芮良夫提出：“匹夫专利，犹谓之盗，王而行之，其归鲜矣。”这里所说的“专利”，是指通过垄断而牟取暴利的一种行为。

在英语中，专利称为“patent”，它是从“letter patent”演变而来，具有“公开”和“垄断”的双重意思。现代汉语将“patent”译为“专利”，是沿用了古代汉语中已有的说法，但其含义却完全不同。

现实生活中，人们常常在不同的意义上使用“专利”一词。其一是指为某人独占所有的财产，如有些人常说的“这是我的专利”；其二是指获得专利保护的发明创造本身，通常被称为“专利技术”；其三是指技术情报，如记载技术内容的专利文献；其四是指专利权，即专利权人依法获得的一种垄断性权利。

专利权是“专利”一词在法律上的含义，也是它的最根本含义。专利权是指国家专利主管机关依法授予专利权人在一定期间内实施其发明创造的独占权。

二、专利的特征

专利权属于知识产权的一个组成部分，在法律上它表现出以下特征：

（1）无形性。这是指受到专利保护的对象——发明创造，是一种无形的存在，属于知识形态的商品，其本身看不见、摸不着，但却可以通过有形的物质载体具体地表现出来。例如，一种新型电器的制造方法是专利权的保护对象，而该电器本身作为有形物并不受专利法的保护。由于专利权的无形性，决定了一项专利可以被“卖”（法律上称转让和许可）给两个以上的买主，而有形财产的转让就难以做到这一点。

（2）公开性。这是指专利权的客体必须是向社会公开的。申请人要想取得专利，必须运用专利申请文件公开表明自己的发明创造，其公开的范围和程度只有达到了专利法规定的要求，专利权人才可能获得专利权。处于保密状态下的技术不受专利法的保护。例如，各种技术秘密和技术诀窍，只能依靠自我保密获得保护。同时，公开发明创造也是申请人取得专利权所必须付出的代价。国家授予发明创造人专利权的最终目的是保护发明创造，鼓励人们尽可能地向社会公开其发明创造，及时准确地传递和交流所取得的技术成果，促进科技和经济的发展。专利权作为一种财产权，要想得到社会的承认，必须向社会明示权利客体的具体范围。只有公开发明创造才能使人们了解专利的范围，有利于准确、科学地判断仿冒专利产品的行为，依法维护专利权人的合法权益。

（3）法定性。这是指专利权必须由国家专利主管机关授予。世界各国的专利法对于授予专利的条件虽有不同，但均规定了专利权人必须依法向专利管理机关提出申请，经审查合格后才可依法取得专利权。例如，一项发明创造完成之后，只有经过向专利局提出申请，被批准授予专利权，才能使该发明创造受到法律保护。反之，不提出申请，即使是独自开发完成的发明创造，也不能自然而然地受到法律上的保护。这一特征不同于著作权，著作权是基于作者创作、完成作品的事实而自动取得的。

（4）时间性。这是指专利权作为一种无形财产权，不是永远有效的。技术的特点之一就是更新换代快，一旦新的发明创造出现，则原有的技术就会失去它的价值，不再有保护的必要。专利权作为一种无形财产权，仅在法定时间范围内有效，法定期限届满，权利灭失，该技术便进入公有领域。而有形财产的价值则主要取决于其本身的自然消耗，只要该有形物不灭失，便会永远地受到保护。

（5）地域性。这是指专利权只有依一定地域内的法律才得以产生，也只能在它所依法产生的那个地域范围内有效。如果发明创造人希望就同一发明创造在其他国家享有专利权，则必须按照其他国家的法律另行提出专利申请。

第二节 专利制度的理论

专利制度是依据专利法而形成的保障发明创造人的利益、鼓励发明创造、促进发明创造成果推广应用，从而推动技术进步和经济发展的法律制度。专利制度起源于中世纪的欧洲，至今已有几百年的历史，在其发展过程中，逐渐形成了各种解释专利制度的理论学说。考察这些学说，有助于对专利制度的全面理解。在专利制度的理论中比较流行的有激励论、发展经济论、契约论和自然权利论等。

一、激励论

激励论是力证专利制度存在必要的最广为人们所接受的理论。它基于产业政策的思想，将专利权视为促进技术进步和经济发展的手段，强调为了加速工业的发展，要鼓励发明创造并促进发明创造的实施。激励理论认为，发明人投入了大量的时间、金钱和精力去完成发明创造，应当对其能够从这些发明中获得经济效益作出保障，而保障的措施就是授予其专利权。[①] 建立专利制度能给发明人以刺激和鼓舞，同时也能鼓励企业在开发技术和实施发明方面踊跃投资，因而推动技术和经济的进步。一项发明的完成，有时虽然付出了辛勤的劳动和大量的资金，但还不见得能按预想完成，而在实施发明创造时，还要付出比进行发明创造时更大的努力和投资，甚至存在以失败告终的危险。冒此风险而获得的发明创造，如果被他人毫不费力地自由仿冒，就会使发明人丧失进行发明创造的积极性，社会也会因此而停滞。为了鼓励发明创造，促进科学技术的发展，作为国家政策就应当建立专利制度。这种理论假定发明是一种社会产品，它们造价很高，一旦问世便很难控制。于是，如果缺乏专利保护，发明人就会没有足够的动力投入到创造、改进和销售新产品中去。专利法提供一种市场驱动力来激励对创新的投入，准许发明人享有其发明的全部经济收益。[②]

二、发展经济论

发展经济论是基于发明创造对促进社会经济发展的作用而产生的。这一理论在保护发明人利益的同时，强调了专利制度的社会效益，强调对个人利益和社会公共利益的关注和平衡。它认为，专利法是为了国家利益而对发明创造授予专利保护，从而保护发明人的权利。专利制度的发源地威尼斯和英国作为世界上最早建立专利制度的地区和国家，其目的就是为了促进国家经济的发展。美国更将建立专利制度的目的纳入宪法，明确其既是为了保护权利人利益，更是为了鼓励外国技术的引入，以促进国家和技术的发展。

这种学说在发达国家和发展中国家都会得到认可，只是不同国家会因为经济水平、社会发展阶段、国家战略等因素影响，而对该理论的具体内涵有不同的阐析。

三、契约论

契约论也称为公开论，它认为建立专利制度就好比是国家与发明人签订了一种契约，以授予发明人享有独占权为代价换得发明的公开。根据这种契约，发明创造者有义务将其发明创造的内容公开，亦即进行可施性披露，与此相应的是，国家授予发明创造者在一定期限内拥有独占利用其发明创造的权利。如果不给发明人以专利权，就会使发明人由于担心其发明创造会被自由仿制而千方百计对其进行保密，显然，技术禁锢给社会发展和进步带来的影响弊大于利。因此，采用专利制度保护发明人，一方面防止他人仿冒技术，另一方面又防止发明者禁锢技术。西方学者甚至认为，正是社会契约观念的

---

① Edmund Kitch, The Character and Function of the Patent System, 20 Journal of Law and Economics. 265 – 266. 1977.

② （美）罗伯特·P. 墨本斯著：《新技术时代的知识产权法》，齐筠等译，中国政法大学出版社 2003 年版，第 111 页。

产生和确立，才为知识产权的理论建构和制度设计提供了一个完美的指导框架，即专利信息公开与权利专有是专利契约的对价关系。①

四、自然权利论

自然权利论又称基本权论或产权论，来源于洛克的劳动产品的财产权学说。随着社会的发展，智力产品在社会经济生活中的作用愈来愈明显。建立在劳动基础上的对劳动果实的自然权利就相应地扩展到智力产品领域。② 该理论认为，人的创造性思想是一种精神财富，也就是一种财产，人们应当对自己的思想、知识享有产权，并且不容他人侵犯。由于财产的私有，自然就出现了独占，发明人理当获得垄断权。所以，为了保护发明而给予发明人独占的权利仅仅是对发明人的自然权利的法律承认。1791 年的法国专利法前言中体现了这种思想：所有新颖的构思，本来就应该属于想出这种构思的人，假如不承认工业发明是创造者的财产，那么，从实质上就是无视人权。另外，在 1878 年的《保护工业产权巴黎公约》国际会议上，这种思想也被采用。该会议认为：发明人和产业上的创造人对其作品所拥有的权利是财产权利，民法不是创立这种财产权，而只是对此作出规定。

这一理论的不足在于，它不能说明下述问题：专利制度的“属地原则”使专利权仅仅在授予国领域内产生效力；专利制度的“申请在先原则”或“发明在先原则”使得专利权只能授予最先提出申请或者最先作出发明的人；发明完成后，如果不提出申请，就不可能获得专利权；基于新技术而产生的专利权总是有时间期限的；专利权的客体使抽象的知识形态的商品，权利所有人很难实际上占有，一旦公开，则不能再收回，其权利很容易受到损害。可见，自然权利论与上述限制是格格不入的。

以上各种学说各自强调一个方面，只有把它们综合起来全面考虑，才能把握其实质。反对专利制度的学说在现代已难以见到，因为专利制度的重要性已日益为全社会所认识。

第三节　专利制度的作用和历史沿革

一、专利制度的作用

专利制度是国际上通行的一种利用法律和经济的手段保护和鼓励发明创造，推动技

① 参见吴汉东：《法哲学家对知识产权法的哲学解读》，载《法商研究》2003 年第 5 期。

② 冯晓青：《知识产权法哲学》，中国人民公安大学出版社 1993 年版，第 47 页。

术进步的管理制度。它的基本内容是依据专利法，对申请专利的发明创造，经过审查和批准，授予专利权，同时把申请专利的发明创造向社会公开，以便进行信息交流和技术有偿转让。专利制度的核心是专利法，除了立法体系之外，一个国家还要有相应的专利代理体系、专利文献服务体系、专利管理体系、专利实施体系等等，以构成整个专利制度。专利法是指国家制定的用以调整因确认发明创造的所有权和因发明创造的利用而产生的各种社会关系的法律规范的总称。简单地说，专利法就是国家制定的解决有关发明创造的权利归属问题和发明创造的推广利用问题的法律。

专利制度对促进技术进步、推动社会发展的作用是极其巨大的。综合而言，它的作用主要体现在：① 以法律保护新技术，有利于鼓励发明创造的积极性。如果没有专利保护，则随意抄袭技术、仿制专利产品、无偿占有他人技术的现象就得不到制止，就会严重挫伤发明创造者的积极性。② 促进技术的商品化，繁荣技术市场。通过对申请专利的技术进行审查，公布其内容，加速了先进技术的信息交流，并且专利技术作为商品进行流通和有偿转让，使专利权人得到经济效益，便可进一步促进先进技术的应用。③ 有利于开展和加强国际技术贸易和合作。在国际经济交往中，无论是技术合作还是技术的进出口，都不可避免地会碰到专利问题，尤其是技术的进出口主要是专利技术的贸易。如果没有专利制度保护新的发明创造，就会出现技术引进国得不到好的技术，而技术出口国无法保护自己的利益不受损失的现象。④ 促进科学技术的发展。专利制度促进技术信息的公开和交流，有利于单位和个人及时了解科学技术发展的信息，有利于进一步进行科学技术研究，避免因重复研究而造成不应有的浪费。专利制度保障专利权人就其发明创造专利所享有的物质利益，有利于回收科学技术研究的投资，促进科学技术研究的良性循环。

二、专利制度的历史沿革

（一）专利制度起源于中世纪的欧洲

早在13世纪，欧洲一些国家开始出现工场作坊，当时的封建王室为了增加王室财产，向工匠和商人授予在一定时期内免税，并且可以独家经营某种新产品的权利。但是这并不是真正意义上的知识产权保护，仅仅是君主依个人意志授予发明人的一种特权，是一种恩赐手段，并没有作为法律制度固定下来。

专利制度发展史上第一个真正的发明专利产生在意大利。1421年意大利城市国家佛罗伦萨对建筑师伦内莱希发明的“装有吊机的驳船”授予了3年的垄断权。1443年威尼斯通过颁发第1号专利，标志着现代意义上的专利的产生。

1474年3月19日，威尼斯共和国制定了世界上第一部专利法，该法中规定“在10年期限内，未经发明人的同意与许可，禁止其他任何人再制造与该发明相同及相似的装置。若他人贸然仿制，将赔偿专利权人金币百枚，仿制品也将立即销毁”。这部专利法所规定的基本原则至今仍然贯穿在现代的专利法中。因而后人称威尼斯是专利制度的发源地。

以后，威尼斯的专利制度传到英国，正值资本主义大发展时期和工业革命的新形势。资本主义现代化大生产的出现和发展，使新技术成为最有效的竞争手段之一。由于新技术的拥有者极力要求对自己的新技术予以保护，因此，专利制度也就随之从萌芽状态中发展起来。1623 年英国颁布了《垄断法规》，并于 1624 年开始实施，该法承认专利权人在一定的期限内有制造和使用其发明产品的垄断权。这项法令可以说是英国资产阶级革命最重要的成就之一，是世界上第一部具有现代意义的专利法。该法规定了发明专利权的主体、客体，可以取得专利发明创造，以及取得专利权的条件，专利有效期及专利权被视为无效的情形等。它的某些基本原则和具体规定为后来许多国家制定专利法时所仿效。

英国专利制度促进了工业革命的发展，使得欧美各国资产阶级进一步认识到发明创造的经济和社会价值，更加意识到专利制度对促进技术发展和繁荣经济的重大作用。于是，各国纷纷建立了各自的专利制度。例如：美国于 1790 年，法国于 1791 年，俄国于 1814 年，西班牙于 1820 年，德国于 1877 年，日本于 1885 年都相继建立了专利制度。

这个时期的专利制度与萌芽阶段的专利制度不同，它以法律的形式确认并宣告发明创造属于知识产权。专利已经从封建君主的恩赐转变为依法授予发明创造者的一种合法权利。

1883 年，以法国为首的十几个国家发起签订了《保护工业产权巴黎公约》，确定了各成员国在制定专利法时所必须遵守的基本原则。从此，专利制度开始向国际化、统一化、协调化的方向发展。

迄今为止，世界上共有 150 多个国家和地区建立了专利制度。实行专利制度的国家通过专利法保护发明创造，并与其他国家进行科学技术的广泛交流。

（二）中国专利制度的沿革

我国是世界上建立专利制度比较晚的国家之一，新中国的第一部《专利法》直到 1984 年才正式通过并颁布。但回顾过去，我国在历史上也曾有过类似专利制度的立法。早在 1859 年，太平天国提出的《施政新篇》中规定对于新机器的发明给予奖励。1882 年，清光绪皇帝授予上海机器纺布局以垄断权。1898 年，清政府颁布了《振兴工艺给奖章程》。1912 年至 1932 年间，当时的执政者又若干次地颁布类似专利法的法规，如《奖励工艺品暂行章程》、《奖励工业技术暂行条例》等，对发明、特别改良的产品或制造方法授予 3 年至 10 年的专利权。1944 年，国民党政府正式公布专利法及其施行细则，规定保护发明、新型和新式样三种专利。但这部专利法并没有在中国实施。

中华人民共和国成立以后，政务院于1950年颁布了《保障发明权与专利权暂行条例》，实行的是双轨制。它规定任何个人或集体对其发明都可以自愿申请发明权或专利权。在此期间，曾批准过4件专利权和6件发明权。此后，该条例被1954年颁布的《生产产品发明、技术改进及合理化建议奖励暂行条例》所代替，该条例规定采用奖励办法，对发明人只发给奖金和发明证书，此时对发明创造的保护完全成了单轨制，与双轨制相比无疑成了一种倒退。"文化大革命"开始之后，就连发明奖励制度也消失了。

1978年，我国开始建立现行的专利制度。1980年中国专利局正式成立。1984年3月12日，中华人民共和国第六届全国人大常委会第四次会议通过了《中华人民共和国专利法》（以下简称《专利法》）。1985年3月，我国加入《保护工业产权巴黎公约》。1985年4月1日，《专利法》开始实施，至此，具有中国特色的专利制度开始运转起来。实践证明，专利制度对鼓励发明创造、促进我国科技进步和经济发展以及对外科技交流和经贸往来，发挥了积极的重要作用。

进入20世纪90年代后，根据中国改革开放的需要，适应国际专利保护的新形势，第七届全国人大常委会第二十七会议于1992年9月4日作出决定，对《专利法》进行修改。这标志着我国专利制度已日趋成熟和完善。2000年8月25日，第九届全国人民代表大会常务委员会第十七次会议通过《关于修改〈中华人民共和国专利法〉的决定》第2次修改专利法，修改后的《专利法》于2001年7月1日施行。这次《专利法》的修改是我国专利事业发展史上一个重要里程碑，对推动我国的科技进步和创新工作产生了重大和深远的影响。这次修改后的《专利法》是我国第一部与《TRIPS协议》接轨的知识产权法律，是我国加入世贸组织在法律方面的重要准备之一。

2008年，我国对《专利法》进行了第3次修改。修改后的专利法自2009年10月1日起施行。修改遵循了三点原则：一是维护专利权人利益与维护公众利益的有机统一，二是适应国际发展趋势与立足本国国情的有机统一，三是维持法律稳定性与提高法律适应性的有机统一。[①] 修改的范围主要涉及专利法的立法宗旨、专利授权条件、不视为侵犯专利权的情形、专利实施的强制许可、法定赔偿、专利行政执法手段等。2012年起我国启动了《专利法》第4次修改程序，修改主要内容将会涉及：相关证据规则的完善、行政调解协议的效力、关于专利无效宣告审查决定的生效时间和后续程序、对故意侵权的惩罚性赔偿、对群体侵权及重复侵权行为的行政查处、外观设计的保护期限等方面。我们期待并相信第四次修改后的《专利法》对我国科技进步和技术创新将会产生更为深远的影响。

---

① 国家知识产权局网站：《〈专利法〉第3次修改上报稿最新内容》。http：//www. sipo. gov. cn/sipo/ztxx/zlfjqssxzdscxg/200701/t20070119_ 127871. htm，2008年5月10日访问。

第十七章　专利权的主体

第一节　发明人和设计人

一、发明人和设计人的概念

发明人，是指对发明创造的实质性特点作出了创造性贡献，是发明的完成者，即对产品、方法或者其改进提出新技术方案的人。设计人，是指实用新型或外观设计的完成人。发明人和设计人统称为发明创造人（简称为发明人）。在发明创造活动中，发明人处于核心地位，因为他是一切发明创造的源泉，是这一无形财产的创造者。根据现行《中华人民共和国专利法实施细则》第13条的规定，专利法中所称的发明人或设计人是指对发明创造的实质性特点作出创造性贡献的人。在完成发明创造过程中，只负责组织工作的人、为物质条件的利用提供了方便的人或者从事其他辅助性工作的人，如试验员、描图员、机械加工人员等，不属于发明人或设计人。

二、发明人和设计人的权利受让人

对于合法的专利申请权及专利权的受让人，法律对其受让的权利予以承认和保护。

通过以下几种受让方式，受让人成为新的专利申请人或专利权人：

（1）在非职务发明创造中，由于发明人、设计人死亡，根据法定继承程序或者遗嘱继承或遗赠程序，由继承人或受遗赠人取得死亡的发明人或设计人的专利申请权或专利权。

（2）在职务发明创造中，享有专利申请权的单位，出现分立、合并或者其他重要事项的变更，其专利申请权或专利权由变更后的单位享有。如果企业破产，则依破产法按照清算程序，对该企业享有的专利申请权或专利权予以处理。

（3）无论单位或个人都可以依法转让自己所享有的专利申请权或专利权，受让人即获得专利申请权和专利权。

第二节　取得专利权的单位

一、职务发明创造

职务发明创造在国外也称为雇员发明，是指发明创造人执行本单位的任务或者主要是利用本单位的物质技术条件所完成的发明创造。现实中对单位职工完成的发明创造是职务发明创造还是非职务发明创造经常会产生纠纷。而要划分职务发明创造与非职务发明创造，关键是弄清职务发明创造的概念，在此基础上才能进一步确定有关发明创造的权利归属问题。

我国《专利法》第 6 条第 1 款规定：“执行本单位任务或者主要是利用本单位物质技术条件所完成的职务发明创造，申请专利的权利属于该单位。”由此可知，在我国职务发明创造分作两类：一类是执行本单位任务所完成的职务发明创造；另一类是主要利用本单位物质技术条件所完成的职务发明创造。我国《专利法实施细则》对“执行本单位任务所完成的职务发明创造”和“本单位物质技术条件”作出了解释。“执行本单位任务所完成的发明创造”指的是：① 在本职工作中所做出的发明创造；② 履行本单位交付的本职工作之外的任务所做出的发明创造；③ 退休、调离原单位后或者劳动、人事关系终止后 1 年内作出的，与其在原单位承担的本职工作或分配的任务有关的发明创造。“本单位物质技术条件”指的是本单位的资金、设备、零部件、原材料或不对外公开的技术资料等。上述所称的本单位，包括临时工作单位。对于什么是“主要利用”本单位的物质技术条件，《专利法》没有详细规定，学界认为主要利用单位的物质条件是指在发明创造过程中，全部或者大部分利用了单位的资金、设备、零部件、原材料及不对外公开的技术资料。这种利用对发明创造而言是必不可少和起决定性作用的条件，则该发明创造应属职务发明创造。

利用本单位物质技术条件所完成的发明创造，发明人或设计人可以通过合同和单位约定发明创造的归属，发明人按照事先约定向单位返还资金或交纳物质技术设施的使用费，其发明或设计可以不作为职务发明。这是合同优先原则在专利法上的运用，有利于调动科研人员的积极性。

职务发明专利申请权和取得的专利权归发明人或设计人所在的单位，但完成职务发明创造的发明人或设计人仍享有一定的权利。一是发明人和设计人享有署名权及获得精神奖励的权利，即有权在专利申请文件及有关专利文献中写明自己是发明人或设计人，并可享受荣誉和精神奖励；二是取得物质奖励的权利。

二、合作或委托研究、设计

合作完成的发明创造，是指两个以上的单位或个人合作研究、设计所完成的发明创造。按照我国《专利法》第8条规定："合作完成的发明创造，除另有协议的以外，申请专利权属于完成或者共同完成的单位或个人；申请被批准后，申请的单位或个人为专利权人。"判断合作完成的发明创造的权利归属应注意以下几点：一是单位之间有无合作关系，即为发明创造投入了人、财、物等；二是如果合作单位之间有协议约定，必须按照协议确定专利权的归属及其他利益的分享；三是单位之间如果没有协议约定，申请专利的权利属于"完成"或者"共同完成"的单位，其中"完成"是指对发明创造的实质性特点做出了创造性贡献。如果协作单位均对发明创造有创造性的贡献，构成了共同发明，那么，合作单位共有专利申请权和专利权。否则，只有完成发明创造的单位才有申请和获得专利的权利。

委托完成的发明创造，是指一个单位或者个人接受其他单位或者个人委托的研究、设计任务所完成的发明创造。按照我国专利法的规定，委托完成的发明创造，除另有协议的以外，申请专利的权利属于完成或者共同完成的单位或者个人；申请被批准后，申请的单位或个人为专利权人。关于委托完成的发明创造，如果单位或个人之间协议约定了专利申请权及专利权的归属，应按照协议确定权利归属。如果单位之间没有协议，但构成委托开发的，申请专利权及取得的专利权归受托人，即"完成"发明创造的单位，但委托人可以免费使用。

第三节　外　国　人

由于专利权具有地域性，所以一项技术要在外国受到保护必须依照该国专利法申请专利。这就产生了国际间的专利申请问题。各国专利法都对外国人在本国的专利申请以及本国人在外国的专利申请作了特别规定。对于外国人递交的专利申请，在专利制度发展初期并无一般规定。随着专利制度逐渐国际化，尤其是在《保护工业产权巴黎公约》联盟建立之后，逐步形成了一些通行做法。

目前，世界上没有一个国家在其专利法中明文规定不允许外国人申请专利；相反，在实体权利方面，各国大多给予外国人以国民待遇。但是，对于哪些外国人可以申请专利各国却有着不尽相同的规定。归纳起来大体上有两类：一类是无条件给予外国人以国民待遇，采用这种做法的国家主要有美国、德国、英国等；另外一类是在互惠的基础上给予外国人以国民待遇，采用这种做法的国家有日本、法国、意大利等。对于采用互惠原则的国家，如果它是一个有关专利的国际条约缔约国，则它还需履行该国际条约所规定的义务。比如，《保护工业产权巴黎公约》成员国间都必须互给国民待遇。

一、在中国有经常居所或营业场所的外国人

在中国有经常居所或营业场所的外国人，主要是指在我国境内长期居住、生活、工作的外国自然人和在我国境内设有机构、长期经营的外国公司、企业或其他外国组织。根据《专利法》的规定，这一部分外国人，享有与中国人同等的待遇，他们可以直接向中国国务院专利行政部门申请专利，有关事宜可以自己办理或者委托代理人办理。专利被批准后，他们就享有与中国专利权人同等的权利。

二、在中国没有经常居所或营业场所的外国人

在中国没有经常居所或营业场所的外国人在中国申请专利，如果其所属国同中国签订了双边协议或者共同参加了有关的国际条约，那么，就按该双边协议或国际条约的规定办理。例如，自 1985 年 3 月 19 日起我国参加了《保护工业产权巴黎公约》，根据该公约的规定，凡缔约国的国民来我国申请专利，都可以按国民待遇原则享受专利保护。如果其所属国未与中国签订有关的双边协议或共同参加有关的国际条约，则按照互惠和对等的原则予以办理，即若该外国国民所属国对中国人的专利申请予以保护，则我国也相应地对该外国国民予以保护。

在中国没有经常居所或者营业场所的外国人、外国企业或外国其他组织在中国申请专利和办理其他专利事务的，应委托依法设立的专利代理机构办理。

第十八章 专利权的客体

专利权的客体也称专利法保护的对象，是指可以获得专利法保护的发明创造。各国对发明创造的范围在认识和理解上有不同，因而反映在专利法立法上对发明创造给予专利权保护的范围和方式不尽相同。大致有三种：一是多数国家专利权保护的对象仅指发明，对实用新型和外观设计则分别另行制订与专利法平行的法律来保护。如德国专利法。二是专利法只保护发明和实用新型，而外观设计则另行立法进行保护。三是发明、实用新型和外观设计在同一专利法中予以保护。我国专利法属于第三种情况。我国《专利法》第2条第1款规定："本法所称发明创造是指发明、实用新型和外观设计。"

第一节 发 明

一、发明的概念

美国《专利法》第101条认为，发明是"任何新颖而适用的制法、机器、制造物、物质的组合，或者任何上述内容的新颖而适用的改进"。世界知识产权组织主持起草的《发展中国家发明示范法》认为，发明是"发明人在实践中用以解决技术领域的某一特定问题的一种方案"。我国《专利法》第2条第2款规定："发明，是指对产品、方法或者其改进所提出的新的技术方案。"

二、发明的特点

（1）发明必须包含有技术创新，与现有技术相比，发明具有实质性的显著进步。如果完全是前人成果的重复就不是发明。当然，利用和借鉴前人成果，在他人现有技术成果的基础之上作出改进，也是一种创新。在科学技术高度发展的今天，毫不利用他人的现有技术完成的发明几乎是不可能的，当今世界任何一项发明都在不同程度上利用了前人的现有技术。只要能够作出比现有技术效果更好的方案，就可能完成发明。

（2）发明必须利用自然规律。发明是一种技术方案，而技术则是在利用自然规律的基础上发展起来的各种工艺操作方法和生产技能。这里所说的自然规律是指在自然界中存在的物理和化学的原理或者定律，从这个意义上说，发明要求的技术是利用自然规律的结果。因此，没有利用自然规律的方案不能称之为发明。在文艺、体育、经济、逻辑思维推理等领域的技术，如打球的技术、表演的技术、数学运算方法等一般都没有利用自然规律，也就不属于专利法所说的发明。美国最高法院曾在判词中写道：数学公式、自然法则和抽象概念是不可专利的对象。根据这个规定，人的纯智力活动产生的或者人为规定的东西，如密码的编制方法、计算方法、游戏或者记忆方法等均不是发明。同样，违背自然规律的也不能称之为发明，例如永动机。自然规律本身也不是发明。

（3）发明是一种技术方案。发明应能够解决特定的技术难题，必然产生技术效果，具有一定的实用性。

三、发明的种类

发明根据不同的标准分类，可以有许多不同的种类。

（1）根据发明的表现形式，可以分为产品发明、方法发明。产品发明是指以有形形式出现的一切发明或者说是技术构思的创造化为一定的物品的情况，如机器、设备、装置、用具和各种物质等。产品发明可以是一件独立的有形物，也可以是一种有形物中的一部分。方法发明是指与某种活动有关的发明或者说是技术构思的创造化为方法的情况，是使某物在质量上产生变化或者变化成另一种物品的行为的发明。方法发明包含一个以上的步骤或程序，其特征是必须作用于特定的物体以产生一定的结果。方法发明包括纯方法发明如测量方法、杀虫方法，以及生产物品的方法发明，如尼龙的生产方法、机械器具的制造方法等。

（2）根据发明的人数，可将发明分为独立发明和共同发明。独立发明是指仅有一个发明人单独完成的发明。而共同发明是指由两个以上发明人合作、共同完成的发明。

（3）根据发明之间的依赖关系或制约关系，发明可分为基本发明和改进发明。改进发明是在基本发明的基础上进行创新，对基本发明进行改进后的技术方案。

（4）根据发明的权利归属，发明可分为职务发明和非职务发明。职务发明是指执行本单位的任务或者主要是利用本单位的物质技术条件所完成的发明。非职务发明则是完全由发明人自己开发出的技术成果。

第二节　实用新型

一、实用新型的概念和特点

我国《专利法》第2条第3款规定：“实用新型，是指对产品的形状、构造或者其结合所提出的适于实用的新的技术方案。”

实用新型的特点是：

（1）实用新型是一种新的技术方案。从专利法实施细则的规定看，实用新型本质上既是一种技术方案，又是发明的一部分。从实用新型制度的历史考察，是由于发明要求有较高的创造性，因此大量以实用为目的而创造性又达不到发明要求的小发明创造得不到保护，由此产生了实用新型制度，保护那些具有实用功能的技术方案。因此，实用新型又称为小发明。

（2）实用新型仅限于产品，不包括方法。根据定义，实用新型只适用于产品，不适用于方法。例如圆的粉笔容易滚落到地上摔碎，于是人们创造出了六角粉笔。

（3）实用新型要求产品具有一定形状、结构。由于实用新型是对产品的形状、构造所作出的新设计，因此要求的产品必须是具有固定的形状、构造的产品。对于气态、液态、凝胶状或颗粒粉末状的物质或者材料，不属于实用新型的产品范围。

二、实用新型保护的方式

实用新型保护制度与发明专利保护制度相比，其要求低，保护期限也短，因此是一种对技术不太过分严格要求而给予一定保护的适合于小发明的法律制度。它可以补充发明保护制度的不足，有些新产品达不到发明专利条件的，可以通过实用新型得到保护。对于技术水平比较低的发展中国家，实用新型保护制度对技术、经济发展所起的作用并不亚于发明保护制度。但在国际上也有些学者认为，发明保护制度和实用新型保护制度两者都是为保护技术而建立的，在一定期限内授予独占权利的保护方法也基本相同，从理论上说，废止实用新型保护制度，将实用新型纳入发明也无不可。

在采用实用新型制度的国家中，有些国家是以注册方式给予保护，如德国和日本；有些是以专利方式给予保护，如中国。在审批制度上有采取实质审查制的，也有采用注册登记制的。

我国将实用新型纳入专利法保护范围，明确规定实用新型可以申请专利，在程序和条件要求上与发明专利有不同。我国法律规定实用新型不采取实质审查制，但对实用新型的申请进行形式审查（也称“初步审查”）。在实用新型的侵权诉讼时中，可以要求专利权人出具国务院专利行政部门作出的检索报告。

三、实用新型与发明的区别

发明和实用新型同属于专利法保护的发明创造，二者又都是一种新的技术方案。从本质上，两者有许多相同之处。但就我国专利法保护的程度以及获得专利权的要求上，两者又存在许多差异之处。

（1）两者保护的范围不同。发明专利保护的范围宽于实用新型专利。从规定上看，发明既可以是产品，也可以是方法。而实用新型仅限于产品，不涉及方法。另外发明中的产品没有任何特殊要求，而实用新型的产品要求具有固定的形状或构造，凡不具有固定形状或者构造的物质或材料都不能成为实用新型的产品，而只能属于发明的产品范围。

（2）两者对创造性要求不同。发明专利要求的创造性高于实用新型专利。从我国专利法对发明和实用新型分别规定了不同的创造性要求。《专利法》第22条第3款规定："创造性，是指与现有技术相比，该发明具有突出的实质性特点和显著的进步，该实用新型具有实质性特点和进步。"实用新型专利不要求具有显著的进步，只需具有进步则可。

（3）两者的审查程序不同。根据我国《专利法》的规定，发明专利采用早期公开、延期审查制度，即既要对发明专利申请进行形式审查，而且还要进行实质审查即专利三性的审查。而实用新型专利采用初步审查制度，即只审查形式内容而不审查实质内容。

（4）两者的保护期限不同。《专利法》第42条规定，发明专利权保护期限为20年，而实用新型专利权保护期限为10年，均自申请日起算。

（5）其他不同。《专利法》第14条规定，如果某国有企业事业单位或者中国集体所有制单位、个人的发明专利对国家利益或者公共利益具有重大意义的，国务院有关主管部门和省、自治区、直辖市人民政府报经国务院批准，可以决定对该发明进行计划许可实施。而实用新型专利则不存在计划许可实施的情况。

第三节　外观设计

一、外观设计的概念和特点

外观设计也被称作工业品外观设计，各国对外观设计的定义并不完全一致。在我国《专利法》中，外观设计，是指对产品的形状、图案或者其结合以及色彩与形状、图案的结合所作出的富有美感并适于工业应用的新设计。《发展中国家外观设计示范法》规定，外观设计是线条或颜色的任何组成，或任何立体形状，不管其是否与线条或颜色相结合，均被视为外观设计，只要这种组成或形状给工业品或手工业品以特别的外观，并可用作工业品或手工业品的式样。

外观设计具有以下特点：

（1）外观设计与技术无关。外观设计是对产品的外表进行美化，不考虑产品的实用目的。外观设计主要是为了使产品对消费者产生吸引力。消费者在选择商品时，首先注意的是商品的外观设计。而外观设计并不增加商品的实用性或者功能性。外观设计与发明、实用新型不同，它涉及美学思想而与技术无关。外观设计是利用人们的审美心理来达到美化产品的目的。

（2）外观设计必须以产品为载体。外观设计是工业品的外观设计，外观设计必须以产品的外表为依托，构成产品和设计的组合。其中产品是指任何用工业方法生产出来的、具有一定形状的物品，不能重复生产的工艺品、农产品、畜产品、自然物以及气态、液态、粉末状或者颗粒状的物质均不能作为外观设计的载体。同时外观设计要求的产品必须是可以成为交易对象的、可以移动的产品。产品除了作为外观设计的载体外，还必须有其独立的用途，没有独立用途的雕塑品、徽章、证书等不能成为外观设计的载体。

（3）外观设计应富有美感。外观设计是以产品的形状、图案或者色彩为设计对象，专利法对外观设计作出了富有美感的要求，是因为外观设计的功能是美化产品，满足消费者对产品在视觉和感官等精神方面的要求。通过对产品外表进行美化达到吸引消费者注意力，促进产品的市场竞争力的目的。至于何种设计富有美感，以一般消费者的审美观作为参照依据，只要一般消费者认为某外观设计是美的，不违反社会公德或者公共秩序，就可以认为该外观设计符合法律要求。

（4）外观设计应适合工业应用。所谓的工业应用是指该外观设计可以通过工业方式重复复制并形成批量生产。

二、外观设计保护的方式[①]

由于《保护工业产权巴黎公约》（以下简称《巴黎公约》）将外观设计作为一项最低保护要求的对象，当今世界上有130多个国家和地区都对工业品外观设计给予保护。在保护方式上主要有以下几种方式：

（1）单独立法进行工业产权保护。一般认为，法国是世界上对外观设计最早单独立法进行保护的国家。1711年法国的里昂市颁布法令，对丝绸图案进行保护。1787年这种保护扩及全国，1806年法国颁布了工业品外观设计法，开始对工业品外观设计采取工业产权的保护方式。随后，奥地利、德国、西班牙、日本、瑞士等国也分别颁布法律保护外观设计。

（2）单独立法进行工业版权保护。1968年英国颁布《外观设计版权法》，正式提出以工业版权的形式对外观设计进行保护。适用英国工业品外观设计版权法保护的还有英联邦的一些国家和地区。1986年联邦德国颁布《工业品外观设计版权法》，与《外观设计注册法》并行对外观设计进行保护。

（3）利用专利法进行保护。1842年美国将外观设计纳入专利法进行保护。葡萄牙、墨西哥、中国、俄罗斯等国家也在专利法中对外观设计进行保护。

（4）利用版权法进行保护。对外观设计进行版权保护源于英国1709年的《安娜法》，在该法中将外观设计作为文艺创作的一部分纳入版权法保护。但英国在1911年颁

① 李顺德：《工业品外观设计保护制度的发展》，知识产权出版社1999年版，第272－284页。

布的《版权法》中明确规定：凡以工业方法进行批量生产的外观设计，不能取得版权法保护。随后英国又陆续在1956年的《版权法》、1968年的《外观设计版权法》、1988年的《版权、外观设计与专利法》分别对外观设计的保护进行了不同规定。

利用《版权法》对外观设计进行保护的国家和地区还有荷兰、德国、西班牙等。世界上大多数国家将外观设计中符合美术作品条件的给予版权保护是不存在任何问题的，但是对于实用艺术品则未必都给予版权保护。

（5）利用商标法进行保护。有相当多以产品或包装形状为特征的外观设计可以作为立体商标取得商标法的保护。以立体商标保护的外观设计主要有三类：一为商品本身的形状；二是商品包装或容器的形状；三是立体的服务标志或特征的外形。立体商标除了一般保护条件以外，还有一些特殊要求，最主要的是“非功能性”，即要求作为立体商标保护的外观设计不能具有“功能”特征。如1993年通过的欧洲《共同体商标条例》规定：“专门由以下形状组成的标志：① 商品本身性质形成的形状；② 需获得技术效果的商品形状；③ 给商品带来很大价值的形状”不得作为商标予以注册。我国《商标法》第12条规定：“以三维标志申请注册商标的，仅由商品自身的性质产生的形状、为获得技术效果而需有的商品形状或者使商品具有实质性价值的形状，不得注册。”作为“非功能性”这一条件是立体商标所特有的，对于平面商标或平面外观设计一般不具备“功能性”。但并非所有的国家都保护立体商标，但利用立体商标保护外观设计也是一种趋势。

（6）利用反不正当竞争法进行保护。反不正当竞争法是以维护市场公平竞争秩序为目的的，因此它对外观设计的保护与其保护其他类型的知识产权一样，基本出发点是避免造成对商品或服务来源的混淆和误认，防止市场经营者以不正当手段使用他人的合法权利，从而促进合法竞争。对一些不保护立体商标的国家，可以利用反不正当竞争法对一些具有特殊形状的商品构成的商标进行保护。

三、外观设计与实用新型的区别

外观设计与实用新型在取得专利权的程序上和保护期限上相同。但是，两者之间尚存在以下差异。

（1）两者的主题不同。外观设计主要是对产品的外表进行美化，针对产品的外表进行设计而与技术无关；实用新型不仅涉及产品的外形，也涉及产品的外部和内部结构等技术性范围。实用新型可以对产品的外形进行修饰和变化，但这种修饰和变化必须具有技术功能效果而不能仅仅是美化。

（2）两者对产品的要求不同。外观设计所要求的产品可以是立体的，也可以是平面的；实用新型所要求的产品必须是立体的，平面的产品不能成为实用新型的对象。

（3）两者申请专利权时提交的申请文件不同。外观设计申请专利权时要求提交的申请文件是请求书和该外观设计的图片或者照片等，并且要写明使用该外观设计的产品及其所属的类别；实用新型申请专利权时应提交请求书、说明书及其摘要和权利要求书等文件。

（4）两者的保护范围不同。外观设计的保护范围以表示在申请图片或照片中的该外观设计专利产品为准，实用新型的保护范围以其权利要求书的内容为准。

第四节 不授予专利权的对象

专利应当保护什么技术领域的发明，一直是各国专利立法的基本内容。各国一般根据自己国家的技术和经济发展情况以及国际发展趋势，确定专利法的保护范围。我国《专利法》规定以下三种情况不授予专利权。

一、违反法律、社会公德或者妨害公共利益的发明创造

我国《专利法》第 5 条规定："对违反法律、社会公德或者妨害公共利益的发明创造，不授予专利权。对违反法律、行政法规的规定获取或者利用遗传资源，并依赖该遗传资源完成的发明创造，不授予专利权。"不允许这些发明创造取得专利，从法律角度看是理所当然的。

国家法律，是指国家立法机构通过并公布施行的法律。我国立法法规定的立法机构是指全国人民代表大会及其常务委员会。行政法规和规章制度不属于国家法律。如一项发明创造的目的与国家法律相违背，该发明创造不能授予专利。例如假币制造机、毒品走私器械等发明创造本来的目的即是违法的，这种发明创造的实施必然对社会造成威胁。如果国家法律仅仅是限制专利产品的销售或者依专利方法制造的产品的销售，则这种产品发明或者制造这种产品的方法发明是不能被拒绝授予专利权的。另外如果一项发明创造由于利用或者被滥用而可能造成危害的，也不应被拒绝授予专利权。《专利法实施细则》第 10 条规定："专利法第五条所称违反法律的发明创造，不包括仅其实施为法律所禁止的发明创造。"

社会公德，是指公众普遍认为是正当的，并被普遍接受的伦理道德观念。但社会公德具有时代感，不同的社会和不同的时代对社会公德的要求不同，并且社会公德的内涵随着时间的推移和社会的进步会不断发生变化。

妨碍公共利益，是指发明创造以致伤残或者损害财物为手段实现其目的，从而会给国家和社会造成危害或者使正常公共秩序受到不良影响。

二、不属于专利法所规定的发明创造

下列各项虽然也是智力劳动的成果，但因其不能直接在工农业生产中应用或者由于人道主义的考虑，因此不属于专利法所称的发明创造。

（一）科学发现

发现是指本有的事物规律或者现象，经过探索研究才知道的过程。科学发现是指对自然界中客观存在的未知物质、现象、变化过程及其特性和规律的揭示。科学发现是人类对客观世界的认识而不是对客观世界的改造，因而不具备直接的工农业应用性，不能授予专利权。科学发现和发明存在本质的区别，但是科学发现往往是发明的基础和前提。两者关系密切，人类社会的许多新发明都是在对客观世界的规律的认识和理解基础上产生的。例如，哈雷彗星的发现、牛顿万有引力的发现等。又如，发现卤化银在光照下有感光特性，虽然这种发现不能被授予专利权，但是根据这种发现制造出的感光胶片以及此感光胶片的制造方法则可以被授予专利权。

（二）智力活动的规则和方法

智力活动的规则和方法是指导人们思维、推理、分析和判断的规则和方法。智力活动源于人的思维，经过推理、分析和判断产生出抽象的结果或者必须经过人的思维运动作为媒介才能间接地作用于自然产生结果，因此智力活动的规则和方法具有抽象性，并且不是利用自然规律所完成的技术方案，不属于专利法所说的发明创造。

依据 2010 年《专利审查指南》，属于智力活动的规则和方法有：审查专利申请的方法；组织、生产、商业实施和经济等方面的管理方法及制度；交通行车规则、时间调度表、比赛规则；演绎、推理和运筹的方法；图书分类规则、字典的编排方法、情报检索的方法、专利分类法；日历的编排规则和方法；仪器和设备的操作说明；各种语言的语法、汉字编码方法；计算机的语言及计算规则；速算法或口诀；数学理论和换算方法；心理测验方法；教学、授课、训练和驯兽的方法；各种游戏、娱乐的规则和方法；统计、会计和记账的方法；乐谱、食谱、棋谱；锻炼身体的方法；疾病普查的方法和人口统计的方法；信息表述方法；计算机程序本身；等等。

《专利审查指南》指出，如果一项权利要求仅仅涉及智力活动的规则和方法，则不应当被授予专利权。但是，如果一项权利要求在对其进行限定的全部内容中既包含智力活动的规则和方法的内容，又包含技术特征，则该权利要求就整体而言并不是一种智力活动的规则和方法，不应当依据《专利法》第 25 条排除其获得专利权的可能性。

计算机程序也是一种数学方法或者信息表示方法，具有抽象性和智力的特点，原则上不适宜采用专利法方式保护。对于计算机程序或软件能否获得专利的保护，各国存在着不同的看法。计算机程序是指为了得到某种结果，可以由计算机执行的一系列有序的编码。这种程序与数学算法或公式离不开，从本质上看计算机程序属于数学算法或数学公式，一直未能纳入专利法的保护范围。自1972年菲律宾首先将计算机软件作为版权保护的对象纳入版权法体系。随后，在美国的大力提倡和压力下，多数国家都将计算机软件作为作品进行版权保护。

对于计算机软件能否采用专利法保护，一直存在两种对立的观点。反对派认为，计算机软件从本质上属于数学算法或公式，不具有利用自然规律的技术特性，数学算法或公式是人类智力或抽象概念的范畴，不能采用专利法保护。赞成派认为只要计算机软件能够产生"具体的，有形的和实用的结果"，它就可以成为专利法的法定保护对象。美国最高法院在 Diehr 案①中首次肯定了计算机软件作为某种工序或结构"整体"的一部分可以获得专利权保护。随后，美国联邦巡回上诉法院在一系列与计算机软件相关的发明案例中进一步阐述了计算机软件可专利保护的理由和原因。美国对计算机软件的专利保护已经从过去要求软件必须与有形物结合进一步发展为计算机软件或程序只要能产生有用的结果，就属于专利的法定保护对象。美国专利商标局于1996年公布了《与计算机软件发明有关的专利申请审查指南》，明确了计算机软件可成为专利保护的法定主题。但是，欧洲专利局仍然坚持计算机软件必须能产生"技术效果"才能获得专利保护。我国计算机软件主要还是受到著作权法的保护。

（三）疾病的诊断和治疗方法

疾病的诊断方法，是指为识别、研究和确定有生命的人体或动物体病因或病灶状态的过程。疾病的治疗方法，是指为解除病人痛苦、恢复身体机能和健康而采取的方法和措施。如中医的解表法、补气法等，西医的手术方法均属于疾病的治疗方法。这里所称的疾病实际上包括的是人和动物体的疾病。

一般认为，对疾病的诊断与治疗方法不授予专利有以下几个原因。① 疾病的诊断和治疗方法是以人和动物为实施对象，无法在产业上制造或者使用。因而不属于专利法所称的发明创造。② 疾病的诊断和治疗是一个复杂多变的过程，除了对病情进行表面性诊断外，还需要根据病人自身的身体素质、生活习惯等因素作出综合判断，这中间充满了主观成分。同样的病情在不同的人身上的表现不同，治疗的方法也就因人而异；不同的医生作出的治疗方案也不同，因此不具有工业上重复性。③ 如果对某种疾病的诊断或治疗方法授予专利，当病人急需救治时，必须获得专利权人的许可才能使用该方法，否则就构成侵犯专利权。出于人道主义精神，不能对疾病的诊断和治疗方法授予专利权。但是为疾病的诊断和治疗而使用的仪器、设备、器械、装置以及化学物质和组合

① Diamond v. Diehr, 450 U. S. 175 (1981).

物等则属于专利法的发明创造。

人体或者动物体的受孕和避孕方法、人体或者动物体的信息和数据的采集方法、在活体上取物的方法、以医疗为目的的整容方法等都被视为疾病的诊断和治疗方法的扩展，也不能取得专利权。但是，已脱离人体或者动物体的样品（如血液、毛发、分泌物、尿液等）的化验方法、人体或者动物体的信息和数据的处理方法、美容方法、尸体解剖方法等可以获得专利权。

三、暂时不予以专利保护的发明创造

（一）动植物品种

生物技术领域是近年来发展非常迅速的领域。生物技术不仅涉及非活性材料如种子，而且还涉及活性生物如植物、动物和微生物等。《与贸易有关的知识产权协议》第27条规定，微生物、生产动植物的非生物方法以及微生物方法可以获得专利，同时成员应以专利制度或有效的专门制度、组合制度为植物新品种提供保护。我国《专利法》第25条规定，动植物品种是不被授予专利权的，但是动植物品种的生产方法可以授予专利权。

所谓品种，泛指物品的种类。在生物学上，指来自同一祖先，具有为人类需要的某种经济性状，基本遗传性稳定一致，能满足人类生产物质资料及科学研究目的的一种栽培植物或家养动物的群体。它既是人类干预自然的产物，也是人类按照自身的要求经过长期选择培育得到的，能适应一定的自然栽培或者饲养条件，在产量和品质上必须符合人类的需要，其群体数量必须达到一定的规模。

动植物品种的专利性问题一直在各国有争议。在国际上关于动植物品种的保护问题存在截然不同的观点。反对派认为动植物品种是自然界的产物，品种的特性是自然繁殖和发育的结果，非人力所为。不是人类的发明创造，不能授予专利。另外动植物品种与自然界的客观条件之间有着天然的联系，同时，其自身存在的遗传与变异这种客观现象是难以由人力控制的。因此，不适宜专利法保护。

在生物技术快速发展的今天，反对派的观点受到各方批评。支持给予专利法保护的赞成派认为，动植物品种可以由人类的科学技术进行控制，如利用遗传工程、基因工程等现代生物学技术可以根据需要对动植物品种进行干预。

对于动物品种，明确规定可以获得专利保护的国家基本没有。但是，1988年美国专利商标局给哈佛大学颁发的第473686号专利是世界上第一次为较高级的生命形式——遗传基因改变出生的老鼠给予专利。有关动物的专利保护在几个发达国家刚刚开始，多数国家对动物本身仍不给予专利保护，特别是发展中国家。但自从欧洲专利局在审查哈佛转基因鼠专利申请后，其有关动物本身和动物品种的区别的解释有可能为其他国家专利局所采纳，从而有可能在不改变专利法规定的前提下为动物本身的专利打开一个缺口。但摆在给动物以专利保护的国家专利局面前的问题是如何解决动物专利申请的保护。

对于植物品种，各国在保护方式上有不同。目前国际上主要有两类四种保护模式①：一类是所谓双轨制。第一种是以美国为代表的专门法加专利法的全面保护。第二种是德国、法国等在专利法中仅仅保护未被列入政府颁布的植物品种明细表中的植物品种，列入明细表的则受到专门法的保护。另一类仅仅以单一法保护植物品种。第一种方式是采用专利法保护如意大利、新西兰等。第二种是采用特别法的形式保护。

1961 年签订的《植物新品种保护国际公约》（分别于 1972 年和 1978 年修改）规定，成员国应该以特别证书或者专利的方式对植物培育者给以保护。请求保护植物新品种应当具有商业上的新颖性、独特性、均一性、稳定性和合适的命名。公约规定对植物新品种的保护与专利保护类似，为了商业销售目的而生产或者销售有关新品种的繁殖材料的，应当经新品种培育者的许可。自该公约生效后，一些国家的专利法就规定对植物新品种不授予专利。在我国，植物新品种可获得《植物新品种保护条例》的保护。

（二）原子核变换方法和用该方法获得的物质

原子核变换方法指核裂变或者核聚变。裂变是指原子核分裂为两个质量相近的核（裂块），同时放出中子的过程。裂变有自发和感生两种。原子核裂变可释放出巨大能量。聚变是指氢原子核相遇时聚合为较重的原子核并放出巨大能量的过程。例如氘核同氚核相遇时，就可能发生聚变而形成氦核，并放出一个中子。但一般情况下发生聚变的概率很小。人工聚变只能在氢弹爆炸或者由加速器产生的高能粒子碰撞中实现。通过核裂变或者核聚变的方法获得的元素或化合物由于国防和核工业的考虑，关系到国防、原子能工业的重大利益，几乎所有的国家都不授予专利。不能取得专利权的仅是其物质本身，其制造方法的发明在规定上是有所不同。我国《专利法》规定，用原子核变换方法获得的物质其制造方法也不能授予专利权。但是，为实现原子核变换方法的各种设备、仪器等可以获得专利保护。

（三）对平面印刷品的图案、色彩或者二者的结合做出的主要起标识作用的设计

平面印刷品，主要指平面包装袋、瓶贴、标贴等用于装入被销售的商品或者附在其他产品上，不单独向消费者出售的印刷品。主要起标识作用，是指平面印刷品的图案、

① 郝晓峰：《我国生物技术专利保护的现状和对策》，载《知识产权》1996 年第 6 期，第 25 页。

色彩或者二者的结合主要用于让消费者识别其商品来源或生产者，而不是使商品本身具有美感而吸引消费者。对产品起标志作用的标记不属于商标法保护的范围，因此受到专利法的排除。

第十九章　授予专利权的实质性条件

不一定所有的发明创造都能获得专利权。不保护无价值的发明创造是各国专利法的基本原则。发明创造能否获得专利权关键在于该发明创造是否符合专利法规定的实质性条件即通称的专利三性：新颖性、创造性和实用性。

第一节　发明和实用新型专利的实质性条件

一、新颖性

新颖性是发明和实用新型取得专利权的实质性条件之一。几乎每一个国家的专利法在确定发明专利性条件时都使用它。按照世界知识产权组织《发展中国家发明示范法》的规定，如果一项发明没有现有技术与之相同，则该发明就是新的，即该发明具备新颖性。这是比较通俗性的解释。但是，如何认定现有技术则各国有各自不同的法律规定。现有技术一般也称已有技术、公开技术或者背景技术等，指的是已经公开的，脱离了保密状态、公众有可能得知的技术。新颖性的判断实际是将申请专利的发明或者实用新型与现有技术进行比较。现有技术中未包含该发明或者实用新型的技术的，则该发明或者实用新型具备新颖性。

（一）新颖性的含义

我国《专利法》第22条第2款规定："新颖性，是指该发明或者实用新型不属于现有技术；也没有任何单位或者个人就同样的发明或者实用新型在申请日以前向国务院专利行政部门提出过申请，并记载在申请日以后公布的专利申请文件或者公告的专利文件中。"

（二）新颖性的判断标准

（1）现有技术的范围。我国《专利法》第22条规定："本法所称现有技术，是指申请日以前在国内外为公众所知的技术。"

（2）公众得知现有技术的途径。主要途径有出版物公开、使用公开和以其他方式公开三种，均无地域限制。

出版物公开，是指通过文字描述发明或者实用新型的技术方案，并将其公布出来。

公众只要阅读有关材料就可得知。如果材料属于保密状态或者只限定特殊阅读对象，则不能认为是已经公开了。印有“内部资料”、“内部发行”等字样的出版物，确是在特定范围内发行并要求保密的，不属于公开出版物。《专利审查指南》指出，出版物可以是各种印刷的、打字的纸件，如专利文献、科技杂志、科技书籍、学术论文、专业文献、教科书、技术手册、正式公布的会议记录或者技术报告、报纸、产品样本、产品目录、广告宣传册等，也可以是用电、光、磁、照相等方法制成的视听资料，如缩微胶片、影片、照相底片、录像带、磁带、唱片、光盘等，还可以是以其他形式存在的资料，如存在于互联网或其他在线数据库中的资料等。

使用公开，是指由于使用将发明或实用新型的技术内容公开，公众可以从技术的应用中得知其技术内容。使用公开包括产品的制造、使用、许诺销售和销售，也包括进行模型展示和展览会展示。使用公开必须是公众可以到达的地方，并且能使公众真正地观察到技术细节。《专利审查指南》指出，未给出任何有关技术内容的说明，以致所属技术领域的技术人员无法得知其结构和功能或材料成分的产品展示，不属于使用公开。如果使用公开的是一种产品，即使所使用的产品或者装置需要经过破坏才能够得知其结构和功能，也仍然属于使用公开。此外，使用公开还包括放置在展台上、橱窗内公众可以阅读的信息资料及直观资料，例如招贴画、图纸、照片、样本、样品等。

以其他方式公开，主要是指口头公开等。例如，口头交谈、报告、演讲、广播、电视、电影等能够使公众得知技术内容的方式。如果报告等不是面向一般公众的，就不能视为公开。但是，口头公开受技术内容的限制较大，复杂的、必须借助图解说明的技术方案一般难于进行口头公开。

上述三种公开的方式也会结合起来出现，如在新产品展示会上，发明人张贴广告，任何公众都可以到达展示会听发明人介绍有关产品的技术特点，还可以看到产品的演示，甚至可以得到产品的介绍手册等资料。

（3）新颖性判断的时间标准。现有技术的内容在不断发展，专利法中的新颖性标准总是与一定的时间相联系的。各国在判断新颖性的时间标准上有两种做法：① 以发明日为准，即只要在发明创造完成时该发明创造是新的，就具有新颖性。目前，只有极少数国家采用该时间标准。美国 2011 年通过的《专利改革法案》破旧立新，摒弃从先发明原则，改为采用先申请原则。② 以申请日作为判断标准。即发明创造在申请日时是新的，即具有新颖性。世界上绝大多数国家均采用申请日作为新颖性的时间为标准。从我国法律规定看，我国采取的是申请日的时间为标准，以国务院专利行政部门收到专利申请文件之日为申请日。如果文件是邮寄的，以寄出的邮戳日为申请日。

（4）新颖性判断的地域性标准。在何种地域范围内该发明创造具有新颖性，各国规定不尽相同。目前有三种判断标准：① 绝对新颖性标准，是指一项申请专利的技术方案在申请日前在全世界范围内都没有出版物、使用或者口头公开过的。该标准也称为世界新颖性标准。② 相对新颖性标准，又称“本国新颖性标准”或“国内新颖性标准”。一项申请专利的发明创造的技术方案在申请日前在本国国内没有书面、使用或者口头公开就具有新颖性。③ 混合新颖性标准，该标准认为一项申请专利的发明创造在申请日前在全世界任何地方都没有进行书面公开，在国内也没有使用或者口头公开即便具有新颖性。

我国2009年10月1日之前申请的专利采取的是混合新颖性标准。2009年10月1日施行的《专利法》改为采用绝对新颖性标准。

（5）抵触申请。我国《专利法》第22条第2款规定：“新颖性，要求没有任何单位或者个人就同样的发明或者实用新型在申请日以前向国务院专利行政部门提出过申请，并记载在申请日以后公布的专利申请文件或者公告的专利文件中。”一项专利申请的新颖性除受到申请日前公开技术的影响外，还要受到同一发明创造已经先向专利行政部门提出并且在申请日以后才公布的专利申请的影响。所谓抵触申请，是指由于在先申请的存在，使得在后申请的同一发明创造不具备新颖性。在新颖性判断中出现抵触申请的原因主要是因为专利权不能就同一发明创造重复授权。如果出现抵触申请，必须把后申请的发明创造的技术内容与在先申请的发明创造的技术内容进行比较。只要后申请的内容在先申请的内容中已经有所披露，则后申请不能获得专利权。构成抵触申请应当满足：一是申请在先，公布在后；二是在中国专利申请。2009年施行的《专利法》将抵触申请的申请主体由“他人”修改为“任何单位或者个人”，扩大了抵触申请的范围，也就是同一申请人的申请之间也会有抵触申请的问题。

（三）不视为丧失新颖性的公开

凡是在申请日以前已经公开的发明创造，就应该成为现有技术而使得该发明创造丧失新颖性，不能获得专利权。但是在某些特定的情况下，发明创造人自己的公开以及第三人由发明创造人那里得知的发明创造的公开，在一定期限内不产生丧失新颖性的效力不视为丧失新颖性的公开是对发明创造人的一种临时保护。我国采用宽限期制度。宽限期制度只是给予申请人一段优惠期。如果在公开行为发生之日至专利申请提出之日之间，有人提出相同的发明创造专利申请的，则后提出的申请将丧失新颖性。即特定情况下发明人自己的公开和第三人违背发明人的意愿的公开只是不影响发明人自己在公开之后的6个月内提出专利申请的新颖性，但无法防止他人在此期间提出的专利申请破坏自己的专利申请的新颖性。各国对什么情形下的公开可以采取宽限期的做法，以及这种保护的期限和内容并不相同，因此宽限期的制度一般只适用于本国人。

我国《专利法》第24条规定：“申请专利的发明创造在申请日以前6个月内，有下列情形之一的，不丧失新颖性：① 在中国政府主办或者承认的国际展览会上首次展出的；② 在规定的学术会议或者技术会议上首次发表的；③ 他人未经申请人同意而泄露其内容的。”

二、创造性

《专利法》规定，发明创造仅具有新颖性并不能取得专利权，还必须具有创造性。创造性是发明创造的水平高低的反映，是发明创造难易程度的标志。各国专利法都要求申请专利的发明创造应当有一定的技术难度，但是称谓上不同，有称发明高度的，有称发明水平的，也有的称为非显而易见性的等。我国《专利法》正面定义其为创造性。

（一）创造性的概念

我国《专利法》第22条规定："创造性，是指与现有技术相比，该发明具有突出的实质性特点和显著的进步，该实用新型具有实质性特点和进步。"进步性是指发明与最接近的现有技术相比具有长足进步。专利法要求申请专利的发明创造具有进步性其目的在于防止变劣发明或者改恶发明的出现。

（二）创造性判断标准

与新颖性相比，创造性是一个相对的概念。英美法系通常称之为"非显而易见"。《专利审查指南》指出，判断发明是否具有突出的实质性特点，就是要判断对本领域的技术人员来说，要求保护的发明相对于现有技术是否显而易见。如果新方案与现有技术之间的区别仅仅是显而易见的、非实质性的、简单的区别，则不具有创造性。

一项发明创造是否具有创造性，是由该发明创造所属技术领域内的普通技术人员来评价的。普通技术人员是专利法上的假设人，他被认为了解申请日以前该发明创造所属技术领域以及相邻技术领域的所有现有技术，对专业知识的理解和应用是中等专家的水平，具有日常工作和实验所需要的普通手段和能力。如果一个发明创造对该普通技术人员而言是十分困难的，则该发明创造具备创造性，相反，如果该普通技术人员认为某发明创造是简单易行的，则该发明创造不具备创造性。

《专利审查指南》通常采用"三步法"检验步骤：① 确定最接近的现有技术；② 确定发明的区别特征和发明实际解决的技术问题；③ 判断要求保护的发明对本领域的技术人员来说是否显而易见。

（三）判断创造性的辅助标准

发明创造的创造性定义可以用来评价发明创造的技术水平，但是，定义过于抽象，实际中还有一些判断的辅助标准。辅助标准大多数仅反映发明创造的某些具体形式，有其局限性，不能包括所有发明的情形。不少国家的专利主管部门将这些辅助标准写在审查指南中，供审查员参考。辅助标准一般是从正面进行创造性的判断的，这些标准包括：

（1）开拓性发明创造。指全新的技术解决方案，在技术历史上展示了一个全新的领域。该发明是技术历史上所从未有过的，这是人类发明创造的许多产品都属于开拓性发明，如水泥、玻璃、电视机、电子计算机等。

（2）发明创造解决了长期以来一直渴望解决的难题或者满足了人们长期的需求。问题长期得不到解决或者人们长期得不到的满足说明解决问题有一定的难度。发明创造解决了问题或者满足了需求，该发明创造具备创造性是理所当然的。如长期以来儿童使用剪刀作手工时，由于儿童的控制能力有限，锋利的钢制或铁制剪刀刀刃经常会伤害儿童的手或者其他部位，为解决这个问题，有人发明了儿童专用手工剪刀，该剪刀能作手工即可以剪纸、剪绳子，但它不会剪伤儿童手指或者其他部位。该发明创造应该认为具备创造性。

（3）发明创造克服了技术偏见。技术偏见，是指技术人员对某项技术问题存在传统的认识或成见，这些认识或成见阻碍了技术人员提出新的构想。发明创造克服了技术偏见，应当认为具有创造性。例如，含有二氧化碳的饮料经消毒后，处于热的状态被包装进无菌的瓶里时，传统的认识是当该装满饮料的瓶子从装瓶机上移开时，应当立即与外界空气隔离以防止饮料喷出。一项工艺发明取消了隔离这道工序并获得成功。该工艺发明具备创造性。①

（4）发明创造取得了预料不到的技术效果。发明创造与现有技术相比出现了质的变化或者量的变化，超过了人们的想象。而且这种质或者量的变化是该技术领域内的普通技术人员所无法预料的。各种类型的发明创造都可能因取得了预料不到的技术效果而具有创造性。如组合发明、选择发明、应用发明以及要素关系变化等发明创造。

（5）发明创造取得了商业上的成功。许多国家专利行政部门都认为，发明创造取得商业上的成功可视为发明创造具备创造性的标志。但是如果商业上的成功不是由于发明创造的内在因素决定的或者不是由于发明创造满足了人们长期的需要的话，则这种商业上的成功不能作为发明创造的创造性标志。

（四）发明和实用新型在创造性上的差异

我国《专利法》对发明和实用新型在创造性要求上作了不同的规定。发明的创造性要求该发明具有突出的实质性特点和显著进步，该实用新型有实质性特点和进步。这种差异仅仅是程度上的不同，不存在任何实质上的或本质上的差别。需要审查实用新型的创造性时，可参照发明的标准执行。

创造性和新颖性在审查的方法上有所不同。主要区别是，在审查发明创造的新颖性

① 吴伯明等编：《知识产权应用指南》，经济科学出版社1993年版，第76页。

时，发明创造与现有技术是一对一的比较，不允许将几份现有技术文件结合与发明创造进行比较；而创造性的审查时，允许把两份或两份以上的现有技术文件或者同一份文件的不同部分内容结合在一起与发明创造进行比较。新颖性审查时，参照基准为现有技术和抵触申请；而创造性审查中抵触申请不予考虑。

三、实用性

一项发明创造要取得专利权，它不能仅仅是科学原理或者科学理论，更是一项能在实践中应用的发明创造。因此，实用性对发明创造而言是必备条件。在产业上可以利用是发明创造本身的条件。所谓产业一般指生产而言，工业、矿业、农业、林业、渔业、水产业、畜牧业、建筑业、运输业等均属产业。《巴黎公约》第 1 条第 3 款规定，对工业产权应作最广义的理解，不仅应适用于工业本身和商业本身，而且也应同样适用于农业和采掘业。因此实用性又称工业实用性。

发明创造的实用性条件把下列类型排除在可专利的范围之外：① 发现、科学原理、科学理论；② 美学或者艺术创作；③ 抽象性思维或概念；④ 国际公认的医疗业不属于产业，因此疾病的诊断或治疗方法不能获得专利权。美国最高法院曾在判例中总结出不可专利的范围，包括数学公式、自然现象和抽象概念。

（一）实用性的概念

实用性，是指该发明或者实用新型能够制造或者使用，并且能够产生积极效果。

（二）实用性判断标准

实用性判断标准应当符合下列条件：

（1）申请专利的发明创造必须已经完成，所属技术领域的普通技术人员按照说明书即能制造或者使用，也称为发明创造的可实施性。发明创造应当能够在实践中实施，如发明创造仅仅提出任务而没有具体的技术解决方案，则该发明创造被称为未完成的技术方案，而未完成的技术方案是不具备可实施性的，也就不具有工业实用性。如有人提出一项解决我国北方干旱缺水的方案，做法是将南方的雨水用巨大的接水盘通过输水管直通北方。但该方案未能解决具体实施的问题如接水盘大小、接水盘的制造材料、输水管的材质等具体问题。因此，该方案属于不可实施的方案，也不具备实用性。

（2）申请专利的发明创造应当具有多次重复实施性，也称为再现性。如果发明创造是一种产品，则该产品应当能够被反复制造或者重复生产。如果发明创造是一种方法，该方法应当能够重复被使用。所属技术领域的普通技术人员可以无数次地反复实施该发明创造。如果发明创造利用的是独一无二的或独特的自然条件，则该发明创造不具有实用性。

（3）申请专利的发明创造应当具有积极效果。这一条件各国专利法规定不一，有的国家专利法不要求申请专利的发明创造具备积极效果，而有的国家专利法强调发明创造必须满足有用性，即发明创造应当对公众是有益的。

第二节 外观设计专利的实质性条件

外观设计与发明、实用新型的性质不同，它保护的是产品的形状、图案、色彩或其结合的新设计而不是技术方案。我国2009年施行的《专利法》第23条对外观设计专利的实质条件做出比较大的修改。主要是提高了外观设计专利的授权标准和引入了抵触申请。外观设计专利的实质性条件包括新颖性、独创性和不与他人在先权利相冲突。

一、新颖性

《专利法》第23条规定："授予专利权的外观设计，应当不属于现有设计；也没有任何单位或者个人就同样的外观设计在申请日以前向国务院专利行政部门提出过申请，并记载在申请日以后公告的专利文件中……本法所称现有设计，是指申请日以前在国内外为公众所知的设计。"在我国法律规定中，外观设计的新颖性在判断标准上与发明、实用新型基本相同。授予专利权的外观设计应当既不属于现有设计也没有抵触申请，现有设计采用的标准是绝对新颖性标准。

申请专利的外观设计与现有的外观设计不相同和不相近似。所谓不相同是指没有同样的外观设计，即该设计是全新设计，与过去已有的设计不一样。所谓不相近似是指申请专利的外观设计与现有的设计相比必须有明显的差别，不能是已有设计的细微改变。由于外观设计一般是以色彩、线条或者形状进行组合，因此申请专利的外观设计不能是上述要素的已知组合的翻版，必须具有自己的特色，易于与现有的设计相区别。

判断申请专利的外观设计是否与已有的设计相同和相近似，一般应遵循以下原则：

（1）以外观设计应用的同类产品进行比较。申请外观设计专利，法律规定应当写明使用该外观设计的产品及其所属产品类别。因此判断外观设计是否相同和相近似，应该限于和该产品所属类别的产品使用的外观设计相比较，不应和不同类别的产品的外观设计进行比较。即外观设计的比较应该在同类产品之间进行。

（2）以产品的外观作为判断的主体，从整体观察，不应拘泥于局部要素。即从整体上比较两个外观设计是否有明显的不同，而不能将各个部分分别加以比较。从整体上看，两个外观设计的差别是显而易见的，则不能认为是相同和相近似的。

丧失新颖性的例外。我国《专利法》规定的丧失新颖性的例外规定同样也适用于外观设计。即一项外观设计如果在申请日以前已经在我国政府主办或者承认的国际展览会上首次展出的，或者在规定的学术会议或者技术会议上首次发表的，或者第三人未经申请人同意而泄露的，可以在公开后的6个月内立即提出外观设计专利申请，可以视为不丧失新颖性。

二、创造性

《专利法》第23条第2款规定："授予专利权的外观设计与现有设计或者现有设计特征的组合相比，应当具有明显区别。"判断主体是一般消费者。一般消费者是一个法律上的假定。不同种类的产品具有不同的消费者群体。

《专利审查指南》将某种类外观设计产品的一般消费者定义为：

（1）对涉案专利申请日之前相同种类或者相近种类产品的外观设计及其常用设计手法具有常识性的了解。例如，对于汽车，其一般消费者应当对市场上销售的汽车以及诸如大众媒体中常见的汽车广告中所披露的信息等有所了解。常用设计手法包括设计的转用、拼合、替换等类型。

（2）对外观设计产品之间在形状、图案以及色彩上的区别具有一定的分辨力，但不会注意到产品的形状、图案以及色彩的微小变化。

三、不与他人在先权利相冲突

《专利法》第23条第3款规定："授予专利权的外观设计不得与他人在申请日以前已经取得的合法权利相冲突。"最高人民法院2013年通过的《最高人民法院关于审理专利纠纷案件适用法律问题的若干规定》第16条解释了所谓的在先取得的合法权利，包括商标权、著作权、企业名称权、肖像权、知名商品特有包装或者装潢使用权等。由于外观设计专利权和商标权、著作权、企业名称权等都在各自不同的目的和要件下发生效力，一方设计的客体的一部或全部有时也可能与他方权利的客体相同。因此，凡是利用先申请的他方权利的客体时，或者与先申请的他方权利相抵触时，其外观设计专利权将不能产生，受到他方权利的限制。

第二十章　专利权的取得、无效和终止

专利权具有授权性特点，不能自动取得。发明创造人要使其发明创造成果获得专利保护，必须依照专利法的规定向专利局提出专利权申请，并接受专利局的审查。对经审查合格的专利申请，专利局才授予专利权。专利权的取得，就是专利申请、审查和授权的全部过程。

第一节　专利权的取得

一、专利权申请的原则

专利权申请的原则，是指专利申请人及专利局在专利申请阶段应该共同遵守的准则。专利权是一种独占权，一项发明创造只能被授予一项专利权，这是为各国公认的“一发明一专利”或“排除重复专利”的原则，也称“单一性原则”。但在实践中可能会有两个不同的人分别独立完成了相同的发明创造，并且都向专利局递交专利申请，那么，专利权应当由谁取得？这是专利立法中必须解决的问题。从各国的立法状况看，解决这一问题的方法有两种：一是先发明原则，二是先申请原则。

（一）先发明原则

先发明原则是指当两个或两个以上的申请人就相同发明创造提出专利申请时，以作出发明创造的先后为标准，由最先作出发明创造的申请人取得专利权。从鼓励发明的角度来看，先发明原则有其合理性。因为，专利法保护最先发明创造的人。但先发明原则也有其缺点，主要是：① 当相同的发明创造由不同的人作出时，其发明创造的具体情况，他人难以掌握，一旦发生谁为最先发明人的争议，当事人举证困难，专利机构也难以审查。② 根据先发明原则，发明人完全可以以自己是事实上的最先发明人，任意拖延申请专利的时间。这样就会推迟公开发明创造的时间，增加不必要研究开发的机会。这与专利法的立法宗旨是相违背的。目前只有美国、菲律宾等少数国家原先采用这一原则，现已改为采用先申请原则。事实上，原先实行先发明原则的国家对这一原则也有许多限制。例如，根据原《美国专利法》，先发明原则只适用于美国境内作出的发明，而对境外的发明则适用先申请原则。

（二）先申请原则

先申请原则，是指当两个或两个以上的申请人就相同发明创造提出专利申请时，以申请日期的先后为标准，由最先提出专利申请的人取得专利权。目前，世界上大多数国家都采用先申请原则；对专利机构来讲，易于判定谁是最先的申请人。同时，先申请原则有利于促使发明人尽早公开发明，加速技术进步。

我国专利制度自1985年实施以来便采用先申请原则，以促使发明人尽早将其发明创造申请专利，使先进技术尽早公之于众。我国《专利法》第9条第2款规定："两个以上的申请人分别就同样的发明创造申请专利的，专利权授予最先申请的人。"采用先申请制的关键在于判断申请时间的先后。我国专利制度是以申请日作为判定申请先后的时间标准的。如果同一日申请专利的一律视为同时申请，对于这种因同时申请而产生的冲突，专利法规定采用协商原则进行处理。

（三）优先权原则

优先权原则是先申请原则的例外。

优先权原则是《巴黎公约》的基本原则之一，它为国际间的专利申请提供了便利。依照《巴黎公约》，在申请专利或商标等工业产权时，各缔约国要互相承认对方国家国民的优先权。申请人在任一《巴黎公约》成员国首次提出正式专利申请后的一定期限（发明和实用新型的优先权期限为1年，外观设计的优先权期限为6个月）内，又在其他《巴黎公约》成员国就同一内容的发明创造提出专利申请的，可将其首次申请的申请日作为其后续申请的申请日。这种将后续申请的申请日提前至首次申请的申请日的权利就是优先权；在要求优先权时，首次申请日被称作优先权日；享有优先权的一定期限被称作优先权期。

二、申请日的确定

在采用先申请原则的国家，申请日的确定至关重要，它直接关系到在先申请人和优先权日的确定。

申请日，是指专利申请人向专利局提出专利申请之日。根据我国《专利法》第28条的规定："申请人直接向国务院专利行政部门递交申请文件的，以国务院专利行政部门收到专利申请文件之日为申请日；申请人邮寄递交申请文件的，以邮件寄出的邮戳日为申请日。信封上寄出的邮戳日不清晰的，除申请人能够提出证明（如提供邮件挂号收据）外，以国务院专利行政部门收到日为递交日，确定申请日。"国务院专利行政部门收到专利申请文件后，对符合受理条件的专利申请，应当确定申请日和申请号，并书面通知申请人。

在某些特殊的情况下，可能出现申请日的提前或置后。例如：① 在专利申请人的申请包含着不属于一个总的发明构思的两个以上独立的发明或实用新型时，专利局根据一发明一专利的原则，就会要求申请人重新对各个独立的发明创造分别提出申请，但该重新提出的申请仍以原申请时间为申请日。② 申请人提交的申请文件，经审查发现说明书中有“对附图的说明”，但实际上没有提供附图或缺少部分附图。此时，专利局将通知申请人在指定的期限内补交附图或声明取消对附图的说明。如申请人补交附图，则以申请人向专利局提交或邮寄之日为申请日；如申请人取消对附图的说明，则保留原申请日。

申请日对申请人来说意义重大。首先，对实行先申请原则的国家来说，申请日在先者，便取得了在先申请的地位，使他人在其后就相同发明创造的专利申请（在后申请），因其丧失新颖性而不能取得专利权。其次，专利申请人第一次提出专利申请之日被确定为申请日后，依照法律规定享有国际优先权或本国优先权并提出优先权要求的，则该申请日被认定为优先权日。换言之，申请人其后提出的专利申请被看作是他在第一次提出申请之日提出，因而享有在先申请的优先权。此外，在大多数国家，申请日还是判断新颖性、创造性的时间标准。

三、专利申请的文件

申请专利必须提交专利申请案。专利申请案既是技术性很强的文件，又是法律性很强的文件。它要说明一项发明的具体技术内容，还要说明申请人所请求得到的专利的权利范围。申请案本身的书写很重要。专利申请的文件有很多种类，其中最为重要的是必要申请文件。必要申请文件就是在专利申请中必不可少的专利申请文件。对发明专利申请，其必要申请文件主要有以下几种：发明专利申请书、权利要求书、说明书。实用新型专利的必要申请文件与发明专利申请基本相同，所不同的是，实用新型专利申请文件中必须包括附图。外观设计专利与发明和实用新型不同，外观设计专利的必要申请文件主要有外观设计请求书和图片（或照片）两种。

（一）申请发明专利或者实用新型专利应当提交的文件

我国《专利法》第26条第1款规定：“申请发明或者实用新型专利的，应当提交请求书、说明书及其摘要和权利要求书等文件。”这些申请文件应一式两份提交给国务院专利行政部门。申请人委托专利代理机构向国务院专利行政部门申请专利和办理其他专利事务的，应当同时提交委托书，写明委托权限。

1. 请求书

请求书，是指申请人请求专利行政部门授予发明或者实用新型专利权的书面文件。请求书中应当包括以下内容：① 发明创造的名称；② 发明人或者设计人的姓名和地址；③ 申请人的姓名或名称、国际地址；④ 申请人是企业或其他组织的，其总部所在的国家；⑤ 申请人为专利申请权合法承受人时有关情况的说明；⑥ 申请人委托专利代理机构时，专利代理机构的名称、地址、专利代理人的姓名；⑦ 申请人有 2 个以上而未委托专利代理机构时，被指定为代表人的姓名和地址；⑧ 要求优先权时应当注明的有关事项；⑨ 申请人或专利代理机构的签名或盖章。

2. 说明书

说明书是阐述发明或者实用新型技术实质的文件。它是申请人撰写权利要求书的根据和基础，权利要求书所要求保护的，只能是说明书中所阐述的内容。因此，说明书同时又是确定权利要求保护范围的依据。可见，说明书是专利申请的核心文件。

由于授予专利权的目的是为了鼓励和推动发明创造的实施，各国专利法都要求说明书应写得全面充分。说明书应当写明发明或者实用新型的名称，该名称应当与请求书中的名称一致。根据我国《专利法》第 26 条第 3 款要求，说明书应当对发明或者实用新型作出清楚、完整的说明，以所属技术领域的技术人员能够实现为准，必要的时候应当有附图。摘要应当简要说明发明或者实用新型的技术要点。

根据我国《专利法实施细则》第 17 条的规定，除非其发明或者实用新型的性质用其他方式或者顺序撰写能节约说明书的篇幅并使他人能更好地了解其发明或者实用新型，说明书应当按照以下方式和内容顺序写作：① 发明或实用新型的名称；② 发明或实用新型所属技术领域；③ 对发明或实用新型的理解、检索、审查有用的背景技术，并且引证反映这些背景技术的文件；④ 发明或实用新型内容，发明或实用新型所要解决的技术问题以及解决其技术问题采用的技术方案，发明或实用新型与现有技术相比所具有的有益的效果；⑤ 附图说明，说明书有附图的，要对各幅附图作简略说明；⑥ 具体实施方式，详细描述申请人认为实现发明或实用新型的优选方式，必要时，应当举例说明，有附图时，应当对照附图。

3. 说明书附图

实用新型专利申请说明书应当有表示要求保护的产品的形状、构造或者其结合的附图。

附图的作用在于对说明书进行补充，便于公众对发明或实用新型的理解和实施。附图往往又是帮助审查员进行审查的重要手段。说明书中提到附图，而实际上没有提交附图或提交的附图不全的，则可能因申请文件不齐全而影响申请日。

关于附图的绘制，有严格的要求。附图要用绘图工具绘制，实用黑色绘图墨水。依照我国《专利法实施细则》第 18 条规定，附图应当按照“图 1，图 2，……”顺序编号排列。附图的大小及清晰度，应当保证在该图缩小 2/3 时仍能清楚地分辨出图中的各个细节。发明或实用新型说明书文字部分中未提及的附图标记不得在附图中出现，附图中未出现的附图标记不得在说明书文字部分中提及。申请文件中表示同一组成部分的附图标记应当一致。附图中除必需的词语外，不应当有其他注释。

4. 说明书摘要

说明书摘要是对说明书内容的简要概括。其目的是为了使任何有关的人迅速了解关于发明或实用新型的主要内容，便于文献的检索和分类。我国《专利法实施细则》第23条规定，说明书摘要应当包括以下内容：发明或者实用新型所涉及的主题名称、所属的技术领域、需要解决的技术问题、解决该问题的技术方案的要点及主要用途；说明书摘要可以包含最能说明发明的化学式；有附图的专利申请，还应当提供一幅最能说明该发明或者实用新型技术特征的附图。附图的大小及清晰度应当保证在该图缩小到4厘米×6厘米时，仍能清晰地分辨出图中的各个细节。摘要文字部分不得超过300个字。摘要中不得使用商业性宣传用语。

5. 权利要求书

权利要求书是申请人要求专利保护范围的书面文件。在发明创造被授予专利权后，权利要求书是确定发明或实用新型专利权范围的直接依据，也是判断他人是否构成专利侵权的依据。

权利要求书应当以说明书为依据，清楚、简要地限定要求专利保护的范围。

我国《专利法实施细则》第19条规定，权利要求书应当记载发明或者实用新型的技术特征。权利要求书有几项权利要求的，应当用阿拉伯数字顺序编号。权利要求书中使用的科技术语应当与说明书中术语的科技术语一致，可以有化学式或者数学式，但是不得有插图。除绝对必要的外，不得使用“如说明书……部分所述”或者“如图……所示”的用语。权利要求书中的技术特征可以引用说明书中附图相应的标记，该标记应当放在相应的技术特征后面，并置于括号内，以利于理解权利要求，但附图不得解释为对权利要求的限制。权利要求书应当按照专利法规定的格式和顺序编写。

权利要求书应当有独立权利要求，也可以有从属权利要求。独立权利要求应当从整体上反映发明或实用新型的主要技术方案，记载解决技术问题的必要技术特征。从属权利要求是指用要求保护的附加技术特征，对引用的权利要求作进一步的限定的权利要求。

发明或者实用新型的独立权利要求应当包括前序部分和特征部分，从属权利要求应当包括引用部分和限定部分。

就依赖遗传资源完成的发明创造申请专利的，申请人应当在请求书中予以说明，并按要求填写国务院专利行政部门制定的表格。依赖遗传资源完成的发明创造，申请人应当在专利申请文件中说明该遗传资源的直接来源和原始来源；申请人无法说明原始来源的，应当陈述理由。

（二）申请外观设计专利应当提交的文件

外观设计专利保护的是对产品的外表形状、图案或其结合以及色彩与形状、图案的结合所作出的富有美感的新设计。这种设计的本质特征只有通过图片或者照片才能最形象地反映出来。故确定外观设计专利保护的范围主要是以图片或照片为依据。因此，外观设计专利申请不需要提交以文字叙述的说明书、权利要求书和摘要。根据专利法的规定，申请外观设计专利应当提交请求书、该外观设计的图片或者照片必要时提交该外观设计的简要说明、使用该外观设计的产品样品或模型。

1. 请求书

外观设计请求书与发明或实用新型的请求书的性质相同。由于外观设计很难命名，所以无需写明外观设计的名称，但须按照专利行政部门公布的外观设计产品分类表，写明使用外观设计的产品及该产品所属的类别。

2. 图片或照片

由于外观设计的直观形象性，其本质特征只能通过图片或照片才能准确地表现出来，所以申请外观设计专利必须提供图片或照片。为了清楚地显示请求保护的对象，申请人应当就每件外观设计专利产品所需要保护的内容提交不同角度、不同侧面和不同状态的图片或照片，以达到能清楚、完整、准确地显示请求保护的外观设计。同时请求保护色彩的外观设计专利申请，还应当提交彩色图片或照片各一式两份。申请人提交的图片和照片，不得小于 3 厘米 ×8 厘米，也不得小于 15 厘米 ×22 厘米。

3. 简要说明

简要说明应当写明外观设计产品的名称、用途，外观设计的设计要点，并指定一幅最能表明设计要点的图片或者照片。省略视图或者请求保护色彩的，应当在简要说明中写明。简要说明不得使用商业性宣传用语，也不能用来说明产品的性能和用途。

4. 使用外观设计的产品样品和模型

我国《专利法实施细则》第 29 条规定，在国务院专利行政部门认为必要时，可以要求申请人提交外观设计的产品样品或模型。样品或模型的体积不得超过 30 厘米 ×30 厘米 ×30 厘米，重量不得超过 15 公斤。易腐、易损或危险物品不得作为样品或模型提交。

除了上述的必要申请文件外，在专利申请时还可以根据申请人的具体要求另外递交各种附加申请文件，如优先权证明及有关文件、代理人委托书、不丧失新颖性的证明文件等。

四、专利申请的修改与撤回

为了使申请人的专利申请文件充分、准确、完整地表明申请专利的发明创造和申请人请求法律保护的意愿，使申请人的发明创造成果不至于因申请文件不妥或欠缺而丧失取得专利的机会，我国专利法规定允许专利申请人自动提出修改申请文件。专利申请的修改，可以由申请人自己主动提出，也可以根据国务院专利行政部门的要求进行修改。

申请人主动提出修改的，应当遵守以下几种规定：① 对发明专利申请主动要求修改的，应当在提出实质审查或者在收到国务院专利行政部门发出的发明专利申请进入实质审查阶段通知书之日起 3 个月内提出；对实用新型和外观设计专利申请主动要求修改的，应当在自申请日起 2 个月内提出。② 申请人在收到国务院专利行政部门发出的审查意见书后进行修改的，应按通知书的要求进行修改。③ 对发明和实用新型专利申请文件的修改不得超出原说明书和权利要求书记载的范围，对外观设计专利申请文件的修改不得超出原图片或者照片表示的范围。④ 对发明或者实用新型专利申请的说明书或者权利要求书的修改部分，除个别文字修改或者增删外，应当按照规定格式提交替换页；对外观设计专利申请的图片或者照片的修改，应当按照规定提交替换页。

对专利申请文件，国务院专利行政部门要求修改的，申请人应当按照专利行政部门的具体要求进行修改，并在专利行政部门指定的期限内完成。其修改部分，除个别文字修改或者增删外，应当按照规定格式提交替换页；对图片或者照片的修改，应当按照规定提交替换页。

专利申请的撤回，可分为明示撤回和推定撤回。

明示撤回，是指申请人以书面形式明确作出意思表示，撤回专利申请。我国《专利法》第 32 条规定："申请人可以在被授予专利权之前随时撤回其专利申请。" 申请人撤回专利申请应当向国务院专利行政部门提交书面撤回声明，写明发明创造的名称、申请号和申请日。如果撤回专利申请的声明是在专利行政部门做好公布专利申请文件的印刷准备工作后提出的，申请文件仍予公布。但是，撤回专利申请的声明应当在以后出版的专利公报上予以公告。

推定撤回，是指申请人未能按照法律规定或者专利行政部门要求的方式或者期限完成某项行为时，依据相应的法律规定推定申请人撤回了专利申请。例如，我国《专利法》第 35 条规定，发明专利的申请人，在自申请日起 3 年内，可以请求国务院专利行政部门对其申请进行实质审查，无正当理由逾期不提出实质审查的，该申请被视为撤回。其他如《专利法》第 36 条、第 37 条，《专利法实施细则》第 42 条等都有类似的规定。申请人撤回申请时应当注意，若申请在公开前撤回，视为该申请自始不存在，不影响在后申请的新颖性；如果申请是在公开后撤回的，则该发明创造丧失新颖性，进入公有领域，任何申请人都不能获得专利。

第二节 专利的审批

一、国际上存在的几种专利审查制度

世界各国专利局在授予专利权之前，都要对专利申请进行一定的审查，决定是否授予专利权。然而，各国审查专利申请的方式却大不相同，一般来说可分为登记制、文献报告制和审查制三种。在实行登记制的国家中，专利局只对申请文件的撰写方式及是否齐全等形式条件进行审查，只要符合要求就授予专利权。登记制的好处是审查专利申请不需要配备大量的技术人员，也不需要检索文献资料，省力省事，审批迅速；但缺点是专利的质量不高，专利权不稳定。实行文献报告制的国家的专利局，要对专利申请进行新颖性和创造性检索，并提出文献报告。申请人可根据文献报告评估自己的发明，决定撤回还是维持自己的申请。实行审查制的专利局不仅要对专利申请是否符合形式条件进行初步审查，而且要对该申请是否具备新颖性、创造性和实用性等实质性条件进行审查，以确定该申请的专利性。实行专利审查审批制度的目的在于统一专利标准，提高专利质量，保证申请人的利益。审查制又分为即时审查制和延迟审查制两种。即时审查制是指专利局收到专利申请以后，不需要经过申请人的请求，即刻开始对专利申请的全面审查。延迟审查制是指专利局收到专利申请以后，先进行形式条件的初步审查，经过一定的期限将申请予以公布，但不进行实质审查，只有当申请人提出实质审查请求时，专利局才会启动实质审查程序。

我国对发明专利申请采用延迟审查制，即国务院专利行政部门收到专利申请后，先进行形式条件的初步审查，经过一定的期限将申请予以公布，但不进行实质审查，只有当申请人提出实质性审查请求时，国务院专利行政部门才会启动实质性审查程序；对实用新型和外观设计专利申请采用登记制，即专利行政部门只对申请文件的撰写方式及是否齐全等形式条件进行初步审查，只要符合要求就授予专利权，不再有公布、实质审查等程序。

二、发明专利申请的审批

一项发明专利申请经过初步审查、发明专利申请的公布、实质审查阶段等环节才可能被授予专利权。

（一）初步审查

初步审查是发明专利申请公布前的一个重要审查环节。经初步审查认为符合规定的

发明专利申请才能进入公布程序。初步审查是专利局受理发明专利申请后，在受理该申请文件时所进行的简单形式审查的基础上，进一步对申请文件的形式条件和申请手续进行的审查。

根据我国《专利法》的规定，发明专利申请的初步审查包括下列内容：发明专利申请是否具备《专利法》第26条所规定的请求书、说明书及其摘要、权利要求书和其他必要的文件；这些文件是否符合规定的格式；申请专利的发明是否明显属于违反国家法律、社会公德或者妨害公共利益的发明创造；申请专利的项目是否明显属于不授予专利权的主题范围；在中国没有经常居所或者营业所的外国申请人是否有资格在中国申请专利以及是否委托了指定的专利代理机构；发明专利申请是否明显不符合单一性要求；申请人对专利申请文件的修改是否明显超出原说明书和权利要求书记载的范围；申请专利的发明是否明显不属于专利法意义上的发明；申请人是否缴纳了申请费等等。

对存在缺陷或明显不符合专利法及其实施细则有关规定的申请文件或申请手续，国务院专利行政部门将向申请人发出审查意见通知书，要求申请人在指定期限内陈述意见或者对其缺陷进行补正，申请人期满未答复的，其申请即被视为撤回。申请人陈述意见或者补充后，专利行政部门将对此进一步的审查，认为仍然不符合规定或未消除缺陷的，则作出驳回该发明专利申请的决定。申请人不服的，可以请求专利复审委员会复审。专利申请符合初步审查要求的，初步审查阶段即告结束。

（二）发明专利申请的公布

根据《专利法》第34条的规定，国务院专利行政部门对于经初步审查认为符合专利法及其实施细则规定的发明专利申请，自申请日（有优先权的，指优先权日）起满18个月，予以公布。国务院专利行政部门还可根据申请人的请求，提前公开其申请。专利行政部门公布专利申请的方式是利用《发明专利公报》登载发明专利申请请求书中记载的事项和说明书及摘要，另外还出版发明说明书和权利要求书的全文单行本。早期公开的目的是使公众可以及早自由阅读和索取有关文献，有利于公众对专利申请审批进行监督和协助，也有利于最新技术的迅速传播和利用。

（三）实质审查阶段

实质审查就是专利局对发明的新颖性、创造性、实用性等实质性条件进行的审查。在延迟审查制度下，进入实质审查程序的前提是申请人提出实质审查请求权。根据我国《专利法》第35条的规定，自申请日（有优先权的，指优先权日）起3年内，申请人可以随时请求国务院专利行政部门对其发明专利申请进行实质审查。申请人在上述期限内不提出实质审查请求而无正当理由的，该专利申请即被视为撤回。国务院专利行政部门认为必要的时候，也可自行对发明专利申请进行实质审查。在此情况下，申请人有义

务在审查过程中，按专利行政部门要求办理有关手续

专利行政部门收到实质审查请求书后，即对该发明专利申请开始进行实质审查。实质审查的核心内容是发明是否具有专利性条件，即新颖性、创造性和实用性。审查的办法是通过对世界性及国内专利文献检索及对国内现有技术比较、分析判断申请的发明是否具有“三性”。专利行政部门审查后，认为不符合专利法规定的，将向申请人发出审查意见通知书，要求其在指定的期限内陈述意见，或者对其申请进行修改。如果申请人未在指定期限内答复的，该发明专利申请即被视为撤回。申请人陈述意见或者对其申请进行修改后，专利行政部门经进一步审查，认为仍然不符合专利法规定的，则将作出驳回该发明专利申请的决定。

发明专利申请经实质审查没有发现驳回理由的，专利行政部门将作出授予发明专利权的决定，发给发明专利证书，并予以登记和公告。申请人应当自收到专利局关于授予专利权的通知之日起 2 个月内办理登记手续。期满未办理登记手续的，视为申请人放弃取得专利权的权利。专利权自公告之日起生效。

三、实用新型和外观设计专利申请的审批

根据我国《专利法》第 40 条的规定，国务院专利行政部门受理实用新型和外观设计专利申请后，只进行初步审查，不会再有公布、实质审查等程序。

根据《专利法实施细则》第 44 条的规定，实用新型专利申请的初步审查包括以下内容：该申请是否具备《专利法》第 26 条规定的请求书、说明书及其摘要、说明书附图、权利要求书和其他必要的文件；这些文件是否符合规定的格式；该申请是否明显属于违反国家法律、社会公德或者妨害公共利益的发明创造；该申请是否明显属于不授予专利权的主题范围；在中国没有经常居所或营业所的外国申请人是否有资格在中国申请专利以及是否委托了指定的专利代理机构；该申请是否明显不符合单一性要求；申请人对专利申请文件的修改是否明显超出原说明书和权利要求书记载的范围；申请专利的发明是否明显不属于专利法意义上的实用新型；该申请的主题是否已经获得过专利权；说明书、附图和权利要求书的撰写是否明显不符合专利法及其实施细则的规定；申请人是否为最先申请人；等等。

实用新型和外观设计专利申请经初步审查没有发现驳回理由的，由国务院专利行政部门作出授予实用新型专利权或者外观设计专利权的决定，发给相应的专利证书，同时予以登记和公告。实用新型专利权和外观设计专利权自公告之日起生效。

四、专利的复审

专利申请经过专利行政部门的审查后，不外乎两个结果：要么被驳回，要么被授予专利权。在驳回的情况下，如果当事人不服的，仍然有申诉的机会，这就是请求复审。

复审程序的目的是为了更正专利局在审批专利过程中可能出现的失误，维护当事人的利益。

专利复审人对专利行政部门驳回其专利申请的决定不服的，有权在收到通知之日起3个月内向专利复审委员会请求复审。专利复审委员会由国务院专利行政部门指定有经验的技术和法律专家组成，其主任委员由国务院专利行政部门负责人兼任。请求复审时，应提交复审请求书，说明理由并附具有关的证明文件。请求书和证明文件应当一式两份。专利审请人请求复审应当缴纳复审费，未按规定缴纳复审费的，视为未提出复审请求。在请求复审时，专利申请人可以修改被驳回的专利申请，但修改应当仅限于消除驳回决定或者复审通知书指出的缺陷。

专利复审委员会收到复审请求后，首先审查复审请求书是否符合规定的格式，不符合规定格式的，复审请求人应当在专利复审委员会指定的期限内补正，逾期不补正的，该复审请求被视为未提出。对符合规定格式的复审请求书，专利复审委员会将转交给专利行政部门原审查部门进行审查。原审查部门根据复审请求人的请求，同意撤销原决定的，则专利复审委员会不进行审查，直接作出撤销原驳回决定的复审决定，并通知复审请求人。如原审查部门不同意撤销原复审决定的，则专利复审委员会必须进行审查。专利复审委员会进行复审后，认为复审请求不符合专利法规定的，应通知复审请求人，要求其在指定的期限内陈述意见，无正当理由逾期不答复的，其复审请求被视为撤回。

专利复审委员会经过复审，将作出维持原决定或者撤销原决定的复审决定，并以书面形式通知复审请求人。复审请求人对专利复审委员会所作出的复审决定不服，可以在收到通知之日起3个月内向人民法院起诉。

第三节　专利的无效与终止

一、专利权的无效宣告

专利申请经审查批准之后就获得了专利权。专利权期限从在中国的实际申请日起计算，发明专利为20年，实用新型专利和外观设计专利为10年。然而，专利权的有效性在专利权授予之后仍然处于社会的监督之下，任何人发现专利权的授予违反专利法的规定时，均可向专利复审委员会提出宣告专利权无效的请求。无效宣告的目的在于及时纠正专利授权中的失误，确保所授专利权的质量，保护其他发明创造人的利益。实行无效宣告有利于社会对专利授权行为进行监督，以保证专利的质量。

根据我国《专利法》第45条的规定，自国务院专利行政部门公告授予专利权之日起，任何单位或者个人认为该专利权的授予不符合专利法有关规定的，都可以请求专利复审委员会宣告该专利权无效。请求宣告专利权无效或者部分无效的，请求人要向专利复审委员会提交专利权无效宣告请求书应当结合提交的所有证据，具体说明无效宣告请求的理由，并指明每项理由所依据的证据。

专利权无效宣告请求书不符合规定格式的，无效宣告请求人要在专利复审委员会指定的期限内补正，请求人期满未补正的，该无效宣告请求视为未提出。

请求宣告专利权无效的理由可以是被授予专利权的发明或者实用新型不具备新颖性、创造性和实用性；被授予专利权的外观设计不符合《专利法》第23条规定的授权条件；发明专利或实用新型专利的说明书没有对发明或者实用新型作出清楚、完整的说明，致使所属技术领域的普通技术人员不能实现；发明专利或实用新型专利的权利要求书没有以说明书为依据；申请人对发明和实用新型专利申请文件的修改超出原说明书和权利要求书记载的范围，对外观设计专利申请文件的修改超出原图片或者照片表示的范围；被授予专利权的发明创造不属于专利法意义上的发明、实用新型或外观设计；同样的发明创造被授予两项以上的专利权；被授予专利权的发明创造违反国家法律、社会公德或者妨害公共利益；被授予专利权的发明创造属于《专利法》第25条规定的不授予专利权的领域；专利权人属于《专利法》第9条规定不能取得专利权的人等等。

专利权无效宣告请求书中未说明所依据的事实和理由，或者所提出的理由不符合专利法及其实施细则规定的，专利复审委员会将不予受理。如果请求人在已提出的撤销专利权请求尚未作出决定前又请求无效宣告，或者就撤销专利权请求、无效宣告请求已作出的决定，又以同一事实和理由请求无效宣告，专利复审委员会也不予受理。

专利复审委员会受理请求人的专利权无效宣告请求书之后，开始进行审查，同时将专利权无效宣告请求书的副本和有关文件的副本送交专利权人，要求其在指定的期限内陈述意见，专利权人可以修改专利文件，但是不得扩大原专利保护的范围；专利权人期满未答复的，不影响专利复审委员会的审理。专利复审委员会对宣告专利权无效的请求进行审查后，将作出维持或宣告专利权无效的决定，并通知请求人和专利权人。宣告专利权无效的决定，由国务院专利行政部门登记和公告。①

对专利复审委员会宣告专利权无效或者维持专利权的决定不服的，当事人可以在收到通知之日起3个月内向人民法院起诉。人民法院应当通知无效宣告请求程序的对方当事人作为第三人参加诉讼。

宣告无效的专利权被视为自始不存在。原来受专利法保护的技术方案成为公知技

① 在目前的《专利法》第4次修改中，将会明确规定宣告专利权无效决定和维持专利权决定的生效时间。主要修改理由是：这类决定属于具体行政行为，依照行政法原理，一经送达即发生法律效力。而依照现行《专利法》的规定，该决定处于效力待定状态，在当事人不服决定提起行政诉讼期间，人民法院或专利行政部门要中止相关程序，等待行政诉讼结果，从而导致现实中的专利维权久拖不决问题。明确决定生效时间有望解决这类问题。

术，任何人都可以不经许可无须付酬加以使用。但是，对宣告无效前人民法院作出并已执行的专利侵权判决和调解书，已经履行或强制执行的专利侵权纠纷处理决定，以及已经履行的专利实施许可合同和专利权转让合同，宣告无效的决定不具有追溯力。如果因专利权人的恶意给他人造成损失的，应当给予赔偿。如果不返还专利侵权赔偿金、专利使用费、专利权转让费，明显违反公平原则的，应当全部或者部分返还。

二、专利权的终止

专利权的终止，指的是专利权因保护期限届满或其他原因在保护期届满前失去法律效力。专利权终止后，被授予专利权的发明创造进入公有领域，成为人类的共同财富，任何单位和个人都可以无偿使用。

根据我国专利法的规定，专利权终止的事由主要有以下几种：

（1）没有按规定缴纳专利年费。年费是专利权的维持费，是维持专利权效力的必要条件。专利权人应当自被授予专利权的当年开始缴纳年费。专利权人未按规定缴纳年费的，专利权在期限届满前终止。

授予专利权当年以后的年费应当在上一年度期满前缴纳。专利权人未缴纳或者未缴足的，国务院专利行政部门应当通知专利权人自应当缴纳年费期满之日起6个月内补缴，同时缴纳滞纳金；滞纳金的金额按照每超过规定的缴费时间1个月，加收当年全额年费的5%计算；期满未缴纳的，专利权自应当缴纳年费期满之日起终止。

（2）专利权的保护期限届满。专利权有特定的保护期限，保护期限届满专利权自行终止。这是专利权终止的最普遍的原因。

（3）专利权人以书面声明放弃专利权。专利权人申请专利的目的是要获取更大的经济利益，因此应竭力维持专利权的有效性。但在实际中，专利人出于自身利益的考虑，有时会在专利权期限届满前主动提出放弃专利权。比如，专利权失去存在的价值或专利权人无力继续缴纳年费，则专利权人往往会作出放弃专利权的决定。

应当说明的是，如果专利权人已将专利权许可他人实施的，则应考虑被许可人的利益，征得被许可人的同意。被许可人不同意放弃专利权的，可由其代缴年费，以保证专利权的效力。专利权人放弃专利权应当以书面方式提出。

（4）专利权人死亡，无继承人或受遗赠人。专利权人死亡，无继承人或受遗赠人，则专利权由于没有权利承受主体而终止。

专利权终止后，专利行政部门应当进行登记和公告，专利权从专利行政部门登记和公告日起终止。

第二十一章　专利权的内容

第一节　专利权人的权利和义务

一、专利权人的权利

申请专利的发明创造经专利行政部门审查，被批准授予专利权后，专利权人就具有了对该项发明创造的独占权。这种独占权的效力体现在两个方面：一是专利权人有权禁止其他任何人不经许可实施其取得专利的发明创造；二是专利权人可以许可他人实施其获得专利保护的发明创造。

按我国专利法的规定，专利权人享有署名权、禁止权、许可权、转让权、标记权等各项权利。

（一）署名权

署名权，是指发明人或设计人有权在专利申请文件和专利文件中写明自己是发明人或设计人的权利。它表明对作出发明创造的人的科学研究成果的承认，是专利权人的精神权利。署名权是专利权人的一项人格权，与发明人或设计人的人身不可分离。因此，无论专利权以何种方式由他人继受取得，署名权永远属于发明人或设计人。

（二）禁止权

根据《专利法》第11条的规定，发明和实用新型专利权被授予后，除本法另有规定的以外，任何单位或者个人未经专利权人许可，都不得实施其专利，即不得为生产经营目的制造、使用、许诺销售、销售、进口其专利产品，或者使用其专利方法以及使用、许诺销售、销售、进口依照该专利方法直接获得的产品。外观设计专利权被授予后，任何单位或者个人未经专利权人许可，都不得实施其专利，即不得为生产经营目的制造、许诺销售、销售、进口其外观设计专利产品。

（三）许可权

专利权人有权许可他人以生产经营为目的实施其专利。通过书面专利实施许可合同，被许可的一方取得了专利实施权，即取得为生产经营目的制造、许诺销售、使用、销售、进口发明或实用新型专利产品，或者使用其专利办法以及使用、许诺销售、销售、进口依照该方法直接获得的产品，或者制造、许诺销售、销售、进口外观设计专利产品的权利。

作为代价，被许可方要向专利权人支付专利实施许可费。此时，被许可方不享有完整的专利权，同时也无权允许合同规定以外的任何单位或者个人实施该项专利。

专利权人与他人订立的专利实施许可合同，应当自合同生效之日起3个月内向国务院专利行政部门备案。

（四）转让权

专利权人有权将其专利权通过买卖、赠与等方式转移给其他任何单位或个人。此时专利权的转让完全同一般的有形财产转让一样，只不过专利权的转让要求当事人之间必须签订书面的转让合同，经国务院专利行政部门登记后予以公告。转让自登记之日起生效。我国单位或者个人向外国人、外国企业或者外国其他组织转让专利申请权或者专利权的，应当依照有关法律、行政法规的规定办理手续。

（五）标记权

专利权人有权在其专利产品或该产品的包装上标明专利标记和专利号。关于专利标记的具体内容和要求，我国没有统一的规定，专利权人可以根据自己的专利产品自行设计。专利号是专利权人申请专利时由国家专利行政部门确定的专利号码，该号码在专利权有效期内始终如一。专利权人行使标记权的意义在于向社会明示该产品获得了专利权，以提高产品的竞争力和信誉，同时也起到一定的防止侵权的作用。

二、专利权人的义务

（一）缴纳专利年费

《专利法》第43条和《专利法实施细则》第98条规定，专利权人应当自被授予专利权的当年开始缴纳年费。授予专利权当年以后的年费应当在上一年度期满前缴纳。向国务院专利行政部门申请专利和办理其他手续，应当按照规定缴纳费用。专利权人未按规定缴纳年费的，专利权在期限届满前终止。这就是说，专利权人在取得专利权的同时，要承担向专利行政部门缴纳费用的义务。专利法规定专利权人承担缴费义务，既可以促使专利权人努力提高技术的先进性和可靠性，保证专利的质量；也有助于促进专利技术的实施。

（二）不得滥用专利权

不得滥用专利权是指专利权人必须在法律规定的范围内正确行使专利权，而不得利用专利权损害社会利益或他人合法权益。如果专利权人向受让人提出限制竞争和技术发展的交易条件、非法垄断技术、妨碍技术进步、泄露属于国家秘密的专利等，则属滥用专利权的行为，客观上会损害他人、国家或社会利益，必须依法予以禁止。2008 年 8 月 1 日起施行的《中华人民共和国反垄断法》第 55 条就规定："经营者滥用知识产权，排除、限制竞争的行为，适用该法。违法者将依法承担相应法律责任。"

第二节　对专利权的限制

专利权人对其发明创造享有独占权，其他任何人实施该项专利必须征得专利权人的同意。但是，从维护社会公众利益，促进社会发展方面考虑，专利法对专利权也规定了若干限制。这些限制包括时间限制和专利权行使方面的限制两类。

一、时间限制

专利权只在专利有效期内有效，期限届满，即丧失法律效力。该项发明创造便成为社会公共财富，任何单位或个人均可无偿使用。我国《专利法》第 42 条规定，发明专利有效期为 20 年，实用新型和外观设计专利有效期为 10 年，[①] 皆从在中国的实际申请日起计算。

二、专利权行使方面的限制

（一）保密专利的指定实施

保密专利是指涉及国家安全或重大利益需要保密的专利，它指的是涉及国防方面的国家秘密的发明专利。该类专利由国务院国防科技主管部门设立的国防专利机构受理。保密专利的指定实施是为了既确保国防秘密，又便于发明的推广。对保密专利，国务院有关部委、中国人民解放军有关部门，有权指定所属单位实施本系统内的国防专利。国防专利权人，凡承担国防科研、生产、试验任务的，经上级主管部门批准，可以实施其国防专利。未承担上述任务的，不得实施其国防专利。

---

① 在目前的《专利法》第 4 次修改中，外观设计专利权有效期可能从 10 年调整为 15 年。修改的主要理由是：我国外观设计专利申请量已经位居世界首位，但是我国对这类专利权的保护期相比其他国家偏低；另外，我国考虑加入《工业品外观设计国际注册海牙协定》，该协定的 1999 年日内瓦文本要求成员方给予外观设计的保护期限至少要有 15 年。

（二）发明专利的计划推广应用

发明专利的计划推广应用是指经国务院批准，国务院有关主管部门和省、自治区、直辖市人民政府可以决定在批准范围内，将对国家利益或公共利益具有重大意义的发明专利专利推广应用，允许指定的单位实施。由实施单位按照国家规定向专利权人支付使用费。

这种计划推广应用有以下的条件限制：① 计划推广应用的对象只能是对国家利益或公共利益具有重大意义的发明专利，它不是一般的发明专利，也不是实用新型或外观设计专利。② 必须经国务院批准。③ 被推广应用的专利权人必须是中国的单位和个人，而不是外国的单位和个人。④ 实施单位应按规定向专利权人支付专利使用费，并且无权允许其他单位或个人实施该专利。

（三）专利实施的强制许可

专利实施的强制许可，又称非自愿许可，是指国务院专利行政部门依法定条件和程序颁布的实施专利的一种强制性许可方式。强制许可是在专利权人不同意或者没有许可他人实施其专利的情况下，由专利行政部门依有关当事人的请求而颁发的许可。它是国际上普遍认可和采用的一种许可方式，而且只适用于发明专利和实用新型专利，不适用于外观设计专利。

采用强制许可的意义在于防止和限制专利权人滥用专利权，维护国家利益和公共利益，促进发明创造的推广应用。

按照我国专利法的规定，出现以下几种情形的，国务院专利行政部门可以给予实施发明专利或者实用新型专利的强制许可：

（1）专利权人自专利权被授予之日起满 3 年，且自提出专利申请之日起满 4 年，无正当理由未实施或者未充分实施其专利的。这里所称的未充分实施其专利，是指专利权人及其被许可人实施其专利的方式或者规模不能满足国内对专利产品或者专利方法的需求。但是，如果强制许可涉及的发明创造为半导体技术的，不能适用这种情形。

（2）专利权人行使专利权的行为被依法认定为垄断行为，为消除或者减少该行为对竞争产生的不利影响的。

出现上述两种情况的，具备实施条件的单位或者个人可以提出申请，国务院专利行政部门可以给予实施发明专利或者实用新型专利的强制许可。这种强制许可也称为一般强制许可。

（3）在国家出现紧急状态或者非常情况时，或者为了公共利益的目的。这种许可也称为为公共利益目的的强制许可。

（4）为了公共健康目的。对取得专利权的药品，国务院专利行政部门为了公共健康目的，可以给予制造并将其出口到符合我国参加的有关国际条约规定的国家或者地区的强制许可。这里所称的取得专利权的药品，是指解决公共健康问题所需的医药领域中的任何专利产品或者依照专利方法直接获得的产品，包括取得专利权的制造该产品所需的活性成分以及使用该产品所需的诊断用品。

（5）一项取得专利权的发明或者实用新型比之前已经取得专利权的发明或者实用新型具有显著经济意义的重大技术进步，其实施又有赖于前一发明或者实用新型的实施的。

这种情形下，国务院专利行政部门根据后一专利权人的申请，可以给予实施前一发明或者实用新型的强制许可。反之，国务院专利行政部门根据前一专利权人的申请，也可以给予实施后一发明或者实用新型的强制许可。这种也称为从属专利许可。但是，如果强制许可涉及的发明创造为半导体技术的，不能适用这种情形。

上述情形中凡是申请实施强制许可的单位或者个人，都要向专利行政部门提供证据，证明其以合理的条件请求专利权人许可其实施专利，但未能在合理的时间内获得许可。

专利行政部门颁发强制许可后，取得实施强制许可的单位或者个人应当付给专利权人合理的使用费，或者依照中华人民共和国参加的有关国际条约的规定处理使用费问题。付给使用费的，其数额由双方协商；双方不能达成协议的，由国务院专利行政部门裁决。

但是，实施的范围和时间由专利行政部门依据强制许可的理由作出规定。取得实施强制许可的单位或者个人不享有独占的实施权，并且无权允许他人实施。当强制许可的理由消除或者不再发生时，专利行政部门可以根据专利权人的请求对这种情况进行审查，终止实施强制许可。

专利权人对专利行政部门关于实施强制许可的决定不服的，专利权人和取得实施强制许可的单位或者个人对专利行政部门关于实施强制许可的使用费的裁决不服的，可以自收到通知之日起3个月内向人民法院起诉。

（四）专利权的例外

专利法的权利不是绝对的，有些未经专利权人同意实施专利的行为依法不构成专利侵权，这也是对专利权的一种限制。与国际专利立法一致，我国《专利法》第69条规定了以下几种情形，不构成侵犯专利权：

（1）专利产品或者依照专利方法直接获得的产品，由专利权人或者经其许可的单位、个人售出后，他人使用、许诺销售、销售、进口该产品的，不构成侵犯专利权。

（2）在一项产品或者方法发明的专利申请日（有优先权的，指优先权日）之前，已经有人制造了与该申请专利的产品相同的产品，或者已经使用了与该申请专利的方法相同的方法，或者已经做好制造、使用的必要准备的，即使该申请人以后取得了专利权，先使用人仍可继续在原有范围制造该产品或使用该方法，不会构成侵犯专利权。

（3）临时通过中国领土、领空、领水的外国运输工具，依照其所属国与我国签订的协议或者共同参加的国际条约，或者依照互惠原则，为其自身需要而在其装置和设备中使用了在中国获得的有关专利，无需得到专利权人的许可。

（4）他人专为科学研究和实验而实施有关专利的，无需得到专利权人的许可。

（5）为提供行政审批所需要的信息，制造、使用、进口专利药品或者专利医疗器械的，以及专门为其制造、进口专利药品或者专利医疗器械的，不构成侵犯专利权。

此外，为生产经营目的使用、许诺销售或销售不知道是未经专利权人许可而制造售出的专利侵权产品，能证明该产品合法来源的，不承担赔偿责任。需要注意的是，这种情况下只是不用承担赔偿责任，其他侵权民事责任如停止侵权、赔礼道歉等还是需要承担的。

第二十二章　专 利 权 的 保 护

第一节　专利权的保护范围

一、权利要求书的解释原则

对于发明或者实用新型专利，其专利文件中的权利要求书是说明专利保护的范围的。权利要求书由反映发明或者实用新型内容的技术特征组成，确定了技术特征也就确定了专利权的保护范围。由于权利要求书通常写得精练，简洁，不易为人所清楚理解，因此经常出现对权利要求书进行解释的问题。我国2009年施行的《专利法》第26条规定："权利要求书应当以说明书为依据，清楚、简要地限定要求专利保护的范围。"我国2010年施行的《专利法实施细则》第19条规定："权利要求书应当记载发明或者实用新型的技术特征。"因此，在确定专利权的保护范围时，对于权利要求书如何解释，在各国有三种不同的解释原则。

（1）周边限定原则。根据这种原则，权利要求书记载的范围是专利权保护的最大限度，应当根据权利要求书的文字严格地忠实地进行解释。因此一般情况下，根据周边限定原则的解释要求，专利权的保护范围要比权利要求书记载的范围稍窄。

（2）中心限定原则。该原则认为权利要求书是专利保护的范围，在解释上不应完全拘泥于权利要求书的文字记载，而应当以权利要求书为中心，全面考虑发明的目的、性质以及说明书和图纸，将中心四周一定范围内的技术也包括在专利保护范围内。

（3）折中原则。也称为主题限定原则，该原则是上述两原则的折中。该原则认为专利保护范围应根据权利要求书的内容进行确定，说明书和附图应当用来解释权利要求。该原则认为，不应当将权利要求书所用措词的严格的字面意义来确定专利的保护范围，说明书和附图只能限于解释权利要求书中含糊不清之处。对权利要求书的解释应当既考虑到给专利权人以适当的保护，又考虑到给第三人以适当的确定性。该原则强调的是主题内容，因此专利权的保护范围除了文字所描述的对象外，还包括从权利要求中得出的等同物等内容。

二、发明和实用新型专利权的保护范围

我国《专利法》第59条第1款规定："发明或者实用新型专利权的保护范围以其权利要求的内容为准，说明书及附图可以用于解释权利要求的内容。"从我国专利法的

规定看，我国采用的是折中（主题限定）原则。根据法律规定，发明或者实用新型专利权的保护范围应当以其权利要求书的内容为准，而不是以权利要求书的文字或措词为准，说明书和附图处于从属地位。也就是说权利要求书的内容是确定保护范围的直接依据，但不能局限于权利要求书的字面意思，也不能以说明书和附图作为直接依据。一项技术构思如果在说明书或附图中得到体现，但在权利要求书中没有记载，则这项技术构思就不在专利权的保护范围内，也就是说，说明书和附图本身不能确定专利权的保护范围。但是，为准确掌握权利要求所表示的实质内容，应当参考和研究说明书和附图，了解发明或者实用新型的目的、作用和效果。有时为了掌握权利要求书中某一术语的含义，还可以参考申请过程中申请人与国务院专利行政部门之间的来往文件。

我国承认等同侵权。早期专利侵权基本是一模一样地照抄照搬专利，在判断侵权时容易认定。现在的专利侵权更多的是采用改头换面的方式，对专利产品进行修改。因此权利要求书中所表示的技术特征就不能仅仅以权利要求的文字或者措词为准，而需要用说明书和附图来解释权利要求，把专利法上认为与这种组成部分等同的组成部分包括在专利权的保护范围内，即运用等同特征进行确定。所谓等同特征是指与所记载的技术特征以基本相同的手段，实现基本相同的功能，达到基本相同的效果，并且本领域的普通技术人员无需经过创造性劳动就能够联想到的特征。在确定两种技术特征是否等同时，衡量的标准应当以所属技术领域的普通技术人员的水平为准。

2013 年修改的最高人民法院《关于审理专利纠纷案件适用法律问题的若干规定》（以下简称《规定》）第 17 条认为："《专利法》第 59 条的规定是指专利权的保护范围应当以权利要求书中明确记载的必要技术特征所确定的范围为准，也包括与该必要技术特征相等同的特征所确定的范围。" 2010 年施行的《最高人民法院关于审理侵犯专利权纠纷案件应用法律若干问题的解释》（以下简称《解释》）第 4 条规定："对于权利要求中以功能或者效果表述的技术特征，人民法院应当结合说明书和附图描述的该功能或者效果的具体实施方式及其等同的实施方式，确定该技术特征的内容。"

在具体判断时，为了便于进行定量和定性分析，可以把被控侵权物的技术特征与专利技术的内容（主要是独立权利要求）分解成若干必要技术特征，进行逐一对比，从而得出是否侵权的结论。判断的基本准则有以下几条①：

（1）必要技术特征完全相同，侵权成立。侵权物的技术特征与专利的技术特征相比，其专利权利要求保护的全部必要技术特征均被侵权物的技术特征所覆盖，侵权成立。这种行为属于仿制专利产品。

（2）增加一项以上必要技术特征，侵权成立。侵权物的技术特征与专利的技术特征相比，不仅包含了权利要求书中的全部必要技术特征，而且还增加了新的技术特征，

① 程永顺著：《专利诉讼》，专利文献出版社 1994 年版，第 43 – 53 页。

这种情况下侵权仍然成立。

（3）部分必要技术特征不相同，但不相同部分属于等同物代替，侵权成立。侵权物的技术特征与专利的技术特征相比，虽然构成两者的技术特征数量相等，但其中有的技术特征内容不相同，经过比较，如果侵权物与专利技术所不同的技术特征属于等同物代替，而这种代替未对技术进步作出贡献，仍然构成侵权。

（4）缺少独立权利要求中的非必要技术特征，侵权成立。侵权物的技术特征与专利的技术特征相比，虽然缺少独立权利要求中的部分必要技术特征，但缺少的技术特征经过分析，实际应作为非必要技术特征，而不应当作为该项专利的必要技术特征，这种情况下也可认定侵权。

（5）缺少一个或者一个以上必要技术特征，不构成侵权。权利要求的整体内容不可分割，独立权利要求各个技术特征全部被利用的行为才构成侵权。如果专利技术的独立权利要求记载了多项技术特征来表述请求保护的范围，而被控侵权物利用了其中一项或两项技术特征，就不构成侵权。

（6）有一个或者一个以上必要技术特征不相等，不构成侵权。侵权物的技术特征与专利的技术特征相比，其必要技术特征有一项以上不相等，并且不属于等同物替代，则不构成侵权。

因此，在进行侵权判断时，依据的是专利独立权利要求中记载的全部必要技术特征，运用全面覆盖论作出判断结果。《解释》第7条规定："人民法院判定被诉侵权技术方案是否落入专利权的保护范围，应当审查权利人主张的权利要求所记载的全部技术特征。被诉侵权技术方案包含与权利要求记载的全部技术特征相同或者等同的技术特征的，人民法院应当认定其落入专利权的保护范围；被诉侵权技术方案的技术特征与权利要求记载的全部技术特征相比，缺少权利要求记载的一个以上的技术特征，或者有一个以上技术特征不相同也不等同的，人民法院应当认定其没有落入专利权的保护范围。"

然而，等同原则也受到某些限制：①禁止反悔。专利权人对权利要求、说明书的修改或者意见陈述而放弃的技术方案，不得因为指控侵权而反悔。2010年施行的《解释》第6条规定："专利申请人、专利权人在专利授权或者无效宣告程序中，通过对权利要求、说明书的修改或者意见陈述而放弃的技术方案，权利人在侵犯专利权纠纷案件中又将其纳入专利权保护范围的，人民法院不予支持。"②现有技术抗辩。2009年施行的《专利法》第一次明确规定了这一抗辩依据。第62条规定："在专利侵权纠纷中，被控侵权人有证据证明其实施的技术或者设计属于现有技术或者现有设计的，不构成侵犯专利权。"

三、外观设计专利权的保护范围

外观设计专利的保护范围与发明、实用新型专利的保护范围不同。我国《专利法》

第59条第2款规定："外观设计专利权的保护范围以表示在图片或者照片中的该外观设计专利产品为准。"外观设计虽然不要求申请人提交权利要求书，但其权利要求还是存在的，它具体表现在外观设计专利产品的"主视图"、"后视图"、"俯视图"、"斜视图"、"放大图"、"展示图"、"剖视图"等图形上。即外观设计专利权以产品和外观设计两者结合作为判断侵权的依据。

外观设计专利权的保护范围包括以下几种情况：① 产品相同，外观设计相同；② 产品相同，外观设计相近似；③ 外观设计相同，产品相近似；④ 产品近似，外观设计近似。《解释》第8条规定："在与外观设计专利产品相同或者相近种类产品上，采用与授权外观设计相同或者近似的外观设计的，侵权成立。"产品相同[①]是指产品的用途和功能完全相同的产品，仅仅用途相同而功能不同的产品，不能说是产品相同。产品相近似是指同一类产品，功能相同而用途不同。至于外观设计相同，是指形状、图案、色彩或者其结合三个要素相同。如果是两种以上要素结合的设计，只有两种以上要素完全相同时才能认为是相同的设计。《解释》第9条规定："人民法院应当根据外观设计产品的用途，认定产品种类是否相同或者相近。确定产品的用途，可以参考外观设计的简要说明、国际外观设计分类表、产品的功能以及产品销售、实际使用的情况等因素。"

外观设计相近似应该根据一般消费者用肉眼进行整体观察时是否会产生混淆来判断。《解释》第10条规定："人民法院应当以外观设计专利产品的一般消费者的知识水平和认知能力，判断外观设计是否相同或者近似。"如果两个外观设计相近似的部分构成设计的主要部分，局部性的差异不能构成整体形状上明显的区别的，应该认为二者是相近似的设计。《解释》第11条规定："人民法院认定外观设计是否相同或者近似时，应当根据授权外观设计、被诉侵权设计的设计特征，以外观设计的整体视觉效果进行综合判断；对于主要由技术功能决定的设计特征以及对整体视觉效果不产生影响的产品的材料、内部结构等特征，应当不予考虑。通常对外观设计的整体视觉效果更具有影响的情形是：① 产品正常使用时容易被直接观察到的部位相对于其他部位；② 授权外观设计区别于现有设计的设计特征相对于授权外观设计的其他设计特征。被诉侵权设计与授权外观设计在整体视觉效果上无差异的，人民法院应当认定两者相同；在整体视觉效果上无实质性差异的，应当认定两者近似。"

应当认为不属于外观设计专利的保护范围的行为有：① 不是为了生产经营目的而摹仿一项有专利保护的外观设计；② 将一项外观设计复制编在一本著作中。

---

① 汤宗舜编著：《专利法教程》（第二版），法律出版社1996年版，第112页。

第二节　侵犯专利权的行为

一、侵犯专利权行为的概念和类型

（一）侵犯专利权行为的概念

所谓侵犯专利权的行为，是指在专利权有效期间内，行为人未经专利权人许可，以生产经营为目的实施其取得专利权的发明创造的行为，除法律另有规定外，即构成侵犯该专利权的行为。

（二）侵犯专利权行为的构成

从概念上看，侵犯专利权行为在构成上包括以下几个要素：

（1）有侵犯专利权行为的存在。侵权人必须有侵犯专利权的侵害行为，对产品专利而言，侵权行为是指：制造、使用、许诺销售、销售、进口其专利产品。对方法专利而言，侵权行为包括：使用其专利方法以及使用、许诺销售、销售、进口依照该专利方法直接获得的产品。

（2）侵害的对象是有效的专利权。专利权是权利人依法取得的对发明创造独占使用的权利，该权利在法定有效期间内受法律保护，未经专利权人的许可，任何单位或个人不得实施。因此，构成侵犯专利权的前提是有效专利权的存在。实施专利权授予之前的技术、已经被撤销的权利、被宣告无效的权利或者期限届满的专利权均不属于有效的专利权，不构成侵害的对象。

（3）以生产经营为目的。从《专利法》第 11 条规定看，侵犯专利权的目的是利用专利权进行生产经营活动，如果是非生产经营的目的实施专利权如科学实验则不构成侵犯专利权。

（三）侵犯专利权行为的类型

对于侵犯专利权的行为从不同的标准和角度可以作不同的划分。通常依据侵权行为是否由行为人自身的行为所造成的，将侵犯专利权的行为分成直接侵权行为和间接侵权行为。

直接侵权行为是指行为人直接针对专利产品或者专利方法而造成的侵犯专利权的行为，如行为人制造专利产品、使用专利方法等。我国《专利法》第 11 条规定：“未经专利权人许可的行为均属于直接侵权的范围。”

间接侵权行为也称连带侵权、帮助侵权。间接侵权有两种含义：一是指明知或明显应当知道他人无权实施专利技术，而向其提供或者许诺提供有关实施专利的关键部件或产品的行为。间接侵权行为人本身的行为并不构成侵权，但引诱、帮助、怂恿或教唆他人侵犯专利权。例如，一项发明专利是由几个部件构成，行为人只生产、销售其中一个或几个部件，而不是全部的部件。根据侵权判断原则，如果不实现专利权权利要求保护范围的全部技术构成，即只要缺少一个必要技术特征就不构成侵权，则行为人的行为就无法予以制止，也就不能有效地保护专利权。二是指行为人并没有从事任何侵权行为，但由于特定社会关系的存在，依法必须对他人的侵权行为承担一定责任。如雇主对雇员因完成本职工作而发生的侵权行为、委托人对受托人因履行委托合同而实施的侵权行为等。实践表明，这仅仅禁止直接侵犯专利权的行为，在有些情况下不足以给专利权人提供有效充分的法律保护，因为行为人有可能自己没有直接侵犯专利权，却故意向他人提供专门用于实施专利技术的产品或者设备，导致他人侵犯专利权人的专利权。为防止这种情况的发生，在实践中产生了间接侵权之说。常见的间接侵权行为主要有：销售专利产品的零部件或专门用于实施专利产品的模具或用于实施专利方法的机器设备；行为人未经权利人授权而进行许可或者委托他人实施专利。

间接侵权行为直接针对的不是专利产品或者专利方法，而是专门用于制造专利产品或专门用于实施专利方法所需要的与发明创造的实施具有重要关系的产品或者设备，以供应给被提供者实施专利。各国立法均将其规定为侵权行为。

间接侵权的构成要件是：① 行为主体可以是任何人；② 行为人主观上存在故意或者有过失。根据各国立法规定，间接侵权的主观过错主要体现在其明知或者明显应当知道其提供的或者许诺提供的产品适用于而且准备用于实施专利技术，所以行为人主观过错可以是故意，也可以是过失。

间接侵权行为的主要特征是：① 行为人主观上有引诱、帮助、怂恿或教唆他人侵犯专利权的故意；② 客观上为直接侵权的发生提供了必要的条件；③ 有直接侵权行为的发生，并且间接侵权与直接侵权之间存在着因果关系。

二、不视为侵权的情形

专利权是一种独占性的权利，任何单位或个人未经权利人许可，不得实施其专利。但是为了维护国家和社会的利益，防止专利权人滥用权利，各国法律均对专利权予以限制，即在某些特定情况下实施专利不属于侵犯专利权的范围。这种做法也称为专利权的例外。《与贸易有关的知识产权协议》认为，考虑到第三人的正当利益，成员国可以对专利权所授予的独占性权利规定有限的例外，条件是这些例外并不与专利的正常利用不合理地相抵触，而且也并不损害专利权人的正当利益。协议并没有明确例外的范围，允许成员国在符合前述条件下自由规定。我国《专利法》第69条就规定了不视为侵权的情形。

（一）专利权用尽原则

我国《专利法》第69条第1项规定："专利产品或者依照专利方法直接获得的产品，由专利权人或者经其许可的单位、个人售出后，使用、许诺销售、销售、进口该产品的，不视为侵犯专利权。"在专利法理论中，该情况属于"专利权用尽原则"或"专利权穷尽原则"。这样有利于商品的流通和市场的正常运转。该原则在实践中应注意：①专利产品被合法售出后，虽然专利权人就不再有权控制该专利产品的使用、销售和进口，但是专利权人仍然有权控制该产品的制造。其他人在合法购买该专利产品之后，仍然不能复制或仿制该产品。②权利用尽的范围不限于中国，而是覆盖全球范围。专利产品售出后，任何人向我国进口该产品，不视为侵权。

（二）先用权人的制造或使用

我国《专利法》第69条第2项规定："在专利申请日前已经制造相同产品、使用相同方法或者已经做好制造、使用的必要准备，并且仅在原有范围内继续制造、使用的，不视为侵犯专利权。"在专利法中这种情况属于"先用权原则"。所谓先用权是指某项发明创造在申请人提出专利申请以前，任何人已经制造相同产品、使用相同方法或者已经做好制造、使用的必要准备，在该发明创造获得专利权后，仍然有权继续在原有的范围内制造或者使用该项发明创造。享有先用权的人的实施行为不属于侵犯专利权。

先用权必须符合下列条件：①制造或使用与专利技术相同的技术是先用权人自己独立完成的，而不是抄袭或者窃取专利权人的；②制造或使用的行为发生在专利申请日以前；③在他人获得专利权之后，先用权人的制造或使用仅限于原有的范围，即制造目的、使用范围、生产数量和能力等都不能超出原有的范围；④先用权人只能是自己实施该发明创造，而不能任意转让、许可他人实施。为了防止滥用先用权，一般要求只能将企业或者工厂、车间一起转让，而不允许单独将先用权转让。

（三）外国运输工具的临时过境

我国《专利法》第69条第3项规定："临时通过中国领陆、领水、领空的外国运输工具，依照其所属国同中国签订的协议或者共同参加的国际条约，或者依照互惠原则，为运输工具自身需要而在其装置和设备中使用有关专利的，不视为侵犯专利权。"这一规定与《巴黎公约》第5条之三的规定一致。所谓运输工具包括陆地各种车辆、水上的各种船舶和空中的飞机。适用这一规定有特定要求：①仅仅是外国运输工具为其自身需要而在装置和设备中使用了有关的专利，按照巴黎公约规定是专为船舶自身的需要，或者在飞机或者车辆的构造或者操作中使用。如果将有关专利应用于其他活动或用途，则仍需要获得专利权人许可。②该规定只适用于与我国签订有协议或者有共同参加的国际公约或者有互惠原则的国家的运输工具。③ 该规定只适用于临时通过我国领陆、领水或者领空的外国运输工具。④ 该规定仅仅涉及使用方式。

（四）专为科学研究和实验而使用有关专利

我国《专利法》第69条第4项规定："专为科学研究和实验而使用有关专利的，不视为侵犯专利权。"非为生产经营目的而利用有关专利权的行为就无须经过专利权人的许可，并且不构成侵权。为科学研究和实验而使用有关专利权即属于非生产经营的目的。为科学研究和实验的目的使用他人专利权一般是为了在该发明创造的基础上进一步作出改进，或者是为了验证该发明创造的技术效果和社会效益。这种使用有利于促进国家和社会的科学技术进步。

（五）药品和医疗器械实验的例外

药品和医疗器械实验的例外也称Bolar例外，源于美国，在很多国家和地区通过立法或判例被广泛认可。如果在专利权限届满之后，再对仿制药品和仿制医疗器械上市进行审批，将带来延迟。为了消除这个延迟，我国《专利法》第69条第5项规定："为提供行政审批所需要的信息，制造、使用、进口专利药品或者专利医疗器械的，以及专门为其制造、进口专利药品或者专利医疗器械的，不视为侵犯专利权。"

（六）善意第三人的销售与使用

我国《专利法》第70条规定："为生产经营目的使用或者销售不知道是未经专利权人许可而制造并售出的专利产品或者依照专利方法直接获得的产品，能证明其产品合法来源的，不承担赔偿责任。"这种情况称为善意第三人的使用或销售行为。依照该款规定，善意第三人使用或者销售的产品如果是未经专利权人许可而制造并售出的，那么，就应属于侵犯专利权。但是考虑到善意第三人在主观上并没有故意侵权的意图，只要善意第三人能证明其产品的合法来源的，可以不承担赔偿责任。这一方面是对善意第三人的保护，另一方面也是通过善意第三人提供的产品来源来制止侵权的进一步发生，打击非法产品的生产制造商。如果善意第三人不能证明其产品的合法来源或者其产品来源是非法的，则善意第三人仍要承担赔偿责任。

第三节　侵犯专利权的法律责任

专利权是一种财产权，侵犯专利权可以采用民事制裁，也可以采用刑事制裁。在我国还可以由专利行政机关根据行政法予以行政制裁。

一、侵犯专利权的处理

（一）侵犯专利权的处理机关

我国《专利法》第60条规定："未经专利权人许可，实施其专利，即侵犯其专利权，引起纠纷的，由当事人协商解决；不愿协商或者协商不成的，专利权人或者利害关系人可以向人民法院起诉，也可以请求管理专利工作的部门处理。"因此，在我国，侵犯专利权的处理机关可以是人民法院，也可以是专利管理机关。

由于专利侵权诉讼具有很强的技术性和法律性，为了保证审判的质量，案件的管辖权集中在某些法院。《规定》第2条规定："专利纠纷第一审案件，由各省、自治区、直辖市人民政府所在地的中级人民法院和最高人民法院指定的中级人民法院管辖。最高人民法院根据实际情况，可以指定基层人民法院管辖第一审专利纠纷案件。"

《规定》对侵犯专利权的管辖法院作了进一步的规定。因侵犯专利权行为提起的诉讼，由侵权行为地或者被告住所地人民法院管辖。侵权行为地包括：① 被控侵犯发明、实用新型专利权的产品的制造、使用、许诺销售、销售、进口等行为的实施地；② 专利方法使用行为的实施地、依照该专利方法直接获得的产品的使用、许诺销售、销售、进口等行为的实施地；③ 外观设计专利产品的制造、销售、进口等行为的实施地；④ 假冒他人专利的行为实施地。原告仅对侵权产品制造者提起诉讼，未起诉销售者，侵权产品制造地与销售地不一致的，制造地人民法院有管辖权；以制造地与销售者为共同被告起诉的，销售地人民法院有管辖权。原告在销售地起诉侵权产品制造者制造、销售行为的，销售地的人民法院有管辖权。

《专利法》第3条规定："国务院专利行政部门负责管理全国的专利工作，统一受理和审查专利申请，依法授予专利权。省、自治区、直辖市人民政府管理专利工作的部门负责本行政区域内的专利管理工作。"《专利法实施细则》第79条规定："管理专利工作的部门是指由省、自治区、直辖市人民政府以及专利管理工作量大又有实际处理能力的设区的市人民政府设立的管理专利工作的部门。"管理专利工作的部门应当事人的请求，除了可以对侵权纠纷进行处理外，还可以对下列纠纷进行调解：专利申请权和专利权归属纠纷；发明人、设计人资格纠纷；职务发明的发明人、设计人的奖励和报酬纠纷；在发明专利申请公布后专利权授予前使用发明而未支付适当使用费的纠纷。

当事人请求处理或者调解专利纠纷的，由被请求人所在地或者侵权行为地的管理专利工作的部门管辖。两个以上管理专利工作的部门都有管辖权的专利纠纷，当事人可以向其中一个管理专利工作的部门提出请求；当事人向两个以上有管辖权的管理专利工作的部门提出请求的，由最先受理的管理专利工作的部门管辖。对管辖权发生争议的，由其共同的上级人民政府管理专利工作的部门指定管辖；无共同上级人民政府管理专利工作的部门的，由国务院专利行政部门指定管辖。

（二）举证责任

专利侵权诉讼的举证范围包括实体法和程序法两方面的事实[①]。实体法方面要求原告即专利权人应当举证证明他拥有某项专利权。对于产品专利，权利人应提交专利证书、权利要求书、说明书、专利产品以及有关产品设计方案、结构、性能、图纸、工艺流程、技术资料等证明材料。对于外观设计专利，权利人应提交获得专利权保护的外观设计的照片、图片以及表示在图片或照片中该外观设计专利产品。另外，原告应当证明侵权人是否有侵害专利权的行为；是否造成损害的事实；侵权行为与专利权人受到的损害之间是否存在因果关系等事实证据。在程序法方面，当事人对诉讼程序中有关问题的争议也应当提供相应的证据。如法院管辖权、委托代理人的各种法定手续、财产保全的申请以及担保、证据保全申请等。

“谁主张、谁举证”是民事诉讼法的基本原则。如果专利权人无法拿出证据证明自己的诉讼请求或者反驳对方理由的真实性和合法性，就要承担不利于自己的法律后果。

专利权侵权诉讼在举证责任上具有以下特点：

（1）关于产品专利的侵权，由原告承担举证责任。也就是说，作为原告必须证明被告未经权利人的许可，制造、使用、许诺销售、销售或者进口了侵犯专利权的产品的事实。

（2）关于方法专利权的侵权，举证责任在被告一方，即由被告证明自己不存在未经权利人同意而使用专利方法的事实。如果被告能够证明他是用专利方法之外的其他方法，则侵权行为不成立；如果被告不能证明，则要负侵权的责任（《专利法》第61条第1款）。《与贸易有关的知识产权协议》第34条第1款规定，至少在下列情况之一时，如无相反证据，则未经专利所有人许可而制造的任何相同产品，均应视为使用该专利方法而获得：① 如果使用该专利方法而获得的产品系新产品；② 如果该相同产品极似使用该专利方法所制造，而专利所有人经合理努力仍未能确定其确实使用了该专利方法。从上述规定可以看出，由于涉及的产品是新的，存在着这种产品是依照专利方法制造的可能性很大。但是，什么是“新”产品，专利法并没有规定。一般理解认为只要某种产品在专利申请日前在本国市场上从未有过的就可以认为该产品是新产品。是否某产品是新产品应该由原告举证。

（3）对于实用新型专利或者外观设计专利的侵权，专利权人应该出具由国务院专利行政部门作出的检索报告，即由原告证明其专利权的有效性（《专利法》第61条第2款，《规定》第8条第1款）。由于实用新型和外观设计专利未经专利三性的审查，其

---

① 程永顺著：《专利诉讼》，专利文献出版社1994年版，第146－147页。

专利的有效性一直是实用新型专利权侵权诉讼中的关键所在。因此，法律规定实用新型专利权可以通过主管部门的检索报告对其专利权有效性进行确定。

二、民事责任

（一）承担民事责任的方式

人民法院或者专利行政机关在处理专利侵权案件时，如果确认被告人的行为构成专利权侵权，可以根据专利法和民法通则的有关规定，责令侵权人承担停止侵权、赔偿损失、消除影响、公开赔礼道歉等民事责任。

1. 停止侵权

停止侵权一般是指专利权人在向法院或者专利行政机关救助时最先要求的最有效而且是最直接的方法，即停止实施侵犯专利权的行为。这种责任的目的在于防止侵权人继续进行侵权活动，避免给权利人或者利害关系人造成更多的损失。但是停止侵权于被告关系密切，法院或者专利行政机关采取这种承担民事责任的方式时应当慎重，一般只有在专利权的有效性已经确认无误，侵权事实已经查明，才可以责令侵权人停止侵权。

2. 赔偿损失

赔偿损失的目的在于救济专利权人或者利害关系人。如何赔偿应当由法院或者专利行政机关根据案件的具体情况予以确定。《专利法》第 65 条第 1 款规定："侵犯专利权的赔偿数额按照权利人因被侵权所受到的实际损失确定；实际损失难以确定的，可以按照侵权人因侵权所获得的利益确定。权利人的损失或者侵权人获得的利益难以确定的，参照该专利许可使用费的倍数合理确定。赔偿数额还应当包括权利人为制止侵权行为所支付的合理开支。"

2009 年施行的《专利法》规定了法定赔偿，并将最高赔偿额提高到 100 万元。《专利法》第 65 条第 2 款规定："权利人的损失、侵权人获得的利益和专利许可使用费均难以确定的，人民法院可以根据专利权的类型、侵权行为的性质和情节等因素，确定给予 1 万元以上 100 万元以下的赔偿。"

《规定》第 20 条规定："人民法院……可以按照权利人因被侵权所受到的损失或者侵权人因侵权所获得的利益确定赔偿数额。"具体的计算方式是：① 权利人因被侵权所受到的损失可以根据专利权人的专利产品因侵权所造成销售量减少的总数乘以每件专利产品的合理利润所得之积计算。权利人销售量减少的总数难以确定的，侵权产品在市场上销售的总数乘以每件专利产品的合理利润所得之积可以视为权利人因被侵权所受到的损失。② 侵权人因侵权所获得的利益可以根据该侵权产品在市场上销售的总数乘以每件侵权产品的合理利润所得之积计算。侵权人因侵权所获得的利益一般按照侵权人的营业利润计算，对于完全以侵权为业的侵权人，可以按照销售利润计算。③ 被侵权人的损失或者侵权人获得的利益难以确定，有专利许可使用费可以参照的，人民法院可以根据专利权的类别、侵权人侵权的性质和情节、专利许可使用费的数额、该专利许可的性质、范围、时间等因素，参照该专利许可使用费的 1 至 3 倍合理确定赔偿数额；没有专利许可使用费可以参照或者专利许可使用费明显不合理的，人民法院可以根据专利权的类别、侵权人侵权的性质和情节等因素，确定赔偿数额，一般在人民币 5000 元以上 30 万元以下确定赔偿数额，最多不得超过人民币 50 万元。

《规定》第 22 条规定："人民法院根据权利人的请求以及具体案情，可以将权利人因调查、制止侵权所支付的合理费用计算在赔偿数额范围之内。"

3．消除影响

由于侵权人的侵权以致专利权人的商业信誉受到影响的，应当责令侵权人消除对权利人所造成的不良影响，恢复专利权人的商业信誉。比如通过新闻媒介发表声明，或者将人民法院的判决或者专利行政机关的处理决定在公开的媒体上发表，予以澄清。

4．公开赔礼道歉

侵犯他人的专利权而使专利权人的信誉受到损害时，仅仅赔偿专利权人的经济损失是不够的，专利权人还可以要求采取公开赔礼道歉的方式让侵权人承担责任。

以上四种承担民事责任的方式，可以单独适用，也可以合并适用。

（二）诉讼时效

诉讼时效，是指权利人在法定期间内不行使权利就丧失了请求法院保护民事权益的法律制度。专利权人或者利害关系人因第三人侵犯专利权向人民法院起诉或者请求专利行政机关进行处理是有期间限制的。《专利法》第 68 条规定："侵犯专利权的诉讼时效为二年，自专利权人或者利害关系人得知或者应当得知侵权行为之日起计算。发明专利申请公布后至专利权授予前使用该发明未支付适当使用费的，专利权人要求支付使用费的诉讼时效为二年，自专利权人得知或者应当得知他人使用其发明之日起计算，但是，专利权人于专利权授予之日前即已得知或者应当得知的，自专利权授予之日起计算。"

侵犯专利权的事实发生后，如果专利权人或者利害关系人得知或者应当得知这种事实，而在二年内不寻求法律救济，可以认为这种行为已经得到专利权人的默认或许可。在民事法律关系上，权利人超过了诉讼时效，仍然可以提起诉讼，但其权利不能再得到保护。也就是说时效期间届满后，权利人丧失了胜诉权，但未丧失起诉权。

如果超过两年，而侵权行为仍继续，专利权人才向法院起诉，那么对专利权人的诉讼请求应当如何处理？最高人民法院在《规定》第 23 条规定："权利人超过二年起诉的，如果侵权行为在起诉时仍在继续，在该项专利权有效期内，人民法院应当判决被告停止侵权行为。侵权损害赔偿数额应当自权利人向人民法院起诉之日起向前推算二年计算。"

（三）诉前临时措施

对于正在实施或者即将实施的专利侵权行为，如果不立即加以制止，等待整个诉讼程序终结、人民法院作出的判决或者专利行政机关作出处理决定生效后，才采取相应措施有可能会使专利权人的合法权益受到难于弥补的损害。对此，《专利法》第66条规定："专利权人或者利害关系人有证据证明他人正在实施或者即将实施侵犯专利权的行为，如不及时制止将会使其合法权益受到难以弥补的损害的，可以在起诉前向人民法院申请采取责令停止有关行为的措施。"申请人必须提供担保。人民法院应当自接受申请之时起48小时内作出裁定；有特殊情况需要延长的，可以延长48小时。裁定责令停止有关行为的，应当立即执行。当事人对裁定不服的，可以申请复议一次；复议期间不停止裁定的执行。申请人自人民法院采取责令停止有关行为的措施之日起15日内不起诉的，人民法院应当解除该措施。申请有错误的，申请人应当赔偿被申请人因停止有关行为所遭受的损失。

根据2001年7月1日起施行的最高人民法院《关于对诉前停止侵犯专利权行为适用法律问题的若干规定》，提出申请的利害关系人，包括专利实施许可合同的被许可人、专利财产权利的合法继承人等。专利实施许可合同被许可人中，独占实施许可合同的被许可人可以单独向人民法院提出申请；排他实施许可合同的被许可人在专利权人不申请的情况下，可以提出申请。

三、行政责任

（一）行政处理决定

我国《专利法》第60条规定："管理专利工作的部门处理侵权纠纷时，认定侵权行为成立的，可以责令侵权人立即停止侵权行为。……进行处理的管理专利工作的部门应当事人的请求，可以就侵犯专利权的赔偿数额进行调解。"第63条规定："假冒专利的，除依法承担民事责任外，由管理专利工作的部门责令改正并予公告，没收违法所得，可以并处违法所得四倍以下的罚款；没有违法所得的，可以处20万元以下的罚款；构成犯罪的，依法追究刑事责任。"

专利管理部门根据专利法的上述规定，有权作出以下行政处理决定。

（1）责令停止侵权。即责令侵权人立即停止擅自制造、使用、许诺销售、销售以及进口专利产品或者使用专利方法以及使用、许诺销售、销售、进口依照该专利方法直接获得的产品的行为。

（2）没收违法所得。对侵权人在侵权期间的违法所得予以没收。

（3）罚款。对侵权人所从事的侵权行为进行经济惩罚。

（二）行政诉讼

依照专利法的有关规定，当事人对专利行政机关所作出的决定不服的，均可以在收到通知之日起3个月内向人民法院起诉。专利行政机关决定主要包括，驳回专利申请（《专利法》第41条）、宣告专利无效（《专利法》第46条）、强制许可决定或强制许可费用裁定（《专利法》第58条）。这种诉讼均按照行政诉讼法的有关规定进行。

四、刑事责任

对于侵犯专利权的行为，人民法院有权判处侵权人承担刑事责任的，只限于1997年《刑法》第216条规定的假冒专利权罪。根据《专利法》第63条和《刑法》第216条的规定，假冒他人专利，只有情节严重的，才构成犯罪。可见情节是否严重是区分假冒专利罪和一般专利权侵权的关键所在。只有情节严重的假冒专利行为才能以犯罪论处，追究行为人的刑事责任。何谓“情节严重”，最高人民检察院、公安部于2010年5月在《关于公安机关管辖的刑事案件立案追诉标准的规定（二）》里将假冒专利罪的追诉标准确定如下：“① 非法经营数额在20万元以上或者违法所得数额在10万元以上的；② 给专利权人造成直接经济损失在50万元以上的；③ 假冒两项以上他人专利，非法经营数额在10万元以上或者违法所得数额在5万元以上的；④ 其他情节严重的情形。”

第四节　其他违反专利法的行为

一、泄露国家机密

各国对申请专利的发明涉及国家安全或者重大利益需要保密的，都认为属于国家机密，不予公开，这类专利应按照国家有关规定办理。《专利法》第4条规定：“申请专利的发明创造涉及国家安全或者重大利益需要保密的，按照国家有关规定办理。”同时《专利法》第20条规定：“任何单位或者个人将在中国完成的发明或者实用新型向外国申请专利的，应当事先报经国务院专利行政部门进行保密审查。保密审查的程序、期限等按照国务院的规定执行……对违反本条第一款规定向外国申请专利的发明或者实用新型，在中国申请专利的，不授予专利权。”《专利法》第71条规定：“违反本法第20条规定向外国申请专利，泄露国家秘密的，由所在单位或者上级主管机关给予行政处分；构成犯罪的，依法追究刑事责任。”《刑法》第398条也对泄漏国家秘密罪进行规定。

二、假冒他人专利

假冒他人专利是指在侵犯专利权的产品上，或者在该产品的包装上，加上他人的专利标记和专利号，使人认为该产品是专利权人的专利产品的行为。《专利法实施细则》第 84 条具体列举了几种假冒他人专利的行为：① 在未被授予专利权的产品或者其包装上标注专利标识，专利权被宣告无效后或者终止后继续在产品或者其包装上标注专利标识，或者未经许可在产品或者产品包装上标注他人的专利号；② 销售第①项所述产品；③ 在产品说明书等材料中将未被授予专利权的技术或者设计称为专利技术或者专利设计，将专利申请称为专利，或者未经许可使用他人的专利号，使公众将所涉及的技术或者设计误认为是专利技术或者专利设计；④ 伪造或者变造专利证书、专利文件或者专利申请文件；⑤ 其他使公众混淆，将未被授予专利权的技术或者设计误认为是专利技术或者专利设计的行为。

专利权终止前依法在专利产品、依照专利方法直接获得的产品或者其包装上标注专利标识，在专利权终止后许诺销售、销售该产品的，不属于假冒专利行为。销售不知道是假冒专利的产品，并且能够证明该产品合法来源的，由管理专利工作的部门责令停止销售，但免除罚款的处罚。

三、侵夺发明人或设计人的合法权益

我国《专利法》第 72 条规定：“侵夺发明人或者设计人的非职务发明创造专利申请权和法律规定的其他权益的，由所在单位或者上级主管机关给予行政处分。”专利法对职务发明创造和非职务发明创造作出了明确规定。凡是不属于职务发明创造的就都属于非职务发明创造。对于非职务发明创造，申请被批准后专利权归发明人或者设计人所有。对于职务发明，发明人、设计人有在专利申请文件中写明自己是发明人或者设计人的权利，专利申请被批准后，发明人、设计人有权获得奖金、报酬。《专利法实施细则》第 76 ~78 条规定，被授予专利权的单位可以与发明人、设计人约定或者在其依法制定的规章制度中规定《专利法》第 16 条规定的奖励、报酬的方式和数额。企业、事业单位给予发明人或者设计人的奖励、报酬，按照国家有关财务、会计制度的规定进行处理。被授予专利权的单位未与发明人、设计人约定也未在其依法制定的规章制度中规定《专利法》第 16 条规定的奖励的方式和数额的，应当自专利权公告之日起 3 个月内发给发明人或者设计人奖金。一项发明专利的奖金最低不少于 3000 元；一项实用新型专利或者外观设计专利的奖金最低不少于 1000 元。由于发明人或者设计人的建议被其所属单位采纳而完成的发明创造，被授予专利权的单位应当从优发给奖金。被授予专利权的单位未与发明人、设计人约定也未在其依法制定的规章制度中规定《专利法》第 16 条规定的报酬的方式和数额的，在专利权有效期限内，实施发明创造专利后，每年应当从实施该项发明或者实用新型专利的营业利润中提取不低于2%或者从实施该项外观设计专利的营业利润中提取不低于0.2%，作为报酬给予发明人或者设计人，或者参照上述比例，给予发明人或者设计人一次性报酬；被授予专利权的单位许可其他单位或者个人实施其专利的，应当从收取的使用费中提取不低于10%，作为报酬给予发明人或者设计人。

四、专利行政部门参与经营活动

《专利法》第73条规定："管理专利工作的部门不得参与向社会推荐专利产品等经营活动。管理专利工作的部门违反前款规定的，由其上级机关或者监察机关责令改正，消除影响，有违法收入的予以没收；情节严重的，对直接负责的主管人员和其他直接责任人员依法给予行政处分。"根据有关规定，党政机关和党政干部经商、办企业是被严厉禁止的。国家将此作为依法行政的基本要求，同时为了规范专利行政部门的行为。

五、滥用职权

我国《专利法》第74条规定："从事专利管理工作的国家机关工作人员以及其他有关国家机关工作人员玩忽职守、滥用职权、徇私舞弊，构成犯罪的，依法追究刑事责任；尚不构成犯罪的，依法给予行政处分。"

第五编　其他知识产权法律制度

第二十三章　反不正当竞争

第一节　不正当竞争的概念和特征

一、不正当竞争的概念

不正当竞争（unfair competition），又称不公正交易，是指对违反诚实信用原则从事商业竞争的统称，不正当竞争是商业竞争的伴生物。广义的不正当竞争行为包括垄断、限制竞争以及其他违反商业道德破坏竞争的行为。狭义的不正当竞争，是指除垄断和限制竞争行为之外采取不正当手段破坏竞争的行为，本书所指的不正当竞争为狭义的不正当竞争。

竞争是经济活动的常态，是商品经济最基本的运行机制。“物竞天择，适者生存”，优胜劣汰的市场竞争，给经营者以压力和动力，促使经营者通过提高商品质量，降低商品价格或提高服务水平等以争取竞争优势，市场因此而充满活力，促进了经济的繁荣发展。但竞争者的利益是对立的，有竞争就会有不正当竞争，有些经营者采用损人利己、违背诚实信用的竞争手段争夺市场。这些与商业道德相悖的不正当竞争手段，既损害合法诚实的经营者的利益，也损害消费者的利益，破坏竞争机制，扰乱市场秩序，对经济和社会的发展有极大的危害。

以立法的形式制约、打击各种不正当竞争行为，保护公平合理的竞争，使市场竞争有序进行，已成为世界各国维护市场秩序的普遍手段。

由于不正当竞争的行为表现复杂多端，形式多样，相关国际条约及各国立法对不正当竞争的界定都不尽相同，形成以下三种立法体例：一是概括式定义，即对不正当竞争作原则性概括。如瑞士 1986 年修订的《反不正当竞争法》规定，不正当竞争是指任何欺骗性商业行为或以其他手段违反诚实信用原则的任何商业行为。二是列举式定义，即直接列举不正当竞争行为作为鉴定不正当竞争的标准。如日本在《不正当竞争防止法》中列举了 6 种“不公正交易方法”，在《不公正的交易方法》中又列举了 16 种不公正交易行为的具体表现。三是概括加列举的折中式定义，即在对不正当竞争作原则性概括的同时，又具体列举了不正当竞争的行为表现。此定义方式以《保护工业产权巴黎公约》首开先河，该公约第 10 条第 2 款规定：“凡在工商业活动中违反诚实信用的竞争行为即构成不正当竞争的行为。”并在其后列举了三种特别禁止的不正当竞争行为。这种定义方式对各国立法影响很大，如德国《反不正当竞争法》在其第 2 条对不正当竞争作了概括性规定为“在营业中为竞争的目的采取违背善良风俗的行为”外，还列举了引人误解的广告行为、强制顾客购买行为、贿赂行为等多种行为是不正当竞争行为。

我国1993年制定的《反不正当竞争法》采取概括加列举的立法体例，首先，在第2条第2款规定：“本法所称不正当竞争，是指经营者违反本法规定，损害其他经营者的合法权益，扰乱社会经济秩序的行为。”对不正当竞争作了概括规定。其次，在法律分则部分又规定了11种具体的不正当竞争行为，它们分别是商业混淆行为、虚假宣传行为、商业贿赂行为、侵犯商业秘密行为、合法垄断者的限定交易行为、政府及其所属部分滥用行政权力限制竞争行为、诋毁他人商业信誉的行为、巨奖销售行为、串通投标行为、倾销行为、强行搭售商品或附加不合理交易条件等行为；由于当时我国未制定《反垄断法》，所以《反不正当竞争法》所规定的不正当竞争只是广义的不正当竞争。2006年12月30日最高人民法院审判委员会通过了《最高人民法院关于审理不正当竞争民事案件应用法律若干问题的解释》（2007年2月1日起施行），进一步对不正当竞争行为的认定标准和审理问题予以明确。

从上述规定中可看到，无论是国际公约还是各国立法，都是将不正当竞争与违反“诚实”、“公正”等原则联系在一起。因此，不正当竞争行为一般是指经营者违反诚实信用原则和公认的商业道德手段，损害其他经营者和消费者的利益，扰乱市场经济秩序的行为。

二、不正当竞争的特征

从国际条约以及各国法律对不正当竞争概念的界定，以及列举的不正当竞争的具体表现形式来看，不正当竞争具有以下特征：

首先，不正当竞争是经营者在竞争活动中的违法交易行为。不正当竞争的主体是参与市场竞争的经营者，虽然有些不正当竞争行为还可能损害消费者的合法权益，但从本质上，不正当竞争行为主要损害的是其他经营者的合法权益。对经营者资格的认定，可分别从主体资格和主体行为的不同角度进行界定。

其次，不正当竞争违反了诚实信用、公正等法律原则或商业道德。不正当竞争行为的通常表现就是违法者采取欺诈的方式进行竞争，从中牟取非法利益，违反了诚实信用原则和商业道德，这是不正当竞争的行为特征，也是不正当竞争最本质的特征。

最后，不正当竞争扰乱了社会经济秩序。不正当竞争最根本的危害是破坏公平竞争，阻碍市场竞争机制的正常运行，损害了合法诚实的经营者的合法权益，对正常的市场经济秩序造成破坏。这正是将其称为“不正当”的原因，为法律所不容。反不正当竞争法以市场竞争关系为调整对象，维护公平的竞争秩序，确保竞争机制正常发挥作用。

第二节　与知识产权有关的不正当竞争

一、反不正当竞争与知识产权

反不正当竞争与知识产权有着密切的关系。不正当竞争概念最早出现时，仅指侵犯工业产权的行为。[①] 1900 年，《保护工业产权巴黎公约》规定制止不正当竞争为工业产权的保护对象之一。1967 年签订的《成立世界知识产权组织公约》将反不正当竞争的权利纳入知识产权的范围。在一国法律体系中，反不正当竞争法以及反不正当竞争也被认为是工业产权保护的组成部分，反不正当竞争法与传统知识产权法（《商标法》、《专利法》、《著作权法》）共同构筑起知识产权的法律保护网络，反不正当竞争法是传统知识产权法的补充，对传统知识产权法涉及不到而又确实损害知识产权的行为加以规制，对传统知识产权客体的交叉部分给予"兜底保护"，填补了传统知识产权法的空白，使知识产权法的保护对象连结起来形成一个整体。在调整手段上，反不正当竞争法规定经营者行为的一般原则，而传统知识产权法则是赋予当事人关于特殊标的的专有权，两者是一般与特殊的关系，在适用法律时通常是特别法优于反不正当竞争法，优先使用传统知识产权法。

随着经济的发展以及市场竞争的加剧，目前，反不正当竞争已不局限于知识产权的范围，扩大到几乎所有经济生活领域。黄勤南指出："严格地说，制止不正当竞争的权利只是一种与知识产权密切相关的权利。"[②] 但是，以保护知识产权为重点仍是反不正当竞争法的重要任务。

二、国际公约所规定的与知识产权有关的不正当竞争行为

《保护工业产权巴黎公约》列举了三种不正当竞争行为，都涉及知识产权的保护：① 所有会导致与竞争者的营业所、商品或工商业活动产生混淆的行为，即混淆行为；② 毁损竞争者营业所、商品或工商业活动信誉的虚假说法，即毁誉行为；③ 在营业中使用会使公众对商品的性质、制造方法、特点用途或数量产生误解的标示或说明，即误导行为。

世界贸易组织《与贸易有关的知识产权协议》第 7 条和第 8 条特别规定了两类与知识产权有关的不正当竞争行为，即侵犯商业秘密（协议中称为未公开的信息）行为

① 刘春田：《知识产权教程》，中国人民大学出版社 1995 年版，第 381 页。

② 黄勤南：《知识产权法教程》，中国政法大学出版社 2001 年版，第 352 页。

和滥用知识产权的行为（利用协议许可证限制竞争的行为）。

世界知识产权组织1996年制定的《关于反不正当竞争保护的示范规定》中列举了五种与知识产权有关的不正当竞争行为：① 对他人企业或其活动造成混淆的行为；② 损害他人的商誉或名声的行为；③ 误导公众的行为；④ 损害他人企业或其他活动的信用的行为；⑤ 侵犯商业秘密的行为。

三、我国《反不正当竞争法》所规定的与知识产权有关的不正当竞争行为

我国的《反不正当竞争法》列举了以下与知识产权有关的不正当竞争行为。

（一）假冒或仿冒行为

假冒或仿冒行为是指不正当地利用他人的商业信誉或商品声誉，致使与他人商品发生混淆的行为。

假冒或仿冒行为具体包括以下行为：

1．假冒他人的注册商标

假冒他人注册商标的行为不仅侵害注册商标权利人的利益，而且扰乱市场秩序，损害消费者和公众利益，是典型的不正当竞争行为，为《反不正当竞争法》明文所禁止。《反不正当竞争法》和《商标法》对假冒他人注册商标的行为都予以规制，但各有侧重。《反不正当竞争法》的侧重点在于禁止在市场上制造混淆，偏重于保护公共权利，通过禁止性条款和概括条款进行规范。《商标法》强调的是保护权利人对其注册商标的专用权，以授权方式确立商标独占权和权利边界。《商标法》是特别法、专门法，对商标使用中的违法行为，应该首先考虑适用《商标法》来处理，《反不正当竞争法》是对《商标法》保护商标权的补充，在依《商标法》不能进行侵权认定的情况下，可依《反不正当竞争法》判断。

2．擅自使用知名商品特有的或近似的名称、包装、装潢

商品的名称、包装、装潢，尤其是知名商品的名称、包装、装潢，和商标一样，也是商品的重要识别标记和信誉载体，擅自使用知名商品特有的或近似的名称、包装、装潢，会造成混淆，欺骗误导消费者，破坏市场秩序，损害消费者和知名商品经营者的权益。为此，《反不正当竞争法》第5条第2款规定："经营者不得擅自使用知名商品特有的名称、包装、装潢，或者使用与知名商品近似的名称、包装、装潢，造成和他人的知名商品相混淆，使购买者误认为是该知名商品。"

由于《反不正当竞争法》的规定较为抽象，何为"知名商品"，何为"特有的名称、包装、装潢"，在司法实践中难以把握。我国《最高人民法院关于审理不正当竞争民事案件应用法律若干问题的解释》（以下称《解释》）对此进行了细化和具体解释：

（1）知名商品的认定标准和考量因素。《解释》规定：在中国境内具有一定的市场

知名度，为相关公众所知悉的商品，应当认定为《反不正当竞争法》第 5 条第 2 项规定的“知名商品”。具体认定知名商品，应当考虑该商品的销售时间、销售区域、销售额和销售对象，进行任何宣传的持续时间、程度和地域范围，作为知名商品受保护的情况等因素，进行综合判断。原告应当对其商品的市场知名度负举证责任。

（2）受保护的知名商品的名称、包装、装潢应具有显著特征。下列商品的名称、包装、装潢，不具有显著特征：①商品的通用名称、图形、型号。②仅仅直接表示商品的质量、主要原料、功能、用途、重量、数量及其他特点的商品名称。③仅由商品自身的性质产生的形状，为获得技术效果而需有的商品形状以及使商品具有实质性价值的形状。④其他缺乏显著特征的商品名称、包装、装潢。但部分通用标识经过使用，取得区别特定商品的“第二含义”，可以认定为其具有了显著特征而给予保护。

需要注意的是，《解释》扩大了“装潢”的含义，认为在服务性经营中，营业场所的装饰、营业用具的式样、营业人员的服饰等构成的具有独特风格的整体营业形象，是“装潢”在服务商品上的特殊表现形式，可以认定为《反不正当竞争法》所规定的“装潢”。

商品的名称、包装、装潢属于《商标法》第 10 条第 1 款规定的不得作为商标使用的标志，当事人请求依照《反不正当竞争法》第 5 条第 2 项规定予以保护的，人民法院不予支持。

（3）混淆使用知名商品特有名称、包装、装潢行为的认定。下列行为为混淆使用：①经营者擅自在相同商品上使用与知名商品特有名称、包装、装潢相同或者视觉上基本无差别的商品名称、包装、装潢。这里的“使用”指的是在我国境内商业活动中的所有使用行为，包括将知名商品特有的名称、包装、装潢用于商品、商品包装以及商品交易文书上，或者用于广告宣传、展览以及其他商业活动中。②其他足以使相关公众对商品的来源产生误认的行为，包括误认为与知名商品的经营者具有许可使用、关联企业关系等特定联系。

认定与知名商品特有名称、包装、装潢相同或者近似，可以参照商标相同或者近似的判断原则和方法。原告不仅要对被告使用的商品名称、包装、装潢与自己的相同或者近似承担举证责任，而且也应当对这种使用是否会造成混淆误认承担举证责任。

下列行为为正当使用，不构成不正当竞争：①知名商品特有的名称、包装、装潢中含有本商品的通用名称、图形、型号，或者直接表示商品的质量、主要原料、功能、用途、重量、数量以及其他特点，或者含有地名，他人因客观叙述商品而正当使用的。②在不同地域范围内使用相同或者近似的知名商品特有的名称、包装、装潢，在后使用者能够证明其善意使用的。这种情形下，在后使用者负有举证责任，必须证明其不知道在先使用的存在，且两者分别存在于不同的地域。同时，为平衡在先使用者和在后使用者的利益，维护正常的市场竞争和保护消费者的合法权益，《解释》规定：因后来的经营活动进入相同地域范围而使其商品来源足以产生混淆的，在先使用者有权请求责令在后使用者附加足以区别商品来源的其他标识，如附加醒目的文字、图形等。

3. 擅自使用他人的企业名称或者姓名

企业名称或者姓名是经营者活动的外在特征，体现商品（服务）经营者的商业信誉和商品声誉。擅自使用他人的企业名称或者姓名，引人误认为是他人的商品，为不正当竞争行为。

根据《解释》的规定，企业名称的保护范围包括在我国企业登记主管机关依法登记注册的企业的名称以及在中国境内进行商业使用的外国（地区）企业名称，同时，具有一定的市场知名度、为相关公众所知悉的企业名称中的字号，可以认定为《反不正当竞争法》规定的“企业名称”。

在商品经营中使用的自然人的姓名，应当认定为《反不正当竞争法》第5条第3项规定的“姓名”。同时，在文化市场领域，使用笔名、艺名等的情形较为常见，笔名、艺名等与姓名具有同样的商品来源识别意义。因此，《解释》第6条第2款将具有一定的市场知名度、为相关公众所知悉的自然人的笔名、艺名等，纳入到《反不正当竞争法》所规定的“姓名”范围。

经营者擅自将他人的企业名称、姓名在我国境内进行商业使用，包括将他人的企业名称、姓名用于商品、商品包装以及商品交易文书上，或者用于广告宣传、展览以及其他商业活动中，即构成反不正当竞争法所规定的“使用”，为不正当竞争行为。

4. 虚假标识行为

虚假标识行为，是指在商品上伪造或者冒用认证标志、名优标志等质量标志，伪造产地，对商品质量作引人误解的虚假表示，欺骗消费者的不正当竞争行为。

认证标志是认证机构依严格的程序颁发的、证明企业产品符合认证标准和要求的专用质量标志。名优标志是经过严格的评选产生的、传递质量信息的企业质量标志。产地表示商品的原产地、商品来源或出处，很多时候，商品的产地对商品的品质具有决定性的影响。认证标志、名优标志、产地等标识在市场竞争中具有重要意义，是商品销售和市场竞争的重要工具，具有产生信誉和市场竞争力的功能。虚假标识不仅涉及产品质量问题，也是盗用他人商业信誉，欺骗购买者，破坏竞争秩序的不正当竞争行为。为此，我国《反不正当竞争法》将经营者在商品上标注伪造或冒用的认证标志等虚假标识行为定性为不正当竞争行为，规定经营者不得在商品上伪造或者冒用认证标志、名优标志，伪造产地，误导消费者，破坏市场秩序。

（二）虚假宣传行为

虚假宣传行为，是指经营者利用广告或者其他方法，对商品的质量、制作成分、性能、用途、生产者、有限期限、产地等做了不真实或令人误解的宣传。

虚假宣传的主要表现形式有：① 对商品做片面的宣传或者对比；② 将科学上未定

论的观点、现象等当作定论的事实用于商品宣传；③ 以歧义性语言或者其他引人误解的方式进行商品宣传。

判断是否构成引人误解的虚假宣传行为，应当根据日常生活经验、相关公众一般注意力、发生误解的事实和被宣传对象的实际情况等因素进行认定。以明显的夸张方式宣传商品，不足以造成相关公众误解的，不属于引人误解的虚假宣传行为。

虚假宣传的手段多种多样，主要是电视、广播、报纸等传媒手段进行的广告，也包括召开产品新闻发布会，印制小册子等宣传形式。虚假宣传的行为主体不仅包括商品或者服务的经营者，还包括广告经营者，包括广告的代理者、设计者、制作者、发布者。

（三）侵犯商业秘密行为

商业秘密，是指不为公众知悉、能为权利人带来经济利益，具有实用性并经权利人采取保密措施的技术信息和经营信息。

商业秘密是一种重要的无形财产，对商业秘密的法律保护是知识产权法律制度的重要组成部分。对商业秘密的法律保护本编有专章论述。

（四）商业诽谤行为

商业诽谤行为，是指经营者通过捏造、散布虚伪的事实等不正当手段对竞争对手的商业信誉、商品声誉进行恶意诋毁、贬低，以削弱其竞争能力的行为。它又称诋毁他人商誉行为。

商业诽谤行为指向的对象是竞争对手的商业信誉、商品声誉。商业信誉和商品声誉是社会对经营者或对其商品的积极评价。良好的商业信誉、商品声誉成为经营者重要的无形资产，可为其带来巨大的经济效益和竞争优势，应该受到法律保护。

商业诽谤行为的手段表现为捏造、散布虚伪事实。所谓捏造虚伪事实，是指编造与竞争对手商业信誉、商品声誉客观情况不相符的情况，包括无中生有和恶意歪曲。散布虚伪事实，是指以各种可以使他人得知的方法传播其所捏造的虚伪事实，包括向不特定的多数人散布，也包括向特定的共同客户或同行业的其他竞争者散布。常见的手法有刊登对比性广告、声明性广告、发布商业信息、唆使或收买某些人以客户或消费者名义投诉等方式，对竞争对手的商品质量进行诋毁。

我国反不正当竞争法对上述不正当竞争行为分别规定了应承担的行政责任、民事责任和刑事责任；对商品假冒行为、仿冒行为、虚假宣传行为、商品诽谤行为应当给予责令停止违法行为，没收违法所得，罚款以至吊销营业执照等行政处罚；给被侵害的经营者造成损害的，还应当承担赔偿责任；假冒、仿冒商品行为情节严重，构成犯罪的，依法追究刑事责任。

第二十四章　商 业 秘 密 权

第一节　商业秘密的概念和构成要件

一、商业秘密的概念

商业秘密是国际上通用的法律术语，法国、德国等国家称之为工商秘密，世界贸易组织《与贸易有关的知识产权协议》将其称作未公开信息，世界知识产权组织公布的《反不正当竞争法保护的示范法》中使用了秘密信息一词规定了对商业秘密的保护。

目前，各国及国际组织对商业秘密没有形成一个统一的定义。立法例上有列举式定义、内涵式定义和折中式定义三种方式，如德国将商业秘密定义为：顾客名单、材料来源、价格表、成本核算、生产数据、制造工艺等。日本的《不正当竞争防止法》第1条则将商业秘密定义为：“商业秘密是指经营活动中实用的技术上和经营上的情报。”美国《统一商业秘密法》第1条对商业秘密所下的定义是：“商业秘密指信息，包括配方、式样、汇编、程序、设计、方法技术和工序。”这些信息是：① 因其不为公众周知，不能很容易地用正当理由和手段轻易取得，而具有独立的实际或潜在的经济价值；② 已尽合乎情理的努力保持其秘密性。该定义从概念的内涵和外延两个方面对商业秘密作出定义，特别是以“信息”概括出商业秘密的属性，对国际条约及其他国家的立法有较大影响。

世界贸易组织的《与贸易有关的知识产权协议》将商业秘密作为知识产权的重要载体，要求成员国承担保护义务。该协议使用了“未公开信息”一词，但并未直接给出“未公开信息”的定义，而是提出了其必须符合的三个条件：① 该信息是秘密；② 该信息因其秘密性而具有商业价值；③ 合法掌握该信息的人采取了合理措施对其保密。世界知识产权组织的《反不正当竞争保护的示范法》亦是从条件方面去界定秘密信息的定义，所述条件与知识产权协议相同，即秘密性和价值性。

我国的《反不正当竞争法》第10条第3款以内涵式定义方式对商业秘密作出了规定：“本条所称的商业秘密，是指不为公众知悉，能为权利人带来经济利益，具有实用性并经权利人采取保密措施的技术信息和经营信息。”2006年12月30日，最高人民法院审判委员会通过的《最高人民法院关于审理不正当竞争民事案件应用法律若干问题的解释》（以下称《解释》）则对商业秘密的认定标准作了详细的解释和补充。

二、商业秘密的范围

商业秘密是一种技术和经营方面的信息，涉及的范围相当广泛，工业、农业、商业等几乎所有领域与经营有关，并具有经济价值的信息，都属于商业秘密。

按涉及的内容来分，商业秘密的范围主要有以下两种：

（一）技术信息

技术信息，是指未公开过，与产品生产和制造有关的技术诀窍、生产方案、工艺流程、设计图纸、配方、质量控制等方面的技术知识。

技术信息既可以是未申请专利而处于保密状态的技术发明，也可以是某项专利技术的补充，即所谓“专利说明下的技术秘密”，以及其他处于保密状态下的技术措施、方案。

（二）经营信息

经营信息，是指能够为经营者带来经济利益或竞争优势的用于经营活动的各类保密情报和信息，如客户名单、进货渠道、企业资信状况、资产购置计划、经营战略、投资计划、招标、投标中的标底及标书内容等。

客户名单是目前商业秘密中最普遍的一种。构成商业秘密的客户名单，不能是简单的客户名称，名单上的客户信息必须具有区别性和特殊性，以区别于相关的公知信息。客户信息一般包括客户的名称、地址、联系方式以及交易的习惯、意向、内容等。汇集众多客户的客户名册，以及保持长期稳定交易关系的特定客户亦属商业秘密。同时，为保护职工的个人价值和客户的自由交易权，《解释》规定：“客户基于对职工个人的信赖而与职工所在单位进行市场交易，该职工离职后，能够证明客户自愿选择与自己或者其新单位进行市场交易的，应当认定没有采用不正当手段，但职工与原单位另有约定的除外。”

商业秘密的法律保护范围是沿着不断扩大的轨迹向前运行的。早期商业秘密的保护仅指技术信息这一领域，随着经济的发展，逐步扩大到经营信息。随着世界经济一体化的展开，各国经济技术交流频繁，加之世界贸易组织《与贸易有关的知识产权协议》以及世界知识产权组织《反不正当竞争保护的示范法》的影响，各国在商业秘密范围认识上的差距正逐渐减小，现在，技术信息和经营信息都可以作为商业秘密加以保护的理论已为大多数国家所接受。而各国在立法上对商业秘密的界定由外延式列举到高度概括的内涵式定义，则为接纳更多的信息使之成为商业秘密留下了充分的空间。

三、商业秘密的构成要件

（一）秘密性

秘密性，是指作为商业秘密的信息必须是非公开的，不为公众所知晓。这是构成商业秘密的核心条件，是商业秘密与专利技术、公知技术和公共信息相区别的最显著特征。

首先，秘密性要求成为商业秘密的技术信息和经营信息具有独特性，即该信息是非显而易见的，具有一定的技术高度或具有一定的难度，是研究或经验的成果，有别于公有领域的信息和知识。故一般的常识、同行或同专业普通技术人员都知晓的经营方法、技术知识，公有领域的信息、资料等，都不属于商业秘密。商业秘密的独特性体现了商业秘密中所包含的权利人的智力创造劳动，保护商业秘密的实质是保护权利人的智力创造性劳动。当然，对商业秘密的独特性要求并不如对专利那般严格，是一种最低限度的独特性，只要求相关信息不是本行业领域内众所周知的常识，能与常识性信息保持最低限度的不同。

其次，商业秘密的秘密性是一种客观秘密性，即作为商业秘密的信息在客观上没有被公众了解或没有进入公有领域，不能从公开渠道直接获得。这种“不为公众所知悉”是一种客观事实，与信息合法控制人的主观认识无关。但是，这里的“公众”范围需考虑其行业范围和地域范围，有相对性，应具体问题具体分析，不能一概而论。按照上述《解释》，有关信息不为其所属领域的相关人员普遍知悉和容易获得的，即可认定为“不为公众所知悉”。

为便于掌握和具体认定，《解释》具体列举了属于公众知悉的信息的六种情形：① 该信息为其所属技术或者经济领域的人的一般常识或者行业惯例；② 该信息仅涉及产品的尺寸、结构、材料、部件的简单组合等内容，进入市场后相关公众通过观察产品即可直接获得；③ 该信息已经在公开出版物或者其他媒体上公开披露；④ 该信息已通过公开的报告会、展览等方式公开；⑤ 该信息从其他公开渠道可以获得；⑥ 该信息无需付出一定的代价而容易获得。

最后，商业秘密的秘密性要求信息的所有人主观上有保密意识，客观上采取了适当的、合理的保密措施，使信息处于秘密状态。

保密措施有多种形式，如对雇员规定保密义务，限制非有关人员进入商业秘密的场地，制定各种保密规则，配置必要的防盗设备等。但保密性并非要求信息所有人采取的保密措施万无一失，按照上述《解释》，权利人为防止信息泄漏所采取的与其商业价值等具体情况相适应的合理保护措施，就应当认定为采取了“保密措施”。认定保密措施合理性的考虑因素包括所涉信息载体的特性、权利人保密的意愿、保密措施的可识别程度、他人通过正当方式获得的难易程度等。只要权利人采取了合理的、适当的保密措施，使商业秘密在合法条件下不至于被泄密就应当认为该商业秘密具有秘密性。

商业秘密的秘密性又是相对的，商业秘密的所有人在保密的前提下，可以在一定范围内将其秘密向其雇员透露，或者根据约定转让给他人使用，该商业秘密并不因此而丧失其秘密性。同时，秘密性也不等于独一无二，作为商业秘密的信息可以同时为数个主体所独立掌握和控制，只要他保守秘密，就不破坏该信息的秘密性。

（二）价值性

价值性，指作为商业秘密的信息能够给权利人带来现实的或潜在的经济利益或者竞争优势。

商业秘密的价值性体现了保护商业秘密的内在原因所在，也是商业秘密所有人对其采取措施的根本原因。一旦商业秘密的价值性丧失，商业秘密所有人无必要再对其保密，法律也不会再对其予以保护。

商业秘密价值性的本质在于所有人因使用自己所掌握的技术秘密或商务信息而能够在竞争中取得优势地位。这种价值性包括现实价值和潜在价值，那些尚未付诸实践但具有潜在价值的信息，同样构成商业秘密。

值得注意的是，商业秘密的价值性与获得该信息所付出的劳动成本之间没有必然的、绝对值的正比关系，有时代价很小的商业秘密也往往会在市场竞争中产生很大的竞争优势，给权利人带来巨大的经济利益。

（三）实用性

实用性，指商业秘密是可以用于工业或商业活动中，能够实际操作，并能产生较好经济效益的知识和经验。这是商业秘密与理论成果的区别。理论成果并不具有直接的产业实用性。

商业秘密的实用性是价值性的基础，价值性是实用性的结果。商业秘密如果没有实用性，不能付诸实践，也就无从谈起价值性。

实用性要求作为商业秘密的技术信息或经营信息必须是具体的、完整的、确定的，已具备完整的形式和内容，具有可操作性。纯理论的原理和概念以及零星的知识和经验不能成为商业秘密。

但实用性并不要求该项商业秘密已在实际中应用，只要其能满足应用的现实可能性即可。按照《解释》，有关信息具有现实的或者潜在的商业价值，能为权利人带来竞争优势的，应当认定为“能为权利人带来经济利益、具有实用性”。

第二节　商业秘密权

一、商业秘密权的概念和内容

商业秘密权，是指商业秘密的所有人依法对其商业秘密所享有的权利。

商业秘密权的客体是商业秘密。作为商业秘密的技术信息和经营信息是一种非实物形态的社会劳动产品，是创造者智力劳动的成果，凝结着创造者的智慧，这些智慧成果能够给占有人带来经济利益，确立竞争优势，成为商品经营者重要的无形资产。目前，国际立法中一般肯定商业秘密所有人应享有商业秘密产权的法律保护。在保护方式上，虽然商业秘密首先源于债权（契约）的保护，但商业秘密所具有的智力成果的属性已逐渐为人们所接受，加大了保护力度。20世纪60年代，国际商会率先将商业秘密权视为工业产权的一种，允许进行有偿转让。世界知识产权组织在成立公约中，也暗示商业秘密可以包含在知识产权中，该组织在草拟的各种知识产权示范法及国际条约中，都把商业秘密列入其中。至20世纪90年代，世界贸易组织的《与贸易有关的知识产权协议》专门规定了对“未公开信息”的保护，明确其属于知识产权范围。许多国家已将商业秘密作为知识产权的保护对象，通过制定《反不正当竞争法》或专项立法等给予不同程度的法律保护。

我国《反不正当竞争法》确认了商业秘密所有人对其商业秘密享有权利，禁止他人侵犯，并规定侵权人负有赔偿责任。这说明我国是把商业秘密作为财产来看待并加以保护的。而新修订的《刑法》则将侵犯商业秘密罪纳入到侵犯知识产权罪中，进一步明确了将商业秘密权视为知识产权的一种。

商业秘密权作为一种无形财产权，具有以下内容：① 占有权。权利人有权对商业秘密进行控制、管理，防止他人采取不正当手段获取、泄露、使用。② 使用权。权利人有权将自己的商业秘密付诸工商业活动中进行使用并从中受益。③ 许可使用权。权利人有权将商业秘密作为无形资产许可他人使用并获得报酬。④ 处分权。权利人有权处分自己的商业秘密，包括转让、赠予、放弃、无偿公开等。

二、商业秘密权的特征

商业秘密权与专利权、商标权等同属于知识产权范畴，但相对于专利权等知识产权而言，商业秘密权又具有特殊性，有其自身的特征。

（一）商业秘密权不具有排他性

商业秘密的权利人只拥有相对的专有权，不能阻止他人在他之后合法开发、掌握该信息。并且当其他人以合法方式如自己研制而取得同一内容的商业秘密时，对此商业秘密同样享有商业秘密权，形成多个主体对同一商业秘密同时独立拥有商业秘密权。而各个权利人的地位是平行的，互不排斥，任何权利人不得限制其他权利人对其商业秘密的使用，许可使用及处分行为。

（二）商业秘密权的范围具有不确定性

作为商业秘密的技术信息或经营信息始终处于秘密状态，法律一般并不事先确定商业秘密的内容和权利归属，只能对侵权损害做事后补偿，这使得商业秘密的保护范围不可能事先确定，不可能为公众了解和把握。这一点与专利权、商标权大相迥异，专利权、商标权在行政机关授权时，其权利标的与权利保护范围均已确定、公开，公众已知晓。因此，对于商业秘密，相对人只有在故意或重大过失而发生侵权行为时才承担侵权责任。而商业秘密的独占权也主要凭靠权利人保守秘密而维持。

（三）商业秘密权没有法定保护期

商业秘密权没有确定的法定保护期，权利人对商业秘密的独占权期限完全取决于权利人的保密措施和其他同样拥有商业秘密权的权利人的意志。一项商业秘密可能由于保密人的保密措施得力和技术本身的应用价值而延续很长时间，例如，美国“可口可乐”饮料配方，因保密得当，已有上百年历史而始终未泄露。相反，商业秘密也可能由于他人合法的公开行为而很快丧失独占权。

第三节 商业秘密权的保护

一、侵害商业秘密的行为

侵害商业秘密的行为，是指通过不正当手段获取、泄露或使用权利人商业秘密的行为。

我国《反不正当竞争法》第 10 条对侵害商业秘密的行为作出了规定。

（一）以不正当手段获取商业秘密

以不正当竞争手段获取商业秘密，是指以盗窃、利诱、胁迫其他不正当手段，如以洽谈业务、联营、贸易谈判等为幌子套取权利人的商业秘密。

这里列举的不正当手段是未穷尽的，除了盗窃、胁迫、利诱等三种常见的不正当手段以外，其他不符合商业道德、采取超出正当合理的方法而获取他人商业秘密的行为，均以不正当手段论处。

(二) 披露、使用或允许他人使用以不正当手段获取的商业秘密

所谓披露，是指将不正当取得的商业秘密向他人扩散，使公众知晓该商业秘密的内容。

所谓使用，是指行为人将不正当获取的商业秘密应用于自己的生产经营中，以获取经济利益。

允许他人使用，是指行为人将不正当手段获取的秘密提供给第三人使用，这种提供既可以是有偿的，也可以是无偿的。

(三) 擅自披露、使用或允许他人使用其所掌握的商业秘密

擅自披露、使用或允许他人使用商业秘密，是指行为人违反约定或违背诚实信用原则，将其通过合法手段知悉的权利人的商业秘密予以披露、使用或允许他人使用的行为。

在这类行为中，行为人获取和掌握权利人的商业秘密的手段是合法的，往往是通过合同或者工作关系等正当途径取得或掌握了商业秘密，他们本应遵循合同的约定或按照诚实信用原则恪守保密义务，但行为人却不履行义务，将商业秘密披露给第三人，其行为既构成对商业秘密的侵害，亦构成违约。

(四) 第三人故意或重大过失而获取、使用或披露他人商业秘密

这类行为是指第三人明知或应知向其提供商业秘密的一方具有违法行为，仍然获取、披露该商业秘密，这是对商业秘密的间接侵害。获取他人商业秘密的唯一正当手段是独立发现、反向工程。正如上述《解释》所规定的：通过自行开发研制或者反向工程等方式获得的商业秘密，不认定为侵犯商业秘密行为。除此之外，即使未以盗窃、利诱等不正当手段去获取他人商业秘密，但明知或应知商业秘密的来源不合法，却仍然去获取、使用，也是对他人商业秘密的侵害。《反不正当竞争法》规定对这类行为“视为侵犯商业秘密”。

这里的第三人，特指与商业秘密所有人没有保密关系或者没有使用不正当手段获得该项商业秘密的人。生活中这类第三人一般情况下是同行业竞争者。

上述规定要求第三人应承担合理的注意义务。如果第三人是在不可能知道存在违法行为的情况下善意地取得、使用或披露他人商业秘密的，因其主观上没有过错，其行为不构成侵权。

二、侵害商业秘密行为的法律责任

（一）民事责任

对侵害商业秘密的行为，权利人可以向人民法院起诉，人民法院可以采取下列措施保护权利人的权利：

1．责令停止侵权行为

责令停止侵权行为的内容包括禁止使用、扩散、责令保密等。

人民法院对于侵犯商业秘密行为判决停止侵害的民事责任时，停止侵害的时间一般持续到该项商业秘密已为公众知悉时为止。但是，商业秘密自身获得的难度大小不同，如果一项商业秘密比较简单，本领域的相关人员在一定的时间内即可获得，或者此项商业秘密仅在一定的范围内具有竞争优势，超出这个范围就对原告不会构成竞争威胁；在这样的情况下，法院可以针对侵犯的商业秘密的不同情况，在依法保护权利人该项商业秘密竞争优势的情况下，合理确定停止侵害的时间，判决侵权人在一定期限或者范围内停止使用该项商业秘密，以平衡商业秘密权利人和社会公众之间的利益。

2．赔偿损失

侵权人侵犯商业秘密的行为给权利人造成损害的，应当承担损害赔偿责任，赔偿权利人的损失。

商业秘密多数具有技术内容，与专利比较接近，确定侵犯商业秘密行为的损害赔偿额，可以参照确定侵犯专利权的损害赔偿额的方法进行。因侵权行为导致商业秘密已为公众所知悉的，应当根据该项商业秘密的商业价值确定损害赔偿额。商业秘密的商业价值，根据其研究开发成本、实施该项商业秘密的收益、可得利益、可保持竞争优势的时间等因素确定。

当侵权人与权利人之间存在着合同关系，且侵权违反了合同约定的保密义务时，发生侵权行为与违约行为的竞合，在此情况下，权利人可要求其承担违约责任，也可要求其承担侵权责任，但只能二者选其一。

（二）行政责任

对侵害商业秘密的行为，监督检查部门可以实施以下行政处罚：

1．责令停止侵权行为

监督检查部门应当责令侵权人停止侵权行为，如责令侵权人销毁使用权利人商业秘密生产的、流入市场将会造成商业秘密公开的产品；责令侵权人将载有商业秘密的资料返还权利人等。

2．罚款

监督检查部门可以根据情节，处以1万元以上20万元以下的罚款。

（三）刑事责任

根据我国《刑法》第219条规定："侵犯商业秘密，给商业秘密的权利人造成重大损失的，处3年以下有期徒刑或者拘役，并处或者单处罚金；造成特别严重后果的，处3年以上7年以下有期徒刑，并处罚金。"

第二十五章　集成电路布图设计权

第一节　集成电路布图设计的立法保护

一、集成电路布图设计概述

集成电路又称半导体芯片，是一种电子产品，是指将晶体管、电阻或其他电子元器件及其相互的连线固化在某种固体材料上，从而使其具有某种电子功能的成品或半成品。按照1989年世界知识产权组织《关于集成电路的知识产权条约》的解释，它是指“一种产品，包括最终形状和中间形态，是将多个元件，其中至少有一个是有源元件，和部分或全部互相连结在一块半导体材料之中或之上，以执行某种电子功能”。我国2001年新颁布的《集成电路布图设计保护条例》中，集成电路是指“半导体集成电路，即以半导体材料为基片，将至少有一个是有源元件的两个以上元件和部分或者全部互连线路集成在基片之中或基片之上，以执行某种电子功能的中间产品或者最终产品”。

集成电路是微电子技术的核心，它具有体积小、重量轻、功能多、速度快、能耗低、可靠性强等优点，被广泛用在各种电子产品上，成为电子水平发展的标志。尤其在计算机上，20世纪50年代，电子计算机的发展就一直是以集成电路的发展水平作为标志的。1946年的第一台计算机是以电子管为基础的；半导体晶体管产生后便有了第二代电子计算机；第三代计算机是以小规模集成电路作为硬件基础的；第四代电子计算机则是以大规模集成电路的应用为特征；而采用超大规模集成电路的计算机则又被划作新的一代。① 在现代社会中，集成电路无所不在，对现代社会起着举足轻重的支柱作用。

集成电路是一种综合性技术成果，它包括布图设计和工艺技术。布图设计是指体现了集成电路中各种电子元件的配置方式的图形，即将电子线路中的各个元器及其相互连线转化为一层或多层的平面图形，将这些多层图形按一定的顺序逐次排列，构成三维图形结构，这种图形结构即为布图设计。制造集成电路就是把这种图形结构通过特定的工艺方法，“固化”在硅片之中，使之实现一定的电子功能。在集成电路产品的开发中，布图设计的完成是关键。据统计，布图设计的开发成本一般占集成电路开发总成本的50%以上。

集成电路的设计和制造是一项十分复杂和艰巨的技术工作，需要有巨大的资金和智

---

① 冯昭奎：《电子风云录》，科学普及出版社1985年版，第59页。

力投入。随着集成电路技术的发展，集成电路作为一种能够带来巨大经济利益的高科技智力成果，被非法复制的现象也日趋普遍。集成电路的复制极为容易，复制费用仅为研制费用的几十分之一甚至更少，复制者就有可能以很低的价格与原开发者进行市场竞争，极大地损害了原开发者的合法权益，影响了集成电路新产品的研制开发。对集成电路的法律保护问题便应运而生，并日益受到人们的重视。由于集成电路布图设计是集成电路完成的关键，对集成电路的法律保护是通过对集成电路布图设计的法律保护来进行的。

二、集成电路布图设计的立法

集成电路布图设计是一种无形产品，兼具著作权和专利权客体的某些属性，但在许多方面有其自身的特殊性，传统知识产权制度中的专利法和著作权法等对集成电路布图设计无法给予有效的保护。

（一）传统知识产权制度难以有效保护集成电路布图设计

（1）集成电路布图设计不适合用著作权法加以保护。集成电路布图设计虽然是一种三维配置形态的图形设计，但不属于著作权法意义上的图形作品或造型艺术作品，它由电子元件及其连线组成，执行着某种电子功能，不表现任何思想，也不具有艺术性，这与著作权保护思想的表达形式和作品的艺术性的基本原理不相吻合。再者，著作权只要求作品具有独创性，既不论其艺术水平高低，也不论在此以前是否曾有相同或类似作品问世，一律受到著作权法的保护。而集成电路布图设计具有极为浓厚的技术色彩，其保护对象应是那些在技术上有一定难度或有所创新的布图设计。如果通过著作权法保护集成电路布图设计，很可能对那些已进入公有领域的布图设计进行保护，会扼制技术人员在现有技术基础上进一步的创新。另外，按照著作权法中关于复制权、演绎权的规定，实施“反向工程”的行为将会被禁止。“反向工程”往往要复制他人布图设计并对他人集成电路布图设计作为改进，如果按照著作权法，这类行为构成侵权，这对集成电路产业的发展十分不利。此外，著作权过长的保护期也不适用于集成电路布图设计这一更新换代较快的知识产权客体。

（2）集成电路布图设计也不适合用专利法加以保护。专利法要求一项发明必须具有新颖性、创造性和实用性，集成电路布图设计虽需要大量技术和智力的投入，但集成电路技术的发展主要表现在光刻线条的宽度不断减小和集成规模的不断提高，这往往是工艺水平不断提高的结果，其设计思想或方案通常既不会有实质性改进，也没有产生意想不到的结果，这样就难以达到专利法所要求的发明高度。用专利法最多只可能对布图设计中的特定部分如特殊的制造工艺、测试的新方法等给予专利保护，而很少有可能对整个布图设计给予专利保护。用工业品外观设计也难以保护集成电路布图设计，因为集成电路布图设计本身不靠外观发挥作用，其外观往往千篇一律，既不具新意，也无美感可言。在我国，由于实用新型专利保护的是具备固定形状或者结构的产品，集成电路产品属于“仅具有电子功能的基本电子电路产品”，不在实用新型专利保护之列。

（3）商标法、反不正当竞争法等传统知识产权法亦无法给予集成电路布图设计有效的法律保护。集成电路布图设计的特殊性，要求创立一种新型法律形式对其实施专门保护。这点在国际上已得到越来越多国家的接受并付诸立法实践。

（二）集成电路布图设计的立法模式

美国是世界集成电路的生产和出口大国，为了保持其半导体工业的优势和领先地位，1984 年由美国国会通过了《半导体芯片保护法》，开创了以专门法保护集成电路布图设计的先河。在美国的影响下，日本于 1985 年颁布《关于半导体集成电路配置的法律》，1986 年欧共体发布《关于半导体产品构形法律保护的理事会指令》，瑞典、英国、德国、法国、意大利、俄罗斯、韩国等国也相继制定了自己的集成电路布图设计保护法。

世界知识产权组织从 20 世纪 80 年代中期就开始着手研究集成电路知识产权保护问题。1989 年 5 月，世界知识产权组织在华盛顿召开的关于集成电路知识产权外交会议上通过了《关于集成电路的知识产权条约》（亦称《华盛顿条约》）。该条约对集成电路布图设计的客体条件、保护的法律形式、保护的范围、权利的限制、保护的获得及期限等问题都作了具体规定。该条约虽尚未生效，但世界贸易组织《与贸易有关的知识产权协议》将该条约的主要条款都纳入其中，世界贸易组织的成员国都应该按照上述条约的有关规定对集成电路布图设计提供法律保护。

我国已在《关于集成电路的知识产权条约》与《与贸易有关的知识产权协议》上签字，承担着保护集成电路布图设计的国际义务。2001 年 4 月 2 日，我国颁布《集成电路布图设计保护条例》，根据该条例的规定，2001 年 10 月 1 日起，该条例开始在我国施行，结束了我国集成电路布图设计无法可依的局面。

第二节　我国对集成电路布图设计权的保护

我国政府长期以来一直对集成电路知识产权保护问题给予高度重视。在参加世界知识产权组织的《关于集成电路的知识产权条约》、世界贸易组织的《与贸易有关的知识产权协议》的同时，积极研究国内立法。2001 年 3 月 28 日国务院第 36 次、常务会议上通过《集成电路布图设计权保护条例》，并于 2001 年 4 月 2 日公布，2001 年 10 月 1 日起该条例开始在我国施行。

一、集成电路布图设计权的客体及条件

（一）集成电路布图设计权的客体

集成电路布图设计权的客体是集成电路布图设计（简称布图设计），有的国家称为“掩膜作品”或“拓扑图”。

《集成电路布图设计保护条例》第2条规定：“集成电路布图设计，是指集成电路中至少有一个是有源元件的两个以上元件和部分或者全部互连线路的三维配置，或者为制造集成电路而准备的上述三维配置。”即集成电路布图设计是体现了集成电路中各种电子元件的配置方式的图形。

集成电路布图设计具有知识产权客体的一般特征，同时也有其特有的个性。

1. 集成电路布图设计具有无形性

集成电路布图设计是集成电路中所有元器件的配置方式，这种“配置方式”本身是抽象的，无形的，它没有具体的形体，可以用不同载体表现。如以掩膜图形的方式存在于掩模板上，或是以编码方式存在于磁盘、磁带中。

2. 集成电路布图设计具有可复制性

集成电路布图设计具有可复制性，当载体为掩模板时，集成电路布图设计以图形方式存在，这时只需对全套掩模板加以翻拍，即可复制出全部布图设计。当集成电路布图设计以磁带或磁盘为载体时，可以用通常的拷贝方法复制布图设计。当集成电路布图设计被“固化”到已制成的集成电路产品中时，则可通过“反向工程”的方式获得集成电路的布图设计。

3. 集成电路布图设计的表现形式具有非任意性

集成电路不同于作品，它是一种电子产品，其电子功能的实现有赖于集成电路布图设计图形的组合。集成电路布图设计的表现形式常常受到技术、功能、材料、自然规律等诸多因素的制约，它的排列设置都是固定的，不具有任意性和随意性。任凭个人意志自由制作出的图形不可能实现预定的功能，也就不再是集成电路布图设计。开发集成电路布图设计不得不遵循共同的技术原则和设计原则，故不同的集成电路布图设计之间，有时差异并不明显，往往只是个别具体器件或线路的微小变化，就成为一个新的集成电路布图设计。

（二）授予集成电路布图设计权的条件

实质条件方面，受法律保护的集成电路布图设计必须具有原创性，即该布图设计是创作者自己的智力劳动成果，并且在创作时这种集成电路布图设计在集成电路行业中是非普遍的或者非常规的设计。由常规设计组成的集成电路布图设计组合作为整体如果具

有独创性，也受到保护。

形式条件方面，《关于集成电路的知识产权公约》规定，集成电路布图设计获得保护既可以以商业利用为条件，也可以登记为条件，由各国自行决定。我国实行登记制，规定权利申请人应向主管机关办理登记手续。权利申请人在世界任何地方首次商业利用之日起 2 年内未按规定提出登记申请的，该集成电路布图设计不受保护。实行登记制可以保障受保护的集成电路布图设计达到某种质量要求。

二、集成电路布图设计权的主体及权利归属

（一）集成电路布图设计权的主体

集成电路布图设计权的主体指对集成电路布图设计享有权利和承担义务的人或组织。

集成电路布图设计权的主体可以分为三种：第一种是创作者，即创作集成电路布图设计的自然人；第二种是被定为“准作者”的法人或非法人单位；第三是通过其他合法形式而取得权利的主体，如通过转让、继承等取得布图设计权的个人或组织。

按照《集成电路布图设计保护条例》的有关规定，集成电路布图设计权主体的范围包括中国自然人、法人或其他组织、外国人。外国人成为我国集成电路布图设计权主体有所限制，要求或是该集成电路布图设计首先在中国境内投入商业利用，或是该集成电路布图设计创作者所属国同中国签订有关集成电路布图设计保护协议或者与中国共同参加有关集成电路布图设计保护国际条约。

（二）集成电路布图设计权的权利归属

集成电路布图设计权的权利归属是指确定布图设计的诸项权利该归谁享有，也即布图设计权的主体确认。

1. 集成电路布图设计权归属的一般原则

《集成电路布图设计保护条例》第 9 条规定：“集成电路布图设计专有权属于布图设计创作者，本条例另有规定的除外。由法人或者其他组织主持，依照法人或者其他组织的意志而创作，并由法人或者其他组织承担责任的集成电路布图设计，该法人或者其他组织是创作者。由自然人创作的集成电路布图设计，该自然人是创作者。”

这一条是对布图设计权权利归属的一个总的原则规定。在第一款中首先规定了集成电路布图设计权属于创作者，也就是说，对于某件集成电路布图设计，首先享有集成电路布图设计权的应当是设计者。第三款中规定，创作集成电路布图设计的自然人是创作者。但第二款中又规定法人或者非法人单位在一定条件下被视为设计者。在这里法人或者非法人单位实际上是“拟制设计者”。法人或者非法人单位没有创作思维能力，不能

为设计者，法律规定法人或者非法人单位可以享有设计者的设计权，故视其为设计者。这时负责创作的自然人不再为设计者。

2．特殊集成电路布图设计的权利归属

（1）合作集成电路布图设计。合作集成电路布图设计，是指由两人以上合作共同创作的集成电路布图设计。

对于合作集成电路布图设计的权利归属，《集成电路布图设计保护条例》第 10 条规定："两个以上自然人、法人或者其他组织合作创作的集成电路布图设计，其专有权的归属由合作者约定；未作约定或者约定不明的，其专有权由合作者共同享有。"

（2）委托集成电路布图设计。委托集成电路布图设计，是指按照委托人的委托而创作的布图设计。

对于集成电路委托布图设计的权利归属，《集成电路布图设计保护条例》第 11 条规定："受委托创作的集成电路布图设计，其专有权的归属由委托人和受托人双方约定；未作约定或者约定不明的，其专有权由受托人享有。"

三、集成电路布图设计权的取得和终止

（一）集成电路布图设计权的取得

权利申请人应向主管部门递交集成电路布图设计登记申请表及其他申请文件，如集成电路布图设计的复制件或者图样，集成电路布图设计已投入商业利用的，应提交含有该图设计的集成电路样品。

主管机关对集成电路布图设计申请进行初步审查，审查目的是查明集成电路布图设计申请是否符合形式条件，即该申请的对象是否属于集成电路上的布图设计，以及该申请是否延及思想、处理过程、操作方法或者数学概念等。未发现驳回理由的，由主管部门予以登记，发给登记证明文件予以公告。

集成电路布图设计申请人对主管部门驳回其登记申请的决定不服的，可以自收到通知之日起 3 个月内，向主管部门请求复审。主管部门复审后，作出决定，并通知集成电路布图设计登记申请人。集成电路布图设计登记申请人对主管部门的复审决定仍不服的，可以自收到通知之日起 3 个月内向人民法院起诉。

（二）集成电路布图设计权的终止

集成电路布图设计权因下列原因而终止：

（1）撤销。集成电路布图设计获准登记后，主管部门发现登记不符合规定的，应当予以撤销，并予以公告。集成电路布图设计权被撤销的原因：① 该设计不属于法律保护对象；② 权利人不具备权利主体资格；③ 该集成电路布图设计不具备原创性；

④ 该集成电路布图设计的保护延及思想、处理过程、操作方式或者数学概念等。被撤销的集成电路布图设计权视为自始不存在。

集成电路布图设计权人对主管部门撤销布图设计登记的决定不服的，可以自收到通知之日起 3 个月内向人民法院起诉。

（2）保护期届满。集成电路布图设计专有权的保护期为 10 年，自集成电路布图设计登记申请之日或者在世界任何地方首次投入商业利用之日起计算，以较前日期为准。但是，无论是否登记或者投入商业利用，集成电路布图设计自创作完成之日起 15 年后，不再受保护。

四、集成电路布图设计权的内容和限制

（一）集成电路布图设计权的内容

（1）复制权。复制权，是指权利人复制其布图设计的一部分或全部的权利，第三人未经许可不得复制受保护的集成电路布图设计。

复制权是集成电路布图设计权中最重要的权限。

（2）商业利用权。权利人为商业目的而利用布图设计、含有该集成电路布图设计的集成电路或者含有该集成电路的物品的权利。包括进口、销售或以其他方式提供受保护的集成电路布图设计、或者其中含有集成电路布图设计的集成电路或者含有该集成电路的物品。

权利人有权授权他人将其受保护的集成电路布图设计投入商业实施，许可他人使用其集成电路布图设计的，当事人应当订立书面合同。

（3）转让权。权利人可以将其集成电路布图设计专有权转让给他人。转让集成电路布图设计专有权的，当事人应当订立书面合同，并且向主管部门登记，由主管部门予以公告。集成电路布图设计专有权的转让自登记之日起生效。

对集成电路布图设计的保护只限于该集成电路布图设计本身，不延及思想处理过程或数学概念等。

（二）集成电路布图设计权的限制

（1）合理使用。为私人目的或者单纯为评价、分析、研究、教学等目的复制受保护的集成电路布图设计时，不构成侵权。

（2）反向工程。反向工程又称“还原工程”，即在分析或评价受保护的集成电路布图设计的基础上作出另一符合法定条件的集成电路布图设计，不受权利人专有权的限制。

（3）独立创作。对自己独立创作的与他人相同的集成电路布图设计进行复制或者

将其投入商业利用的，不受权利人专有权的限制。

（4）权利用尽。权利人或其授权人将其集成电路布图设计或含有其集成电路布图设计的集成电路产品投入市场后，该产品的再销售、分销、进口等商业利用行为，既无须再经过权利人许可，权利人也无权加以限制。因为权利人的商业实施权随着产品的出售以后已经用尽。

（5）善意的侵权行为。这是指在购买或销售集成电路产品时，不知道或者没有合理的依据知道该集成电路包含有非法复制的集成电路布图设计，该善意第三人的行为不构成非法行为。行为人得到其获得的产品中含有非法复制的集成电路布图设计的明确通知后，可以继续将现有的存货或者此前的订货投入商业利用，但应当向集成电路布图设计权利人支付合理的报酬。

（6）强制许可。对于第三人按商业惯例经过努力而未能取得权利人许可，同时为了公共利益的需要，主管部门可以向需要使用集成电路布图设计的人发放强制许可证，但使用人只能自己使用，并应向权利人支付合理的使用费。

五、集成电路布图设计权的侵权行为及法律责任

（一）侵权行为的表现

根据《集成电路布图设计保护条例》第30条的规定，集成电路布图设计的侵权行为主要有以下两种形式：

（1）未经权利人许可，复制受保护的集成电路布图设计的全部或者其中任何具有独创性的部分。该行为侵犯了权利人的复制权。

（2）未经权利人许可，为商业目的进口、销售或者以其他方式提供受保护的集成电路布图设计、含有该集成电路布图设计的集成电路或者含有该集成电路的物品。该行为侵犯了权利人的使用权。

（二）法律责任

（1）民事责任。被侵权人或者利害关系人可以向人民法院起诉，由人民法院依法作出裁判，判令侵权人停止侵害，赔偿损失。侵犯集成电路布图设计权的赔偿数额，为侵权人所获得的利益或者被侵权人所受到的损失，包括被侵权人为制止侵权行为所支付的合理开支。

集成电路布图设计权利人或者利害关系人有证据证明他人正实施或者即将实施侵犯其专有权的行为，如不及时制止将会使其合法权益受到难以弥补的损害的，可以在起诉前依法向人民法院申请采取责令停止有关行为和财产保全的措施。

（2）行政责任。对于集成电路布图设计的侵权行为，被侵权人或者利害关系人可

以请求行政主管部门处理。主管部门对已构成侵权行为的，有权责令侵权人立即停止侵权行为，没收、销毁侵权产品或物品。

当事人对行政处罚决定不服的，可以自收到处理通知之日起 15 天内向人民法院起诉，期满不起诉又不停止侵权行为的，主管部门可以请求人民法院强制执行。

第二十六章　植物新品种权

第一节　国际上对植物新品种的法律保护

一、植物新品种概述

植物新品种，是指经过人工培育的或者对发现的野生植物予以开发，具备新颖性，特异性、一致性和稳定性并有适当命名的植物品种。

植物新品种的产生，来源于人们对植物的人工培育或对野生植物的开发，以育种和杂交栽培为代表的传统生物技术和以基因工程为核心的现代生物技术对植物新品种的产生起着极为重要的作用，植物新品种是人类智力创造劳动所产生的科技成果。植物新品种有巨大的经济效益和社会效益。优良的植物新品种有利于提高农作物的产量、质量、减少病虫害，是发展高产优质高效农业、调整农业产业结构的重要因素，对农业生产的发展有极为重要的作用。然而，植物新品种的开发和培育是一项十分艰巨和复杂的技术工作，需要有大量的资金和智力投入。据资料显示，一个农作物新品种的培育一般需要3～5年，每年需花费3～5万元，而一个林木新品种的培育至少需要15～20年，最少需花费15万～20万元。因此，给予植物新品种知识产权保护在国际上已达成共识，世界上许多国家纷纷建立起植物新品种保护制度，以此保护育种人的合法权益，推动植物新品种的研究和推广工作，促进科研进步和农业的发展。

二、国际上对植物新品种的法律保护

在对植物新品种的法律保护上，各国做法不一，主要有三种立法例：一是双轨制保护模式，即实行植物专利和植物品种专门法保护，如美国；二是专利法保护模式，即用专利制度保护植物新品种，如意大利、匈牙利、新西兰等国家；三是专门立法保护模式，如澳大利亚、阿根廷、巴西、芬兰、乌拉圭等国家。

目前，多数国家通过专门立法来保护植物新品种，植物新品种的保护被排除在专利法之外，其理由在于植物新品种是有生命之物，具有自身生长繁殖的特性，难以套用工业产品发明的模式保护。美国于1930年颁布了《植物专利法》，以专利法保护植物新品种和保护无性繁殖的植物新品种。由于《植物专利法》保护的范围和作用都十分有限，所以，美国又于1970年颁布《植物品种法》，作为植物新品种保护的特别法。

为了协调国际间植物新品种保护立法，建立植物新品种的国际保护制度，1961年

12 月 2 日，比利时、法国、丹麦等国在巴黎签订了《保护植物新品种国际公约》（简称《UPOV 公约》），并由公约缔约国组成了“国际植物新品种保护联盟”。该公约于 1968 年 8 月 10 日生效，并于 1972 年、1978 年、1991 年先后经过修订。我国于 1999 年 3 月加入该公约，采用 1978 年文本，成为国际植物新品种保护联盟第 39 个成员国。根据该公约的规定：成员国可以自由选择专门法或专利法或者二者并用对植物新品种给予保护；[①] 受保护的植物品种的范围可以适用于一切植物属和种；育种者权利的核心是享有为商业目的的生产、销售其品种的繁殖材料的专有权；一般情况下，植物专有权的保护期不少于 15 年；取得植物新品种的保护须申请，申请人在任何一个成员国第一次提出申请后，12 个月内可在公约其他成员国享有优先权；同一个植物新品种在不同成员国所受的保护互相独立。此外，《UPOV 公约》还对授予品种权的条件、育种者权利的限制、品种权的无效和终止等内容作了明确的规定，确立了国际植物新品种知识产权保护体系的基本框架。

在此之后，世界贸易组织的《与贸易有关的知识产权协议》也涉及植物新品种的保护问题。《与贸易有关的知识产权协议》第 27 条第 2 款规定：“缔约方应以专利方式或者一种专门的制度或两者的结合对植物新品种给予保护。对本项规定应在建立世界贸易组织协议生效的 4 年之后进行检查。”这一规定对世界各国立法产生巨大影响，进一步加强了对植物新品种的国际保护。

第二节　我国对植物新品种的保护

我国对植物新品种并不提供专利保护，根据《专利法》第 25 条的规定，植物新品种不属于《专利法》的保护对象。我国采用专门立法对植物新品种进行保护。1997 年 3 月 20 日，国务院发布了《植物新品种保护条例》，自 1997 年 10 月 1 日起施行（2013 年进行了修改）。此后，又颁布了《农业植物新品种保护条例实施细则》（1999 年颁布，2008 年修改）、《林业植物新品种保护条例实施细则》（1999 年颁布）、《农业部植物新品种复审委员会审理规定》（2011 年颁布）等一系列法规，2007 年，为加强植物新品种的司法保护，最高人民法院颁布了《关于审理侵犯植物新品种权纠纷案件具体应用法律问题的若干规定》。上述法律法规从植物新品种申请的受理、审查、测试、授权、保护等各环节作出详尽的规定，我国对植物新品种的法律保护有了全面的规定。截至 2011 年 12 月 31 日，我国共受理来自国内外的品种权申请 9878 件，授权总量达 4044

① 《UPOV 公约》1978 年文本要求成员国仅提供其中一种保护方式，保护某一相同的植物品种。1991 年该文本修改为成员国对同一植物品种可采用专利及专门立法的双轨制保护。

件。我国植物品种权的年申请量跃居国际植物新品种保护联盟成员的第二位。

一、授予植物新品种权的条件

植物新品种要获得品种权，须具备法定的条件，这些条件是：

（一）属于国家植物品种保护目录范围

申请品种权的植物新品种应当属于“国家植物品种保护目录”中所列举的植物属或者种。植物一般分为门—纲—亚纲—目—科—属—种等基本序列，属和种是最基本的、最细小的单位。植物品种保护目录由审批机关即农业、林业行政部门确定并公布。目前，我国已经公布12批植物新品种保护名录，使受保护的植物属和种达到158个，受保护的植物品种的范围在逐渐扩大。

（二）新颖性

新颖性，是指申请品种权的植物新品种在申请日前该品种繁殖材料未被销售，或者经育种者许可在中国境内销售该品种繁殖材料未超过1年，在中国境外销售藤本植物、林木、果树和观赏树木品种繁殖材料未超过6年，销售其他植物品种繁殖材料未超过4年。

新颖性要求申请品种申请前未商业化、未推广使用。

（三）特异性

特异性，是指申请品种权的植物新品种应当明显区别于在递交申请以前已知的植物品种。

特异性条件要求申请品种与现有品种相比，具有一个或数个显著特征，如申请品种与现有品种相比，具有抗虫性强的特征，即具备特异性。

（四）一致性

一致性，是指申请品种权的植物新品种经过繁殖，除可以预见的变异外，其相关的特征或者特性一致。可以预见的变异是指由于外界环境因素影响，植物品种的某些特征、特性发生变化，如植物的生育期、株高等，这些变化是允许的。

（五）稳定性

稳定性，是指申请品种权的植物新品种经过反复繁殖后或者在特定繁殖周期结束时，其相关的特征或者特性保持不变。

（六）适当的名称

授予品种权的植物新品种应当具备适当的名称，并与相同或者相近的植物属或者种中已知品种的名称相区别。该名称经注册登记后即为该植物新品种的通用名称。

下列名称不得用于植物新品种命名：① 以国家名称命名的；② 仅以数字组成的；③ 违反国家法律或者社会公德或者带有民族歧视性的；④ 以县级以上行政区划的地名或者公众知晓的外国地名命名的；⑤ 同政府间国际组织或者其他国际国内知名组织及标识名称相同或者近似的；⑥ 夸大宣传的；⑦ 对植物新品种的特征、特性或者育种者的身份等容易引起误解的。

此外，为保护环境和社会公共利益的需要，对申请品种权的植物品种进行了限制：危害公共利益、生态环境的植物新品种不授予品种权。

二、植物新品种权的申请与审批

完成育种的单位或个人需要取得植物新品种权的，必须向国家主管部门申请，经主管部门审查和批准后，才能取得植物新品权。一个植物新品种只能授予一项品种权。两个以上的申请人分别就同一个植物新品种申请品种权的，品种权授予最先申请的人；同时申请的，品种权授予最先完成该植物新品种育种的人。同一个新品种由两个以上申请人分别同时申请品种权的，审批机构可以要求申请人在指定期限内提出证据证明自己是最先完成该新品种的人。逾期不提供证据或者所提供证据不足以作为判定依据的，由申请人自行协商确定申请权的归属；协商不能达成一致意见的，审批机构可以驳回申请。

（一）申请

我国的单位或个人申请品种权的，可以直接或者委托代理机构向审批机关提出申请。如果申请品种权的植物新品种涉及国家安全或者重大利益需要保密的，应当按照国家有关规定办理。

我国的单位或个人将国内培育的植物新品种向国外申请品种权的，应当向审批机关登记。

外国人、外国企业或者外国其他组织在中国申请品种权的，应当按照其所属国和中国签订的协议或者共同参加的国际条约办理，或者按照互惠原则依《植物新品种保护条例》办理。在我国没有经常居所或者营业所的外国人、外国企业或者其他外国组织提出品种权申请的，应当委托审批机构指定的涉外代理机构办理。

申请人应当向审批机关提交符合规定格式要求的请求书、证明书和该品种的照片，并按规定缴纳申请费。

申请人自在外国第一次提出品种权申请之日起 12 个月内，又在我国就该植物新品种权申请的，依照该外国同中华人民共和国签订的协议或者共同参加的国际条约，或者根据相互承认优先权的原则，可以享有优先权。申请人要求优先权的，应当在申请时提出书面说明，并在3个月内提交经原受理机关确认的第一次提出的品种权申请文件的副本。

（二）受理

植物新品种权的审批机关是国务院农业、林业行政部门，其中，农业部负责农作物新品种权的审批，林业部负责林木新品种权的审批。

对于申请人提出的品种权申请，如果提交的申请文件符合规定要求，审批机关应当予以受理，明确申请日，给予申请号，并自收到申请之日起1个月内通知申请人缴纳申请费。其中，申请日是指审批机关收到申请文件之日。如果申请文件是邮寄的，则以寄出的邮戳日为申请日。

申请人可以在品种权授予前修改或者撤回品种权申请。

（三）审批

审批机关受理品种权申请后，应当在6个月内完成对申请的初步审查。

初步审查的内容为：是否属于植物新品种保护名录列举的植物属或种的范围；是否属于有资格申请品种权的外国人、外国企业或者其他外国组织；是否符合新颖性的规定；植物新品种的命名是否适当。

对经初步审查合格的品种权申请，审批机关予以公告并通知申请人在3个月内缴纳审查费。经初步审查不合格的品种权申请，审批机关应当通知申请人在3个月内陈述意见或者予以修正。逾期未答复或者修正后仍然不合格的，驳回申请。

对初审合格且申请人按照规定缴纳审查费的，审批机关对品种权申请进行实质审查。实质审查是针对申请品种的特异性、一致性和稳定性所做的审查，审批机关主要依据申请文件和其他书面材料进行审查，必要时，审批机关可以委托指定的测试机构进行测试或者考察业已完成的种植或者其他试验的结果，还可以要求申请人提供必要的资料和该植物新品种的繁殖材料。

对经实质审查符合规定的品种权申请，审批机关应当作出授予品种权的决定，颁发品种权证书，并予以登记和公告。对经实质审查不符合规定的品种权申请，审批机关予以驳回，并通知申请人。

申请人对审批机关驳回品种权申请的决定不服的，可以自收到通知之日起3个月内，向植物新品种复审委员会请求复审。植物新品种复审委员会应当自收到复审请求书之日起6个月内作出决定，并通知申请人。

申请人对植物新品种复审委员会的决定不服的，可以自接到通知之日起15日内向人民法院提起诉讼。

三、植物新品种权的内容、归属和限制

（一）植物新品种权的内容

植物新品种权，是指育种人对其培育出来的植物新品种经主管部门授权而享有的专有权。植物新品种权是一种排他性权利，品种权人享有以下权利：

（1）独占实施权。任何单位和个人未经品种权人许可，不得为商业目的生产或销售该授权品种的繁殖材料。不得为了商业目的将该授权品种的繁殖材料重复使用于生产另一品种的繁殖材料。

（2）追偿权。品种权被授予后，在自初步审查合格公告之日起至被授予品种权之日止的期间，对未经申请人许可，为商业目的生产或者销售该授权品种的繁殖材料的单位或个人，品种权人享有追偿的权利，有权要求使用人支付使用费。

（3）转让权。品种权人可以依法转让其品种权。中国的单位或者个人就其在国内的植物新品种向外国转让品种权的，应当经审批机关批准。国有单位在国内转让品种权的，应当按国家有关规定报经有关行政主管部门批准。转让品种权的，当事人应当订立书面合同，并向审批机关登记，由审批机关予以公告。

（二）植物新品种权的归属

植物新品种权的具体归属由于育种性质的不同而有所不同。

（1）职务育种。执行本单位的任务或者主要利用本单位的物质条件所完成的育种，属于职务育种，该植物新品种的申请权属于单位，申请被批准后，品种权属于单位。执行本单位的任务所完成的职务育种是指在本职工作中完成的育种；履行本单位交付的本职工作之外的任务所完成的育种以及退职、退休、调动工作或其他原因离开原单位，3年内完成的与其在原单位承担的工作或者原单位分配的任务有关的育种。主要利用本单位的物质条件是指利用本单位的资金、仪器设备、试验场地以及单位所有或者持有的尚未允许公开的育种材料和技术资料等资料。

（2）非职务育种。既不是执行本单位任务，也没有主要利用本单位的物质条件所完成的育种，属于非职务育种，该品种的申请权属于完成育种的个人，申请被批准后，品种权属于申请人。

（3）委托育种。接受他人委托而完成的育种属于委托育种，其品种权的归属由当事人在合同中约定；没有合同约定的，品种权属于受委托完成育种的单位或者个人。

（4）合作育种。两个以上的单位或者个人合作完成的育种，属于合作育种，其品种权的归属由当事人在合同中约定，没有合同约定时，品种权就属于共同完成育种的单

位或者个人。

植物新品种权的申请权可以依法转让，当事人应当依法订立书面合同并报有关部门批准。

（三）植物新品种权的限制

为了协调品种权人的利益和社会公众的利益以及国家整体利益，《植物新品种保护条例》对品种权作了必要限制。

（1）合理使用。利用授权品种进行育种及其他科研活动，农民自繁自用授权品种的繁殖材料均可以不经品种权人许可，不向其支付使用费，但不得侵犯品种权人的其他权利。

（2）强制许可。为了国家利益或者公共利益，国务院农业、林业行政主管部门可以决定对植物新品种强制许可他人使用，对授权品种进行推广使用，并予以登记和公告。强制许可包括以下三种情况：① 为了国家利益和公共利益的需要；② 植物新品种权人无正当理由自己不实施，又不许可他人以合理条件实施的；③ 对重要农作物品种，品种权人虽已实施，但明显不能满足国内市场需求，又不许可他人以合理条件实施的。

强制许可一般由当事人申请。基于植物品种的重要性，国家农业、林业行政主管部门在必要时有权主动作出实施植物新品种的强制许可决定。申请强制许可的，应当向农业部提交强制许可请求书，说明理由并附具有关证明文件。取得实施强制许可的单位或者个人应当付给品种权人合理的使用费，其数额由双方商定；双方不能达成协议的，由审批机关裁决。植物新品种权人对强制许可决定或者强制许可使用费的裁决不服的，可以自收到通知之日起3个月内向人民法院提起诉讼。

四、植物新品种权的期限、终止和无效

（一）植物新品种权的期限

植物新品种权的保护期限，自授权之日起，藤本植物、林木、果树和观赏树木为20年，其他植物为15年。

植物新品种权人应当自被授予品种权的当年开始缴纳年费，并按照审批机关的要求提供用于检测的该授权品种的繁殖材料。

（二）植物新品种权的终止

如有下列情形之一，植物新品种权在其保护期限届满前终止：

（1）植物新品种权人以书面声明放弃品种权的。

（2）植物新品种权人未按照规定缴纳年费的。

（3）植物新品种权人未按照审批机关的要求提供检测所需的该授权品种的繁殖材料的。

（4）经检测该授权品种不再符合被授予品种权时的特征和特性的。

品种权的终止，由审批机关登记和公告。

（三）植物新品种权的无效

自审批机关公告授予植物新品种权之日起，植物新品种复审委员会可以依据职权或者依据任何单位或者个人的书面请求，对不符合新颖性、特异性、一致性、稳定性条件规定的植物新品种，宣告该品种权无效；对不符合名称规定的予以更名。宣告品种权无效或者更名的决定，由审批机关登记和公告。

当事人对植物新品种复审委员会的决定不服的，可以自收到通知之日起3个月内向人民法院提起诉讼。

被宣告无效的植物新品种权视为自始不存在。宣告品种权无效的决定，对在宣告前人民法院作出并已执行的植物新品种侵权的判决、裁定，省级以上人民政府农业、林业行政部门作出并已执行的植物新品种侵权处理决定，以及已经履行的植物新品种实施许可合同和植物新品种权转让合同的，不具有追溯力；但是，因品种权人恶意给他人造成损失的，应当给予合理赔偿。依前款规定品种权人或者品种权转让人不向被许可实施人或受让人返还使用费或者转让费，明显违反公平原则的，植物新品种权人或者植物新品种权转让人应当向被许可实施人或者受让人返还全部或者部分使用费或者转让费。

五、植物新品种权的法律保护

（一）侵犯植物新品种权的行为及其法律责任

未经植物新品种权人许可，以商业目的生产、销售授权品种的繁殖材料，或者为商业目的将授权品种的繁殖材料重复使用于生产另一品种的繁殖材料的行为，属于侵犯植物新品种权的行为。

被控侵权物的特征、特性与授权品种的特征、特性相同，或者特征、特性的不同是因非遗传变异所致的，一般应当认定被控侵权物属于商业目的生产或者销售授权品种的繁殖材料。被控侵权人重复以授权品种的繁殖材料为亲本与其他亲本另行繁殖的，一般应当认定属于商业目的将授权品种的繁殖材料重复使用于生产另一品种的繁殖材料。

对侵犯植物新品种权的行为，植物新品种权人或者利害关系人（包括植物新品种实施许可合同的被许可人、品种权财产权利的合法继承人等）可以请求省级以上人民政府农业、林业行政部门依据各自的职权进行处理，也可以直接向人民法院提起诉讼。

侵犯植物新品种权的侵权人应承担停止侵害、赔偿损失等民事责任。对侵权赔偿数额的计算，人民法院可以根据被侵权人的请求，按照被侵权人因侵权所受损失或者侵权人因侵权所得利益确定赔偿数额。被侵权人请求按照植物新品种实施许可费确定赔偿数额的，人民法院可以根据植物新品种实施许可的种类、时间、范围等因素，参照该植物新品种实施许可费合理确定赔偿数额。对于难以确定赔偿数额的，人民法院可综合考虑侵权的性质、期间、后果，植物新品种实施许可费的数额，植物新品种实施许可的种类、时间、范围及被侵权人调查、制止侵权所支付的合理费用等因素，在 50 万元以下确定赔偿数额。另外，当事人还可以合意将侵权物折抵权利人所遭受的损失，但必须由当事人协商达成一致意见。

被侵权人或者侵权人不同意折价抵扣的，人民法院依照当事人的请求，责令侵权人对侵权物作消灭活性等使其不能再被用作繁殖材料的处理。侵权物正处于生长期或者销毁侵权物将导致重大不利后果的，人民法院可以不采取责令销毁侵权物的方法，但法律、行政法规另有规定的除外。

在侵犯植物新品种权的案件中，侵权者大多委托农户进行制种，此时，农户的制种行为超出了自繁自用的范围，构成侵权行为，接受委托制种的农户应承担相应的民事责任。按照过错责任的归责原则，2007 年颁布的《最高人民法院关于审理侵犯植物新品种权纠纷案件具体应用法律问题的若干规定》（以下简称《规定》）第 8 条规定："以农业或者林业种植为业的个人、农村承包经营户接受他人委托代为繁殖侵犯品种权的繁殖材料，不知道代繁物是侵犯植物新品种权的繁殖材料并说明委托人的，不承担赔偿责任。"以"知道"作为承担赔偿责任的主观要件，接收委托制种的农户若不知道代繁物侵犯品种权并说明委托人，不用承担赔偿责任，但必须承担停止其侵害行为。

《规定》并规定了品种侵权诉讼的诉前证据保全和诉前禁令制度，权利人在起诉的同时提出先行停止侵权或者保全证据请求的，人民法院经审查可以先行作出裁定。

省级以上人民政府农业、林业部门依据各自的职权，根据当事人自愿的原则，对侵权所造成的损害赔偿进行调解。调解达成协议的，当事人应当履行；调解未达成协议的，品种权人或利害关系人可以依照民事诉讼程序向人民法院提起诉讼。

省级以上人民政府农业、林业行政部门依据各自的职权处理植物新品种权侵权案件时，为维护社会公共利益，可以责令侵权人停止侵权行为，没收违法所得和植物新品种繁殖材料；货值金额 5 万元以上的，可处货值金额 1 倍以上 5 倍以下的罚款；没有货值金额或者货值金额 5 万元以下的，根据情节轻重，可处 25 万元以下的罚款。

（二）假冒授权植物新品种行为的法律责任

假冒授权植物新品种的，由县级以上人民政府农业、林业行政部门依据各自的职权责令停止假冒行为，没收违法所得和植物品种繁殖材料；货值金额 5 万元以上的，处货值金额 1 倍以上 5 倍以下的罚款；没有货值金额或者货值金额 5 万元以下的，根据情节轻重，处25万元以下的罚款；情节严重，构成犯罪的，依法追究刑事责任。

此外，省级以上人民政府农业、林业行政部门依据各自的职权查处植物新品种权侵权案件和县级以上人民政府农业、林业行政部门依据各自的职权在查处假冒授权植物新品种案件时，根据需要，可以封存或扣押与案件有关的植物品种的繁殖材料，查阅、复制或者封存与案件有关的合同、账册及有关文件等。

第二十七章　数　据　库

第一节　数 据 库 概 述

一、数据库的概念

信息产业的发展，网络的普及，大大推动了数据库的发展，数据库在生活中被广泛加以利用，数据库的法律保护也引起了各方面的重视。

数据库成为知识产权体系中的概念起始于 1995 年（在此之前版权法中的"汇编"大致相当于数据库）。1995 年 7 月，欧洲议会和部长理事会通过了《关于数据库的法律保护的指令》，正式在国际条约中使用了"数据库"（database）这一概念。1996 年5 月美国国会众议院接受了题为"数据库投资和防止知识产权盗版法"的 H·R·3531 提案，在欧盟和美国的极力促进下，世界知识产权组织也曾建议在 1996 年 12 月的外交会议上讨论一个《数据库知识产权条约草案》，因各国分歧过大而暂时搁浅。但数据库作为一个法律概念已为大家所接受。

对于数据库的概念，目前主要有两种观点：① 技术界的定义是："在计算机存储设备上合理存放的相关联的数据的集合"或"数据库是为满足某一部门多个用户多种应用的需要，按照一定的数据模型在计算机系统中组织、存储和使用的互相联系的数据的集合"，即电子数据库。② 法律界的定义是："数据库系指以系统或有序的方法编排的并可通过电子或其他方式逐个查阅的独立作品、数据或其他资料的汇集。"在此，法律界将非电子形式的数据库也包括进来了。如欧盟 1996 年 3 月 11 日颁布的《数据库法律保护指令》第 1 条对数据库定义如下："数据库是对单独作品、数据或其他材料按一定体系或其他手段进行汇编，并能提供通过电子手段或其他手段进行数据访问的集合。"《世界知识产权组织版权条约》第 5 条将数据库表述为："数据或其他资料的汇编无论采用任何形式，只要由于其内容的选择或排列构成智力创作，其本身即受到保护。"

因此，在法律界，数据库并非特指电子数据库，还包括非电子数据库，如百科全书、市场行情报告等。任何形式的数据库均应受到法律保护，并且，数据库中的数据并非要按一定的规则进行排列，数据库只是按一定目的收集起来的数据的集合。

二、数据库的特征

（一）数据库是一个集合体

数据库是作品、数据或其他材料的汇集，是由多个作品或其他信息材料构成的集合体，单一的作品并不是数据库。

构成数据库的可以是作品，如文字作品、音乐作品、视听作品或任何其他形式的作品，也可以是作品之外的其他信息材料，如数字、事实、声音、图像等。这些作品或材料构成数据库的“内容”，每一作品或材料，都是数据库的内容的一分子。

数据库既可以是作品的集合，也可以是其他材料的集合，或作品与其他材料的集合。

（二）数据库是有序集合体

数据库并非内容杂乱无章的集合，而是根据一定的目的和要求，按照一定的方式对作品或其他材料进行系统的筛选、编排、形成一个有机统一体，成为有序的集合，并可按照事先设定的方式向使用者提供所需的信息。

（三）数据库具有可访问性

数据库中的每一页作品或材料都可通过电子手段或其他手段单独进行访问。使用者可以通过一定手段访问或使用数据库中的每一页作品或其他材料，也可以访问所有的作品或材料。访问数据库的手段既可以是电子手段，也可以是传统的其他手段，如阅读、摘抄等。

三、数据库的功能

数据库在英文当中为“database”，其中的“data”一词来源于拉丁文“Lat Datum”，意为“资料”、“信息”。因此，数据库更确切的名称应为“资料库”或“信息库”。

数据库的主要功能是为了尽可能地搜集、存储有关某一主题的信息或资料，以便为使用者提供数据检索、数据访问服务。构成数据库的作品、数据或其他材料在制作数据库时已经存在，但这时往往是一些零散的、无序的、无关的作品、数据或其他材料，正是制作者的收集、选择和编排，才使这些作品、数据或其他材料成为有序的统一体，从而为使用者提供了信息。

因此，数据库的主要功能在于向使用者提供一定的信息。使用者访问或使用数据库，目的就是要从中得到有用的信息。从用户的角度看。数据库使用价值或交换价值的大小，主要取决于数据库的信息含量。一个数据库能够为用户提供的信息主要来源于数据库的内容，数据库的内容是决定数据库使用价值的交换价值的关键因素。数据库的内容又取决于制作者的搜集和编排。数据库制作者对数据库的内容进行的搜集、选择和编排，是数据库受法律保护的关键因素。

第二节　国际上对数据库的法律保护

数据库具有存储信息量大、检索快捷、使用方便、实用性强等特点。一方面，数据库已成为当今“信息爆炸”时代中极其重要的工具，具有重大的社会经济价值。另一方面，数据库的开发制作是一项创造性劳动，需要投入大量的人力、物力和资金，但数据库很容易被复制，复制成本很低，复制后可以很快地在世界任何地方进行传播。因此，如果不能对数据库开发制作者的权益提供有效保护，必将挫伤人们开发以及向社会提供数据库的积极性，不利于社会科学技术和文化的发展。

对数据库给予法律保护已成为国际社会的共识，但由于在数据库受保护利益的认识上存在差异，所以各国选择的保护数据库的方式并不相同。

从目前情况来看，数据库的保护方式主要有版权法保护、数据库的特别保护及《反不正当竞争法》保护三种。

一、版权法的保护

由于数据库是制作者对作品、数据或其他材料进行择选、编排而成，与版权法上的汇编作品的创作过程相同，在对数据库的法律保护上，国际公约和世界各国均以版权法为主流。

《伯尔尼公约》中没有使用“数据库”一词，也未提及“数据库汇编”。但《伯尔尼公约》第2条第5款规定：“文学或艺术作品的汇集本，诸如百科全书和选集，由于对其内容的选择和整理而成为智力创作作品，应得到与此类作品同等的保护，而不损害作者对这种汇集本内各件作品的权利。”这里的“文学或艺术作品的汇编”实际上就是以文学艺术作品为内容的数据库。从表面上看，该条规定的范围仅限于文学艺术作品的汇编文集，然而这并不意味着《伯尔尼公约》不保护其他材料的汇编。在《伯尔尼公约》第2条第1款可以找到这样的根据，该条款特别说明：“文学艺术作品一词包括科学和文学艺术领域的一切作品，无论其表达方式或形式如何。”显然其保护的作品范围是不能穷尽的。近几年来，国际社会已达成共识：即上述条款包含材料的选集。世界知识产权组织对此作了进一步解释，表示由其他材料构成的具有独创性的汇编可以受到

《伯尔尼公约》的保护。[①]

《TRIPS 协议》第 10 条第 2 款则明确规定："数据或其他材料的汇编，无论采用机器可读形式还是其他形式，只要其内容的选择或安排构成智力创作，即应予以保护。这类保护不延及数据或其他材料本身，不得损害数据或材料本身已有之版权。"上述规定实际上是将数据库纳入作品范畴予以保护。该协议在此采用了"数据汇集"一词，未正式指数据库。

1996 年缔结的《世界知识产权组织版权条约》（WCT）的立法思想与《TRIPS 协议》相同。该条约第 5 条规定："数据或其他资料的汇编，无论采用任何形式，只要由于其内容的选择或排列构成智力创作，其本身即受到保护。这种保护不延及数据或资料本身，亦不损害汇编中数据或资料已存在的任何版权。"该条约正式启用"数据库"一词，至此，数据库在版权法上的地位最终得到了明白无误的确认。

目前，英、美、德、日、法等 130 多个国家都为数据库提供了版权法保护。我国的《著作权法》于 2001 年 10 月 27 日修改后，在第 14 条规定："汇编若干作品，作品的片段或者不构成作品的数据或者其他材料，对其内容的选择或者编排体现独创性的作品，为汇编作品，其著作权由汇编人享有，但行使著作权时，不得侵犯原作品的著作权。"因此，具有独创性的数据库在我国可作为汇编作品受到著作权法保护。

（一）数据库享受版权法保护的实质性条件

从国际公约及世界各国有关数据库的版权保护的有关规定来看，数据库是作为版权法中的编辑作品受到保护的，因而它被要求具有作品的一般属性，即具备独创性。《TRIPS 协议》和世界知识产权组织的《版权条约》在规定对数据库实行版权保护的同时，均要求其"内容的选择或安排构成智力创作"。这一点，各国法律和国际公约的认识基本一致。如美国的《著作权法》第 101 条就规定编辑著作为"以搜集并整合既有素材或资料为形式的著作，该类素材与资料必须经由选取、整理、编排，且就整体而言具有原创性之著作"。德国的《著作权法》亦规定，"数据库著作"属于编辑著作之一种，是有系统或以方法对素材加以编排，以电子或其他方式采用其中各类素材建立数据库或采用各种素材所使用的计算机程序。[②]

作品的独创性，是指其必须符合两个条件：其一，作品是作者独立的智力创作，非抄袭他人作品；其二，作品的内容或表现形式是作者选择、取舍、安排、设计的结果，既不是已有形式的复制，也不是依既定的程序推演而来。作为编辑作品的数据库，其独

---

① 参见世界知识产权组织国际局为"数据库知识产权保护信息会议"准备的备忘录"Exiting National and Regional Legislation concerning Intellectual property in Databases"，DB/IM/2。

② 参见德国《著作权法》第 4 条第 2 项。

创性也必须具备这两个方面。

在目前各国的版权法对作品独创性的要求有很大差异的情况下，在对数据库的独创性要求上却有趋同的倾向，即“独立的创作加上一点创造性”。认为数据库受保护的条件应当是在其内容的选择、协调或编排方面体现为某种程度的创作性，即数据库制作者对数据的选择或编排方面做出了有别于他人的或常识性的选择或编排。独创性并不要求这些选择或编排必须是全新的或创造性的，只要求这些选择或编排是由数据库制作者独立做出的，而且与现有的或同样选择或编排有所区别。

因此，数据库要受到版权法的保护，必须在内容的选择或编排方面具有独创性。反之，单纯对资料进行收集、整理，在内容的选择或编排上没有独创性的数据库（称“事实数据库”），不能获得版权法保护，不享有版权。但是，在数据库的创造性的界定标准上，目前争议较大。

（二）数据库中受著作权法保护的要素

具备了独创性的数据库可以作为编辑作品取得版权保护，但是，并不是构成数据库的所有要素都受到版权法保护，只是对体现作者独创性的要素加以保护，由于作者享有权利，所以，那些不能体现独创性的要素不能成为版权的具体对象。

数据库是现有作品、数据或其他材料的汇集，在被制作为数据库之前已经存在的，并非数据库制作者的“创造”。但被制作为数据库之前，这些作品数据或其他材料是零散的、无序的、不相连的，正是制作者根据一定的目的去搜集、选择、设计、编排，才使这些作品、数据或其他材料成为有序的统一体，从而为使用者提供信息。因此，在数据库中，体现独创性的因素是制作者对数据库内容的“选择和编排”。对数据库材料的选择标准和方法、编排的顺序和结构，真正体现出数据库制作者是否付出自己的独立判断和创新，体现出数据库是否具有独创性。因此，数据库中由版权法保护的，只能是这些具有独创性的选择和编排，而非构成数据库内容的作品、数据或其他材料本身。对此，有关数据库保护的国际条约或法律都有一个相同的规定，即对数据库的版权保护不及于数据库的内容。《TRIPS 协议》第 10 第 2 款，《世界知识产权组织的版权条约》第 5 条，《欧盟数据库指令》第 3 条第 2 款，均有此等规定。

在理解数据库中受版权法保护的要素时，必须注意以下两点：其一，数据库的版权并不及于数据库中的资料，这些资料中属于作品的，其作者享有独立的版权，其资料是事实材料的，没有版权。因此，未经数据库作者许可而使用或复制数据库的资料，并不侵害作者对该数据库的版权，对这些资料的不同使用，编排，可能促成不同版权的数据库。但是，如果采用了他人数据库的全部内容或者几乎全部内容，通常也就采用了作为基础的选择和排列标准，这是对数据库版权的侵犯。其二，单纯就数据库内容的选择和编排的标准和方法而言，属于作品所描述或体现的概念、思想或方法，是不受版权法保护的，单纯使用这些标准或方法，而没有使用或复制这些标准或方法选拔和编排的数据库的内容，也不侵害数据库作者的版权。

二、数据库的特别保护

由于数据库受版权法保护必须具有独创性，这使得数据库在版权保护上遇到困难，许多数据库因达不到版权法要求的独创性条件而不享有版权，但不给予保护又显然有失公平。同时，版权对数据库的保护又产生另一重要问题，即版权弱保护问题。因为无论是国际公约还是各国的版权法，都无一例外地表明：对数据库的保护仅限于其编排和结构，并不延伸至使用的材料。但作为一种信息产品，用户真正感兴趣的是数据库中的信息，而不是数据的编排结构。对数据库制作者来说也是如此。大量人力、物力、投资也主要集中在信息数据库的收集、汇编、核对、组织等方面，而不是在数据库的结构设计方面，数据库中大量的资料反映出来的信息才真正是其价值所在，而这恰恰又是版权法力所不能及的。如果数据库中的内容可以任由他人复制、稍加改动就变成他人的劳动成果的话，会直接损害数据库原创者的经济利益，严重打击数据库产业不断创造发展的积极性。

针对版权法在保护数据库方面的不足，一些国家和组织展开了对不具有独创性的数据库的特别保护。在立法例上，有以下不同尝试。

（一）类版权保护不具有独创性的数据库

对于不具备独创性的数据库，按照有关版权的国际条约和绝大多数国家的版权法的规定，是不能受到版权保护的。但是，有少数国家对不受版权保护的数据库已经实行了一种短期的类版权保护，比较典型的有瑞典、丹麦、挪威、芬兰、冰岛等北欧国家。

在这些国家的版权法中，除对具有独创性的数据库按编辑作品予以保护外，对不具备独创性的数据库也予以保护，但要求其必须汇集了“大量的信息条目”，只含有少量信息的非独创性数据库不予保护。保护的手段是“他人未经许可不得复制”，而不及于其他行为。其保护期限从10年到15年不等。

上述这种类版权保护是用版权法对不具有独创性的数据库给予类似于版权的保护，便相比作品所享有的版权，这种特别保护在权利内容、保护范围、保护期限上都极为有限。

（二）《欧洲议会与欧盟理事会关于数据库法律保护的指令（96/9/EC）》与特别权利

为给数据库提供更为广泛、有效的法律保护，欧盟早在20世纪90年代初期就开始对数据库的法律保护问题进行评估，并于1992年提出了关于数据库特别保护的建议。

1996 年 3 月 11 日，《欧洲议会与欧盟理事会关于数据库法律保护的指令（96/9/EC）》（简称《数据库指令》）正式发布，首开数据库特别权利保护之先河。

《数据库指令》要求成员国对数据库提供版权和特别权保护。凡“其内容的选择与编排方面体现了作者自己的智力创作的数据库”，均可依《数据库指令》获得版权保护。对数据库的版权保护不延及数据库的内容，也不影响这些内容本身所具有的任何权利。

特别权利是《数据库指令》的中心内容，指令要求成员国对那些在其内容的获得、投检、编排等方面作了“人力、技术、资金或其他资源在数量或质量上的实质性投入”的数据库给予特别权利保护，而对数据库的独创性没有任何要求。

《数据库指令》对数据库制作者给予以下两项特别权利：① 摘录权。即禁止他人未经许可，永久或暂时地复制数据库全部内容或是在数量上以及质量上实质性内容的行为；② 再利用权。即禁止他人未经许可，以发行、出租、在线传输等方式向公众提供数据库全部内容或者在数量上以及质量上实质性内容的行为。

上述特别权利的保护对象为体现制作者实质性投入部分的内容，但是，如果多次和有系统地提取或再利用数据库内容的非实质部分，从而与数据库的正常利用产生冲突或不合理地损害了数据制作者的合法利益，亦在被禁止之列。

《数据库指令》对数据库制作者的特别权利作了一定限制。数据库向公众提供后，数据库的合法用户可以不经数据制作者同意，实施下列行为：① 为任何目的，复制或传播数据库内容的非实质性部分；② 为私人目的，复制非电子数据内容的实质性部分；③ 为教学科研目的，复制数据库内容的实质性部分，但要标明材料的来源，使用的内容也不能超出实现非商业性目的所需的程度；④ 为公共安全、行政管理或司法程序的目的，复制或传播数据库内容的实质性部分。[①]

上述规定将享受特殊权利的人限定为合法用户，这意味着只要用户使用的是盗版产品，则不论出于什么目的，不论主观上是善意或恶意，都将构成侵权行为。

《数据库指令》规定，特别权利自数据制作完成之日起生效，有效期限为 15 年，自完成之日起第 2 年 1 月 1 日起计算。如果在 15 年期满之前以任何方式使数据库可为公众利用，则特别权利的保护期限自首次可为公众利用之日的第 2 年 1 月 1 日起为 15 年。

《数据库指令》第 11 条对特别权利的受益人资格作了规定，特别权利只适用于制作者或权利人为欧盟成员国国民或在欧盟境内有住所的人的数据库。对于公司、企业，它们应依据欧盟成员国法律建立并在欧盟境内有其注册的办公场所、中央管理机构或主要营业地，才能适用指令规定的特别保护。

---

① 参见李扬：《试论数据库的法律保护》，载《法商研究》2002 年第 1 期。

欧盟欧洲议会及理事会于1996年3月11日通过《数据库指令》。该指令要求欧盟成员国必须于1998年11月1日前修改其国内法以符合指令之规定，故已逐渐统一欧盟境内关于数据库之保护规范。

（三）美国的数据库法案

欧盟《数据库指令》为数据库提供了一种完全独立于版权法体系的特别权利保护，这给美国信息产业界很大震动，尤其是欧盟指令采取严格的对等原则，如果没有相应的立法，美国的数据库在欧盟范围内得不到相应的特别权利保护。美国对欧盟指令做出了迅速的反应。

1996年5月，美国国会众议院接受了一个题为“保护数据库投资与制止知识产权盗版”（简称“H·R·3531”）的法案，意图保护数据库的投资，制止非经授权摘录、使用数据库内容的行为。但是，由于科研机构及广大用户的强烈反对，H·R·3531法案未获得通过。1997年10月，一个名为“制止盗版信息集合体”（简称“H·R·2652”）的法案又被提交到美国国会，该法案虽然使用“信息集合体”一词取代“数据库”，但仍然未能获得美国国会的通过。1999年10月，第三个名为“制止盗版信息集合体”的法案（简称“H·R·354”）又被提交到了美国国会。该法案虽然兼顾了数据库投资者的利益和社会公共利益，与前面的两个法案已经有很了很大区别，但是至今仍未被美国国会通过。①

美国的“H·R·354”法案对数据库与欧盟数据库指令相似，都是对数据库制作者予以特别权利保护，其对数据库所下定义及特别权利的保护对象上的规定与欧盟指令基本相同。

美国“H·R·354”法案赋予数据库制作者的权利是：① 再利用权。即禁止他人未经许可，向公众提供信息集合体的全部或其实质性部分的行为，并且这些行为给数据库权利人提供或意图提供的包含该信息集合体的产品或服务的基本市场或者相关市场造成了重大损害。② 摘录权。即禁止他人未经许可摘录信息集合体的全部或基实质性部分的行为，并且这些行为给数据库权利人提供或意图提供的包含该信息集合体的产品或服务的基本市场造成了重大损害。

上述权利受到以下限制：一是为了说明、解释、举例、评论、批评、教学、研究或分析的目的，传播或摘录数据库的合理行为。行为是否合理应综合考虑摘录的目的，摘录的信息量、摘录者主观上的是否善意、摘录的实际作用以及对数据库权利人基本市场或相关市场的影响等因素加以判断。二是为了教育、科学或研究等非商业性目的、传播或摘录数据库内容的行为，但不得对数据库产品或服务的基本市场或相关市场造成重大

① 参见李扬：《试论数据库的法律保护》，载《法商研究》2002年第1期。

损害。三是传播或摘录数据库中的单个信息或数据库内容的非实质性部分的行为，但是恶意的重复或系统性的行为不在此列；四是仅仅为了验证信息的准确性而传播或摘录信息的行为；五是政府部门因实施调查、保护或情报活动传播或摘录信息的行为。

相比欧盟《数据库指令》，美国“H·R·354”法案赋予数据库制作者的权利相对较弱，更注重平衡数据库制作者的利益和社会公共利益。但由于数据库特殊权利赋予了数据库制作者对数据库内容的专有权，有可能造成数据库制作者对公共信息的垄断，与公众利益相冲突，美国朝野反对呼声甚高，该法案在国会未获通过。

（四）世界知识产权组织的《数据库知识产权条约草案》

欧盟建立了数据库的特殊权利保护之后，于1996年2月向世界知识产权组织提出数据库特殊权利保护的建议。美国在国内尚无相应立法的情况下，为了保护自己的利益，也迫不及待地向世界产权组织提出了给予数据库特殊权利保护的建议。

在欧美的推动下，1996年8月30日，世界知识产权组织把数据库特别保护问题作为1996年12月版权若干问题外交会议的三个议题之一，并起草了《数据库知识产权条约草案》。该草案综合欧盟和美国的建议，在保护范围、受保护条件、权利内容、权利限制等方面与欧盟数据库指令及美国的“H·R·3531”法案相似。世界知识产权组织于1996年12月、1997年3月、1997年9月分别召开了外交会议、政府代表会议和信息会议，由于许多发展中国家和一些发达国家对数据库特殊权利保护表示反对，《数据库知识产权条约草案》没有实质生效。

综上所述，欧盟数据指令和美国“H·R·354”法案以及《数据库知识产权条约草案》所倡导的对数据库的特殊权利保护，实质上是借用版权法中的“复制权”和“使用权”保护方式，赋予数据库制作者对数据库内容的专有权，是一种全新的保护机制。版权法只保护具有独创性的数据库内容的选择和编排而不保护数据库的内容，使用数据库中的内容并不侵犯数据库制作者的版权。而数据库特殊权利保护的是版权法不提供保护的数据库的内容，对数据库的选择与编排是否具有独创性在所不问。这使得那些在内容的选择和编排上不具有独创性的数据库也可获得法律的保护，扩大了法律对数据库的保护范围，同时，特殊权利将保护对象指向数据库的内容，强化了保护力度，保护了数据库制作者在数据库内容上收集、编排的投入。数据库的特殊权利保护在一定上程度上弥补了版权法保护数据库的不足。

数据库的特殊权利保护引发了新的问题。特殊权利保护以保护投资者经济利益为由，将保护范围从表达形式延伸到信息内容本身，这意味着投资者只要对某领域的信息投入劳动和资金，就可以控制他人对该领域信息的使用。而数据库大量内容来自公有领域的信息，数据或材料，数据库特殊权利保护有可能造成数据库制作者对公共信息的垄断，妨害信息的自由流通，妨碍教学、科研对自由流动信息的利用，影响科学文化的发展。因此，数据库的特殊权利保护在国际上受到置疑和批评，认为特殊权利尽管保护了数据库制作者的投资，却牺牲了信息自由，牺牲了公众利益。

三、《反不正当竞争法》对数据库的保护

针对版权法的弱保护问题和数据特殊权利保护有可能造成“信息垄断”的缺陷，理论界不同意欧盟数据库指令的一些国家和学者的意见多数倾向于以《反不正当竞争法》的原则来处理数据库的知识产权问题，例如，美国法学家近年来的倾向与日本通产省主张的观点都属于这一类。

《反不正当竞争法》立法宗旨在于制止不同市场主体之间的恶性竞争，保证各主体都以平等的法律条件参与市场竞争。所以，《反不正当竞争法》可以弥补版权法的不足，保护数据库制作者在对材料的收集、整理、编排等方面所作出的劳动和投资。

《反不正当竞争法》赋予数据库制作者对其制作的数据库享有反不正当竞争权。反不正当竞争权将数据库作为产品而不是作品看待，并不要求其必须具备独创性，对不具备独创性的数据库同样予以保护。反不正当竞争权也不同于数据库的特殊权利保护，它所要控制的只是相关领域竞争者的不正当竞争，即他人未经许可直接利用数据库制作者花费巨大代价收集、整理的数据库中的信息、数据、资料等制作与其进行竞争的相同或相似的数据库的行为，并不赋予数据库制作者对数据库内容的独占权，不排除对数据库非商业目的的合理使用，也不排除对相同内容的数据库的独立研制行为。

《反不正当竞争法》可以作为版权法等特别法的补充，对数据库给予全面的保护。目前在司法实务中，也多用《反不正当竞争法》解决侵犯“事实数据库”制作者权益的纠纷案件。如发生在我国的“阳光公司诉霸才公司侵犯数据库案”，被告未经原告许可，从 1995 年到 1996 年期间，通过阳光公司在上海的某个客户非法获取了“SIC 实时金融”电子数据库中的“天律联合期货交易所”等交易所的行情数据，并为了营利目的向客户有偿转让，被告的行为被北京市高级人民法院裁决为违反了经营者在市场交易中应当遵守的诚实信用原则和公认的的商业道德，构成不正当竞争行为。又如发生在德国的电话号码簿案，在该案中，原告投资 9000 万马克制作了一个电子电话号码簿，被告未经原告许可，直接将原告收集的电话号码下载进自己的电子电话号码簿，成本和发行价都大大低于原告。被告的行为最后被德国汉堡联邦地区法院认定为不正当竞争行为。

综上所述，数据库的法律保护是电子信息时代涌现出来的新问题，对数据库的法律保护形式尚处于积极探索之中。如何在保护信息投资者经济利益，鼓励数据库制作者的积极性和促进数据库产品的开发制作的同时，能保证社会公众充分利用信息流通为社会创造更多价值，使这两个彼此冲突的目标实现最佳平衡，是数据库法律保护追求的终极目标。

第二十八章　商号、原产地名称和货源标记

第一节　商　　号

一、商号概述

商号又称厂商名称、字号，是指经营者在经营活动中用于标示自己并区别于其他经营者的名字，是经营者人格化和特定化的标记。

商号一般由文字构成，是使各种经营者得以互相区别的符号，是经营者人格化的外部标记，和自然人的姓名一样，商号代表着一个特定的经营者。经营者将商号广泛用于商品及包装材料上，或用于各种广告宣传媒介上，表示商品或服务的来源，与生产同类商品的其他经营者相区别，并树立经营者形象。社会公众则通过商号对众多经营者进行识别和辨认，对特定经营者的商品和服务进行评价。因此，商号与商标、地理标记一样，是重要的识别性标记，并成为经营者商誉的载体，是经营者的重要无形资产。如“同仁堂药店”、“六必居酱菜园”等老字号的商业信誉经久不衰，对消费者具有巨大的吸引力。

商号作为经营者人格化特定化的标志，具有以下特征。

（一）商号具有唯一性

商号是经营者作为市场主体的标志，为维护交易安全和市场秩序，维护经营者的商业信誉，一个经营者只能有一个商号，无论该经营者拥有多少项营业，其商号都必须是唯一的，这是商号与商标的不同之处，一个经营者可同时拥有多个表示不同商品的商标。

（二）商号具有排他性

商号是经营者人格化的特定标志，是经营者信誉的载体，在同一登记机关辖区内，同行业的经营者不能有相同或类似的名称，避免引起混淆，误导消费者。

与注册商标在全国范围内享受法律保护不同，商号只在注册登记的地域范围内受法律保护，且限制在“同行业”范围。在对商号实行分级管理的情况下，并非所有商号都能在全国范围内发生对抗第三人的效力。

（三）商号的构成要素具有单一性

商号应由两个以上文字构成，不能使用图案、线条、字母、颜色等要素，表达上要求具有一定的显著性，能与其他商号相区别，以达到识别作用。

我国法律对商号的构成要素有以下禁止规定：商号不得包含法律禁止的内容和文字，有损于国家、社会公共利益的；可能对公众造成欺骗或者误解的；外国国家（地区）名称、国家组织名称；政党名称、党政军机关名称、群众组织名称、社会团体名称及部队番号；汉语拼音字母（外文名称中使用的除外）、数字；其他法律、行政性法规规定禁止的。

（四）商号不具有时间性

商号的使用一般不受时间限制，与经营主体及其经营活动共始终。商号的时间积累也往往代表着极大信誉，历史悠久的商号往往对消费者有巨大的吸引力。

商号与企业名称是较易混淆的概念。在我国，企业名称，是指企业及其他商事主体使用的用以表明企业注册地或营业地、商号、行业特点、财产责任形式、组织形式等的全称。国家工商管理局于1991年发布《企业名称登记管理规定》，要求企业名称应当由行政区划名称、字号（或者商号）、行业或者经营特点、组织形式四部分组成。例如，“广州鸿达化工股份有限公司”，其中“鸿达”是该公司的商号，“化工”是其所属行业，“股份有限公司”是其组织形式，“广州”是其公司所在地行政区划名称。严格说来，商号与企业名称是有区别的。在上述企业名称的构成要素中，唯有商号部分是经营者特定化人格化的标志，可由经营者自主选择，独占使用，其他部分不可能为经营者独占使用。因此，商号只是企业名称的组成部分，是企业名称的核心部分。

二、商号权概述

商号权，是指法人或其他组织对自己使用或者注册的商号依法享有的专有权。

商号对经营者的经营活动具有十分重要的作用，它是经营者信誉的载体，一个驰名的商号代表了经营者的商誉和社会的承认，对广大消费者有巨大的吸引力，是经营者重要的无形资产。经营者利用其享有的名气和声望，可以取得竞争中的优势地位并将其转化为现实的经济利益。如果商号被盗用或混淆，就会损害经营者的合法权益，误导消费者，破坏社会经济秩序。因此，为维护正常的商业竞争秩序，保护经营者和消费者的利益，法律应对商号予以保护，其方式之一就是赋予企业对其商号享有商号权。

商号权主要包括以下内容：

（一）专有使用权

商号的专有使用权是指商号的所有人对其商号享有的专有、专用的权利，具体表现在两个方面：一是企业对自己的商号有独占使用的权利，它可以在商品上、广告中、在营业中使用自己的商号；二是企业有权禁止他人在市场交易中以足以使人误解的方式使用其商号。在受到侵犯时可以寻求法律救济。

专用权是商号权中最基本的核心权利，商号只有专有使用才能起到区分商品或服务来源的目的，才能更好地树立商号的信誉，创立品牌价值。

由于商号权没有年限限制，而文字资源相对稀缺，为平衡利益以及实现经营中的多元化利益，大多数国家规定商号的专有使用权具有相对性，商号权人对其商号只在一定区域和所在行业拥有专有使用权。但随着驰名商号竞争价值的上升，一些国家的法律对驰名商号的保护已突破行业和地域范围的限制。

（二）转让权

转让权是指商号权人有权按照自己的意愿将其商号让与他人。关于商号权的转让，有以下两种立法主义：其一为绝对转让主义，即商号应当连同营业一起转让，禁止商号的单独转让；其二为自由转让主义，即商号可以单独转让，不必同营业一起。

居于商号的标识功能和信誉价值，为维护交易安全和市场秩序，目前世界各国普遍采用绝对转让主义。我国《企业名称登记管理规定》第23条规定：“企业名称可以随企业或者企业的一部分一并转让。企业名称只能转让给一户企业。企业名称的转让方与受让方应当签订书面合同或者协议，报原登记主管机关核准。企业名称转让后，转让方不得继续使用已转让的企业名称。”

商号权的取得有不同立法规定，《保护工业产权的巴黎公约》第八条明确规定：“商号应在本同盟一切成员国内受到保护，无须申请或者注册，也无论其是否为商标的组成部分。”我国采取登记生效主义，《企业名称登记管理规定》规定企业名称经工商行政管理机关核准登记注册后方可使用，在规定的范围内享有专用权。

三、商号权的性质和法律规制

商号权具有多重性质。首先，商号权具有人身权属性，商号是企业作为民事主体不可缺少的要素，是企业存在最基本的法定必备要件，商号权与商号权人的人身不可分离，是商品生产经营者法律人格的化身，为人身权利。其次，商号权具有财产权属性，商号作为企业经营能力、资信状况等的象征，是企业无形资产的重要组成部分，是竞争中的重要工具，商号的使用能给商号权人带来巨大的经济利益，有鲜明的财产属性。

商号是企业作为民商事主体存在的必要要素，为传统商法的调整内容之一。商法对商号的规制主要定位在行政管理和监督层面上，从规范民商事主体的角度，就有关商号的设定、商号的使用、商号的变更和转让，以及商号的废止等作出规定。

商号作为一种经营性标记，是商誉的信息载体。知识产权分为智力成果权和工商业标记权，商号权从其客体所具有的信息属性和其本身具有的地域性、专有性等方面看，具有知识产权的特性。居于商号无形资产价值的上升趋势和在商业竞争中显现的重要功能，现代社会更侧重于从知识产权角度对商号进行保护。相对于商法，知识产权法对商号的规制着眼于私权保护和市场秩序维护的层面上，通过授予商号权人对其商号的专有使用权，保护商号权人对其商号享有的商誉，从而激励其创造更大的社会财富。

商号的知识产权国际保护起源于《保护工业产权巴黎公约》（简称《巴黎公约》）。《巴黎公约》将商号与商标、发明专利、制止不正当竞争等并列作为工业产权的保护对象，明确提出了保护商号的最低限度要求，规定商号应在联盟一切成员国受到保护，无论申请或注册，也不论是否为商标的组成部分。并规定了一系列保护措施。如各成员国对一切非法带有在该国受法律保护的商标或商号的商品，应在其进入该国时予以扣押；各成员国通过制止不正当竞争行为，为商号提供保护等。①

《巴黎公约》之后，另一个涉及商号保护的国际组织文件是由世界知识产权组织为发展中国家制定的《商标、商号及不正当竞争示范法》，该文件从制止不正当竞争的角度进一步阐明，商号保护的意义是使商号及其他商业标志不受混淆行为、不使商誉行为受侵害，并加大了对商号的保护力度，使带有良好名声的商号可获得类似于驰名商标的特别保护。②

在知识产权立国的战略思想指导下，近来，国际社会对商号的知识产权保护日益重视，不少国家在其国内法中通过《商标法》、《反不正当竞争法》或单独立法对商号进行知识产权保护。

对商号的法律保护，主要有三种立法例：一是用民法保护，将商号权作为一种民事权利予以保护，盗用、假冒他人的商号就是一种民事侵权行为，适用民事侵权制度。二是适用反不正当竞争法保护，把侵犯商号权的行为作为不正当竞争行为予以制裁。三是制定专门法律，将商号单列出来，对商号的申请、登记、权利内容、管理、纠纷解决、处罚等以单行法的形式作出全面系统的规定。在此基础上，多角度、多层次进行系统调节，发挥立法的整体调节功能。

我国目前相关法律既未规定独立的商号权，亦未对商号单独立法。只设立了名称权，把商号作为企业名称的一部分加以保护，立法模式是复合式的，散见于《民法通则》、《反不正当竞争法》、《公司法》、《产品质量法》、《消费者权益保护法》、《企业名称登记管理规定》等法律文件中。

我国《民法通则》是从人格权利的角度来对企业名称进行规定的，着眼于商事主体从事民事活动所具有的外在表征。根据《民法通则》的规定，法人、个体工商户、

① 参见《巴黎公约》第1条、第8条、第9条、第10条。

② 张今：《知识产权新视野》，中国政法大学出版社2000年版，第138页。

个人合伙享有名称权。企业法人、个体工商户、个人合伙有权使用、依法转让自己的名称。法人的名称权受到侵害时，有权要求停止侵害、恢复名誉、消除影响、赔礼道歉，并可以要求赔偿损失。①

《公司法》、《企业名称登记管理规定》一类的商事法律，其对商号权的规制主要着眼于行政管理和监督的层面上。《企业名称登记管理规定》对企业名称登记的条件、程序等问题作了具体规定。其内容主要包括：① 企业名称由字号（商号）、所属行业、组织形式构成，并在名称前冠以所在行政区划名称，在行政区划范围内享有专用权；② 一个企业只允许使用一个名称，经核准登记的企业名称，受法律保护；③ 未经核准登记的企业名称，不得使用。同行业的企业名称不得混同；④ 企业名称可以同企业或企业的一部分一并转让，转让时由转让方和受让方订立书面协议，经工商行政管理机关核准后生效；⑤ 同一名称同一天申请的，由双方协商解决，协商不成的，由登记机关裁定；⑥ 外国企业可以向国家工商行政管理局申请企业名称，经核准登记后，在全国范围内享有专用权。

《反不正当竞争法》、《产品质量法》、《消费者权益保护法》所关注的是在经营活动中商号对于市场秩序及交易安全的关系。如《产品质量法》规定，生产者、销售者伪造或假冒他人厂名、厂址的，应当责令其公开更正，没收违法所得，可以并处罚款。《反不正当竞争法》规定，擅自使用他人企业名称的，除依照《产品质量法》作出处理外，被侵害的经营者还可以向人民法院提起诉讼，请求赔偿所受到的损失。

目前，我国相关法律、法规对于商号的规定较为零散、笼统，不尽统一，导致相关法律法规关于商号的定义、定性在法律上没有明确和统一的注解，"商号"、"字号"、"企业名称"、"企业品牌"等名词在实践中使用混乱。对商号的定义和定性不明，直接影响到相关权利的实现、行使及保护。商号权作为一种独立的知识产权尚未在我国现行法律中得以提出和确立，对知名商号的保护力度不够。

第二节　地 理 标 志

一、地理标志概述

（一）地理标志的概念和特征

地理标志法律保护制度已为国际公约及多数国家立法所确认，但在国际公约和各国

① 参见《民法通则》第 99 条、第 120 条。

的立法上，关于地理标志并无统一定义。

《TRIPS 协议》第 22 条规定："地理标志是指标示出某商品来源于某成员地域内或来源于该地域中某地区或某地方的标识，而该商品的特定质量、信誉或其他特征主要与该地理来源相关联。"我国《商标法》第 16 条第 2 款将其定义为"是指标示某商品来源于某地区，该商品的特定质量、信誉或者其他特征主要由该地区的自然环境因素或者人文因素所决定的标志"。2005 年 7 月 15 日起施行的我国《地理标志产品保护规定》第二条将地理标志产品具体定义为：地理标志产品，是指产自特定地域，所具有的质量、声誉或其他特性本质上取决于该产地的自然因素和人文因素，经审核批准以地理名称进行命名的产品。地理标志产品包括：① 来自本地区的种植、养殖产品；② 原材料全部来自本地区或部分来自其他地区，并在本地区按照特定工艺生产和加工的产品。

从上述定义来看，地理标志是一种标记，用在商品上表示该商品来源于某国、某地区或某地方，具有某种特殊的品质，如贵州茅台酒、西湖龙井茶、景德镇瓷器等，是反映商品特点的重要因素，为消费者提供商品来源信息并便于消费者选购。因此，地理标志和商标、商号一样，都是区别性商业标记，都具有识别商品来源的功能。

地理标志有以下基本特征。

1. 地理标志是表明商品产出地的区别性标志

地理标志用于标示商品的产出地，表明商品来源于何地，从而将来源于其他地区的同种商品区别开来，以使消费者识别和选择。地理标志可以是一个国家的名称，以标志由该国特定的自然条件或人为因素确定的质量特点的产品，如"中国丝绸"。地理标志也可以是一个特定的地区、地方，包括省、市、县、镇（乡）、村的名称，如"北京烤鸭"、"龙口粉丝"等。但地理标志只能表明商品来源于"何地"，而不能表明商品来源于"何人"，后者需要靠商标或商号加以辨别。

2. 地理标志是一种质量标志

地理标志除了表明商品的产地来源外，其另一重要功能在于将商品的内在品质与原产地联系起来，它使消费者了解商品来自特定的地区，而该地区因为独特的地理环境或人文因素而赋予商品以优良品质、特色、信誉等特征。因此地理标志还代表了商品的质量或特征，成为一种质量证明标志。

3. 地理标志依附于特定自然环境因素或者人文因素

并不是每一地名都能充当地理标志，构成地理标志的地名必须拥有某种迥异于其他地区的特征，地理标志是地理名称与该地区特色产品的质量、信誉以及其他特征的有机结合。决定地理标志产品特色的因素包括自然和人文两个方面。自然因素主要指气候、环境、土质、水源以及天然原料等，人文因素主要指特有的产品制造工艺、传统配方、生产技术等。

（二）相关概念

和地理标志相似的概念有原产地名称和货源标记，三者之间的关系一直存在争议。

1. 原产地名称

原产地名称，是指某个国家、地区或地方的地理名称，用于指示某项产品来源于该地，其质量或特征完全或主要取决于地理环境，包括自然和人为因素。

原产地名称的含义包括以下两方面内容：① 标有原产地名称的产品来源于某地区、特定地点或国家；② 该产品的质量或特性完全或基本取决于该地特殊的人文地理环境。

原产地名称的构成有两种方式：一是完全由地理名称构成，即地理名称同时也是原产地名称。如香槟，既是法国的一个地名，又是法国产的一种葡萄酒的原产地名称；二是地理名称和产品通用名称构成原产地名称，如景德镇瓷器，其中“景德镇”是一个地名，“瓷器”是一种产品的通称，二者的组合即成为一个原产地名称。

与商标、商号等标志由当事人臆造、自由选择不同，原产地名称必须是实际存在的地理名称，虚构的原产地名称无法区别商品的内在品质，且欺骗消费者，失去存在意义。

构成原产地名称的因素包括自然和人为因素。自然因素主要指产地的气候、土质、水源、物种以及天然原料等。而人为因素则主要指产地特有的产品加工工艺、生产技术、传统配方等。对于完全由原料决定商品品质的，一般将原料产地作为原产地，如果商品质量和特点完全取决于制造工艺的，一般把制造地作为该商品的原产地。

原产地名称具有表征产品来源和表征产品独特质量的功能，已经成为被社会公众所普遍承认的质量标志。

2. 货源标记

货源标记又称产地标记，是指表示一种产品来源于某个国家、地区或地方的说明标记，通常由名称、标记或符号组成。如“上海制造”，“Made in China”等都属于产品的货源标记。

货源标记旨在向消费者表明商品是由哪个国家、地区或特定地方所生产的，是表明商品来源的标记，其实质在于保证商品来源的真实性。货源标记可以用于标示任何性质和种类的产品，包括制造、加工、挑选的工业产品和农业产品。而任何地理名称都可作为源自该地的商品的货源标记。

货源标记表明产品的来源，在一定程度上代表着产地的整体信誉，由于人们对不同产地的商品的印象存在着差异，如“中国丝绸”、“巴黎时装”等在消费者心中有较好的评价，代表一定的质量和品位。因此，货源标记在市场竞争中具有广告促销作用。此外，货源标记在国际贸易中起着特殊作用，如在国际贸易中，各国常基于协定对一些国家的进口货物给予关税上的差别待遇，因此正确确定进口货物的原产国是适用不同关税税率的依据。在国际贸易的反倾销、反补贴等贸易限制、贸易制裁中，都涉及产地的认定。对进口产品的卫生检疫工作也涉及产地的认定。

3．原产地名称与货源标记的区别

原产地名称与货源标记都是知识产权的保护对象，共同构成地理标记，都是用来表示商品的来源地。但两者是有区别的。从作用上看，货源标记的功能主要侧重于商品来源地的叙述，反映商品的真实来源，并不直接表示商品的特定品质。而原产地名称不仅表明商品的产源，而且还是商品质量的标志，使商品的特定品质与原产地相联系，提供了商品特定品质的信息。从构成要素上，货源标记所涉及的区域范围比较大，往往泛指一个国家或地区，而原产地名称所指的区域范围比较小而具体，可以是一个县、一个村或一段流域。并且任何地理名称都可作为源自该地的商品的货源标记，而作为原产地名称的地理名称必须是该地的地理环境或特殊传统工艺与商品的特定品质相联系，造就了该商品的特定品质，并不是任何地理名称都可以作为原产地名称。

4．地理标志与原产地名称、货源标记

地理标志保护制度从货源标记和原产地名称保护制度中发展而来。最早把地名作为知识产权保护对象的是《巴黎公约》，《巴黎公约》将地名分为产地标记和原产地名称作为工业产权的保护对象，但《巴黎公约》并未界定和区分产地标记和原产地名称的定义。1958 年《保护原产地名称及其国际注册的里斯本协定》，首次将货源标记和原产地名称这两个概念分开并界定了原产地名称概念。其后，1966 年世界知识产权组织国际局为发展中国家起草了《发展中国家商标、商号和不正当行为示范法》，该文件同时概括了产地标记和原产地名称的概念："产地标记是用来表示源于一定的某个国家，一批国家、地区或地方的商品或服务的说明标志"，"原产地名称是指一个国家、地区或地方的地理名称，用来指明来源于该地的商品、产业的质量和特点纯粹或主要取决于地理环境，其中包括自然和人为的因素"。

地理标志首次出现于 1992 年欧盟《关于保护农产品和食品地理标记和原产地名称条例》（2081/92 号/EEC）第 2 条第 2 款 b 项："地理标记是指一个地区、一个特殊的地方或一个国家（在个别情况下）的名称，用以表明某种农产品或食品来源于该地区、地方或国家，其具有的特别的品质、声誉或其他特点可归因于其地理来源。并且其生产或制造和前期准备是在当地完成的。"其后，又出现世界贸易组织（WTO）《与贸易有关的知识产权协议》（《TRIPS 协议》）第 22．1 条："本协议中的地理标志是指这样的标志：它标示出某商品来源于（世界贸易组织）某成员地域内，或来源于该地域中的某地区或某地方，而该商品的特定质量、信誉或其他特征主要归因于其地理来源。"这两个文件中有关地理标志概念的表述基本一致，其中，《TRIPS 协议》的表述是公认的标准定义。

自《TRIPS 协议》后，国际社会逐渐转向使用"地理标志"一词。从《TRIPS 协议》对地理标志所下的定义来看，其更接近原产地名称，但《TRIPS 协议》所要求的地理标志比原产地名称的标准要宽泛一些，《TRIPS 协议》所要求的地理标志是一种标记即可，不限于是地理区域的实际名称，但包括具有地理含义的其他图形和徽记，如使用埃菲尔铁塔表示原产地是巴黎。而世界知识产权组织（WIPO）所讲的地理标志与 WTO 对地理标志所下的定义不同，世界知识产权组织认为地理标志包括货源标记和原产地名称，其起草的《地理标志协议草案》第 2.1 条规定："地理标志"包括"货源标记"和"原产地名称"。

综上所述，原产地名称、货源标记、地理标志，这三个不同的概念出自不同的国际条约，用在不同的语境下，其含义和范围因而有所差异。因此，只有将这些概念置于特定的话语环境，才能准确理解其含义并正确处理各概念之间的法律逻辑关系，本书统一称为地理标志。

二、地理标志的法律保护

（一）从法律上确认地理标志权

地理标志并非单纯的地理标记，其具有表明商品来源和特定品质的双重功能，是商品信誉的载体，是经营者确立竞争优势的重要工具，成为经营者重要的无形资产。产品假冒地理标志，会造成商品生产地的混淆，不仅损害经营者的合法权益，同时也欺骗了消费者，严重扰乱市场秩序。因此，从法律上确认地理标志权，有助于规范这方面的法律关系，以制止不正当竞争，维护市场秩序。

地理标志权是一种无形财产权，是指原产地内符合条件的商品生产者对地理标志所拥有的权利。地理标志权的内容主要包括使用权与禁止权，即权利人自己使用和禁止他人使用地理标志的权利。

地理标志权虽然属于知识产权，但具有不同于其他知识产权的特征，其主要特征如下：

1. 地理标志权不具有独占性

地理标志权为一种集体性权利，由原产地内生产特定商品符合规定条件的商品生产者共同享有，不允许由某一个经营者独家拥有，任何一个经营者都无权排斥其他符合条件的经营者的使用。不允许个人将地理标志独自注册为普通商标，这是立法通例。在允许将地理标志注册为集体商标和证明商标的国家，其注册人也不能阻止合格主体的依法使用。

此外盗用、假冒地理标志的行为发生时，任一权利人都可以以"利害关系人"身份提起诉讼。

2. 地理标志权不具有时间性

地理标志附着于地理标记上，商品的原产地作为一项文化和历史遗产，产地劳动者可世代享用，因此地理标志权是一种无法定消灭事由的永续性权利，无保护期间的限制。

3. 地理标志权不具有转让性

使用地理标志的任何经营者都不得转让地理标志权，转让会造成商品来源地的混淆，令消费者无所适从，使原产地的本质特性丧失，市场秩序混乱。

（二）地理标志的国际法律保护

鉴于地理标志在国际贸易中的重要作用，国际上通过签订双边协定，制定国际公约等手段展开对地理标志的法律保护。

保护原产地名称和货源标记最早的国际公约是《巴黎公约》，该公约在1925年海牙修订会议上，将原产地名称和货源标记列为工业产权的保护对象，并明文规定各成员国对非法标有虚假地理标记的商品应采取制裁措施，如禁止进口非法标有地理标记的商品，或者扣押这种商品。

关于地理标记的第一个专门性国际条约是1891年在马德里缔结的《制止商品产地虚假或欺骗性标记的马德里协定》，规定成员国均应依据国内法律对在商品标示虚假或欺骗性产地标记的行为采取禁止该商品进口或在进口时扣押等制裁措施。马德里协定在保护力度上较巴黎公约有明显加大。一方面，它严格禁止欺骗性产地名称在商品上进行张贴，同时还明令禁止在商品销售及广告宣传中使用欺骗性的产地名称。

1958年签订的《保护原产地名称和国际注册里斯本协定》对有关原产地名称的关键词语作了较为明确的界定，并规定建立原产地名称国际注册制度，原产地名称可以由有关缔约国的主管部门向世界知识产权组织国际局申请注册，经过注册的原产地名称，所有缔约国都必须加以保护。

1966年签订的《发展中国家原产地名称和货源标记示范法》规定了对原产地名称予以保护的条件、原产地的注册程序、侵犯原产地名称权的法律责任等内容。

1994年签订的《与贸易有关的知识产权协议》（《TRIPS协议》）是目前涉及地理标志的最新国际公约。该协议要求各成员国提供法律手段以制止：① 在一个商品的名称或介绍中，使用任何手段指明或暗示该商品来源于一个非真实原产地的地域，其方式导致公众对该商品的地域来源产生误解。② 任何构成《巴黎公约》（1967年）第10条第2款所指的不正当竞争行为的使用，即直接或间接使用虚假货源或生产者标记。若发生这种情形，缔约国应拒绝或撤销该项商标的注册。并对葡萄酒、烈性酒的地理标记的附加保护作了规定。《与贸易有关的知识产权协议》对地理标志的保护力度是国际公约之最。

除上述国际公约外，一些区域性的工业产权保护协定或国家之间的双边协定也对地理标志的法律保护起着重要作用。

（三）地理标志的国内法律保护

在对地理标志的法律保护上，由于历史传统、法律制度的差异以及此类标记产生的影响不同，各国的立法模式有所不同，主要有以下三种模式：

1. 用《商标法》予以保护

美、英、瑞士等国家将地理标志纳入《商标法》保护体系，规定社团或机关机构申请将地理标志注册为证明商标或集体商标，取得商标权。商标权人再依据地理标志的使用规定，授权符合使用条件的企业或个人使用地理标志，商标权人可以依商标权对假冒地理标志等行为追究侵权责任。

2. 用《反不正当竞争法》予以保护

日本、瑞典等国家的《反不正当竞争法》规定了对原产地名称、货源标记的保护，将伪造、冒用产地的行为规定为不正当竞争行为，予以禁止。

3. 用专门法予以保护

法国等国家采用专门立法的形式保护原产地名称。法国最早采用单独立法保护原产地名称。早在1919年，法国就制定了《原产地名称保护法》，1990年和1996年两次对该法进行了修改，对原产地名称予以全面的保护。

我国对地理标志的立法主要体现在《商标法》、《反不正当竞争法》、《产品质量法》、《消费者权益保护法》等法律法规以及相关的部门规章中。

(1)《商标法》对地理标志的保护。我国于2001年修改后的《商标法》对地理标志的法律保护作了具体规定。

首先，《商标法》认可将地理标志由社团或机构申请注册为证明商标，取得商标权。《商标法》第3条规定："本法所称证明商标，是指由对某种商品或者服务具有监督能力的组织所控制，而由该组织以外的单位或者个人使用于其商品或者服务，用以证明该商品或者服务的原产地、原料、制造方法、质量或者其他特定品质的标志。"《商标法实施条例》第6条规定："商标法第16条规定的地理标志，可以依照商标法和本条例的规定，作为证明商标或者集体商标申请注册。""以地理标志作为证明商标注册的，其商品符合使用该地理标志条件的自然人、法人或者其他组织可以要求使用该证明商标，控制该证明商标的组织应当允许。以地理标志作为集体商标注册的，其商品符合使用该地理标志条件的自然人、法人或者其他组织，可以要求参加以该地理标志作为集体商标注册的团体、协会或者其他组织，该团体、协会或者其他组织应当依据其章程接纳为会员；不要求参加以该地理标志作为集体商标注册的团体、协会或者其他组织的，也可以正当使用该地理标志，该团体、协会或者其他组织无权禁止。"

其次，《商标法》对地理标志的商标注册作了进一步的限制。《商标法》第10条规定："县级以上行政区划的地名或者公众知晓的外国地名，不得作为商标。但是，地名具有其他含义或者作为集体商标、证明商标组成部分的除外；已经注册的使用地名的商标继续有效。”《商标法》第16条第1款规定：“商标中有商品的地理标志，而该商品并非来源于该标志的地区，误导公众的，不予注册并禁止使用；但是，已经善意取得注册的继续有效。”

商标体系下的地理标志保护有其特别的优势，商标专用权的排他性使得权利人对相关的地理标志有支配控制的权利，符合地理标志权的私权性质。

（2）其他市场规制法对地理标志的保护。我国的《反不正当竞争法》、《产品质量法》、《消费者权益保护法》等也对地理标志进行保护。

《反不正当竞争法》第5条第4款禁止经营者伪造商品产地；第9条禁止经营者利用广告或者其他方法，对产地做引人误解的虚假宣传。违反上述规定的行为构成不正当竞争行为，应承担相应的法律责任。《消费者权益保护法》第56条第4款禁止经营者“伪造商品的产地，伪造或者冒用他人的厂名、厂址，篡改生产日期，伪造或者冒用认证标志等质量标志”。《产品质量法》第18条明确规定生产者不得伪造产地，并规定了对违法者的制裁措施。《产品质量法》、《反不正当竞争法》、《消费者权益保护法》等法律中禁止和制裁生产者、经营者伪造商品产地、冒用认证标志等质量标志的行为，其“产地”立法解释较地理标志更广泛，侧重点在于禁止在市场上制造混淆，是从规范市场管理秩序、保护消费者权益的角度去予以规制。

（3）部门规章对地理标志的保护。我国目前主要是国家质量监督检验检疫总局、国家工商行政管理总局以及农业部这三个部门负责地理标志的管理工作。有关地理标志的部门规章主要有：2005年国家质量监督检验检疫总局颁布的《地理标志产品保护规定》，2007年国家工商行政管理总局颁布的《地理标志产品专用标志管理办法》，2007年农业部颁布的《农产品地理标志管理办法》。

国家质量监督检验检疫总局对地理标志的管理制度是从加强监管、保证产品质量的角度介入的。《地理标志产品保护规定》对地理标志产品的概念、保护范围、主管机构、审批程序和监督管理制度等进行了规定。地理标志产品保护申请，由当地县级以上人民政府指定的地理标志产品保护申请机构或人民政府认定的协会和企业提出，经审查合格注册登记、发布公告，颁发《地理标志产品专用标志使用证书》，生产者即可在其产品上使用地理标志产品专用标志，获得地理标志产品保护。各地质检机构对地理标志产品的质量特色、产品的标准符合性等方面进行日常监督管理，获准使用地理标志产品专用标志资格的生产者违反规定将被注销其地理标志产品专用标志使用注册登记，停止其使用地理标志产品专用标志并对外公告。

国家工商行政管理总局通过集体商标或证明商标的形式对地理标志进行保护和管理。为了将注册为商标的地理标志和其他商标相区分，方便消费者识别地理标志产品，2007年国家工商行政管理总局公布地理标志产品专用标志——“中国地理标志

（GI）”，并同时发布《地理标志产品专用标志管理办法》，规定经国家工商行政管理总局商标局核准注册的地理标志的合法使用人可以同时在其地理标志产品上使用该专用标志，并可以标明该地理标志注册号。专用标志使用人可以将专用标志用于商品、商品包装或者容器上，或者用于广告宣传、展览以及其他商业活动中，专用标志应与地理标志一同使用，不得单独使用。

农业部于 2007 年 12 月发布了《农产品地理标志管理办法》，以规范农产品地理标志的使用。根据此办法，农产品地理标志登记申请人为县级以上地方人民政府根据具体条件择优确定的农民专业合作经济组织，农产品地理标志的颁发须进行实质性审查，经登记的农产品地理标志受法律保护，农产品地理标志使用人可以在产品及其包装上使用农产品地理标志，可以使用登记的农产品地理标志进行宣传和参加展览、展示及展销，农产品地理标志登记证书持有人和标志使用人，对地理标志农产品的质量和信誉负责。

我国有悠久的历史，民族众多，地域辽阔，资源丰富，有丰富的土特产品、传统手工艺制品及民族手工制品，是一个地理标志资源丰富的国家，我国加入《巴黎公约》以来，地理标志的保护在我国受到重视并取得一定成效，截至 2011 年 12 月底，我国已经受理地理标志证明商标和集体商标申请 2366 件，有 1381 地理标志证明商标和集体商标获得了注册或初步审定。① 受到地理标志产品保护的有近千个产品，涉及白酒、葡萄酒、黄酒、茶叶、水果、花卉、工艺品、调味品、中药材、水产品、肉制品等，产地范围涵盖全国。② 但我国现行的地理标志保护制度还存在着多头管理、管理秩序混乱、地理产品标志重叠、地理产品标志与地理标志注册商标发生冲突等问题，地理标志的立法尚需进一步完善。

① 参见网站：http：//www. zgdlbz. com/NewsView. asp，2013 年 6 月 15 日访问。

② 参见网站：http：//news. takungpao. com/paper/q，2013 年 6 月 15 日访问。

第二十九章　知识产权的边境保护

第一节　知识产权的边境保护概述

一、知识产权边境保护制度的重要性

近年来，与国际贸易有关的知识产权侵权日趋严重，大量假冒商标商品、伪劣商品和盗版货物被运输往返于世界各国之间。有关资料表明，国际社会因知识产权侵权所造成的损失每年可达800亿美元，而侵权货物贸易占世界贸易总量的5%～8%，知识产权侵权问题已成为一个国际性问题，它不但破坏了国际贸易秩序、扭曲了国际收入，还影响了投资环境，成为国际贸易中不正当竞争的重要因素。事实证明，如果没有具体的知识产权边境保护制度，知识产权的法律保护在进出口环节就不能切实贯彻实施。规定知识产权边境保护制度是知识产权保护法律体系不可或缺的重要一环。

知识产权的边境保护又称为知识产权的边境措施、知识产权的海关保护，是指海关依据国家法律的授权，在边境采取的制止侵犯知识产权的货物进境或者出境，使侵权产品不能进入国际市场流通的执法行为。知识产权的边境保护制度授予海关以新的职能，海关作为边境货物进出口监督机构，在进出境环节保护附着在货物之上的知识产权。海关可依职权或根据知识产权权利人的申请，扣留侵权嫌疑货物，对被确认为侵权货物的，海关予以没收。

知识产权边境保护制度是知识产权保护法律体系重要的一环，其作用机制独特有效。它是一种事前救济措施，使权利人可以在海关阻止侵权产品进出口，使之无法进入流通领域，从而有力地打击了侵权行为，使知识产权得到保护。其解决方式具有成本较低而效率较高的特点，是保护知识产权、打击侵权行为的有力手段，使知识产权保护机制更加完善。

知识产权边境保护制度对促进国际贸易发展也有积极作用，通过知识产权的边境保护，有力地遏制了国际贸易中的知识产权侵权行为，有利于净化国际贸易中的知识产权，既有助于解决贸易摩擦，又有助于创造公平竞争的经济秩序，从而促进国际贸易的健康发展和国际经济的正常交流。

二、国际公约对知识产权边境保护的规定

面对日趋严重的国际贸易中的知识产权侵权问题，有关国际组织也积极行动，以净

化国际贸易中的知识产权。

《巴黎公约》第 9 条、第 10 条对商号、地理标记规定了一系列保护措施，规定各成员国对一切非法标有虚假商号或虚假地理标记的商品，各成员国可在该商品输入时予以扣押；扣押应按各国国内法规规定进行，依相关机关或当事人的请求执行。《巴黎公约》对知识产权的边境保护作出初步规定。

1985 年，作为海关国际组织的海关合作理事会（现为世界海关组织，WCO）制定了《世界海关组织关于授权海关实施商标和版权保护的国内立法的示范法》，对知识产权的边境保护国内立法、培训各国海关官员等方面做了大量工作。

1994 年世界贸易组织的《与贸易有关的知识产权协议》，其中对“边境措施”作出了专章规定。根据该协议的规定，对冒牌或盗版货物，可采取如下边境措施：① 知识产权所有人如有证据怀疑某批进口产品属于侵权货物时，可以向有关当局司法机关提出申请，要求海关扣留乃至销毁货物。同样，权利所有人也可要求海关扣留被怀疑侵权的出口货物，阻止其进入国际市场。② 为了保护另一方当事人的合法利益，在申请上述措施时，申请人应交纳一定的保证金或担保物。在一般情况下，自申请人发生扣留通知之日起计算，海关最长可扣留货物 10 天，特殊情况下可延长到 20 天。③ 有关当局也可以依照职权主动采取上述扣留行为。④ 上述边境措施可以延伸到标注厂商名称、服务标记、地域指示的产品，以及专利侵权产品。各成员国的海关将成为查处国际知识产权侵权案件的重要执行机构。

《与贸易有关的知识产权协议》为知识产权的边境保护提供了一个基本框架，其立法方面只是做了最低界定，各国立法规定的保护措施不得低于此限，但可以制定更为严重的保护措施。

目前，许多国家制定了知识产权边境保护的法规，指定海关作为知识产权边境保护的管理机构，多数国家的海关从总署到地方海关都建立了知识产权保护的专门机构，从而形成了一套完整的执法系统。

第二节　我国《知识产权海关保护条例》的主要内容

我国于 1995 年颁布了《中华人民共和国知识产权海关保护条例》以及《中华人民共和国海关关于知识产权保护的实施办法》(2004 年修订，2009 年再次修订)。2003 年 12 月 2 日，国务院颁布新的《中华人民共和国知识产权海关保护条例》（以下简称《条例》)，该条例是在 1995 年《中华人民共和国知识产权海关保护条例》的基础上重新修订的，于 2004 年 3 月 1 日起施行。《条例》对知识产权保护程序中海关的职能、担保数额、海关扣留侵权嫌疑货物的时限、侵权货物的处置等作出了调整和设定。《条例》的颁布使我国对知识产权边境保护的标准进一步与《TRIPS 协议》的要求接轨。2010 年，针对近年来知识产权边境保护中出现的新情况、新问题，国务院再次对《条例》进行了修订，进一步完善了我国知识产权海关保护法律制度。目前，《条例》与《商标法》、《专利法》、《著作权法》、《海关法》、《对外贸易法》等有关知识产权边境保护的规定构成了我国知识产权边境保护制度。我国亦建立了知识产权边境保护的组织机构，在海关总署政法司设有知识产权处；在大多数直属海关法规部门设有知识产权科；在一些业务量小的直属海关设有专人负责知识产权事务。

一、知识产权边境保护的知识产权范围与保护方式

海关保护的知识产权与法学界所说的知识产权在范围上有所不同。根据《TRIPS 协议》规定，各国应当在进口领域禁止假冒和盗版。因此，《TRIPS 协议》中所保护的为商标专用权和著作权，对专利权并没有强制要求实施边境保护。同时，TRIPS 第 51 条中对于进口与出口的边境保护的规定是不同的，其表述是："成员均应在符合下文之规定的前提下，采用有关程序，以使有合法理由怀疑假冒商标的商品或盗版商品的进口可能发生的权利持有人，能够向主管的司法或行政当局提交书面申请，要求海关中止放该商品进入自由流通。各成员可针对涉及其他知识产权侵权行为的货物提出此种申请，只要符合本节的要求，各成员还可制定关于海关中止放行其领土出口的侵权货物的相应程序。"因此，按照《TRIPS 协议》的规定，成员国只需对进口货物采取边境保护措施，而对于出口货物的边境保护是带有选择性的，并不是强制要求。我国海关对知识产权保护的范围较齐全，已超过了《TRIPS 协议》的精神，不仅保护商标专用权、著作权，而且保护专利权，且对进口和出口货物都予以保护。《条例》第 2 条、第 3 条明确规定："本条例所称知识产权海关保护，是指海关对与进出口货物有关并受中华人民共和国法律、行政法规保护的商标专用权、著作权和与著作权有关的权利、专利权（以下统称知识产权）实施的保护。""国家禁止侵犯知识产权的货物进出口。"

在知识产权的边境保护方式上，各国海关有依申请被动保护和依职权主动保护两种。依申请被动保护是要求知识产权权利人向海关提出申请，海关依据其申请对其知识产权实施保护。依职权主动保护则是海关依据法律赋予的职权，主动保护知识产权。也有不少国家采取主动保护与被动保护相结合的方式。我国《条例》第 4 条规定："知识产权权利人请求海关实施知识产权保护的，应当向海关提出采取保护措施的申请。"《条例》第 16 条规定："海关发现进出口货物有侵犯备案知识产权嫌疑的，应当立即书面通知知识产权权利人，知识产权权利人自通知送达之日起 3 个工作日内依照本条例第 13 条的规定提出申请，并依照本条例第 14 条的规定提供担保的，海关应当扣留侵权嫌疑货物，书面通知知识产权权利人，并将海关扣留凭单送达收货人或者发货人。知识产权权利人逾期未提出申请或者未提供担保的，海关不得扣留货物。"从以上规定看，我

国海关采取的是主动与被动相结合的保护方式，但主动保护仅限于海关作为进出境监督管理机关，发现进出口货物有侵犯备案知识产权嫌疑时，应当立即书面通知知识产权权利人，并且只在程序上履行通知职责，不会主动扣留侵权嫌疑货物，必须由权利人向海关提出扣留侵权嫌疑货物的申请，海关根据申请扣留嫌疑货物。因此，权利人的申请是海关扣留侵权嫌疑货物的前提。这是因为知识产权是一项民事权利，海关根据国家法律采取知识产权保护措施时，也必须考虑到知识产权权利人的意愿，海关扣留侵权嫌疑货物应当以知识产权权利人的申请为依据。

二、知识产权边境保护的基本程序

（一）知识产权保护申请

知识产权权利人或其代理人请求海关就即将进出境的侵权嫌疑货物采取保护措施的，应当向货物的进出境海关提交书面申请。知识产权保护申请是海关扣留侵权嫌疑货物的关键程序，海关扣留侵权嫌疑货物必须以权利人的申请为基础。权利人在申请中需向海关提供较详细的侵权信息，如侵权嫌疑人的名称、住所、侵权嫌疑货物名称、规格、侵权嫌疑货物可能进出境的口岸、时间，收货人、发货人等情况，提交有关侵权的证据，按照海关的要求附交有关侵权嫌疑货物的实物，图片或其他证据。提交申请时，应注明请求海关采取的措施。

权利人请求海关扣留侵权嫌疑货物的，应当向海关提交担保，用于赔偿可能因申请不当给收货人、发货人造成的损失，以及支付货物由海关扣留后的仓储、保管和处置等费用。担保的形式不限于担保金，还包括银行保函等形式。担保的最高额为与申请扣留的货物等值，但实际交纳数额由海关根据具体案情决定。对于权利人直接与仓储商签订协议，直接向仓储商支付仓储、保管费用的，海关不再收取这一部分担保。

权利人要求撤回其采取保护措施申请的，应当在海关作出扣留侵权货物的决定前向海关提交书面申请。海关在此期间接到权利人撤回扣留侵权嫌疑货物的申请的，应当放行被扣留的侵权嫌疑货物。同时，为了防止权利人滥用撤回申请的权利，影响行政执法秩序或者损害收发货人的合法权益，对于权利人在海关作出货物构成侵权的认定结论后提出的撤回申请，海关将不予接受。

（二）知识产权保护受理

知识产权权利人向海关申请扣留侵权嫌疑货物，其申请书应符合规定，并按规定提供担保的，海关应当扣留侵权嫌疑货物，书面通知知识产权权利人，并将海关扣留凭单送达收货人或者发货人。

知识产权权利人向海关申请扣留侵权嫌疑货物，其申请书不符合规定的，或未按规

定提供担保的，海关应当驳回申请，并书面通知知识产权权利人，

（三）知识产权保护备案

知识产权保护的备案是指知识产权权利人事先将有关的知识产权的情况以书面形式告知海关，以便日后在侵犯其知识产权的货物即将进出境时，海关能够及时采取禁止措施并对违法行为进行查处。

1995 年颁布的《知识产权海关保护条例》规定，知识产权权利人要求海关对其与进出境货物有关的知识产权实施保护的，应当将其知识产权向海关备案。2003 年颁布的新的《知识产权海关保护条例》对此作了修订，取消了强制知识产权权利人备案的规定，自 2004 年 3 月 1 日起，知识产权权利人即使事先没有进行知识产权备案，仍然可以要求海关扣留其认为侵权的进出口货物。但是，对这种情形扣留的侵权嫌疑货物海关不再进行调查处理。而是要求知识产权权利人在规定时间内向人民法院申请诉前停止侵权行为或者财产保全裁定；但是对已经备案的知识产权，海关不仅有责任对侵权嫌疑货物进行监控，发现进出口货物有侵犯备案知识产权嫌疑时，应当立即书面通知知识产权权利人，并且还会应知识产权权利人的要求进行调查处理。所以，知识产权海关保护备案虽然不再是要求海关进行知识产权边境保护的必经程序，但知识产权海关保护备案可以使海关能够事先了解知识产权的法律保护状况，便于海关及时确认侵权嫌疑货物，有利于加强海关主动查处进出境环节侵犯知识产权案件的能力，有利于进一步保护知识产权权利人的知识产权。

知识产权权利人或其代理人申请知识产权海关保护备案的，应当向海关总署提交书面申请。申请书应写明知识产权的号码、内容及有效期限，权利人及许可使用人，与知识产权有关的货物的名称及产地，主要进出境海关等情况并附送知识产权的证明文件，并按照国家有关规定缴纳备案费。

海关总署应当自收到全部申请文件之日起 30 日内通知申请人是否准予备案。海关总署准予备案的，发给知识产权海关保护备案证书；不予备案的，应当说明理由。备案的有效期为 10 年，（2004 年 3 月 1 日前经海关总署核准的备案有效期为 7 年）自海关总署签发备案证书之日起生效。凡自备案生效之日起知识产权的法律保护期不足 10 年的，备案的有效期以知识产权的法律保护期为准。备案有效期满需续展备案的，应在期满前 6 个月内向海关总署申请续展备案，续展备案的有效期为 10 年。凡自备案续展生效之日起知识产权的法律保护期不足 10 年的，续展备案的有效期以知识产权的法律保护期为准。

有下列情形之一的，海关总署不予备案：① 申请文件不齐全或者无效的；② 申请人不是知识产权权利人的；③ 知识产权不再受法律、行政法规保护的。

知识产权海关保护备案有效期届满而不申请续展或者知识产权不再受法律、行政法

规保护的，知识产权海关保护备案随即失效。海关发现知识产权权利人申请知识产权备案未如实提供有关情况或者文件的，海关总署可以撤销其备案。

知识产权备案后备案情况如果发生了改变，知识产权权利人应当自知识产权备案情况发生改变之日起30个工作日内向海关总署办理备案变更或注销手续。需要注意的是，不仅是备案的知识产权权利本身发生改变，知识产权权利人应及时向海关总署申请办理变更或者注销备案手续，备案的其他内容如果发生改变，知识产权权利人也应向海关总署申请办理变更或者注销备案手续。即只要知识产权备案中任何一项内容发生改变，如知识产权权利人变更、权利人联系方式变更、知识产权许可使用情况发生变化等，知识产权权利人都应及时向海关总署申请办理变更或者注销备案手续。知识产权权利人未依照规定办理变更或者注销手续，给他人合法进出口或者海关依法履行监管职责造成严重影响的，海关总署可以根据有关利害关系人的申请撤销有关备案，也可以主动撤销有关备案。

三、知识产权边境保护措施

（一）扣留侵权嫌疑货物

在下列两种情况下，海关应知识产权权利人的申请可扣留侵权嫌疑货物：① 知识产权权利人发现侵权嫌疑货物即将进出口，向货物进出境地的海关申请扣留侵权嫌疑货物，并提交规定的担保的；② 海关发现进出口货物有侵犯备案知识产权嫌疑并通知知识产权权利人，权利人自通知送达之日起3个工作日内向海关提出扣留侵权嫌疑货物的申请并提交规定的担保的。

对于知识产权权利人主动发现并申请海关扣留的侵权嫌疑货物，海关只在程序上对侵权嫌疑货物予以扣留，不负责对货物是否侵犯知识产权进行调查和审理。并且海关只扣留20个工作日，等待进入司法程序。知识产权权利人在向海关提出采取保护措施的申请后，可以依照《中华人民共和国商标法》、《中华人民共和国著作权法》、《中华人民共和国专利法》或者其他有关法律的规定，在起诉前就被扣留的侵权嫌疑货物向人民法院申请采取责令停止侵权行为或者财产保全的措施。海关收到人民法院有关责令停止侵权行为或者财产保全的协助通知的，应当予以协助。海关自扣留之日起20个工作日内未接到人民法院协助执行通知的，海关应当放行被扣留的侵权嫌疑货物。

对海关发现进出口货物有侵犯备案知识产权嫌疑并通知知识产权权利人，权利人向海关申请扣留侵权嫌疑货物的，海关应在扣留侵权嫌疑货物之日起30个工作日内对被扣留的侵权嫌疑货物是否侵犯知识产权进行调查、认定；当事人对侵权有争议的，应将争议提交人民法院处理。海关自扣留之日起50个工作日内未接到人民法院协助执行通知的，并且经调查不能认定被扣留的侵权嫌疑货物侵犯知识产权的，海关应当立即通知知识产权权利人并放行被扣留的侵权嫌疑货物；对调查后认定侵犯知识产权的，海关应当予以没收。海关对被扣留的侵权嫌疑货物及有关情况进行调查时，知识产权权利人和收货人或者发货人应当予以配合。海关请求知识产权主管部门提供协助时，知识产权有关主管部门应当提供协助。

海关扣留侵权嫌疑货物期间，经海关同意，知识产权权利人和收货人或者发货人可以查看有关货物。收货人或者发货人认为其货物未侵犯知识产权权利人的知识产权的，应当向海关提出书面说明并附送相关证据。海关认为收货人或者发货人有充分证据证明其货物未侵犯知识产权权利人的知识产权的，应当放行被扣留的侵权嫌疑货物。

涉嫌侵犯专利权货物的收货人或者发货人认为其进出口货物未侵犯专利权的。可以在向海关提供货物等值的担保金后，请求海关放行其货物。知识产权权利人未能在合理期限内向人民法院起诉的，海关应当退还担保金。

海关扣留侵权嫌疑货物，知识产权权利人应当支付有关仓储、保管和处置等费用。知识产权权利人未支付有关费用的，海关可以从其向海关提供的担保金中予以扣除，或者要求担保人履行有关担保责任。侵权嫌疑货物被认定为侵犯知识产权的，知识产权权利人可以将其支付的有关仓储、保管和处置等费用计入其为制止侵权行为所支付的合理开支。

知识产权权利人请求海关扣留侵权嫌疑货物后，海关不能认定被扣留的侵权嫌疑货物侵犯知识产权权利人的知识产权，或者人民法院判定不侵犯知识产权权利人的知识产权的，知识产权权利人应当依法承担赔偿责任。

（二）侵权的处理

被扣留的侵权嫌疑货物，经海关调查后认定侵犯知识产权的，由海关予以没收。海关没收侵犯知识产权货物后，应当将侵犯知识产权货物的有关情况书面通知知识产权权利人。

个人携带或者邮寄进出境的物品，超出自用、合理数量并侵犯知识产权的，按照侵权货物处理。

被没收的侵犯知识产权货物可以用于社会公益事业的，海关应当转交给有关公益事业机构用于社会公益事业；知识产权权利人有收购意愿的，海关可以有偿转让给知识产权权利人。被没收的侵犯知识产权货物无法用于社会公益事业并且知识产权权利人没有收购意愿的，海关可以在消除侵权特征后依法拍卖；拍卖进口假冒商标的货物，海关将采取严格的限制条件，除特殊情况外，不能仅清除货物上的商标标识即允许其进入商业渠道；侵权特征无法消除的，海关应当予以销毁。

海关实施知识产权保护发现涉嫌犯罪案件的，应当将案件移送公安机关处理。进口或者出口侵犯知识产权货物，构成犯罪的，应依法追究刑事责任。

第六编　知识产权的国际保护

第三十章　知识产权国际管理组织

第一节　世界知识产权组织

一、世界知识产权组织的历史和组织结构

（一）世界知识产权组织的历史

联合国组织系统中共有 16 个专门机构，每个机构都有独立性，各自有自己的章程、管理机构、行政首脑和工作人员等，有一整套专门处理某个特定领域的问题和组织该特定领域的活动机制。如国际劳工组织（ILO）、联合国教育科学和文化组织（UCESCO）等。世界知识产权组织（英文全称是 World Intellectual Property Organization，缩写是 WIPO，法文缩写是 OMPI）就是这些专门机构中的一个，专门负责管理知识产权事务。

世界知识产权组织是根据 1967 年 7 月 14 日在斯德哥尔摩会议上签订的《成立世界知识产权组织公约》成立的，该公约于 1970 年 4 月 26 日正式生效。但是，世界知识产权组织是知识产权国际保护制度发展的产物，它的起源可以追溯到 1883 年和 1886 年。1883 年《保护工业产权巴黎公约》正式通过，其成员国组成了“巴黎联盟”；1886 年《保护文学艺术作品伯尔尼公约》通过后，其成员国也组成了“伯尔尼联盟”。这两个联盟都设有相应的秘书处或国际局作为执行机构，分别负责工业产权和版权的事务。1893 年，两个执行机构合并，命名为“保护知识产权联合国际局”（简称 BIRPI，这是法文的首写字母缩写），总部设在伯尔尼，1960 年，总部迁往日内瓦。随着知识产权国际保护形势的发展，为进一步发挥联合国际局的作用，在联合国际局提议下，51 个国家于 1967 年在斯德哥尔摩会议上签署了《成立世界知识产权组织公约》，公约于 1970 年 4 月 26 日正式生效，世界知识产权组织也由此宣告成立。1974 年 12 月 17 日，世界知识产权组织成为联合国的一个专门机构，总部设在日内瓦。

中国于 1980 年 6 月 3 日成为世界知识产权组织的成员国。至 2013 年 5 月 14 日，该组织共有成员国 186 个。①

（二）世界知识产权组织的组织结构

世界知识产权组织的机构有：大会、成员国会议、协调委员会和国际局（或秘书

① WIPO 网站：http：//www. wipo. int/treaties/en/ShowResults. 访问时间 2013 年 5 月 14 日。

处）。

1．大会

它是该组织的最高权力机构，由既属于巴黎联盟或伯尔尼联盟又属于该组织的国家组成。大会的主要职能包括：根据协调委员会的提名，任命总干事；审查和批准协调委员会的报告和活动以及总干事关于世界知识产权组织活动的报告；通过世界知识产权组织的财务规定和各联盟共同的2年经费预算；批准总干事所提出的旨在促进有关知识产权保护的国际条约的行政管理措施；参考联合国的做法和惯例以决定秘书处的工作语言；确定哪些非本组织的成员国和哪些政府间组织以及非政府间组织能够以观察员的身份列席参加本组织的会议。

2．成员国会议

它由世界知识产权组织的成员国组成。其主要职能包括：在尊重各联盟自主权的基础上，成员国就有关知识产权的问题交换意见，提出任何建议；为发展中国家制定2年法律和技术发展合作计划；通过发展合作计划预算；通过对建立世界知识产权组织公约的修正案；可以决定哪些国家和国际组织可以以观察员的身份参加会议。

3．协调委员会

它既是大会和成员国会议的执行机构，也是一般的咨询机构。其主要职能是：就联盟提出的问题或世界知识产权组织本身的有关问题提供咨询意见；起草大会或成员国会议的议事日程；为会议起草计划和预算。

4．国际局

它是常设办事机构，受总干事领导。其主要工作是组织会议；提供会议材料；传达会议文件和精神等。其工作人员按照联合国体系确立的平等地理分配原则进行招聘，目前工作人员有来自60多个国家的600多人。

（三）世界知识产权组织的宗旨和职能

世界知识产权组织的宗旨在《成立世界知识产权组织公约》第3条作了明确，即：通过国家之间的合作，并在适当情况下与其他国际组织相互配合，促进全世界范围内的知识产权保护，保证各知识产权联盟的行政合作。

《世界知识产权组织公约》的第4条规定了该组织的职能，主要有：① 协调各成员国在知识产权方面的立法，促进全世界对知识产权的有效保护；② 执行巴黎联盟和伯尔尼联盟以及相关联盟的行政任务；③ 参加旨在促进知识产权保护的其他国际协定的行政事务；④ 向申请各种知识产权的人和各知识产权权利人提供各种直接服务；⑤ 鼓励和促进缔结新的知识产权国际协定；⑥ 为发展中国家和有需要的国家提供法律和技术方面的援助和合作；⑦ 收集和传播有关知识产权保护的信息和研究成果；⑧ 仲裁和调解知识产权争端；等等。

二、世界知识产权组织的国际公约

由世界知识产权组织制定和负责管理的国际公约和条约主要包括以下三种类型。

（一）有关知识产权国际保护的秩序和规则的公约和条约

这类公约和条约是知识产权国际保护的依据。主要有：1883 年的《保护工业产权巴黎公约》；1886 年的《保护文学艺术作品伯尔尼公约》；1891 年的《制止商品来源虚假或欺骗性标记马德里协定》；1961 年的《保护表演者、录音制品制作者和广播组织罗马公约》；1966 年的《发展中国家商标、商号和不正当竞争行为示范法》；1970 年的《避免对版权使用费收入重复征税多边公约》；1971 年的《保护录音制品制作者禁止未经许可复制其录音制品日内瓦公约》；1974 年的《发送卫星传输节目信号布鲁塞尔公约》；1981 年的《保护奥林匹克会徽内罗毕条约》；1989 年的《关于集成电路的知识产权华盛顿条约》；1994 年的《商标法条约》；1996 年的《世界知识产权组织版权条约》和《世界知识产权组织表演和录音制品条约》；2000 年 5 月的《专利法条约》；2012 年 6 月 24 日通过的《视听表演北京条约》。

（二）为知识产权国际保护提供便利条件和程序的公约和条约

这类公约和条约涉及工业产权领域，旨在简化专利国际申请和商标国际注册的手续，为知识产权国际保护提供快捷、便利条件。主要有：1891 年的《商标国际注册马德里协定》；1925 年的《工业品外观设计国际保存海牙协定》（简称《海牙协定》，1999 年 7 月 2 日，《工业品外观设计国际保存海牙协定》新文本外交会议通过了《工业品外观设计国际注册海牙协定》，《海牙协定》改称为《工业品外观设计国际注册海牙协定》）；1958 年的《保护原产地名称及其国际注册里斯本协定》；1970 年的《专利合作条约》；1973 年的《印刷字体的保护及国际保存协定》；1989 年的《商标国际注册马德里协定有关议定书》；1997 年的《国际承认用于专利程序的微生物保存布达佩斯条约》。

（三）确立分类体系和改进分类系统程序的公约和条约

这类公约和条约同样涉及工业产权领域，它们将工业产权方面的相关信息根据申请和注册的要求编成分类表，使申请人易于检索和查找。主要有：1957 年的《商标注册用商品和服务国际分类尼斯协定》；1968 年的《建立工业品外观设计国际分类洛迦诺协定》；1971 年的《国际专利分类斯特拉斯堡协定》；1973 年的《建立商标图形要素国际分类维也纳协定》。

第二节　世界贸易组织

一、世界贸易组织概述

（一）世界贸易组织的成立

关贸总协定在临时实施过程中，由于没有一个与之相应的组织负责协调和监督，存在着难以避免的局限性，多边贸易体制应发挥的作用受到阻碍和限制。各缔约方因此普遍认为应建立一个国际贸易组织，为各缔约国提供一个协商一致的论坛，也为全球经济贸易提供一个有效的管理机制，使世界经济持续发展的目标得到有效的实现。1990 年，各缔约国纷纷向乌拉圭回合谈判小组提出议案。经过几年的谈判和修改，谈判各方在 1993 年原则上同意建立“多边贸易组织”，后根据美国的提议将“多边贸易组织”改名为“世界贸易组织”。1994 年 4 月 15 日在马拉喀什的关贸总协定部长会议上，各方代表签署了《包括乌拉圭回合多边贸易谈判成果的最终决定》，“一揽子”接受谈判的各项议题，1995 年 1 月 1 日，根据“一揽子协议”之一的《建立世界贸易组织协定》的规定，世界贸易组织正式成立。

（二）世界贸易组织的宗旨和职能

1．世界贸易组织的宗旨

（1）提高生活水平，保证充分就业，大幅度稳步地提高实际收入水平，增加有效需求，发展生产，增加产品的产量和商品和服务的贸易量。

（2）以可持续发展为目标，根据各国经济发展水平，采取与之相适应的方式，最佳地利用世界资源，保护和维护世界环境。

（3）作出积极努力，确保发展中国家特别是那些最不发达国家在国际经济贸易活动中获得与其经济发展水平相应的份额。

（4）建立一个完整的、具有活力的和持久的多边贸易体系。

2．世界贸易组织的职能

（1）促进乌拉圭回合各项法律文件以及今后可能达成的各项新协议的实施、管理和运作，努力实现各项协议确定的目标。

（2）为成员就有关协议事务和对相关新议题进行谈判提供场所，并为谈判提供框架。

（3）负责成员之间的诉讼，采取必要步骤解决成员间的贸易争端。

（4）负责定期审议成员的贸易政策，确保其政策的实施。

(5）协调与世界银行和国际货币基金组织的关系，保障全球经济决策的一致性，防止与减少经济贸易政策的冲突。

世界贸易组织为实现以上宗旨和确保职能的发挥，确立了一系列原则，包括：最惠国待遇原则；国民待遇原则；提高市场准入程度，实现贸易自由化原则；促进公平竞争与贸易原则；鼓励发展和经济改革原则以及贸易政策法规透明度原则。

(三）世界贸易组织的组织机构

世界贸易组织的组织机构由部长会议、理事会、专门委员会、争端解决机构和秘书处组成。

1. 部长会议

它由所有成员主管对外经济贸易的部长、副部长级的官员或其全权代表组成。是世界贸易组织的最高权力机构，执行世界贸易组织的全部职责并有权为了执行这些职责采取必要的行动。

2. 理事会

它由全体成员方的代表组成，在部长会议休会期间代为行使其职责。在成员之间发生诉讼或争端时，它有权召开会议履行解决争端的职责，还有权就成员的贸易政策进行审议。它下设：① 货物贸易理事会，负责监督 1994 年关贸总协定及其相关协议的实施与运作；② 服务贸易理事会，负责服务贸易总协定及其部门协议的实施与运作；③ 知识产权理事会，负责监督执行与贸易有关的知识产权协定。这些理事会有权制定各自的程序规则，并提交总理事会批准。

3. 专门委员会

部长会议下设专门委员会，负责处理特定的贸易和其他事项的实施。目前已设立的专门委员会有：① 贸易与发展委员会；② 国际收支限制委员会；③ 预算、财务与行政委员会；④ 贸易与环境委员会。

4. 争端解决机构

它是负责解决成员间贸易争端的常设机构，简称 DSB。总理事会有争端解决机构的职能，在履行争端解决职责时，即为争端解决机构。但 DSB 的组成人员与总理事会不同，DSB 可以设立自己的主席，并可以制定必要的程序规则，成立专家小组，由专家小组对争端的事实结合有关法律文件进行评价后提出解决建议。上诉机构也是解决争端的常设机构，其成员在法律、国际贸易中都有一定的权威。专家小组的报告或上诉机构的报告应提交给 DSB 审议，DSB 具有司法裁决权。

5. 秘书处

秘书处由总干事领导，负责处理世界贸易组织的日常事务。秘书处在争端处理方面有辅助职责。秘书处的工作人员由总干事指派，并按部长会议通过的规则确定他们的工作职责和服务条件。

（四）世界贸易组织与关贸总协定的区别

世界贸易组织不同于关贸总协定，它虽然不同程度地继承了关贸总协定的原则和做法，但它无论在机制上、职能上还是在决策原则上，都比关贸总协定更具先进性和权威性。两者的区别主要表现在：

（1）世界贸易组织是一个常设的、永久存在的国际组织，具有法人资格；关贸总协定只是临时适用的协定。

（2）世界贸易组织具有成员的普遍性，至 2013 年 3 月 2 日，该组织的成员国达到 159 个。[①]

（3）世界贸易组织的管辖范围更为广泛，它将货物、服务、知识产权均纳入多边贸易体制中，改变了关贸总协定只管辖货物贸易的局限。

（4）世界贸易组织的成员必须“一揽子”接受组织的协定或协议，不得提出保留。关贸总协定的成员对协定的许多重要协议却可以有选择性的接受。

（5）在决策原则上，世界贸易组织对一些专门问题的规定比关贸总协定要合理和周全，如对新缔约方的加入、豁免某成员的某项义务等，规定需要 3/4 的多数通过；对争端的裁决，只要不是成员完全协商一致反对通过，则视为完全一致通过。

二、世界贸易组织与知识产权

世界贸易组织所管辖的协议包括货物贸易多边协定、服务贸易多边协定、与贸易有关的知识产权协定、贸易争端解决的规则和程序的谅解、贸易政策审议机制，以及其他的贸易协议、决定。世界贸易组织第一次把知识产权纳入多边贸易体系中，同时实行“一揽子”协议政策，所以成员都必须全部接受以上协定，不得有所保留。世界贸易组织及其成员与知识产权有不可分割的必然联系，知识产权与货物贸易、服务贸易一起构成了世界贸易组织的三大支柱。

（一）世界贸易组织将知识产权纳入其管辖范围是国际经济贸易发展的必然结果

1. 知识产权在国际贸易中的地位日益突出是导致这个结果的根本原因

以前，国际贸易主要限于有形财产的货物贸易。随着科学技术的发展，人类的智力劳动成果慢慢也成为国际贸易的对象。在国际贸易中，知识产权人把自己享有知识产权

---

① 见 WTO 网站：http：//www. wto. org/english/thewto – e/whatis – e/tif – e/org6 – e. htm，访问时间 2013 年 5 月 14 日。

的技术和产品转让与他人的情况不断增加，高技术产品和贸易的比例也不断上升，许多以往属于无形财产领域的问题如专利、商标、版权侵权，商业秘密的窃取等问题逐渐在国际经济贸易中显露并日渐变得突出，保护知识产权人的权利、解决因知识产权而产生的贸易争端显得越来越重要。

2. 旧的贸易体系对现有国际贸易关系的局限是导致这个结果的直接原因

关贸总协定乌拉圭回合之前，知识产权的国际保护往往通过多边、双边或区域的协议来进行，而各个国家的知识产权立法水平不同，发达国家的立法较为健全，发展中国家的立法则参差不齐，甚至有些国家没有知识产权立法。有的国家虽然有相关法律，但其可能没有加入知识产权保护公约或协定。这就使知识产权的保护难以达到发达国家所期望的效果。以美国为首的发达国家一直想把知识产权特别是冒牌货问题纳入多边贸易体系，以便增强其在贸易中对知识产权侵权行为的报复能力。他们认为旧有的国际公约缺乏对知识产权效力和范围的全面规定，不能有效地实现知识产权保护的目标。美国甚至提出如果不将知识产权问题作为新议题纳入，将拒绝参加第八轮谈判。实践说明，如果不把知识产权问题纳入乌拉圭回合并达成共识，多数国家在对外贸易中都会受到不利影响。

3. 世界贸易组织把知识产权纳入多边体系的目的

其目的在于希望减少国际贸易中的扭曲和障碍，促进对知识产权的有效和充分的保护，保证知识产权执法的措施和程序本身不致成为合法贸易的障碍。

（二）世界贸易组织对知识产权的管辖范围

世界贸易组织对知识产权的管辖范围通过《与贸易有关的包括冒牌货在内的知识产权协议》（简称《知识产权协议》）加以确定。所涉及的知识产权范围包括：① 版权及邻接权；② 商标；③ 地理标志；④ 工业品外观设计；⑤ 专利；⑥ 集成电路布图设计；⑦ 未披露信息的保护。

《知识产权协议》中只规定了在知识产权方面的最低标准，包括基本原则、范围和使用标准、执法、权利的取得和维持、争端的防止和解决、机构安排等方面，它不禁止、不排除各成员之间签订更高水平的保护协议或协定。在具体实施上述协议时，各成员在协议基础上，可以根据自己的国情选择适当的模式。

《知识产权协议》在前言中强调：希望在世界贸易组织和世界知识产权组织以及其他有关的国际组织之间建立一种相互支持的关系。目前，世界贸易组织与世界知识产权组织已签订了合作协议，这对协调两个组织的知识产权保护有着重要的意义。

第三十一章　《保护工业产权巴黎公约》

第一节　《保护工业产权巴黎公约》概述

《保护工业产权巴黎公约》（以下简称《巴黎公约》）是最早签订的关于保护工业产权的国际公约，在世界保护工业产权方面影响最大。它的产生使国家间的技术交流不断加强，国际贸易不断增长，而工业产权的地域性限制了这种交流所引致的结果。其产生直接起源于一系列事件。

一、《巴黎公约》的产生与修订

1873 年，奥匈帝国政府为了扩大其政治影响，在维也纳举办国际发明展览会。被邀请的很多国家和参展者因为担心其发明和新的技术在该国际展览会上得不到法律的保护、导致被他国的国民随意使用而不愿意参加。这种担心在我们现在看来是有点杞人忧天，但这却是与当时的客观形势相吻合的。19 世纪中期，不少国家建立工业产权制度往往只是为了提高国民的发明和创新积极性，促进国家的经济的发展，各国授予的专利权和商标权具有严格的地域限制。发明人要想在其他国家获得专利或商标保护，必须向这些国家逐个申请，而向其他国家提出申请的前提条件是发明人所在国与这些国家之间签订了专利或商标保护的双边协议，而当时只有少数国家存在商标保护协议，订有专利保护协议的国家则少之又少。因此，到外国申请工业产权特别是专利权保护的可能性很少。因此，对外国发明缺乏足够的保护成为了维也纳国际发明展览会的一个突出问题，鉴于这种尴尬情形，奥地利政府制定了一项特别法律，对所有参展的外国人的发明、商标和工业品外观设计给予临时保护。同年在维也纳召开专利改革会议，会议通过了几个决议和一些原则，并敦促各国政府尽快就专利保护达成国际谅解。

1878 年，在巴黎召开了工业产权国际会议，会议决定建立一个常设委员会，召集一次国际性的外交会议，以便建立统一立法基础。1880 年的巴黎国际会议上通过了一份由法国代表起草的公约草案，草案包含了后来的《巴黎公约》的实质内容。1883 年 3 月 20 日在巴黎召开的新的外交会议上，11 个国家通过并签署了《保护工业产权巴黎公约》。该公约于 1884 年 7 月正式生效，当时成员国为 14 个，分别是：法国、意大利、荷兰、葡萄牙、英国、比利时、巴西、瑞士、突尼斯、萨尔瓦多、危地马拉、塞尔维亚、厄瓜多尔和西班牙。

《巴黎公约》签订 100 多年来，通过了 6 个修订本，包括：1900 年的布鲁塞尔修订本；1911 年的华盛顿修订本；1925 年的海牙修订本；1934 年的伦敦修订本；1958 年的里斯本修订本和 1967 年的斯德哥尔摩修订本。除了布鲁塞尔和华盛顿修订本已经不再生效外，所有其他的修订文本至今仍然有效。1980 至 1984 年曾召开新的公约修订会议，1985 年至 1989 年间又召开过 6 次新的修订会议。修订的内容主要有两个：一个是规定给发明人证书以专利同样的地位；另一个是给发展中国家对不在当地国家实施其专利的外国专利权人实行强制许可方面以更大的灵活性。前者因目前已经没有国家实行发明证书制度而失去意义；后者则受到发达国家的强烈反对，最终没有达成任何协议。目前，大多数国家所采用的仍然是 1967 年的斯德哥尔摩文本。

我国于 1984 年 11 月 14 日加入《巴黎公约》，适用斯德哥尔摩文本，1985 年 3 月 19 日该公约在我国正式生效。我国加入该公约时提出了对第 28 条第 1 款的保留声明，我国在对公约进行解释或适用时与其他国家发生争议、不能依谈判解决的，将不按照国际法院规约将争议提交给国际法院解决。

截至 2013 年 5 月 14 日，该公约共有成员国 174 个。①

二、《巴黎公约》与巴黎联盟

《巴黎公约》的缔约国以保护工业产权为目的组成巴黎联盟。联盟是一个国际组织，属于国际法上的法律实体，也是联系该公约的各项法律文件的行政性纽带，它保证了由若干个不同文本组成的该公约的连续性。一个国家加入巴黎联盟，就可以在该联盟的所有缔约国要求适用该公约，也就是说，通过加入公约的最新文本而成为联盟成员的国家，必须把该最新文本适用于没有签署该文本（签署了其他文本）的公约成员国，即对加入其他文本的成员国都负有遵守该最新文本的义务。而退出公约的最新文本的国家，也被视为退出以前曾加入的文本。

联盟设有 3 个行政机构，分别是：大会、执行委员会以及世界知识产权组织国际局。大会是联盟的主要管理机构，每一个成员国有一名代表，有决策和管理权，其例会与知识产权组织的大会一起召开。大会闭会期间，执行委员会代为行使大会的职权。世界知识产权组织的国际局是联盟的行政机构，担负联盟的所有行政任务，世界知识产权组织的总干事则是联盟的最高行政长官。

---

① 参见 WIPO 网站：http：//www. wipo. int/treaties/en/ShowResults. jsp? lang = en&treaty - id = 2，访问时间 2013 年 5 月 14 日。

第二节 《巴黎公约》的主要内容

《巴黎公约》斯德哥尔摩文本共有30条，包括实质性条款、行政条款和最终条款三方面内容。从第1～12条为实质性条款，规定了成员国的国内有关法律必须遵循的共同原则，对成员国国内法提出最低要求；从第13～17条为行政条款，规定了同盟大会、执行委员会、国际局等问题；从第18条～30条为最终条款，规定成员国加入、批准、退出和接受新成员等问题。

一、一般规定

（一）关于工业产权的范围

《巴黎公约》规定工业产权的保护对象包括：专利、实用新型、外观设计、商标、服务标记、厂商名称、货源标记或原产地名称和制止不正当竞争。对工业产权应作最广义的理解，工业产权不仅应适用于工业和商业本身，而且也应同样适用于农业和采掘业，适用于一切制成品或天然产品，例如：酒类、谷物、烟叶、水果、牲畜、矿产品、矿泉水、啤酒、花卉和谷类的粉。而且，专利应包括成员国的法律所承认的各种工业专利，如输入专利、改进专利、增补专利和增补证书等。

需要明确的是，《巴黎公约》中对专利没有给予定义，但从公约的产生背景我们可以知道，专利指的是发明专利，专利制度主要是用于保护发明的。世界上绝大多数国家都设立了以专利保护发明的制度，不过，有少数国家在以专利保护发明的同时，也以专利保护其他的智力劳动成果。我国就是一例。我国的专利包括发明、实用新型和外观设计三种，因此，在我国使用"专利"一词时，必须指出是哪种专利。

实用新型在公约中只是作为保护对象被提到，并没有像外观设计、专利那样列为必须保护的对象。目前，实用新型制度为少数的国家和地区所采用，如中国、日本、德国、意大利、葡萄牙等，有的国家如德国和日本以注册方式给予保护，而有的国家如中国则以专利的方式给予保护。实用新型的价值虽不及发明，但实用新型制度能弥补发明专利制度的不足，并且更能适应发展中国家的技术水平。我国实用新型专利申请量就大大高于发明专利申请量。

（二）保护工业产权的基本原则

1. 国民待遇原则

《巴黎公约》第2条规定：联盟任何成员国的国民，在保护工业产权方面，在联盟所有其他国家内应享有各该国法律现在授予或今后可能授予各该国国民的各种利益；一切都不应损害本公约特别规定的权利。因此，他们应和各该国国民享有同样的保护，对侵犯他们的权利享有同样的法律上的救济手段，但是以他们遵守对各该国国民规定的条件和手续为限。对于联盟国家的国民不得规定在其要求保护的国家须有住所或营业所才能享有工业产权。

要正确理解该原则，必须首先清楚其所述“国民”之概念。这里指的国民，既包括自然人，也包括法人。自然人是具有成员国国籍的人，法人则是依成员国法律依法设立的法人组织。具体说，能享受本原则的国民可以包括以下几种：① 具有某成员国国籍并在该成员国居住的自然人或在该成员国有住所的该国法人；② 具有某成员国国籍但在该成员国没有住所的自然人或在该成员国没有住所的该国法人；③ 没有某成员国国籍但在该成员国设有住所的自然人或非依某成员国法律设立但在该成员国设有住所的法人；④ 没有某成员国国籍或非依成员国法律设立、但在该成员国有真实和有效的工商业场所的自然人和法人。总之，成员国的国民在其他成员国享受国民待遇不以该国民在该其他成员国设有住所或营业场所为前提条件；非成员国的国民在成员国要享受国民待遇，则必须在该成员国设有住所或真实有效的工商业场所。

给予国民待遇与给予对等保护是不同的。对等是需要互惠前提和条件的，一个国家给予对方国民的保护要视该国国民在对方所受到的保护而定。国民待遇则是公约成员国无条件地给予其他成员国国民以与本国国民同等的待遇；而且，如果某个成员国的专利权保护期限比另一个成员国的要长，那么，这个成员国也无权规定后一个成员国的国民只能享有与其所属国规定的保护期限相同的期限。

国民待遇原则是《巴黎公约》确立的工业产权保护制度的基础之一，它不仅保证外国人的权利得到保护，而且还保证外国人不会受到任何形式的歧视待遇。

当然，《巴黎公约》也允许成员国在国民待遇原则上作出保留。能作出保留的是：成员国法律中关于司法和行政程序、管辖权以及指定送达地址或委派代理人的规定。就是说，在这些问题上，可以对其他成员国国民规定不同于本国国民的待遇。

2．优先权原则

根据《巴黎公约》的规定，《巴黎公约》成员国的某一申请人或其合法继受人在已经向一个成员国正式提出专利、实用新型注册、外观设计注册或商标注册申请后，在规定的期间内，又向《巴黎公约》的其他成员国提出相同主题的申请的，以其第一次申请的日期作为在该其他成员国申请的日期。

该原则的适用有一定的条件限制：

（1）申请人的第一次申请必须是一个正式的申请，该申请应能足以确定申请日期。至于该申请以后会否被撤回、放弃或被驳回，并不会影响优先权的存在。

（2）在后的申请与第一次申请必须属于同一个主题，即都属于同一项发明、实用新型、商标或外观设计。但是，根据《巴黎公约》第4条E项规定，在内容相同的基础上，依靠以发明专利申请为根据的优先权在其他国家提出实用新型的申请是可以的，反之亦然；而依靠以实用新型申请为根据的优先权在其他国家提出外观设计申请同样是被许可的，但这时，优先权的期限应与外观设计的优先权期限一样。

（3）优先权只能建立在第一次申请上。即使第二次申请的内容是在第一次申请的内容基础上进行了改进，也不能以第二次申请为优先权的基础。

（4）第一次申请应是在成员国提出的。如果第一次申请是在提出申请的国家加入《巴黎公约》以前提出的，则该申请不能成为优先权的基础；或者申请人所在国家未成为《巴黎公约》成员国，其在成员国提出的第一次申请同样不能成为优先权的基础。

（5）在后的申请应当在优先权期限提出。《巴黎公约》规定：发明专利和实用新型的优先权期限为12个月，工业品外观设计和商标的优先权期限为6个月。优先权期限从第一次申请的申请日起算。

《巴黎公约》允许申请人把优先权转让给不同国家的不同的人。

优先权原则对于那些需要在若干个成员国得到保护的申请人会带来很多好处。他们可以根据公约规定的优先权期限，在期限届满之前到需要得到保护的成员国提出申请并行使优先权，避免了同时到若干个国家提出申请的麻烦和困难，也保证了其发明、实用新型、商标和外观设计等在其他成员国得到及时的保护。

3. 专利权和商标权独立原则

依《巴黎公约》规定，成员国国民向各成员国申请的专利，与在其他国家，不管它是否成员国，就同一发明所取得的专利是互相独立的；在成员国一个国家正式注册的商标，与在其他成员国注册的商标，包括在原属国注册的商标在内，是互相独立的。

从该原则的内容，我们可以清楚看到工业产权的地域性影响。每个国家的立法水平和立法状况都不一样，具体的法律规定有所不同。不能要求一个国家依照另一个国家的法律标准去确定或撤销某种权利包括工业产权。在一个国家内取得的专利权或商标权并不是必然地被其他国家认可和承认；同样地，一个国家驳回、撤销或宣告无效的工业产权，其他国家并非一定要跟着驳回、撤销或宣告无效。工业产权在各成员国的保护标准和程度受各成员国法律保护水平的限制。之所以规定专利权和商标权独立原则，就是希望能在各国法律规定不同的情形下，最大限度地保护工业产权人的权益。如果一个成员国不以自己的法律为依据而是以他国法律为依据保护他国国民的工业产权，则是对国民待遇原则的违反。

二、关于专利的专门规定

《巴黎公约》对专利的保护作出了一些专门的规定，这些规定是成员国必须遵守的最低标准。

（一）发明人的姓名记载权

《巴黎公约》第 4 条之三规定，发明人有权要求在专利证书上记载自己是发明人。这是专利发明人享有的一种精神上的权利。

各国法律在实施这一规定时有不同的方法，有些赋予发明人或专利权人以民事诉讼权；有些则在发明专利授予过程中，由专利授予机关依职权将发明人的名字记载在专利证书里。而后者正为越来越多的国家所接受。

（二）不得以法律限制销售为理由拒绝授予专利或使专利无效

《巴黎公约》第 4 条之四规定，不得以专利产品的销售或依专利方法制作的产品销售受到本国法律的限制或限定为理由，拒绝授予专利或使专利无效。

产品的销售受到限制与产品的禁止销售不应等同。产品的禁止销售往往是因为该产品本身属于违反国家法律、社会公德或妨害社会公共利益，因此，该产品的发明是不能被授予专利权的。我国《专利法》第 5 条规定："伪造货币的设备、制造毒品的方法等就不能授予专利。"日本《专利法》第 32 条规定："有碍公共秩序、良好风俗或公共卫生的发明，不授予专利。"英国《专利法》也有类似规定。但是，产品的限制销售往往是基于使用领域、安全或质量的考虑，使产品不能在所有领域自由流通，如果因此而拒绝授予专利或宣告专利无效，对发明人来说是不公平的。如枪支的销售在我国是受到管制的，但我国国务院专利行政部门不应拒绝有关枪支的发明的专利。

（三）专利的强制许可

《巴黎公约》第 5 条之一规定，各成员国都有权采取立法措施规定授予强制许可，以防止由于行使专利所赋予的专有权而可能产生的滥用。

《巴黎公约》做这样规定主要的目的在于在发明人与国家之间架设一个利益平衡的支点。即防止成员国的主管机关滥用职权，也防止发明专利权成为阻碍发明在成员国实施的障碍，防止专利所有人垄断专利物品的进口，使发明专利权成为促进新技术在成员国运用的动力，从而促进成员国技术的进步和发展。

强制许可的规定主要包括了几项内容：

（1）规定了专利权人不实施专利的合法期限。自提出专利申请之日起 4 年届满以前，或自授予专利之日起 3 年届满以前，以后满期的期间为准，专利权人即使不实施其专利也不算违法，其他人不得以其不实施或不充分实施为理由申请强制许可。

（2）专利权人有正当理由不实施其专利时，主管机关无权进行强制许可。专利的强制许可是为了防止专利权人对专利权的滥用，而非强制专利权人实施专利。如果专利权人的不作为有正当理由，如能证明客观上存在妨碍其专利实施的技术、经济甚至法律条件等情形，则主管机关不能进行强制许可。

（3）强制许可不具有独占性。公约中规定的这种因未实施或未充分实施专利而给予的强制许可不是独占性的，即取得强制许可的人不能因此阻止专利权人将专利许可其他第三人使用。如果赋予强制许以独占性，则实际上是对专利权人实施权的剥夺，也是在惩罚专利权人，这与规定强制许可的初衷是相悖的。

（4）强制许可不可单独转让。强制许可只能与实施该许可的那部分企业或商誉一起转让，不得单独转让。

《巴黎公约》所规定的强制许可适用于发明和实用新型。而且只适用于专利权人不实施或不充分实施的情况。对于因其他原因如国家出现紧急状态或公共利益的需要等进行的强制许可，各成员国可以以国内法规定。

（四）交纳专利权利维持费的宽限期

《巴黎公约》第5条之二规定，关于规定的工业产权维持费的缴纳，应给予不少于6个月的宽限期，但是如果本国法律有规定，应缴纳附加费。各成员国对因未缴费而终止的专利有权规定予以恢复。

专利权利维持费即专利年费。大多数国家都规定征收专利年费，并规定了缴纳的期限，由专利权人每年向国家缴纳。缴纳年费的目的是维持专利的有效性。但如果仅因专利权人未在规定时间内缴纳或缴纳数额不足而立即丧失专利权的话，这种做法未免太严格。因此，《巴黎公约》规定各成员国应给予不少于6个月的宽限期，这6个月是最短期限，成员国可以给予更长的宽限期。

（五）临时过境的运输工具使用专利不构成侵权的规定

《巴黎公约》第5条之三规定，在本联盟任何国家内，下列情况不应认为是侵犯专利权人的权利：

（1）本联盟其他国家的船舶暂时或偶然地进入上述国家的领水时，在该船的船身、机器、滑车装置、传动装置及其他附件上使用构成专利主题的装置设备，但以专为该船的需要而使用这些装置设备为限。

（2）本联盟其他国家的飞机或陆上车辆暂时或偶然地进入上述国家时，在该飞机或陆地上车辆的构造或操纵中，或者在该飞机或陆上车辆附件的构造或操纵中使用构成专利主题的装置设备。

这项规定是对专利权的一种限制。它只适用于在临时过境的运输工具上对专利仪器的使用，并且只能完全用于运行的需要。换句话说，如果是在该运输工具上制造仪器或向公众销售专利产品或通过专利方法获得的产品，则会构成侵权。

（六）进口权的规定

《巴黎公约》第 5 条之四规定，一种产品输入到对该产品的制造方法有专利保护的本联盟国家时，专利权人对该输入产品应享有输入国法律根据方法专利对在该国制造的产品所授予的一切权利。就是说，专利权人有权许可或禁止该产品进口，即使专利权人把在某个成员国生产的专利物品输入授予专利权的成员国，该进口国授予的专利也不会因准许进口而失效。但这项规定适用条件窄，使成员国关于专利物品进口的立法回旋余地很大，很多国家往往把对方法发明的保护扩大到按照该方法得到的产品。

（七）在国际展览会上的临时保护

《巴黎公约》第 11 条规定，本联盟国家应按其本国法律对在本联盟任何国家领土内举办的官方的或经官方承认的国际展览会展出的商品中可以取得专利的发明、实用新型、外观设计和商标，给予临时保护。

适用该规定的展览会只限于官方举办的或经官方承认的国际展览会，但对此条件（如什么是“官方”、多大范围才算“国际”等）的认定，《巴黎公约》则没有作进一步的明确，各成员国的认识和规定都有不同。此外，该规定也没有明确各成员国应给予何种临时保护。在各国的法律中，临时保护的手段也有两种：一是给予特殊的优先权；二是在法律中规定发明、实用新型和外观设计在展出后不丧失新颖性的期间。目前，多数国家采用后一种方法。我国《专利法》第 24 条即采用了后一种保护方法，并规定适用范围为“中国政府主办或承认的国际展览会”。

各成员国对于临时保护的申请，认为必要时可以要求申请人提供证明文件，证实展出的物品及其在展览会展出的日期。

三、关于商标的专门规定

在商标方面，《巴黎公约》也规定了一些专门的规则供各成员国共同遵守。

（一）注册商标的使用

《巴黎公约》第 5 条对注册商标的使用规定了三种情形：

（1）在规定注册商标必须使用的国家，以不使用为由取消注册商标的，必须符合二个条件，一是必须经过适当的期间。多长时间为“适当”则由成员国的法律作出规定，一般为 3 ～5 年。二是有关人员不能证明商标权人的不使用有正当理由。

（2）商标所有人使用的商标以其在原注册国家所注册的为准，但在商标的使用过程中，该商标只是在形式上与其原注册的商标有细节的不同，而未发生显著性的改变的，不应认定该注册无效，也不应减少对商标所给予的保护。

(3) 如果请求保护地国家的本国法认为在相同或类似商品上共同使用同一商标的若干个工商企业属于商标的共有人，则其可以在任何成员国注册，各成员国也不应以任何方式减少给予该商标的保护。但给予注册和保护的前提是商标的这种使用不应使公众产生误解，并且不违反社会公共利益。

此外，《巴黎公约》还规定不应把在商品上表示或载明商标注册作为承认注册商标取得保护权利的一个条件。

(二) 商标的注册条件

依《巴黎公约》第6条，商标的申请和注册条件，由各成员国的本国法律自行决定。但对成员国的国民在任何成员国提出的商标注册申请，不得以其未在原属国申请、注册或续展为理由而予以拒绝，也不得认定该注册无效。

(三) 对驰名商标的规定

《巴黎公约》第6条之二对驰名商标的保护作出了明确的规定。

各成员国对于商标注册国或商标使用国认为成员国国民在该国已成为驰名的商标给予保护。成员国有权依职权，或依有关当事人的请求，对在相同或类似商品上使用通过复制、仿制或翻译驰名商标而产生的商标，容易使公众产生混淆的，拒绝或取消注册，并禁止使用。商标的主要部分构成对驰名商标的复制或仿制，易于产生混淆时，也应拒绝或取消注册。

提出取消上述商标注册请求的期间是自注册之日起至少5年内。各成员国可以规定一个允许当事人提出禁止使用请求的期间。但对于恶意取得注册或使用的商标提出取消注册或禁止使用的请求，不应规定时间限制。

《巴黎公约》给予保护的驰名商标既包括注册驰名商标，也包括未注册驰名商标。但《巴黎公约》没有对驰名商标的标准作出规定。

(四) 国徽、官方检验印章和政府组织徽记等禁止用作商标

《巴黎公约》第6条之三规定，未经主管机关许可，成员国的国徽、国旗和其他的国家徽记、用于表示监督和保证的官方符号和检验印章以及成员国所参加的政府间国际组织的徽章、旗帜、其他徽记、缩写和名称等，不能用作商标或商标的组成部分。各成员国对这些标记和符号应拒绝给予注册；已经注册的，应宣告该注册无效；并应采取适当措施禁止使用。但任何成员国的国民经批准使用其本国的国家徽记、符号和检验印章的，即使与其他国家的国家徽记、符号和检验印章相类似，仍然可以使用。

（五）商标的转让

商标的转让在各国可能有两种规定：一是商标可以单独转让；二是商标必须连同其所属企业或商誉一起转让。

《巴黎公约》第 6 条之四对连同转让作了规定。该规定有两个含义：一是成员国可在法律中规定商标必须与其所属商行或商誉同时转让；二是该商行或商誉坐落在该成员国的部分，如果连同在该国制造或销售标有被转让商标的商品的专有权一起转让予受让人，亦足以构成有效转让。

但是，如果受让人使用受让的商标事实上会具有使公众对使用该商标的商品的原产地、性质或重要品质发生误解的性质，那么，成员国有权认为该商标转让无效。

（六）注册商标在其他成员国所受的保护

有关注册商标在其他成员国受到的保护，在《巴黎公约》第 6 条之五作了规定。该规定对在原属国正式注册的商标，除应受规定的保留条件的约束外，其他成员国也应和在原属国注册那样接受注册申请和给予保护。这里说的原属国是指：① 申请人设有真实、有效的工商业营业所的成员国；② 如果申请人在成员国内没有上述营业所，则是指他设有住所的成员国；③ 如果申请人在成员国没有住所，但他是成员国国民的话，则是指他有国籍的国家。

各成员国在正式注册前可以要求申请人提供原属国主管机关发给的注册证书，该注册证书无需认证。

有下列情况之一的，应拒绝给予注册，已经注册的，也应使其注册无效：

（1）商标侵犯第三人在被请求给予保护的国家的既得权利的。

（2）商标缺乏显著特征，或者完全是由商业中用以表示商品的种类、质量、数量、用途、价值、原产地或生产时间的符号或标记所组成，或者在被请求给予保护的国家的现代语言中或在善意和公认的商务实践中已经成为惯用的。

（3）商标违反道德或公共秩序，尤其是具有欺骗公众的性质。但不得仅仅因为商标不符合商标立法的规定即认为该商标违反公共秩序，除非该规定本身与公共秩序有关。

申请人要求保护的商标如果未在其原属国注册，不能享受公约对商标保护的利益。但商标注册在原属国续展，在任何情况下都不能免除商标所有人在该商标已经注册的其他成员国的续展义务。此外，在优先权期间提出商标注册的申请，即使原属国在该期间届满后才进行注册，其优先权利益也不受影响。

（七）服务标记

《巴黎公约》将服务标记纳入保护范围，但却并没有要求各成员国对服务标记的注册作出规定。该规定是1958年在里斯本修订会议上订入公约的。目前，不少国家已将服务标记纳入商标法调整范围，使之与商品商标具有同样的法律地位。我国从1993年开始把服务商标纳入商标法保护。

（八）未经商标所有人授权的注册

《巴黎公约》第6条之六对此作出了规定，即商标所有人的代理人或代表人未经所有人授权，以自己的名义向一个或一个以上成员国申请该商标注册的，除非该代理人或代表人能证明自己的行为是正当的，否则，该所有人有权反对所申请的注册，有权要求取消注册。如果该成员国的法律允许的话，也可以要求将该项注册转让给自己。

（九）集体商标

《巴黎公约》第7条之二的规定，只要社团的存在不违反其原属国的法律，即使该社团没有在被请求给予保护的成员国设立工商业营业所，各成员国也应受理其集体商标的申请，对集体商标给予保护。同时，各成员国有权自行审定关于保护集体商标的条件，对违反公共利益的商标可以拒绝保护。

（十）在国际展览会上的临时保护

《巴黎公约》第11条规定，成员国应对在各成员国内举办的官方的或经官方承认的国家展览会展出的商品的商标给予临时保护。但该保护不能延长公约规定的优先权期间。如果以后权利人要求优先权，成员国的主管机关可以规定优先权期间从该商品在展览会展出之日起算。

四、对其他工业产权的专门规定

《巴黎公约》除了规定对专利、商标给予保护外，对其他工业产权也作出了保护性规定。

（一）厂商名称

《巴黎公约》没有规定厂商名称必须进行注册。不论厂商名称是否为商标的一部分，也不论厂商名称是否申请了注册，各成员国都应对其给予保护。成员国对输入的一切非法标有或粘附厂商名称的商品，有权依司法机关或其他主管机关或当事人的请求，并根据该国的法律给予扣押，或禁止输入，或允许国民依法采取诉讼或救济手段。

（二）货源标记

《巴黎公约》对厂商名称的规定适用于直接或间接使用虚假的货源标记、虚假的生产者或制造者标记以及虚假的商人标记等情况。

（三）不正当竞争

《巴黎公约》第 10 条之二规定，凡在工商业事务中违反诚实的习惯做法的竞争行为均构成不正当竞争行为，各成员国有义务对各成员国国民保证给予制止不正当竞争的有效保护。

各成员国对下列的行为应特别予以禁止：

（1）具有不择手段地对竞争者的营业所、商品或工商业活动造成混乱性质的一切行为。

（2）经营商业中，具有损害竞争者的营业所、商品或工商业活动商誉性质的虚伪说法。

（3）在经营商业中使用会使公众对商品的性质、制造方法、特点、用途或数量易于产生误解的表示或说法。

（四）制止侵权的救济手段

《巴黎公约》在第 10 条之三对有关救济手段作出规定，各成员国应保证并采取措施，使成员国的国民获得有效地制止侵犯商标、厂商名称、货源标记和不正当竞争行为的适当的法律救济手段。这些手段包括向法院或向行政机关提出控诉。

第三十二章　《保护文学艺术作品伯尔尼公约》

第一节　《保护文学艺术作品伯尔尼公约》概述

一、《保护文学艺术作品伯尔尼公约》的产生与发展

《保护文学艺术作品伯尔尼公约》（简称《伯尔尼公约》）是世界上最早的版权国际公约。

《伯尔尼公约》产生源于国际版权保护的需要。1709 年，英国颁布了《安娜法令》，这被认为是世界上第一部版权法。其后，欧美等国家也相继颁布自己的版权法来保护国民的作品。但这些法律往往只限于对本国国民作品的保护，印刷出版业的发展使各国感到保护外国人作品从而使自己国民作品得到他国保护的必要性，为此，各国签订一些相互保护版权的双边或多边协定。以法国为例，19 世纪初，法国国民的作品在国外得不到保护，这些作品在邻近国家被大量复制后以廉价运回法国销售，使法国的出版商受到严重打击。因此，从 1840 年起，法国积极与邻近国家签署双边或多边版权保护协议。但是，这些相互承认和保护的协定没有统一的模式，各国版权保护水平差异也很大，给管理带来很大的不便。各国开始考虑在统一标准下制定多边的版权公约。1878 年，国际文学艺术联合会在巴黎成立，1883 年该会在瑞士伯尔尼通过了题为《建立文学艺术作品作者权利保护联盟公约》的草案，草案对参加联盟的程序、有关保护的内容等提出了具体的意见，成为了《伯尔尼公约》的基础。1884—1886 年，在瑞士政府的主持下，欧洲、亚洲、非洲等一些国家的代表在伯尔尼召开了三次外交会议，对草案进行修改和补充。1886 年 9 月 9 日，在第三次外交会议上，比利时、英国、德国、西班牙、意大利、法国、瑞士、突尼斯、海地和利比里亚等 10 个国家签署了《伯尔尼公约》，该公约于 1887 年 12 月 5 日生效。批准公约的国家组成了伯尔尼联盟。

随着科技水平的提高，作品创作和使用方式在不断地发展变化，为满足这种形势发展的需要，《伯尔尼公约》的原始文本经历了多次修订和完善。第一次修订是在 1896 年 4 月，此后，在 1908 年、1914 年、1928 年、1948 年、1967 年和 1971 年都对《伯尔尼公约》进行过重大的修订。1971 年的巴黎文本是目前绝大多数国家批准的文本。截

至2013年5月14日，该公约共有166个成员国。①

我国于1992年10月15日加入《伯尔尼公约》，适用1971年的巴黎文本。

需要注意的是，《伯尔尼公约》1971年文本修订以来，静电复制、计算机软件和数据库等新技术和新的客体不断涌现，同时版权贸易的比例也不断增加。世界知识产权组织在20世纪80年代着手准备修订《伯尔尼公约》，制定适应时代发展的新规则，90年代开始讨论以增补条文或以公约议定书的形式，对《TRIPS协议》没有涉及的基于数字技术而产生的作品保护问题作出规定，以扩大公约的保护范围。1996年12月20日，世界知识产权组织在公约议定书的基础上通过了《世界知识产权组织版权条约》和《世界知识产权组织表演和录音条约》。其中《世界知识产权组织版权条约》是《伯尔尼公约》第20条意义上的专门协定，缔约各方应遵守《伯尔尼公约》第1至21条和附件的规定。

二、《伯尔尼公约》与伯尔尼联盟

《伯尔尼公约》缔结的同时，各缔约国组成了伯尔尼联盟。联盟设大会、执行委员会、和国际局等机构。大会由受《伯尔尼公约》第22条至26条约束的联盟成员国组成，负责处理联盟和公约的一切维持、发展和实施问题。执行委员会由大会在其成员国中选出的国家组成，在大会闭会期间履行大会的职责。国际局负责联盟的行政工作。世界知识产权组织的总干事同时也是联盟的最高长官。

第二节 《伯尔尼公约》的主要内容

《伯尔尼公约》的巴黎文本有44条，其中正文部分38条，附件6条。分实体条款和程序条款。实体条款内容包括公约的宗旨、基本原则、适用范围、作者的权利和公约对权利的限制、版权保护期限、对发展中国家的优惠条款等。程序条款内容包括公约的管理、加入公约的手续和争端的解决等。

一、《伯尔尼公约》的基本原则

公约的目的是以尽可能有效的、一致的方法，为作者对其文学和艺术作品的权利提供保护。为此，公约确立了国民待遇原则、自动保护原则和版权独立保护原则。

① 参见WIPO网站：http：//www. wipo. int/treaties/en/ShowResults. jsp？lang = en&treaty - id = 15，访问时间2013年5月14日。

（一）国民待遇原则

《伯尔尼公约》第5条对国民待遇原则作出规定：就享有本公约保护的作品而论，作者在作品起源国以外的本同盟成员国中享有各该国法律现在给予和今后可能给予其国民的权利，以及本公约特别授予的权利。

能享受《伯尔尼公约》规定的权利和受公约国民待遇原则保护的作者包括：

（1）公约成员国的国民。他们的作品无论是否已经出版，都受到公约的保护。

（2）非公约成员国的国民要得到公约的保护，则必须具备以下三个条件之一：① 他们的作品首次在成员国出版；② 他们的作品在一个成员国和一个非成员国同时出版，或作品在首次出版后30天内在两个或两个以上的国家内出版。③ 他们在一个成员国内有惯常居所。

（3）制片人的总部或惯常居所在某一成员国内的电影作品的作者。

建造在某一成员国内的建筑作品的作者，或构成某成员国内建筑物一部分的平面和立体艺术作品的作者。

上面提到的“惯常居所”，英文是habitual residence，即惯常居所地。它与住所是不同的概念。住所的英文是domicile，指的是户籍所在地，人的户籍所在地只有一个，但居所地却可以有多个。《伯尔尼公约》适用国民待遇原则时用“居所地”而非“住所地”，其保护范围显得比《巴黎公约》更宽些，因为《巴黎公约》规定国民待遇原则有关内容时，用的是“住所地”。

作者在作品起源国受到的保护由该国法律作出规定。但如果作者不是起源国的国民，其作品又是受公约保护的，则该作者在该国仍享有同本国作者相同的权利。作者在作品起源国以外的成员国享受国民待遇，依国民待遇原则享有和行使的权利无需履行任何手续，也不会受到作品起源国是否存在对该作品的保护的影响。

如何界定作品的“起源国”？依《伯尔尼公约》第5条第4款的规定，起源国是指：

（1）对于首次在某一成员国出版的作品，以该国家为起源国；对于在分别给予不同保护期的几个成员国同时出版的作品，以立法给予最短保护期的国家为起源国。

（2）对于同时在非成员国和成员国出版的作品，以后者即该成员国为起源国。

（3）对于未出版的作品或首次在非成员国出版而未同时在成员国出版的作品，而其作者具有某个成员国国籍的，则该成员国为起源国。但也有以下例外：① 对于制片人总部或惯常居所在某成员国内的电影作品，以该国为起源国；② 对于建造在某一某成员国内的建筑作品或构成某成员国建筑物一部分的平面和立体艺术作品，以该国为起源国。

从公约的有关条文可以看到，公约对作者权利的保护规定了两种“国籍”标准。

一种是“作者国籍”标准，也称作“人身标准”，即只要作者是公约成员国国民，则不管其作品是否已经发表，都享有公约提供的权利和保护；另一种是“作品国籍”标准，也称作“地点标准”，即如果作品首次出版是在某成员国内，或同时在成员国和非成员国内，则不管作者是哪个国家的国民，都能享有公约提供的权利和保护。

（二）自动保护原则

《伯尔尼公约》第5条第2款规定：“不论作品起源国是否存在对作品的保护，享有和行使依国民待遇原则提供的权利和公约授予的特别权利不需要履行任何手续。”这就是说，国民待遇不依赖任何手续，保护是自动给予的，不需要申请、注册、提交任何文件或发出任何通知或加注版权标记。

《伯尔尼公约》对版权的保护与《巴黎公约》对工业产权的保护有着明显的区别，它避免了像工业产权那样，未经申请和注册即不能取得专利、商标等权利，或可能因未依规定缴纳权利维持费而导致权利丧失等情况的出现；也使作者避免了因专利申请和商标注册费用高和手续的繁杂而出现的尴尬和麻烦。因此，这项原则对作者来说是极为有利的，它最大范围地保护作者的权益。

对作品自动保护是国际著作权保护的发展趋势。世界贸易组织的《知识产权协议》也采取了相关的原则，《知识产权协议》第62条第1款规定：“各成员可以要求遵照合理的程序和手续，作为第二部分第二节（商标）至第六节（集成电路的布图设计）所规定的知识产权的取得或维持的条件，这些程序和手续应符合本协议的规定。”这就是说，《知识产权协议》对版权的取得和维持没有要求办理任何程序和手续。在世界各国的版权保护实践中，自动保护原则也得到尊重。如日本于1899年、英国于1956年、西班牙于1987年就彻底废除了著作权登记制度。美国也取消了将著作权标记作为著作权保护必须手续的规定，但仍鼓励作者自愿使用标记。这种做法并不违反《伯尔尼公约》的自动保护原则，因为他们这些手续仅适用于起源于本国的作品。在美国，对于以美国为起源国的作品，登记是提起诉讼的前提条件，对于其他《伯尔尼公约》成员国的作品则可免除这一要求，但权利请求人必须证明作品可免除登记要求。

（三）版权独立保护原则

《伯尔尼公约》第5条第2款规定：“享有和行使依国民待遇原则提供的权利和公约授予的特别权利不需要履行任何手续，也不论作品起源国是否存在保护。”因此，除本公约条款外，保护的程度以及为保护作者权利而向其提供的补救方法完全由被要求给予保护的国家的法律规定。

该规定与《巴黎公约》中专利和商标独立的原则是有所不同的。专利和商标的独立性表现在：申请人如果在一个成员国申请专利或商标注册，而未在其他成员国提出申请和注册，则其只能在该提出申请的成员国依该国法律享有专利权或商标权，在其他成员国，其发明或商标是不受保护的。版权的独立保护则表现为：即使作品起源于某一成员国或作者是某一成员国国民，其作品在其他成员国也受到保护，只不过保护的程度和所提供的权利补救方法因各国法律的规定不同而有所不同。这项原则在维护作者权益上显得尤为重要，当起源国的保护水平比较低时，保护水平较高的国家不能以此为由降低依本国法律应给予作者的保护程度。

该原则在适用上也有例外。《伯尔尼公约》第7条第8款规定："无论如何，期限将由被要求给予保护的国家的法律加以规定；但是，除该国家的法律另有规定者外，这种期限不得超过作品起源国规定的期限。"

二、最低限度的保护规定

《伯尔尼公约》对各成员国规定了一些最低保护标准，各成员国的版权法给予著作权人的保护不能低于公约规定的这些最低限度。这种规定主要集中在受保护的作品范围、作者享有的精神权利、经济权利、版权保护期限等方面。

（一）受保护的作品范围

《伯尔尼公约》第2条以列举说明的方式对所保护的文学和艺术作品类别作出规定。其所保护的文学和艺术作品包括文学、科学和艺术领域内一切成果，不论其表现形式或方式如何。具体包括：① 图书、小册子和其他文学作品；② 讲课、演讲、讲道和其他同类性质作品；③ 戏剧或音乐戏剧作品；④ 舞蹈艺术作品和哑剧；⑤ 配词或未配词的乐曲；⑥ 电影作品和以类似摄制电影的方法表现的作品；⑦ 图画、油画、建筑、雕塑、雕刻和版画作品；⑧ 摄影作品和以类似摄影方法表现的作品；⑨ 实用艺术作品；⑩ 与地理、地形、建筑或科学有关的插图、地图、设计图、草图和立体作品。

《伯尔尼公约》对演绎作品（如翻译作品、改编作品、音乐的改编等）以及汇编作品（如百科全书、选集等）也作出保护规定。演绎作品获得与原作同等的保护，但演绎作品不得损害原作的版权；汇编作品如对材料的选择和编排构成智力创作的，应得到相应的的保护，但这种保护也不能损害汇编内每一作品的版权。

《伯尔尼公约》规定对某些种类的作品的保护可以由成员国选择决定。各成员国可以通过国内立法规定所有作品或任何特定种类的作品如果未以某种物质形式固定下来便不受保护；确定立法、行政或司法性质的官方文件以及这些文件的正式译本是否给予保护；排除对实用艺术品和外观设计的版权法保护；决定是否全部或部分地排除对政治演说和诉讼过程中发表的言论的保护；决定报刊、广播为了传播信息的目的传播公开发表的演说、讲话或类似作品的条件。

《伯尔尼公约》的保护不适用于日常新闻或纯属报刊消息性质的社会新闻。

《伯尔尼公约》对受保护的作品的这种列举方式为公约满足新技术发展需要、适时扩大版权客体范围留下了空间。新技术带来的新的作品表现形式在无需对公约作重大修改的情况下即可纳入公约的保护范围。

（二）作者享有的精神权利

《伯尔尼公约》第6条之二规定：作者有要求其作品作者身份的权利，并有权反对对其作品的任何有损其声誉的歪曲、割裂或其他更改，或其他损害行为，这些权利不受作者经济权利的影响，即使在经济权利转让以后仍然属于作者拥有。这就是公约赋予作者享有的精神权利。从该规定看，公约规定的作者享有的精神权利包括两方面：一是署名权。作者有权以任何方式在其作品上署名，也有权禁止他人在其作品上署名。二是保护作品完整权。同时，公约规定的作者的这些权利是独立存在的，不因经济权利的转让而转移。

（三）作者享有的经济权利

《伯尔尼公约》规定作者应享有的经济权利有7项，包括：翻译权（第8条）、复制权（第9条）、公演权（第11条）、广播权（第11条之二）、朗诵权（第11条之三）、改编权（第12条）、摄制电影权（第14条）。

（1）翻译权。作者在对原作享有权利的整个保护期内，享有翻译和授权他人翻译其作品的专有权利。但公约规定对这种权利缔约国可以声明保留，保留期限为10年。就是说，从作品首次出版之日起10年内，作者没有把其作品自己或授权他人以该声明保留的国家的通用文字翻译出版的，那么作者将丧失将其作品自己或授权他人翻译成该国通用文字出版的权利。

（2）复制权。作者享有以任何方式和采取任何形式复制作品的专有权利。所有的录音或录像均属于录制。但成员国法律应允许在某些特殊情况下对这些作品的合理使用。

（3）公演权。这是戏剧作品、音乐戏剧作品和音乐作品的作者享有的专有权利。包括：授权以各种方式和手段公开表演和演奏其作品，授权以各种手段和方式公开播放其作品的表演和演奏。

（4）广播权。作者有通过广播、无线传播、有线传播或转播等方式向公众传播其作品的专有权利。具体包括：① 授权广播其作品或以任何其他无线传送符号、声音或图像的方法向公众传播其作品；② 授权由原广播机构以外的另一机构通过有线广播或转播的方式向公众传播其作品；③ 授权通过扩音器或其他任何传送符号、声音或图像的类似工具向公众传播其作品。但行使这些权利的条件由成员国法律作出规定，而所规定的条件应以不损害作者的精神权利、不损害作者获得合理报酬权利为前提。

（5）朗诵权。这是文学作品的作者享有的专有权利，包括：有权用各种手段或方式公开朗诵其作品；有权用各种手段公开播送其作品的朗诵。作者在对其原作享有权利的整个期间，对其作品的译作享有同等的权利。

（6）改编权。作者享有授权对其作品进行改编、音乐改编和其他变动的专有权利。改编的表现形式通常为将作品由一种形式改变成另一种形式，如将小说改编成电影剧本、将电影改编成戏剧等。但改编作品的著作权行使不得侵犯原作著作权人的权利。根据文学或艺术作品制作的电影作品以任何其他艺术形式进行改编，在不妨碍电影作品作者授权的情况下，仍须经原作作者授权。

（7）摄制电影权。作者享有将其作品摄制成电影的专有权。具体包括：① 授权将作品改编和复制成电影以及发行经过如此改编或复制的作品；② 授权公开表演、演奏以及向公众有线传播经过如此改编或复制的作品。但在不损害已被改编或复制的作品的版权的情况下，电影作品应作为原作受到保护，电影作品版权所有者享有与原作作者同等的权利。

（四）版权保护期限

《伯尔尼公约》第7条规定了对版权中经济权利的保护期限。一般来说，作品的版权保护期限为作者有生之年及其死后50年。电影作品的保护期是经作者同意而公开放映之后50年，作品完成后50年内未公开放映的则自作品完成后50年；不具名作品和假名作品的保护期为作品合法发表之日起50年；摄影作品和实用艺术作品的保护期可由成员国法律规定，但不得少于该作品完成后起25年；合作作品为共同作者中最后去世者有生之年及其死后50年。

版权中精神权利在作者死后应至少保留到作者经济权利届满为止，并且由被要求给予保护的国家国内法所授权的人或机构行使。

《伯尔尼公约》对保护期限的要求是最低要求，成员国可以规定更长的保护期限，但不得低于公约的最低要求。保护期限由要求给予保护的国家的法律加以规定，除该国的法律另有规定者外，这种期限不得超过作品起源国规定的期限。

三、对发展中国家的优惠待遇

《伯尔尼公约》是完全按照欧洲工业化国家所要求的标准制定的。其多次的修订的原因都在于适应世界新技术的挑战和促进国际文化事业的发展，让作者获得更公平合理的保护。第二次世界大战结束后，很多国家从原发达国家殖民地中独立出来成为新的独立的国家，《伯尔尼公约》面临着如何协调这些新国家与发达国家之间版权保护关系的问题。一方面，这些新的国家急需从发达国家获得先进的科学文化和技术作品以推动本国文化和科学的发展；另一方面，作品的创作者的版权应得到必要的有效的保护。因

《伯尔尼公约》在制定之初并没有考虑这些发展中国家的特殊要求，现在要发展中国家承担发达国家所制定的义务是否适合和公平成为公约成员国必须面对的问题。基于这种情况，《伯尔尼公约》的1971年巴黎文本在附件中对发展中国家给予了一些特殊的优惠待遇和权利。这些优惠待遇和权利涉及翻译权和复制权两方面。

（一）适用优惠待遇的主体和条件

依《伯尔尼公约》附件第1条规定，适用公约附件规定的优惠待遇的主体是：根据联合国大会惯例被视为发展中国家的任何国家。适用条件是：上述这些国家中，凡是已经批准或加入由本附件作为其组成部分的此公约文本，但由于其经济情况及社会或文化需要而又不能在当前作出安排以确保对此公约文本规定的全部权利进行保护者，在不违反公约有关规定的情况下，可以声明援用附件第2条或第3条所规定的权利，或这两条所规定的权利（即对发展中国家的优惠条款）。

（二）对发展中国家的优惠待遇

1. 翻译强制许可

作品在首次出版后满3年仍未在某发展中国家以该国通用文字出版译本的，该国国民都可以通过本国主管机关，得到用该国通用文字翻译该作品并以印刷形式或其他任何类似的复制形式出版该译本的许可证，而不需要征得作者的同意。如果将作品译成英文、法文和西班牙文3种文字以外的文字，则强制许可在作品首次出版后满1年即可。如果作者已经自己或授权他人翻译出版了其作品，但该译文的所有版本均已售完，也可向申请人发给翻译强制许可证。

《伯尔尼公约》对颁发翻译强制许可证规定了较严格的条件：

（1）只能为教学、学习和科学研究的目的而颁发。

（2）申请人曾向权利人要求授权但未得到权利人许可，或申请人经努力仍未能找到权利人。

（3）需要3年才能取得许可证的，需要经过6个月的补充期限才能颁发；需要1年才能取得许可证的，则要经过9个月的补充期限才能颁发。

（4）申请人必须保证译文准确，所支付的报酬合理并保证报酬能支付和转递。报酬应按两国个人之间自由谈判的许可证通常使用的支付版税的标准来支付。

（5）许可证只适用于在申请许可证的该国领土内，译本不得向境外销售。

（6）翻译的作品限于以印刷或其他类似的形式出版的作品。

（7）如果作者的或其授权出版的一个译本的价格与在有关国家内同类作品的通行价格相似，这个译本的文字和基本内容又与根据许可证出版的译本的文字和基本内容相同，那么，应撤销对在作品翻译的强制许可。

2. 复制强制许可

申请人履行了申请强制许可的手续，取得强制许可证后，可以不需经权利人同意，复制权利人的作品。《伯尔尼公约》对颁发复制强制许可证同样规定了比较严格的条件限制：

(1) 复制只用于系统的培训活动之需，包括系统的大、中、小学教育或非正规教育。

(2) 颁发复制强制许可的期限，一般作品为原作首次出版之日起5年，有关数学和自然科学和技术作品为3年，小说、诗歌、戏剧和音乐作品和美术作品为7年。

(3) 在3年后才能颁发的许可证，需要等6个月限期届满后才能颁发。

(4) 如果权利人已经收回其公开发行的作品，则不能再颁发强制许可证。

复制强制许可的其他条件与翻译强制许可的条件相似，这里不一一说明。翻译强制许可证和复制强制许可证都必须由主管机关根据公约规定的条件颁发，这些强制许可证是非专有的，也是不可转让的。

从《伯尔尼公约》规定的条件看，复制强制许可证的条件比翻译强制许可证的条件要严格，如在期限上，复制强制许可一般要5年，翻译强制许可则只要3年甚至1年即可。这是因为复制比翻译更容易和更快捷方便，从而对作者版权的损害更为严重。虽然强制许可证的实行反映了发展中国家与发达国家之间在解决版权保护和贸易问题上的协调，客观上促进了发展中国家的文化和科学的发展，但事实上，由于强制许可条件严格、手续繁琐，大多数发展中国家都未声明使用这些条款。发展中国家与发达国家在作品的翻译权和复制权问题上一般都能自愿达成协议。

第三十三章 《与贸易有关的知识产权协议》

《与贸易有关的知识产权协议》（Agreement on Trade – Related Aspects of Intellectual Property Right，简称《TRIPS 协议》），全称为《与贸易（包括假冒商品贸易）有关的知识产权协议》，俗称 WTO 的《知识产权协议》。它与《货物贸易的多边协议》、《服务贸易总协议》一起共同构成 WTO 法律框架的三大支柱。《TRIPS 协议》的产生与《关税与贸易总协定》（General Agreement on Tariffs and Trade 缩写为 GATT）的谈判机制以及国际经济贸易的发展阶段有关。GATT 作为一个国际性的组织，通过举行多边贸易谈判来促进国际贸易的发展。从谈判内容来看，主要有关税减让问题，但从 1986 年 9 月开始举行的第 8 轮多边贸易谈判，即乌拉圭回合谈判，知识产权问题成为 GATT 多边谈判的新议题之一而引起世人的瞩目。谈判各方经角力和妥协，终于在 1991 年 12 月 18 日关贸总协定总干事提出了乌拉圭回合最后文本草案的框架，其中《与贸易（包括假冒商品贸易在内）有关的知识产权协议》基本获得通过。1994 年 4 月 15 日形成了作为乌拉圭回合最后文件之一的《与贸易（包括假冒商品贸易）有关的知识产权协议》。该协议自 1995 年起生效。《TRIPS 协议》的诞生标志着知识产权制度进入了统一标准的新阶段，在推动协调各国知识产权立法和司法活动方面起了重要作用，同时亦调和了发达国家因对本国知识产权的域外保护现状不满而与发展中国家产生的种种利益冲突。

发达国家的经济地位及高科技程度决定了其对制定知识产权国际规则的迫切性和重视程度，《TRIPS 协议》的诞生会为这些国家带来巨大利益，这是显而易见及众所周知的事实。

而发展中国家接受《TRIPS 协议》的主要原因是：① 乌拉圭回合协议作为一揽子协议，包括了发展中国家所希望得到的一些东西，例如纺织品协议回归，服务贸易协议，更强化的争端解决机制等，因而接受知识产权协议是一种交换；② 许多发展中国家从 20 世纪 80 年代开始大量引进外资，这需要对知识产权加强保护；③ 美国等的单边威胁、发达国家同意给发展中国家更长的过渡期，以及担心美国国会将因为没有知识产权协议而不批准一揽子协议等等，也起到了一些作用。[①]

《TRIPS 协议》分为七篇：总条款，基本原则，知识产权效力、范围、应用标准，知识权执法，知识产权的取得、维持及当事人之间的程序，争端的预防和解决。协议明确了如下目标：要求缔约方承认知识产权为私权，应建立一整套知识产权保护体系，以

① 参见武汉大学国际法研究所：《与贸易有关的知识产权协议》，发布日期：2009 年 8 月 26 日。http：//translaw. whu. edu. cn/index. php/Index/content – zh/id/1238，访问时间 2010 年 3 月 10 日。

减少因知识产权保护不当而带来的国际贸易的扭曲和障碍，促进有效、充分地保护知识产权，保证知识产权执行不会成为合法贸易的障碍。

第一节　总则与基本原则

一、《TRIPS 协议》的性质与范围

《TRIPS 协议》是 WTO 的基本法律文件之一，任何成员必须接受协议的规定，不能对协议中的条款作出任何形式的保留和例外。各成员可以但不是必须在其法律中实施比本协议要求更广泛的保护，只要这类保护不与本协议的规定相抵触。[①] 同时，该协议允许各成员有权依其本国的法律制度及惯例自由决定采取的适当方法，而不统一规定实施的具体模式。各国可选择立法，也可选择通过制定行政条例来实施该协议。如果成员不遵守最低标准，成员可以向 WTO 的争端解决机构（DSB）起诉。协议确定了由成员适用的最低标准，是一部“最低标准法”。而从总体来看，这套“最低标准”又普遍高于世界知识产权组织下各项主要公约所规定的保护标准，因而可以说，知识产权协议又是一套“高水准”的保护标准。[②]

《TRIPS 协议》第 1 条第 2 款规定了所保护的知识产权范围，[③] 包括：① 版权及邻接权；② 商标权；③ 地理标志权；④ 工业品外观设计权；⑤ 专利权；⑥ 集成电路的布图（拓扑图）设计权；⑦ 未披露信息的保护权。

二、《TRIPS 协议》的基本原则

1. 国民待遇原则

《TRIPS 协议》第 3 条规定了国民待遇原则。该协议所指的“国民”有其特定的含义，在成员是一个单独关税区的政府时，国民是指在该关税区内有住所或有实际和有效的工业或商业营业所的自然人和法人；在成员是一个主权国家政府时，国民是指符合上述四个国际保护公约所规定之保护标准的自然人和法人，即上述条约成员国与 WTO 所有成员的国民。

根据《TRIPS 协议》第 3 条规定，国民待遇原则有适用上的限制，限制主要为：①《巴黎公约》1967 年文本、《伯尔尼公约》1971 年文本、《罗马公约》及《集成电路知

① 参见《TRIPS 协议》第 1 条第 1 款。

② 王新奎、刘光溪主编：《WTO 与知识产权争端》，上海人民出版社 2001 年版，第 139 页。

③ 《TRIPS 协议》第 1 条第 2 款虽然没有做出明确列举，但是该款明确规定：“对于本协议，‘知识产权’术语，是指第 2 部分第 1 节至 7 节中所包括的所有类别的知识产权”。

识产权条约》已有的对国民待遇的例外规定仍能适用；② 可以利用《伯尔尼公约》第6条或《罗马公约》第16条第1款（b）项的WTO成员，有权选择以互惠原则取代国民待遇原则，但须通知“与贸易有关的知识产权理事会”；③ 有关司法与行政程序方面的例外。但是，这些例外不能对正常贸易构成变相的限制，也不能与知识产权协议的义务相抵触。

2．最惠国待遇原则

最惠国待遇是指任何一成员就知识产权保护提供给另一成员国民的利益、优惠、特权或豁免应当立即、无条件地给予所有其他成员的国民。《TRIPS协议》第4条对该原则作出了规定。最惠国待遇原是关贸总协定的基本原则，《TRIPS协议》要求在其管辖的知识产权范畴内，在4个重要的知识产权国际公约已有的国民待遇的基础上，将最惠国待遇原则移植于知识产权保护领域之中，这是知识产权领域国际保护方面的首创。

最惠国条款包含两方面内容。一方面，在知识产权保护上，一个成员国给予另一个成员国国民的利益、优惠、特权、豁免之类，均须立即无条件地给予所有其他成员。另一方面，在四种特例下，可以不实行最惠国待遇原则。[①] 这些特例为：① 原已签订的司法协助及法律实施的双边或多边国际协议，而且并非专为保护知识产权而签订的，其所产生优惠、利益、豁免或特权；② 按《伯尔尼公约》（1971年）及《罗马公约》有关双边互惠性的规定而提供的优惠待遇；③ 与知识产权协议未加规定的表演者权、录音制品制作者权及广播组织权相关的优惠待遇；④ 知识产权协议生效前已经已有的知识产权保护国际协议提供的优惠待遇。

而根据《TRIPS协议》第5条，最惠国待遇原则和国民待遇原则均不适用于由世界知识产权组织主持下缔结的多边协议中有关获得及维持知识产权的程序。

3．权利穷竭原则

权利穷竭原则也称为权利用尽原则，是指经权利人或经其授权将其享有权利的专利产品或带有商标标识的商品或其他受知识产权法律或相关的国际条约保护的智力劳动成果合法处分后，权利人就该产品（或其复制件）所享有的已被其处分的权利即告穷竭。《TRIPS协议》第6条规定了该原则，要求成员“在根据本协议进行争端解决时，符合第3条和第4条规定的前提下，不得借助本协议的任何条款去涉及知识产权用尽问题”。

知识产权的权利穷竭问题是引起争议较多的尚需进一步探讨的问题。各国知识产权法律对此规定差异较大，由于对知识产权的不同方面规定不同，世界贸易组织无意在此方面统一各国的规定，因此，《TRIPS协议》不允许成员在解决彼此间发生的知识产权争端时用本协议条款的肯定或否定权利穷竭问题。否则，成员间的知识产权冲突会更多。

---

① 郑思成著：《WTO知识产权协议逐条讲解》，中国方正出版社2001年版，第37页。

4．防止滥用权利原则

《TRIPS 协议》第 7 条规定了知识产权保护与权利行使目的在于推动技术革新和技术的传播与转让，有助于技术开发者与使用者的互利，有助于社会及经济的发展和实施权利与义务的平衡。为了实现这个目的，协议的成员可以：① 采取必要的措施以保护公众健康和发展的需要，以促进对其社会经济和技术发展至关重要的领域的公共利益，这些措施符合本协定的要求；② 以合适的措施防止知识产权的权利人滥用权利或凭借不正当竞争手段限制贸易等。

第二节　关于著作权保护的规定

一、《TRIPS 协议》与《伯尔尼公约》的关系

《TRIPS 协议》第 9 条要求各成员必须遵守《伯尔尼公约》1971 年文本第 1 条至第 21 条及附件的规定。但是，各成员根据《伯尔尼公约》第 6 条之二取得的权利及由此引申出的权利，依照该协议没有相应的权利和义务。可见，《TRIPS 协议》将《伯尔尼公约》的几乎所有实体条款移植进来，除了一项例外，那就是排除了《伯尔尼公约》对精神权利及其延伸权利的保护。此外，《TRIPS 协议》第 9 条还规定："版权保护应延伸到表达方式，但不包括思想、程序、操作方法或数学概念之类。"当然，这条规定只是澄清了版权的保护范围，而不是引进新的规则，因而不能解释为缩小了《伯尔尼公约》的版权范围。①

二、对计算机程序及数据库的保护

《TRIPS 协议》第 10 条第 1 款规定计算机程序必须作为《伯尔尼公约》1971 年文本中的文字作品来保护。但是，从时间上来推算，1971 年文本的《伯尔尼公约》中的"文字作品"不可能包含计算机程序。因为 1971 年在巴黎修订《伯尔尼公约》时，计算机程序还没有作为必要的产品在国际市场上出现。1972 年世界上第一部保护计算机程序的版权法才在菲律宾诞生。美国也是到了 1980 年才把计算机程序作为版权法的保护对象。但是，计算机程序的保护符合发达国家的利益，1971 年修订的《伯尔尼公约》也属于《TRIPS 协议》的重要组成部分。由此也就出现了上述不合常理的规定。

《TRIPS 协议》第 10 条第 2 款规定："数据库或者其他资料，无论是机器可读的或其他形式的，由于对内容的选取或编制构成了智力创作，因此必须加以保护"。协议对

① 孔祥俊著：《WTO 知识产权协定及其国内适用》，法律出版社 2002 年版，第 107 页。

数据库的保护标准与伯尔尼公约对汇编作品的保护标准基本相同，保护的理由均在于这些成果体现了制作者在选择和编排材料中付出的智力劳动，这种选择和编排并非是单纯的资料堆积。值得注意的是，对数据库的保护不应延伸至对数据或资料本身的保护，而且对整理后形成的数据库的保护不得损害数据或资料本身已有的版权。

三、对计算机程序和电影作品的出租权的保护

出租权是著作权中“发行权”的一种具体形式，与有形财产领域中的出租权必须区别开来。鉴于各国版权法对待出租权问题存在差异，《TRIPS 协议》要求其成员至少必须承认电影作品和计算机程序两种作品的出租权。依照协议中的相关规定，必须注意以下几方面内容：① 注意区别“电影作品”和“视听产品”。该出租权只是适用于电影作品；② 可出租的计算机程序及电影作品包括作品原件及复制件；③ 拥有出租权的只能是计算机程序及电影作品的作者或作者的合法继承人，不适用于这些作品的持有人；④ 对电影作品已提供充分有效版权保护的国家，可以不把出租权列入版权法之中；⑤ 如果计算机程序本身仅属于出租的对象之一，则不适用该出租权。

四、作品的保护期限

《TRIPS 协议》第 12 条规定：“除摄影作品或实用艺术作品外，如果作品的保护期不是按自然人有生之年计算，则保护期为经许可出版之年年底起不少于 50 年。如果作品创作后 50 年内没有出版，则从作品创作完成之年年底起开始计算，保护期为 50 年。”

五、版权保护中的权利限制与合理使用

《TRIPS 协议》与其他知识产权保护的国际公约和国内立法一样，在赋予知识产权所有权人及持有人权利的同时，对其权利及权利范围加以限制，并规定了合理使用的条件。但《TRIPS 协议》第 13 条仅做了原则性规定，各成员对专有权做出的任何限制或例外仅限于某些特殊情况，它与作品的正常利用不相冲突，也不得无理地损害权利持有人的合法权益。

六、邻接权的保护及权利限制

在《TRIPS 协议》签署以前，一些国家并不保护邻接权，并且各国对邻接权保护的水平差异较大。尽管关于邻接权保护存在《罗马公约》，但事实上，《TRIPS 协议》第 14 条并没有完全接受《罗马公约》有关邻接权保护的条款及原则，而在同一条关于邻接权权利限制中却接受了《罗马公约》的规定，允许成员国对广播组织权不加以保护。这种低于公约保护范围的情况与对计算机程序超出公约保护范围的情况形成了鲜明的对照。

1. 邻接权的内容

《TRIPS 协议》第 14 条分别规定了表演者、唱片制作者和广播组织的邻接权内容：

（1）表演者可以禁止下列未经其授权的行为：① 录制其未曾录制的表演并翻录这些录制品；② 以无线方式广播和向公众播出其现场表演。

（2）唱片制作者有权授权或禁止他人复制发行，并获得报酬。

（3）广播组织有权禁止未经其授权的下列行为：录制其广播、复制其广播作品、通过无线方式重播或广播、原样向公众播送电视广播。

（4）唱片制作者享有出租权。

2. 邻接权的保护期限

（1）唱片表演者和制作者权利保护期为录制或节目表演当年年底起算至少 50 年。

（2）对广播组织的权利，如果符合协定第 14 条第 3 款的规定，则保护期限为广播开始那年年底起算至少 20 年。

3. 对邻接权保护的权利限制、例外和保留

《TRIPS 协议》第 14 条第 6 款规定允许成员在《罗马公约》允许的范围内对有关邻接权提出保留、例外及限制。

第三节　关于专利和商标的保护

一、有关专利的保护

《TRIPS 协议》第 2 部分第 5 节对此作了规定，主要有以下几个方面内容。

（一）可授予专利的客体

世界各国立法对于可授予专利的客体的规定，存在两种不同的立法模式。一种是直接规定哪些智力成果不能授予专利，另一种是只规定符合那些条件的智力成果可以授予专利。《TRIPS 协议》则采取折中的方法，在第 27 条既规定了可以获得专利权的客体，同时指出获得专利的实质条件，又同时规定了不能获得专利权的情形。

1. 可获得专利权的客体及实质条件

根据《TRIPS 协议》规定，一切技术领域的任何发明，无论是产品发明还是方法发明，只要符合条件，都可以成为获得专利权的客体。这些发明获得专利的实质条件是：具有新颖性、创造性并且可以付诸工业应用。

对于“新颖性”，考虑到各国国内立法对其要求的差异，协议做出任何强制性的规定，而由各成员方依据各自的立法来确定。而“创造性”在协议的注释中被解释为

"非显而易见性"。各国在立法实践上对创造性的要求存在着差异，《TRIPS 协议》本身也没有对"非显而易见性"进行任何解释。所谓的"可付诸工业应用"，按照协议的解释，即人们常说的"实用性"。

2. 不能获得专利的情形

《TRIPS 协议》第 27 条第 2、3 款规定了不能获得专利的情形，包括：① 为维护公共秩序、社会公德，包括保护人类、动物或植物的生命或健康或避免对环境造成严重损害所必需；② 对人或动物的诊断、治疗和外科手术方法；③ 除微生物外的植物和动物，以及非生物和微生物方法之外的生产动物和植物的主要生物方法。但是，各成员应规定通过专利制度或有效的专门制度或通过相应的制度组合来保护植物新品种。

（二）专利权的内容

《TRIPS 协议》第 28 条规定了专利权的权利内容。

（1）如果专利的客体是产品，专利所有权人有权禁止第三方未经其许可而制造、使用、提供出售、销售该产品，或为这些目的而进口该产品。

（2）如果专利的客体是方法，专利所有权人有权禁止第三方未经其许可而使用该方法，以及从事使用、提供销售、销售或为这些目的而进口至少是依该方法直接获得产品的行为。

（3）除了上述专利所有权人的独占权外，专利所有权人应有权转让或以继承方式转移其专利并订立许可合同。

（三）对专利申请人的要求

《TRIPS 协议》第 29 条规定成员应要求专利申请人以足够清楚与完整的方式披露其发明，以使同一领域的技术人员能够实施该发明，并可要求指明在申请日或在优先权日（如提出优先权要求）该发明的发明人所知的最佳实施方案；成员可要求专利申请人提供其相应的外国申请及批准情况的信息。

（四）所授予权利的例外及强制许可使用问题

任何国家或地区的知识产权立法都不可能给予权利人无约束的权利，都会对权利的使用规定一定的限制或例外情形。知识产权协议也不例外。

1. 权利限制的一般要求

《TRIPS 协议》第 30 条规定各成员可对授予的专利权规定有限的例外，但必须满足以下条件：① 此类例外不会对专利的正常利用产生不合理冲突；② 不会不合理地损害专利所有权人的合法权益；③ 同时顾及第三方的合法权益。

2. 强制许可使用及其要求

《TRIPS 协议》第 31 条是关于“未经权利人许可的其他使用”的规定。这是一条关于强制许可使用的规定[①]。强制许可使用必须遵守以下规定：

（1）这种使用只能根据个案考虑。

（2）使用前，拟使用人按合理的商业条款或条件已经努力争取获取权利人的许可，但在合理的期限内该努力没有成功，才可以允许这种使用。但是，如果在全国处于紧急状态或其他极端紧急的情况下，可豁免本项要求，但应尽快通知权利人。

（3）半导体技术专利，只能进行非商业的公共使用，或作为合法反竞争行为的救济。

（4）这种使用应当是非专有使用。

（5）这种使用不得转让，除非与使用的企业或企业的商誉一道转让。

（6）这种使用的授权均应主要是满足授权成员的国内市场需求。

（7）一旦使用授权的条件消失并且不会再发生，则应终止该使用授权。

（8）应向权利人支付合理的补偿。

（9）使用授权决定的合法性以及支付补偿的决定均应当接受司法审查或接受上级主管机关的独立审查。

（10）出于司法或行政程序下对限制竞争行为的救济而采用这种使用时，不必满足上述的第（2）及第（6）项所涉及的条件或要求。补偿数额可考虑纠正限制竞争行为的需要而定。如导致授权的条件再次出现，则主管机关有权拒绝终止该授权。

（11）如果这种使用是为了利用在后专利，而该专利若不侵犯在前专利即无法利用，则应当符合下列条件：一是在后专利与在前专利相比，应具有相当经济意义的重大技术进步；二是在前专利所有人有权按合理条件取得在后专利的交叉使用许可；三是除非与在后专利一并转让，否则，在前专利的使用不得转让。

（五）专利权的保护期限

根据《TRIPS 协议》第 33 条，专利保护期应不少于自提交申请日之日起的 20 年年终。《TRIPS 协议》第 33 条的注释同时说明，对于没有原始批准制度成员，保护期应自原始批准制度的提交申请之日起算。协议的规定虽然简单，但却曾经出过理解上的重大失误。有的中文译本曾经把“提交申请日”翻译成“申请日”。但是，两者在有些情况

① 尽管协议中没有采用《巴黎公约》第 5 条“强制许可”措词，但我国大多数学者在专著中均认为《TRIPS 协议》第 31 条的规定属于强制许可的规定。参见：孔祥俊著：《WTO 知识产权协定及其国内适用》，法律出版社 2002 年版，第 254 页；郑成思著：《WTO 知识产权协议逐条讲解》，中国方正出版社 2001 年版，第 116 页；张汉林、黄玮编著：《智慧财产的卫士——知识产权国际保护的比较研究》，中国经济出版社 1997 年版，第 192 页；王新奎、刘光溪主编：《WTO 与知识产权争端》，上海人民出版社 2001 年版，第 155 页。

下并不一致。[①]

（六）获得产品的方法在专利侵权中的举证责任

（1）在有关侵犯专利权的民事诉讼中，如果专利的内容是获得产品的方法，司法机关应有权责令被告证明其获得相同产品的方法不同于该专利方法。所以，在下列情况中，如无相反证据，未经专利所有人许可而制造的任何相同产品，均应视为使用该专利方法而获得：① 如果使用该专利方法而获得的产品是新产品；② 如果该相同产品极似使用该专利方法所制造，而专利所有人经合理努力仍未能确定其所使用的方法。

（2）只有满足上述①或②规定之条件，被指控为侵权人的一方，才应承担上述规定所说的举证责任。

（3）在引用相反证据时，应顾及被告保护其制造秘密及商业秘密的合法利益。

（七）无效与撤销程序的司法审查

由于各成员方的专利立法及司法制度存在较大的差异，《TRIPS 协议》对专利的无效与撤销程序规定了最起码的要求，即任何一项专利的无效和撤销的决定都应提交司法审查。这对保障有关权利人的权利起到积极的作用。

二、有关商标的保护

《TRIPS 协议》第二部分从第 15 条到第 21 条规定了有关商标保护问题。

（一）可保护的客体

任何标记或标记的组合，只要能够将一企业的货物和服务区别于其他企业的货物或服务，即能构成商标。此类标记，尤其是单词，包括人名、字母、数字、图案的成分和颜色的组合以及任何此类标记得组合，均应能作为商标获得注册。即使有些标记本身没有显著性，不能区分有关商品和服务，各成员也可以根据其通过使用而获得的显著性确定是否给予注册。各成员可以将“视觉上可感知”作为注册的条件。此外，各成员可以以其他理由来拒绝商标的注册，只要其行为符合《巴黎公约》1967 年文本的规定；协议还规定，不应把商标的实际使用作为申请注册的条件。

（二）商标所有人的权利范围及权利限制

《TRIPS 协议》第 16 条第 1 款规定：“商标所有人应享有专有权，以阻止所有第三方未经该所有人同意，在贸易过程中使用与已注册商标的货物或服务相同或近似的标记

① 郑成思著：《WTO 知识产权协议逐条讲解》，中国方正出版社 2001 年版，第 120 页。

去标示相同或类似的货物或服务，以导致混淆的可能性。”这款规定强调了商标所有人所享有的禁止权。在赋予权利的同时，《TRIPS 协议》也对商标所有人的权利进行了限制，规定商标所有人在行使权利的时候“不得损害任何现有的优先权，也不得影响各成员以使用为基础提供权利的可能性”。

（三）对驰名商标的保护

鉴于《巴黎公约》第 6 条之 2 有关驰名商标的保护只适用于商品，《TRIPS 协议》第 16 条第 2 款规定，这些保护规定在原则上也适用于驰名的服务商标，各成员在确定一商标是否驰名时，应考虑相关部门公众对该商标的了解程度，包括在该成员中因促销该商标而获得的了解程度。

《TRIPS 协议》第 16 条第 3 款规定，将驰名商标保护的适用范围扩大到不相类似的货物或服务，其条件是：所使用的商标可暗示其货物或服务与驰名注册商标所有权人之间存在联系，且此类使用有可能损害该驰名商标所有权人的利益。

（四）商标权的例外规定

《TRIPS 协议》第 17 条规定各成员方“可以”（may）对授予商标权利规定有限的例外，只要这种规定考虑到了商标所有权人与第三方的合法利益即可。就是说，《TRIPS 协议》并没有要求成员方必须（shall）对商标权利作出限定。即使要限定，也应当在“有限”的范围上作出。

（五）商标的保护期限

《TRIPS 协议》第 18 条规定：“商标的首次注册及其续展的期限均不少于 7 年。商标的注册应可以无限续展。”商标权的保护期限与版权、专利权不同。版权与专利权的保护期是法定的有效期限，期限届满后相关作品和发明即不再受保护而进入公共领域，任何人均可免费使用而不构成侵权。然而，商标的保护期限在事实上是可以做到无限的，因为它可以无限地续展。当然，在每次的续展中，必须符合成员方的有关要求。

（六）商标使用要求

《TRIPS 协议》第 19 条规定，如维持注册需要“使用商标”作为条件，则只有在至少连续 3 年不使用后方可注销注册。但是，如果商标所有权人能说明其不使用是存在正当理由的，则不能注销其注册。这里所说的“正当理由”应当是指不可抗力、政府的禁令、政府的其他要求三者其一。而在受商标所有权人控制的前提下，另一个人对该商标的使用应被视为为维持注册而使用该商标。

《TRIPS 协议》中既肯定“使用”对确认商标权的作用，又否定了以“使用”作为驳回注册申请的条件，也是欧共体及其他一些国家与美国的关贸谈判代表长期争论的调和产物。[①]

此外，《TRIPS 协议》第 20 条还规定商标在贸易中的使用问题，不合理的“特殊要求”不能够对商标的使用构成阻碍。这种“特殊要求”主要指：① 与其他商标共同使用；② 以特殊形式使用；③ 以不利于该商标将一企业的商品或服务与其他的企业的商品或服务相区别的方法使用。

（七）商标的许可与转让

根据《TRIPS 协议》第 21 条的要求，成员方可以对商标的许可使用和转让依国内立法自行确定条件。但是这个条件不包括采用商标强制许可制度；同时，在商标转让中商标所有权人有权连同或不连同商标所属经营一起转让。

第四节　关于其他知识产权的保护

一、对地理标志的保护

根据《TRIPS 协议》第 22 条，地理标志是指识别一货物来源于一成员领土或该领土内的一地区或地方的标志，该货物的特定质量、声誉或其他特性主要归因于其地理来源。

《TRIPS 协议》要求成员对此承担主要两个方面的义务：① 如一个商标包含的或构成该商标的地理标志中所标明的领土并非货物来源地，且误导公众忽略认明真正来源地的，商标行政主管部门可依职权或利害关系方的请求，拒绝该商标注册或宣布注册无效。② 各成员应向利害关系方提供法律手段防止以下行为：一是不论以任何手段在商品的称谓或表达上标明或暗示有关商品来源于非真正来源地，并使公众对该商品来源产生误认的行为；二是依照《巴黎公约》1967 年文本第 10 条之 2 的规定，构成不正当竞争的行为；三是虽然地理标志逐字真实指明商品的来源地域、地区或地方，但仍误导公众以为该商品来源于另一地域的行为。

保护地理标志主要是为了反对假冒和不正当竞争行为，而这些问题最容易发生在酒类，同时，酒类的地理标志的保护涉及欧盟等发达国家的重大利益，所以，协议第 23 条还专门规定了对酒类地理标志的额外保护规则。

《TRIPS 协议》第 24 条则对地理标志的保护规定了一些例外，如在先使用与善意使

---

① 郑成思著：《WTO 知识产权协议逐条讲解》，中国方正出版社 2001 年版，第 82 页。

用的例外、商标的善意注册权例外、通常用语例外、名称权例外等。

二、对工业品外观设计的保护

《TRIPS 协议》对工业品外观设计的保护规定体现在第 2 部分第 4 节。

《TRIPS 协议》对所保护的外观设计，要求其是独立创作、具有新颖性或原创性。各成员可以规定工业品外观设计的保护不得延及主要由技术因素或功能因素构成的设计，也就是说，成员没有义务将前述保护延伸到由技术因素或功能因素构成的外观设计。协议强调了对纺织品外观设计的保护要求，各成员可以选择以版权法或外观设计法保护外观设计，但要特别保证，对纺织品本身关于对成本、检验或公布方面的要求，不至于不合理地损害外观设计取得保护的机会。

工业品外观设计的权利内容和范围，包括阻止第三方未经许可为商业目的的生产、销售或进口载有或所含受保护设计的复制品或实质性复制品的物品。

《TRIPS 协议》对工业品外观设计的保护也允许一些例外，只要此类例外不会与受保护的工业设计的正常利用发生不合理的冲突，也不会不合理地损害受保护工业设计所有权人的合法利益，同时考虑第三方的合法权益。

外观设计的保护期不少于 10 年。

三、对集成电路布图设计的保护

《TRIPS 协议》要求各成员必须依照《集成电路知识产权条约》第 2 至 7 条（第 6 条第 3 款除外）、第 12 条和第 16 条第 3 款，为集成电路布图设计提供保护。

《TRIPS 协议》第 36 条规定，如从事下列行为未经权利持有人授权，则视为非法：为商业目的进口、销售或以其他方式发行受保护的布图设计、含有受保护的布图设计的集成电路或含有此种集成电路的物品（仅以该物品持续包含非法复制的布图设计为限）。《TRIPS 协议》只是规定了进口权、销售权、发行权，没有直接规定“复制权”。这体现出“与贸易有关的”知识产权特色——它强调的是权利人在贸易活动中的专有权。①

《TRIPS 协议》还规定了对第 36 条的权利限制：① 做出第 36 条所指的与含有非法复制的布图设计的集成电路或包含此种集成电路的物品有关的行为的，如果行为人在获得该集成电路的物品时，不知道且无合理的根据知道其中包含此种非法复制的布图设计，则不得认为其行为是非法的。即使得到明确通知后，也不负停止侵权等民事责任。但应按照自愿交易达成的许可协议标准支付应付的合理使用费。②《TRIPS 协议》第 31

---

① 郑成思著：《WTO 知识产权协议逐条讲解》，中国方正出版社 2001 年版，第 126 页。

条①至⑩项规定的条件，[①] 应适用于集成电路布图设计的任何非自愿许可或未经权利人授权的政府使用的或为政府而使用的活动。

对于集成电路布图设计的保护期，《TRIPS 协议》根据不同成员的情况加以规定：① 在以注册作为保护条件的成员中，从提出注册申请之日起或从世界任何地方首次进行商业利用之日起，保护期不得少于 10 年；② 在不以注册为条件的成员中，从在世界任何地方首次进行商业利用之日起，保护期不得少于 10 年；③ 成员均可规定保护期为布图设计创作完成之日起 15 年。

四、对未披露信息的保护

《TRIPS 协议》对未被披露信息的明文规定，这是国际公约上的第一次；该协议并未使用商业秘密一词，但迄今为止，用于表示此种信息的术语通常是"商业秘密"。可以说，《TRIPS 协议》第 39 条规定的未披露信息就是商业秘密。[②] 根据《TRIPS 协议》第 39 条第 2 款，未披露信息应当具有三个条件：一是秘密性，通常不为从事该信息领域工作的人所普遍了解或容易获得；二是具有商业价值；三是合法控制信息之主体为保密已采取合理措施。

《TRIPS 协议》要求各成员在确保《巴黎公约》1967 年文本规定的反不正当竞争的有效保护过程中，对未披露信息给予保护。成员应当做到：

（1）依照《TRIPS 协议》第 39 条第 2 款保护商业秘密，使自然人和法人能够防止他人未经同意以违背诚实商业行为方式，披露、获得或使用其合法控制的信息。这里所说的违背诚实商业行为方式，应该包括违约、违法信任或诱使他人违反信任等行为。

（2）依照《TRIPS 协议》第 39 条第 3 款保护向政府或政府机构提交的数据。所提交的这种数据被作为批准采用新化学成分的药品或农用化工产品上市的条件，如果此种数据的原创活动蕴涵了相当大的努力的话，那么，对该数据应当予以保护。但是，为保护公众利益或已采取措施保证该数据不被用在不正当的商业使用中的情形，排除在受保护之例。

---

① 《TRIPS 协议》第 31 条①至⑩项规定的是专利强制许可使用的条件，也可参见本章第 4 节的相关内容。

② 孔祥俊著：《WTO 知识产权协定及其国内适用》，法律出版社 2002 年版，第 285 页。

第三十四章　其他重要的国际公约

第一节　《专利合作条约》

一、《专利合作条约》概况

《专利合作条约》（简称为PCT）是继《保护工业产权巴黎公约》（简称《巴黎公约》）之后专利领域的最重要的国际条约，是国际专利制度发展史上的又一个里程碑。为了进一步加强专利的国际合作，该条约于1970年6月19日由35个国家在华盛顿签订，该条约是在《巴黎公约》原则指导下的有关统一国际专利申请的重要的专门性公约，旨在建立统一的专利申请、检索及审查的标准和程序，以避免和减少各成员国之间对发明的重复审查。

《专利合作条约》于1978年1月生效，根据该条约成立了“国际专利合作联盟”，该联盟从1978年6月1日起正式受理国际专利申请，对专利申请的提出、检索和审查提供特殊的技术服务和合作。该条约曾于1979年修正，于1984年和2001年两次修订。我国于1994年1月1日加入该条约。截至2013年5月14日，该公约共有成员国146个，① 覆盖了实行专利制度的大部分国家。该条约由总部设在日内瓦的世界知识产权组织管辖。

同时，1970年6月19日也在华盛顿签署了《专利合作条约实施细则》，对《专利合作条约》做了进一步的解释和具体说明；该实施细则于1993年9月29日进行了修改，修订后的实施细则于1994年1月1日生效。

我国是1994年1月1日正式成为《专利合作条约》成员国的，按照条约规定，一个国家在加入条约的同时，这个国家的专利局自动成为受理局。条约还规定了成为国际检索单位和国际初步审查单位的条件，一个国家的专利局必须符合条件并经条约联盟大会指定才能作为国际检索和国际初步审查单位。目前，中国专利局已成为PCT的受理局、国际检索的国际审查单位，中文成为PCT的工作语言。我国加入PCT，加速了我国知识产权制度与国际接轨，标志着我国知识产权制度向国际标准迈出了重要的一步，对我国专利制度不断完善和发展，对深化改革、扩大开放，发展与各国间的科技、经济

① 参见WTO网站：http：//www. wipo. int/treaties/en/ShowResults. jsp？lang = en&treaty - id = 6，访问时间2013年5月14日。

贸易往来将产生积极的影响。

二、《专利合作条约》的主要内容

《专利合作条约》的主要程序分别规定在条约第一章和第二章，每一章分为国际阶段和国内阶段两个阶段。第一章规定的国际阶段是每一个国际申请的必经程序，包括国际申请的提出、国际检索和国际公布。第二章规定的国际阶段主要是国际初步审查，不是必经程序。申请人在第一章完成国际阶段以后可以选择进入指定国的国内阶段，也可以选择利用第二章，要求对其国际申请进行初步审查后再进入选定国的国内阶段。

（一）《专利合作条约》第一章内容

1. 国际阶段

（1）国际申请程序。缔约国的任何居民和国民均可按照条约的规定提出国际申请，非条约缔约国的任何一个《巴黎公约》缔约国的居民或国民提出国际申请，需经大会决定。国际申请由申请人选择，向其作为居民的缔约国专利局提交，或者向其作为国民的缔约国专利局提交，或者向国际局提交。按照条约和其实施细则的规定，国际申请应包括请求书、说明书、一项或几项权利要求、一幅或几幅附图（需要时）和摘要。而且国际申请可以按细则的规定包含一项声明，要求在《保护工业产权巴黎公约》缔约国提出或对该缔约国有效的一项或几项在先申请的优先权。受理局应按条约和实施细则的规定对国际申请进行检查和处理，对于符合规定条件的国际申请授予国际申请日。被授予国际申请日的国际申请，在每个指定国内自国际申请日起具有正规的国家申请的效力。国际申请日应认为是在每一指定国的实际申请日。

（2）国际检索程序。每一国际申请都应经过国际检索，国际检索的目的是发现有关的现有技术，以便判定申请主题是否具有新颖性、创造性和工业实用性。国际检索由国际检索单位担任。目前的国际检索单位（ISA）有澳大利亚知识产权局、奥地利专利局、中国国家知识产权局、日本特许厅、韩国知识产权局、俄罗斯联邦工业产权局、西班牙专利商标局、瑞典专利与注册局、美国专利商标局和欧洲专利局。[1] 国际检索单位收到国际专利申请后，应负责对该申请进行检索，以发现影响专利申请新颖性的有关先行技术。国际检索单位经过检索后，要作出不表示意见和评价的国际检索报告。报告作出后，检索单位应尽快将报告分送给申请人和世界知识产权组织国际局。被指定国的专利局，还可以对国际申请进行补充性检索，以审查专利的新颖性。申请人在看了国际检索报告以后，可以作出选择：是撤回申请，还是继续申请。如果是撤回申请，申请人应

① 国家知识产权局：《专利合作条约国际检索单位和国际初审单位》，见网站：http：//www. sipo. gov. cn/dtxx/gw/2001/200804/t20080401 -350431. html，访问日期：2013 年5 月5 日。

当尽快通知国际局。如果撤回的通知能在国际局完成公布的技术准备以前到达该局，就可以阻止该申请的公布。如果是继续申请，申请人认为有必要时，可以向国际局提交对权利要求书的修改。

（3）国际公布程序。国际申请自优先权日起满18个月时，由国际局立即公布。申请人也可以要求国际局提前公布国际申请。国际公布是将申请的全文以小册子形式全文公布。如果国际申请是以条约规定的工作语言（中、英、法、德、日、俄和西班牙文）撰写的，即以其提出时使用的文字公布，否则应以英文译文公布。

国际公布在指定国的效力，原则上应与指定国的本国法对未经审查的国内申请在国内依法公布所规定的效力相同。但如国际公布所用的文字和在指定国按本国法公布所用的文字不同，则从本国文字译本公布日起产生上述效力。

2. 国内阶段

申请人从国际检索单位得到检索报告经过3个月左右时间的考虑后，如果决定进入指定国的国内阶段，他应当在自优先权日起第20个月届满之前，向他希望得到保护的指定国提供国际申请的译文，并缴纳国家费用。如果在国际阶段对国际申请作过修改，译文应包括修改部分的内容。如果对有的指定国没有按期提供国际申请的译文和缴纳费用，那么对该指定国而言，国际申请已经被视为撤回。以后，各指定国参照国际检索报告，适用其本国法律对国际申请进行处理。

（二）《专利合作条约》第二章内容

国际专利申请人在收到国际检索报告后，可自行决定是否要进入国际初步审查阶段。

1. 国际阶段

如果申请人在接到对其申请的国际检索报告并进行研究后，希望有更多的时间更好地评估他的发明的价值，更好地评估获得专利保护的机会时，或者希望其申请在注册制国家处于更好的状态或者在审查制国家增加成功的机会时，申请人可以选择要求对其申请进行国际初步审查，而在国际公布后不立即进入指定国国内阶段。

国际初步审查，是依据申请人的请求对发明的新颖性、创造性和工业实用性进行审查的实质阶段。此阶段审查的意义在于便于申请人了解自己的申请案是否有专利性，以便对是否提出申请译文，是否坚持申请国际专利作出最后决定。目前的国际初审单位（IPEA）有澳大利亚知识产权局、奥地利专利局、中国国家知识产权局、日本特许厅、韩国知识产权局、俄罗斯联邦工业产权局、西班牙专利商标局、瑞典专利与注册局、美国专利商标局和欧洲专利局。[①] 国际初步审查单位在收到审查要求之后，即对其是否符合规定的形式，是否付清费用进行审查。初审开始前，申请人还有一次修正其国际申请的机会，但该修改不得超出申请提出时的发明证明书的范围。国际初步审查一般在国际初步审查单位从国际局收到申请人修正后的申请或放弃修正通知书后开始。国际初步审查报告应在审查后的 6 ～8 个月内制定。该审查结果对于被指定国的专利审查无拘束力，是否授予其专利权，最终由被指定国的专利局决定。国际初步审查通过后，国际初步审查单位就要将申请的原件和国际初步审查报告送交国际局，国际局再通知各被指定国告知他们已被选定，由国际局和申请人将其译文送交指定局，由指定局对合作专利依照本国专利法进行审查，最后做出是否授予专利权的最终决定。

2. 国内阶段

如果申请人决定进入选定国的国内阶段，他应当在自优先权日起第 30 个月届满之前向每一选定国专利局提供国际申请的译文，并缴纳国家费用。如果在国际阶段已经对国际申请作过修改，那么，译文应包括修改的内容。以后，选定国专利局将根据其本国法对国际申请进行处理。

三、《专利合作条约》的优点

如前所述，《专利合作条约》是在《巴黎公约》原则指导下订立的有关统一国际专利申请的重要的专门性公约。《专利合作条约》又有自己明显的优点，主要表现在：

（一）对专利申请人的好处

（1）申请人如果想在若干成员国申请专利，只需要向受理局（一般是本国专利局）提交一份专利申请，指定所要申请的国家即可，无需向各国逐一提交申请。

（2）申请人可以根据《专利合作条约》国际检索和初步审查单位提供的检索报告和初步审查报告，在国际申请的优先权日起 20 个月或 30 个月内，最后决定是否进入国内审批程序，可以免去许多风险，从而可以节省大量精力和费用。

（二）对各国专利局的好处

国际申请进入各国的国内阶段时，各国专利局已收到国际检索报告，有的还有国际初步审查报告，这就大大地减少了各国专利局进行检索和审查的工作量，从而可以提高工作效率，避免重复劳动。至于没有技术力量进行检索或者审查的国家，则可以依赖国际检索单位的检索结果进行审查，或者依赖国际初步审查单位的审查结果决定是否授予

---

① 国家知识产权局：《专利合作条约国际检索单位和国际初审单位》，见网站：http：//www. sipo. gov. cn/dtxx/gw/2001/200804/t20080401 - 350431. html，访问日期：2013 年 5 月 5 日。

专利权。

总之，《专利合作条约》对于希望在几个国家就同一发明得到专利保护的申请人提供了许多便利之处。而且，条约还规定了统一检索、统一审查，避免了各国专利局的许多重复劳动。因此，条约的订立和不断完善大大促进了专利制度的国际化进程的发展。

第二节　《商标国际注册马德里协定》

一、商标国际注册马德里体系

商标国际注册马德里体系（简称马德里体系）是一个商标国际注册体系，它受两个条约约束：1891 年签订的《商标国际注册马德里协定》（简称《马德里协定》）和 1989 年通过的《商标国际注册马德里协定有关议定书》（简称《马德里协定有关议定书》）。后者的订立是为了使马德里体系更加灵活，更能适应某些未能加入《马德里协定》的国家的国内立法。另外，《马德里协定有关议定书》对实行区域性商标注册体系的政府间组织成员敞开大门。这两个条约并行、独立却得以共同操作，其共同实施细则于 1996 年生效。

两条约的目标是为商标所有人简化行政程序，使其能在最短时间内以最低成本在所需国家里获得商标保护。

（一）马德里体系的主要特点

（1）自注册日起，国际注册具有同申请人在每一个被指定国家进行通常国内申请的同等效力。除非此商标的保护要求在被指定国家内被依照其国内法律于规定时限里被驳回，否则，此国际注册等同于在被指定国家的国内注册。

一般认为，马德里体系是一个程序体系，至于商标保护的实质性要求方面，马德里体系并不影响国内法律的适用。

（2）马德里体系下的国际注册可被视作多个国内注册，因为它同时可在多个国家内产生效力。因此，国际注册的后期管理任务，如对每一相关指定国家的续展、转让等，将通过世界知识产权组织（WIPO）国际局的单一简单操作而得以大大简化。

由此可见，马德里体系是一个“封闭的体系”。这意味着它只能在成员国中间使用。换言之，保护只能在体系成员国中间获得，而且，只能通过在其中一个国家营业或因是其国民的商标所有人获得。

（二）马德里体系的成员资格

只要愿意，任何《巴黎公约》的成员国既可以加入《马德里协定》或《马德里协定有关议定书》，也可两者都加入，对此，《马德里协定》和《马德里协定有关议定书》的第 14 条作了详尽的规定。另外，政府间组织在满足某些条件的前提下可加入议定书（但不能加入协定）。但是，到目前为止，还没有这样的组织加入马德里体系。

《马德里协定》和《马德里协定有关议定书》的成员国组成了一个联盟，名为马德里联盟，这是一个按照《巴黎公约》第 19 条规定组成的特别联盟。马德里联盟的每个成员都是马德里联盟大会的成员。大会有两个最重要的任务：① 通过联盟的计划和预算；② 通过并修改实施细则，包括确定马德里体系的相关费用。

马德里体系由世界知识产权组织（WIPO）国际局进行管理，国际局也是马德里联盟的秘书处。

二、《马德里协定》概况

法国、比利时、西班牙、瑞士、突尼斯等在当时已经实行商标注册制度的国家发起，1891 年 4 月 10 日在马德里缔结了一个《马德里协定》。该协定在 1892 年 7 月生效，生效以来经过了六次修订，产生出 1900 年布鲁塞尔文本、1911 年华盛顿文本、1925 年海牙文本、1934 年伦敦文本、1957 年尼斯文本、1967 年斯德哥尔摩文本、1979 年又对协定作过少许修改。截至 2013 年 4 月 15 日，该协定共有成员国 89 个。[①]

我国于 1989 年 7 月 14 日交存加入书，同年 10 月 4 日成为《马德里协定》的正式成员国。我国的加入书同时做了如下声明：① 关于第 3 条之 2，指出“通过国际注册取得的保护，只有经商标所有人专门申请时，才能扩大到中国；” ② 关于第 14 条第 2 款第 4 项，指出“本议定书仅适用于中国加入生效后之注册商标。但以前在中国已经取得与前述商标相同且仍有效的国内注册，经有关当事人请求即可承认为国际商标的，不在此列”。

《马德里协定》的主要内容有如下几个方面：

（一）商标国际注册的程序

按照《马德里协定》的规定，缔约国的任何申请人，在其所属国办理了某一商标注册后，对该商标就可以向世界知识产权组织的国际局申请国际注册。国际局收到申请即予以公告，并通知申请人要求给予保护的各缔约国。被要求保护的缔约国接到国际局的通知后，有权在一年内对是否给予保护作出决定。如果在一年的期限内不向国际局提出驳回在该国注册的声明，即视为该国核准注册。《马德里协定》还规定，商标国际注册的申请人，必须先在所属国注册，然后由所属国注册当局向知识产权组织的国际局提

① 见 WIPO 网站：http：//www. wipo. int/treaties/en/ShowResults. jsp？lang = en&treaty – id = 8，访问时间 2013 年 5 月 14 日。

出国际注册的申请。本文所提及的所属国，是指申请人作为其国民的特别同盟国，或者在其领土内置有真实有效的工商营业所或有住所的特别同盟国。凡具有上述条件之一，该特别同盟国就是申请人的所属国。

办理商标国际注册，就申请人而言有两大优点：① 有利于简化手续。申请人只需要办理一次注册手续，而不必一个一个地分别向被要求保护的所有缔约国办理申请商标注册的手续；② 有利于节省费用。申请人只需用一种文字（法文）提出申请，也只需付一次费用，而不必用几种文字分别向有关缔约国申请，并分别交付费用。

（二）申请国际注册的内容

每一个国际注册申请必须按照细则规定的格式提出，申请人所属国的注册当局应证明申请中的具体项目与本国注册簿中具体项目相符合；申请人要求将颜色作为商标的一个显著特征时，必须说明实际情况，并随同申请书提出说明要求的颜色或颜色组合的通知书，加交所述商标的色彩图标。

（三）国际注册的效力

申请人的商标从国际局注册生效之日开始，即在未予驳回的有关缔约国发生效力，得到其承认和保护，正如该商标直接在那里获准注册一样。办理国际注册每件商标，都享有《保护工业产权巴黎公约》所规定的优先权。商标所有人的商标如果先在一个或更多的缔约国获准注册，后来又以同一所有人或其权利继承人的名义申请国际注册，则该国际注册应视为已代替原先国家的注册，但不得损害该所有人或其权利继承人基于原先的注册所获得的权利。

（四）缔约国的拒绝保护

到取得国际注册为止，申请人还没有得到实际权利，只享有潜在权利，这是因为：① 国际注册对申请人在本国已取得的权利不发生任何影响。② 更重要的是，国际局把国际注册公布并通知申请人所指定的请求保护的国家后，各个指定国有权在一年之内，根据本国法律的规定，向国际局声明拒绝保护该商标。只有当指定国于一年内未作出拒绝保护的声明时，国际注册才转变为指定国的国内注册，从而使商标专用权在该国生效。但是，一旦某个指定国承认了国际注册的效力，那就不管该国的法律所规定的商标注册有效期为多长，该国也必须遵守《马德里协定》的统一规定，为有关商标提供20年保护期，并可以不限次数办理续展。

对于比利时、荷兰和卢森堡已获国际注册的商标，国际局在公报上公布后，即通知比利时、荷兰、卢森堡的商标局。比利时、荷兰、卢森堡的商标局都可以在一年期限内声明，在其领土上不保护该项商标，但需说明拒绝保护的理由。这里的“理由”，同

《巴黎公约》第6条之五A（1）的规定应该是一致的。

（五）对原属国注册的依存

《马德里协定》第6条第2～4款规定，自国际注册之日起满5年后，该项注册同原属国对同一商标的国家注册即互相独立。换言之，在从国际注册之日起5年以内，该项注册与原属国的国家注册还存在着依存关系。在此期间，如在原属国注册的商标不再受法律保护，如因撤回、放弃、驳回、撤销、宣告失效等而失效，则该商标在受国际注册保护的一切国家也丧失保护。自国际注册之日起已满5年的，国际注册即不再依存于原属国的注册，而取得了完全独立。

（六）国际注册的有效期

经国际局注册的商标其有效期为20年，期满可以请求续展，续展期也为20年。续展期的期限自上一次期限届满时起算。有效期届满前6个月，国际局应发送非正式通知，提醒商标所有人或其代理人注意确切的届满日期。对国际注册的续展，可给予6个月的宽限期，但要按细则的规定交纳罚款。

三、《马德里协定有关议定书》概况

《马德里协定有关议定书》是在《马德里协定》基础上发展而来的，于1989年6月27日在世界知识产权组织的主持下，在西班牙首都马德里签订的，于1996年4月1日生效。《马德里协定有关议定书》在申请条件、审查周期、工作语言、收费标准和收费方式、保护期限以及国际注册与基础注册的关系等方面都作了重要修改。其目的是为了使那些对国际注册体系感兴趣，但因国内法律等问题难以加入《马德里协定》的国家能够参与这一商标国际注册体系。我国于1995年12月1日加入了《马德里协定有关议定书》。

《马德里协定有关议定书》是在《马德里协定》基础上制定的，它除保留了《马德里协定》主要优点外，还具有以下主要特点：

（一）申请商标国际注册的条件

《马德里协定》规定，申请国际注册的商标必须是在其国内已经注册的商标，在国内未经商标主管部门核准注册的商标，申请人不得将其申请国际注册。而《马德里协定有关议定书》则规定，申请人不但可以以其商标在原属国的注册为依据，而且可以以其向商标主管部门递交的国家注册申请为依据，提出国际注册申请。这对于像我国这样进行实质审查的国家的商标申请人来说，是十分有利的，不仅给商标申请人争取了申请商标国际注册的时间，而且可以使申请人享受《保护工业产权巴黎公约》规定的6

个月的优先权，有助于申请人的商标权益在国外市场上能尽早获得保护。

（二）商标专用权的确立

《马德里协定》规定，某一商标自国际注册之日起5年期满前，若该商标在国内因某种原因被撤销，其国际注册也要被撤销。而《马德里协定有关议定书》在基本保留这一原则的同时作了一些修改，即该商标在国内注册被撤销，其国际注册也将被撤销。但在该商标国际注册被撤销之日起3个月内，可以将该商标转换为有关国家的注册申请，并保留原国际注册日为该商标的申请日，如该商标原享有优先权日，则仍享有该商标的优先权日。根据这一程序，商标申请人可在其商标被本国商标主管部门核驳或者被撤销时，仍可继续在有关国家谋求其商标权利，且不会丧失其商标较早的申请日期。这使得商标申请人的商标权利的确立与保护较《马德里协定》更为公平、合理。

（三）商标审查期限

《马德里协定》规定，商标国际注册领土延伸时，有关国家商标主管机关有权驳回的期限为1年，即实际审查时间为12个月。而《马德里协定有关议定书》则规定，各缔约国如需要，可将有权驳回时限延长至18个月。这在一定程度上缓解了与某些国家国内法在驳回时限和工作量等方面的矛盾。

核驳期限的延长，事实上并未改变商标国际注册“省时”的优点。首先这核驳期限的延长并没有改变商标国际注册领土延伸所需时间和到某国获得保护的时间。其次，《马德里协定有关议定书》规定，申请商标国际注册领土延伸的基础是相同商标的注册申请，而不是在国内获得有效注册。就我国而言，如手续齐备，商标国际注册申请可在数天内完成，所需时间要比《马德里协定》短得多。

（四）工作语言

《马德里协定》规定其工作语言仅为法语，而《马德里协定有关议定书》的工作语言又增加了英语，各成员国商标主管部门可以在法语和英语之间进行选择，这给各成员国商标主管部门和商标申请人带来了极大方便。这将吸引更多的《马德里协定》成员国和非《马德里协定》成员国或国际组织的加入，为国际注册体系提供了比《马德里协定》范围更广的发挥作用的天地。

（五）成员资格

《马德里协定》规定，只有《保护工业产权巴黎公约》的成员国才有资格加入，而《马德里协定有关议定书》则规定，除《保护工业产权巴黎公约》的成员国外，政府间组织也可以加入。如欧洲共同体就可以加入。

（六）收费标准和方式

《马德里协定有关议定书》规定，对商标的附加注册费和补充注册费，允许各成员国收取“单独规费”，而不必完全按照马德里联盟大会规定的固定收费标准由国际局统一收取，从而可以缓解部分成员国在办理商标注册中与其国内收费标准不一致的矛盾；从另一个角度看，收费由各缔约国自行规定，收费就比较高，申请人也就不会随便轻易指定许多延伸国，造成不必要的浪费。另外，《马德里协定有关议定书》还规定，商标国际注册的注册费和规费可由申请人或者代理人直接缴纳给世界知识产权组织国际局。

第三节　《世界版权公约》

一、《世界版权公约》概况

《世界版权公约》是继《伯尔尼公约》之后又一开放性的保护版权的国际公约。缔结该公约的初衷是要将美国和泛美版权公约中的一些国家纳入世界性国际版权保护范围，或在《伯尔尼公约》和泛美版权公约之间达成某种程度的平衡。《世界版权公约》是在联合国教科文组织的主持下，于1952年9月6日召开的政府间代表会议上签订的，故该公约又称《日内瓦公约》或《1952年公约》，英、美、法等5国的代表参加了大会，其中40个国家的代表在公约上签了字，公约于1955年9月16日开始生效。生效后的公约于1971年在巴黎修订过一次。目前，《世界版权公约》的大多数成员国采用的是1971年的巴黎文本。截至2003年3月15日该公约共有99个成员国。1992年7月，我国第七届全国人大常委会第26次会议批准我国加入《世界版权公约》，成为该公约的成员国。《世界版权公约》保护水平较低，在版权国际保护方面，《伯尔尼公约》已基本将其覆盖。

二、《世界版权公约》的主要内容

《世界版权公约》共有21条，由7条实体条文和14条行政条文构成，另外还有一个附加声明和两个议定书。《世界版权公约》的显著特征是条文很短，各种规定大多是原则性的。其主要内容包括以下几个方面：

（一）基本原则

1. 国民待遇原则

国民待遇原则是指，公约成员国国民享有公约其他成员国依本国法已经为本国国民提供的版权保护以及享有公约专门提供的保护。

《世界版权公约》第2条第1款和第2款规定了该原则的基本内容：

（1）任何缔约国国民出版的作品及在该国首先出版的作品，在其他各缔约国中，均享有其他缔约国给予其本国国民在本国首先出版之作品的同等保护，以及本公约特许的保护。

（2）任何缔约国国民未出版的作品，在其他各缔约国中，享有该其他缔约国给予其国民未出版之作品的同等保护，以及本公约特许的保护。

（3）为实施本公约，任何缔约国可依本国法律将定居该国的任何人视为本国国民。

《世界版权公约》与《伯尔尼公约》中有关国民待遇的规定尽管基本相同，但仍有些许差别，如《伯尔尼公约》规定："国民待遇原则"在五种情况下可以由互惠原则代替，如《伯尼尔公约》第2条第7款规定："对实用艺术品提供版权保护的国家可以对不保护这种作品的国家的实用艺术品不予保护。"其他还有公约第6条第1款及第7条第8款等。而《世界版权公约》仅仅在第4条第4款中规定，保护期较长的国家对其他国家的作品可以采取互惠的保护原则。

2. 非自动保护原则

非自动保护原则亦称"附条件的自动保护原则"。当初美国及大多数泛美版权公约的成员国不参加伯尔尼公约的原因之一，是这些国家不实行版权的自动保护制。《世界版权公约》为在这些国家与伯尔尼公约成员国之间寻求平衡，采取了"两迁就"的方法。它既没有要求以登记、交费或其他程序作为获得版权的前提，也没有确立自动保护原则，而是要求作品在首次出版时，每一份复制品上都标有"版权标记"，即标有英文C并外加一圆圈（表示"版权保留"），版权人名称，出版年份三项内容。只要履行了这些手续，任何在国内法中要求履行手续的成员国，就必须视该作者"已经履行了应有的手续"，从而对该作者的版权提供公约所规定的保护。①

在理解非自动保护原则时必须注意以下几点：

（1）这一原则只适用于已经出版的作品，对未出版的作品，成员国应给予版权保护，且不得要求履行任何手续或符合任何形式。

（2）作品必须在首次出版时在一切复制品上标有版权标记，否则，即使再次印刷时补上，也不可能挽回该作品丧失版权的局面。这里所谓的"首次出版"必须是经作品版权人同意或授权后的出版，未经许可的出版，不属"首次出版"；这里所说的"一切"，并不是说忽略了在少量复制品上的标记就会使整个作品丧失版权。

（3）在版权栏内醒目之处加注版权标记仅仅是在《世界版权公约》的成员国中获得版权的途径；公约也仅仅限制成员国对于获得版权再要求履行更多的手续，但公约并

① 参见《世界版权公约》（1971年巴黎文本）第3条。

不限制成员国对维护版权要求履行更多的手续；除加注版权标记外，公约不限制成员国对其本国国民获得版权规定更多的程序方面的要求。[①]

3. 版权独立性原则

版权独立性原则，是指享有国民待遇的作者在公约任何成员国所得到版权保护不依赖其作品在来源国受到的保护，在符合公约最低要求的前提下，该作者的权利受到保护的水平、司法救济方式等均完全适用提供保护的那个成员国的法律。《世界版权公约》虽然只要求在国际保护中加注版权标记，不要求履行其他手续，却也同样没有突破版权的地域性，它也不是一部“跨国版权法”。[②]《世界版权公约》不像《伯尔尼公约》集中反映在某一条款中，而分别反映在第4条、第4条（1）款、第4条之二（2）款等条款中。例如，第4条之二（2）款，允许各成员国按国内法对公约列出的经济权利作特别规定，但必须提供合理保护；第4条（1）款明确规定在作品保护期问题上适用“权利要求地法”；等等。

（二）最低保护要求

1. 经济权利的内容

《世界版权公约》作为最低要求列出的经济权利，不像《伯尔尼公约》那么具体。在《世界版权公约》缔结时，仅仅在第1条要求成员国提供“充分的、有效的保护”。在1971年的修订文本中增加的第4条之二，才进一步较明确地指出：第1条所说的权利，包括为保证作者的经济利益所必需的基本权利。至于这些“基本权利”至少应包括哪些内容，《世界版权公约》却采用了“列举式”说明，又没有像《伯尔尼公约》那样十分明确地指出哪些权利是“必保护”的，哪些权利只是“可保护的”。这些给成员国国内法留下了较大的余地。不过，从《世界版权公约》第4条之二（1）款及第5条（1）款，可以推断在成员国承担保护义务的经济权利中，至少应包括复制权、表演权、广播权、演绎权（翻译权、改编权等）。

此外，《世界版权公约》中没有把保护精神权利专门作为对成员国的最低要求提出。这主要是适应在它缔结时一些主要国家（如美国）尚不保护精神权利的实际状况。但在《世界版权公约》第5条及第5条之二（3）款（亦即发展中国家颁发复制权、翻译权强制许可证的“优惠待遇条款”）中，提到了翻译时不可曲解原作的原意、应注明原著的作者、应尊重作者的“收回权”等等。这些可以被看作公约要求成员国对作者的某些精神权利给予间接承认。

① 韩德培主编：《国际私法新论》，武汉大学出版社1997年版，第592页、593页。

② 郑成思著：《版权公约、版权保护与版权贸易》，中国人民大学出版社1992年版，第46页。

2. 经济权利的保护期

《世界版权公约》虽然没有像《伯尔尼公约》那样对许多不同类型的作品分别定出最低限度保护期，但它对保护期的规定也是十分详细、十分复杂的。因为这一公约的保护期条款大都是针对一般作品（不分类型）的不同情况或在不同国家的计算方式而定的。此外，这一公约又专门规定了两种特殊作品的保护期。

在《世界版权公约》中，经济权利保护期出现了下列五种情况：

（1）一般情况下，受公约保护的作品，其保护期不得少于作者有生之年及其死后25年。

（2）如果缔约国在加入公约时，已对某类作品的保护期确定为首次出版后的某一段时间，则可保持其规定，并可扩大应用于其他作品。但此类保护期，均不得少于首次出版后25年。

（3）在公约生效之日仍不能根据作者有生之年确定保护期的，可以根据首次出版或登记的时间，给予不少于25年的保护。

（4）如果缔约国的法律准许有两个以上的连续保护期限，则第一个期限不得少于25年。例如，我国计算机软件的保护期就属于这种情况。

（5）缔约国国内法对摄影作品或实用美术作品作为艺术品给予保护的，其保护期不得少于10年。

（三）几个特殊问题

1. 权利主体

《世界版权公约》第1条中，把“作者及其他版权者”列为权利主体。“其他版权所有者”指的是作品的原始所有人，如作者的雇主、委托作品的委托人，电影的制版人等，这样一来，权利主体在这个公约中就比在《伯尔尼公约》中多出了一大部分人，也随之多出了一系列复杂的问题。

2. 版权保留符号的含义及作用

《世界版权公约》规定作为版权保留符号的英文C（并在外加一圆圈），是英文Copyright的缩写字头，不仅被成员国中的“版权法”国家（亦即英美法系国家）所接受，而且被成员国中的“作者权法”国家（包括大陆法系国家及东欧国家）所接受。[①]许多并未参加《世界版权公约》的国家的出版物上，也越来越普遍地使用这一符号来表示作品享有版权。从这一点也可以看到：“禁止复制”之权，比起“作者”或“作品”之权（在日本法律中亦即“著作者”或“著作物”之权）在实践中的应用更为普遍。即使是大陆法系国家，也并没有以W（“作品”或“著作物”缩写语）或A（“作

① 郑成思著：《版权公约、版权保护与版权贸易》，中国人民大学出版社1992年版，第51页。

者”或“著作者”缩写语）来表示版权保留。仅仅从法律的行文及权利保护活动中的用语来看，《世界版权公约》的缔结及其版权符号被广泛使用，确实使“版权”比“作者权”（或“著作权”）占了更大的优势。

3. 无追溯力问题

《世界版权公约》在第7条规定：“本公约不适用于当公约在某成员国生效时，已永久进入该国公有领域的那些作品或作品中的权利。”公约的法文本与德文本在表述时，将“进入”表述为“处于”。应当说这种表述更加确切一些。这一条与《伯尔尼公约》第18条（1）款正好相反。对于一部作品是否受保护，《世界版权公约》看的是作品在受保护国的状态（处于专有领域还是公有领域），而不是看作品在来源国的状态。这样一来，一个新参加《世界版权公约》的国家对其原来已经自由使用着的外国作品仍可以自由使用，而不必转过头去再给以保护。例如，阿尔及利亚于1973年8月28日正式参加《世界版权公约》。在这天之前于其他成员国首次出版的作品，对于阿尔及利亚来讲即永远“进入公有领域”了，阿尔及利亚只有义务保护在这一天之后其他成员国出版的作品。这对于减轻一个发展中国家经济上的负担，无疑是有利的。但同时参加了《伯尔尼公约》与《世界版权公约》的国家，由于《伯尔尼公约》的覆盖，对大多数国家的作品就不能再援引《世界版权公约》第7条了。①

4. 禁止保留条款

从《世界版权公约》的最低保护要求中可以看出：它提供的国际保护比《伯尔尼公约》要松散得多，保护水平要低得多。如果成员国对这种最低要求声明某些保留，就有可能使公约提供的国际保护落空。因此，《世界版权公约》在第20条规定：“对本公约不得有任何保留。”这条规定，不仅适用于公约的实体条款，也适用于公约的行政条款。就是说，在某些程序问题上，成员国也必须完全按公约的规定去做。例如，成员国之间对公约的解释发生争议时，只能提交国际法院解决，这也是不容保留的。②

5. 对《伯尔尼公约》的保护条款

在《世界版权公约》中有一条保护《伯尔尼公约》的条文（即第17条）及一个附加声明，主要原因是避免一个保护水平低的公约与一个保护水平高的公约并存，这会使后者中的成员国大量转移。《世界版权公约》规定，在其生效之后，任何原已参加了《伯尔尼公约》的国家，可以再参加《世界版权公约》，但不得因此退出《伯尔尼公约》；否则，即使这样的国家加入了《世界版权公约》，该公约成员国中同时又是《伯尔尼公约》成员国的国家，将不承认该国能享有《世界版权公约》所规定的国际保护。不过，经联合国认可的发展中国家例外（即可以退出《伯尔尼公约》而参加《世界版

① 郑成思著：《版权法》，中国人民大学出版社1997年版，第435～436页。

② 郑成思著：《版权公约、版权保护与版权贸易》，中国人民大学出版社1992年版，第53页。

权公约》)。

但无论《世界版权公约》或《伯尔尼公约》中，都不存在保护《世界版权公约》的条款。就是说，没有条文禁止已参加了《世界版权公约》的国家退出该公约转而参加《伯尔尼公约》。

由于《世界版权公约》在版权国际保护中的作用已经下降。至今无论管理该公约的联合国教科文组织还是该公约的绝大多数成员国，都没有提出进一步修订该公约的要求。

第四节　《世界知识产权组织版权条约》

一、《世界知识产权组织版权条约》概况

为了解决国际互联网络环境下应用数字技术而产生的版权保护问题，在世界知识产权组织主持下，1996年12月20日在120多个国家代表参加的外交会议上，代表们通过了当年8月起草的一份单行公约草案，形成了《世界知识产权组织版权条约》(WCT)以及解释这一条约的附加声明，以作为对《伯尔尼公约》的补充。《世界知识产权组织版权条约》保护数字环境中创作者的权利，主要是保护文学艺术作品，包括著作、计算机程序、音乐、艺术以及电影等。《世界知识产权组织版权条约》由25条组成，未分章节。第1～14条是实体条款，其后的15～25条是行政管理条款。此外还附有“议定声明”共9条，对条约中一些可能发生歧义的问题作进一步解释。

2001年12月6日，随着加蓬加入《世界知识产权组织版权条约》，该条约达到30个成员国。这些国家是：阿根廷、白俄罗斯、保加利亚、布基纳法索、智利、哥伦比亚、哥斯达黎加、克罗地亚、萨尔瓦多、厄瓜多尔、美国、匈牙利、印度尼西亚、日本、吉尔吉斯斯坦、拉脱维亚、立陶宛、墨西哥、巴拿马、巴拉圭、秘鲁、摩尔多瓦、捷克、罗马尼亚、圣卢西亚、斯洛伐克、斯洛文尼亚、加蓬等。根据《世界知识产权组织版权条约》第19条规定，在30个国家向世界知识产权组织总干事提交了批准书或加入书3个月后生效。因此，《世界知识产权组织版权条约》于2002年3月6日正式生效。至2013年5月14日，该条约共有成员国90个。[①]

我国第十届全国人民代表大会常务委员会于2006年12月29日通过加入《世界知识产权组织版权条约》的决定，2007年3月6日，中国政府向世界知识产权组织正式

---

① 见WIPO网站：http：//www. wipo. int/treaties/en/ShowResults. jsp？lang = en&treaty - id = 16 访问时间2013年5月14日。

递交加入书，条约于2007年6月9日起在中国生效。全国人大常委会在批准加入条约时声明：在中华人民共和国政府另行通知前，条约暂不适用于中华人民共和国香港特别行政区和澳门特别行政区。

二、《世界知识产权组织版权条约》的主要内容

（一）保护的客体

《世界知识产权组织版权条约》保护的客体主要包括两个方面：一是计算机程序；二是数据或数据库编程。

（二）向公众传播权

《世界知识产权组织版权条约》的一项重要内容就是规定了作者在计算机网络上的权利。条约第8条将这项权利称为"向公众传播权"。根据这项权利，作者"应享有专有权，以授权将其作品以有线或者无线方式公开传播，包括将作品向公众提供，使公众中的成员在其个人选定的地点和时间可获得这些作品"。这段文字清楚地表明，作者的这项权利就是作者在计算机网络上的权利。"将其作品通过有线或者无线方式公开传播"，指作品在网络上的传播。"使公众中的成员在其个人选定的地点和时间可获得这些作品"，指用户通过网络在自己的计算机上获取其需要的产品，即通常所说的交互式使用。

根据传统的理解，将作品传达给公众，有两种方式：公开传播和发行。在网络技术出现以后，提出了数据在网上传播属于哪一种传达方式的问题。从《世界知识产权组织版权条约》的规定来看，数据在网上传播属于向公众传播的范围。但是，条约又没有将网络传播完全等于传统的向公众传播。这种不同，一方面表现在传播的技术特征由传统的单向传播，变为互动式的双向传播；另一方面表现为传统的向公众传播不与复制行为发生任何联系，而网络传播则至少离不开临时复制行为。

关于网络传播中的复制权问题，虽然在《世界知识产权组织版权条约》中没有列出，但有关这一权利的争议，却从来没有停止过。争议并不涉及复制权的一切问题。与《伯尔尼公约》已有的复制权相比，成为新问题的，仅是网络环境及采用数字技术对作品的复制问题。而争论的焦点，是短时间的复制是否应受版权人复制权的控制这一问题上。《世界知识产权组织版权条约》草案中本来对这个问题的回答是肯定的。但在外交会议上引起了激烈的反对，于是造成该条约在缔约文本上删除了这一表述。同时在条约的"议定声明"第一条中，采用了另一种表述方式。实际上给了条约成员国依本国情况自行以立法或司法解释回答该问题的权利。这个在理论上曾产生很大争议的问题，在实践中倒可能不会成为司法的一个重大障碍。因为，仅是短时间内复制他人作品除在线

服务提供者外，多是为个人学习、研究的行为，即在绝大多数情况下均属于合理使用。

（三）技术措施的规定

与向公众传播权利有关的是《世界知识产权组织版权条约》第 11 条规定的关于技术措施的义务。制定这一条规定的目的主要是制止对计算机程序的加密装置、对网络信息源设置的屏障等装置进行解密的行为。至于禁止到什么范围，具体地说，非法行为是否涉及制造、销售、进口以及提供服务，条约并没有明确规定。这一条款禁止规避权利人设置的技术措施，例如，擅自对权利人设置的加密措施进行解密。作这种规定是因为规避技术措施的行为会给他人著作权带来极大的损害，特别是计算机程序在向公众提供后，被复制的可能性极大。在网络环境下，各类作品被复制因而遭受损害的程度尤其严重。对此，著作权人可以在产品的复制件中加入技术措施，如加密程序。如果擅自将他人的加密程序解密，受损害的除了加密程序外，更主要的是失去加密程序后的产品可被他人任意复制，以致严重地损害著作权人的利益。

（四）权利管理信息的规定

此外，《世界知识产权组织版权条约》第 12 条规定了“关于权利管理信息的义务”。根据这条规定，任何人不得未经著作权人许可去除或者改变任何权利管理信息；不得发行、进口、广播或者公开传播明知未经许可去除或者改变权利管理信息的产品或者产品的复制品。这里所说的“权利管理信息”，是指识别产品、作品的作者、作品的任何权利人的信息、有关产品使用的条款和条件的信息和代表此种信息的任何数字或者代码，这些信息均附于作品的每件复制品上或者公开传播时出现。

《世界知识产权组织版权条约》之所以要禁止擅自去除或者改变权利管理电子信息，是因为在传统的传播方式下，例如，书籍、磁带、光盘的销售、电影的放映等，去除或者改变权利管理信息不是轻易能够做到的，即使能够做到，也容易被人发觉并且追究法律责任。而在电子环境下，特别是网络环境下则非常容易地就能做到去除或者改变权利管理电子信息，而且作品的权利管理电子信息在去除或者改变后不易被人发现，甚至会出现真假难辨、真伪颠倒的情况。因此，禁止去除或者改变权利管理电子信息仅是表面现象，其实质是通过这种禁止维护作品著作权人的人身权和财产权。

第五节　《世界知识产权组织表演和录音制品条约》

一、《世界知识产权组织表演和录音制品条约》概况

《世界知识产权组织表演和录音制品条约》（WIPO Performances and Phonograms

Treaty, WPPT）简称《WIPO 表演和录音制品条约》，是由世界知识产权组织主持，1996 年 12 月 20 日在有 120 多个国家代表参加的外交会议上缔结的，主要是将《罗马公约》确立的传统邻接权保护原则延伸至网络数字环境下，以解决国际互联网络环境下应用数字技术而产生的版权保护新问题。该条约于 2002 年 5 月 20 日正式生效。截至 2013 年 5 月 14 日，该条约共有成员国 91 个。①

我国第十届全国人民代表大会常务委员会于 2006 年 12 月 29 日通过加入《世界知识产权组织表演和录音制品条约》的决定，2007 年 3 月 6 日，中国政府向世界知识产权组织正式递交加入书，条约于 2007 年 6 月 9 日起在中国生效。全国人大常委会在批准加入条约时声明：在中华人民共和国政府另行通知前，条约暂不适用于中华人民共和国香港特别行政区和澳门特别行政区。同时声明：中华人民共和国不受《世界知识产权组织表演和录音制品条约》第 15 条第 1 款的约束。

二、《世界知识产权组织表演和录音制品条约》的主要内容

《世界知识产权组织表演和录音制品条约》共分 5 章 33 条。主要涉及两种主体的知识产权：一是表演者；二是录音制品制作者。

《世界知识产权组织表演和录音制品条约》特别规定了与《伯尔尼公约》第 6 条之二相似的“表演者的精神权利”，即表演者对其现场有声表演或固定在录音制品中的表演，有权要求承认其为该表演的表演者。在发行权、出租权、限制与例外等方面的规定，也与《世界知识产权组织版权条约》的规定相一致。在关于新技术的内容方面，条约也与《世界知识产权组织版权条约》基本一致，例如关于“技术措施”和“权利管理信息义务”的规定等。

《世界知识产权组织表演和录音制品条约》第 15 条第 1 款规定：对于将为商业目的发行的录音制品直接或间接地用于广播或用于对公众的任何传播，表演者和录音制品制作者应享有获得一次性合理报酬的权利。但缔约方可以对该项权利进行保留。我国在批准加入该条约时对该条款作出了保留。

《世界知识产权组织版权条约》和《世界知识产权组织表演和录音制品条约》均规定了向公众传播作品和提供已录制的表演与录音制品的专有权，以及使这种权利得以实现的技术措施和权利管理信息的保护义务。因此，世界知识产权组织将之称为“互联网条约”。

---

① 见 WIPO 网站：http：//www. wipo. int/treaties/en/ShowResults. jsp? lang = en&treaty - id = 20，访问时间 2013 年 5 月 14 日。

第六节　《保护表演者、录音制品制作者与广播组织的国际公约》

一、《保护表演者、录音制品制作者与广播组织的国际公约》概况

《保护表演者、录音制品制作者与广播组织的国际公约》（简称《罗马公约》）于1961年10月26日在罗马签订，于1964年5月18日生效，截至2013年5月17日，公约有91个成员国。①

《罗马公约》保护的是表演者、录音制品制作者和广播组织这些特定主体的权利，是邻接权国际保护的第一个世界性公约。它是在国际广播组织的推动下，由世界知识产权组织、国际劳工组织和联合国教科文组织共同发起于1961年在罗马缔结的。《罗马公约》是一个封闭性的公约，只对《伯尔尼公约》和《世界版权公约》的成员开放。公约一开始就表明，它所给予的保护既不会触动也不影响文学和艺术作品的版权保护，对该公约的解释也不得损害版权保护。

中国没有参加《罗马公约》。但是不意味着中国就不受公约相关内容和规范的影响和约束。《TRIPS协议》第2条阐述了该协议与包括《罗马公约》在内的四个国际公约的关系，协议的任何规定都不得有损于成员之间依据该四个国际公约几经承担的现有义务。从内容上看，《TRIPS协议》几乎完全重复了《罗马公约》所规定的邻接权内容。因此，中国作为世界贸易组织的成员，即使没有加入《罗马公约》，也同样要遵守该公约的某些相关规则。

二、《罗马公约》的主要内容

1. 国民待遇原则

《罗马公约》的国民待遇原则是针对三种不同的邻接权主体作出的。

表演者不管在成员国内有无国籍或住所，只要符合以下条件之一，都应享受国民待遇：① 表演活动发生在公约的成员国内；② 表演活动已经被录制在依照公约受保护的录制品上；③ 表演活动未被录制，但在公约所保护的广播节目中播放了。

对录音制品制作者而言，享受国民待遇应当符合以下条件之一：① 该录制者是公约成员国国民；② 录音制品是首先在公约成员国内录制；③ 录音制品是首次在公约成员国内出版发行。在一个非缔约国首次发行后30日内又在一个缔约国发行的录音制品，

---

① 见WIPO网站：http：//www. wipo. int/treaties/en/ShowResults. jsp？lang = en&treaty – id = 17　2013年5月17日访问。

应该认为是在缔约国首次发行。从条件可见，公约对录音制品者享受国民待遇使用的标准分别是国籍标准、录制标准和发行标准。

对广播组织而言，享受国民待遇的条件是以下两者之其一：① 该组织总部设在公约成员国内；② 有关的广播节目是从公约成员国的发射台首先播出的。

2. 邻接权主体的经济权利

《罗马公约》没有涉及任何受保护主体的精神权利，所以，权利的内容仅指经济权利。

表演者可以防止未经许可而实施的下列行为：①广播和向公众传播其现场表演；②对现场表演进行录制；③复制其表演的录制品。

录音制品制作者有权许可或禁止直接或间接复制其录音制品。

广播组织有权许可或禁止：①转播其广播节目；②录制其广播节目；③复制未经同意而制作的它们的广播节目的录制品；④通过在公共场所的接收装置向公众收费传播它们的电视节目。

3. 权利保护期限

《罗马公约》规定成员国提供的最短保护期均不得少于20年。其中录音制品和录制在录音制品中的表演从录制年份的年底起算；未录制的表演从表演举行年份的年底起算；广播节目从广播年份的年底起算。

第七节 《视听表演北京条约》

一、《视听表演北京条约》概况

《视听表演北京条约》（Beijing Treaty on Audiovisual Performances），是2012年6月26日在由世界知识产权组织主办，国家新闻出版总署（国家版权局）和北京市人民政府承办的保护音像表演外交会议上签署的国际条约。该外交会议有来自154个世界知识产权组织成员国和48个国际组织，共202个代表团的721名代表参加。代表们经过了7天的讨论磋商，将这个谈判了近20年的条约确定了下来。《视听表演北京条约》赋予了电影等视听作品的表演者依法享有许可或禁止他人使用其表演活动的权利。它使电影等影视作品的表演者享有了与歌曲的词曲作者和歌曲表演者相同的复制发行权。《视听表演北京条约》的签署结束了表演者权利得不到完整知识产权保护的历史，对完善国际表演者版权保护体系、推动世界各国文化产业健康繁荣具有里程碑意义。[①]《视听表演北京条约》规定应在30个有资格的有关方交存批准书或加入书3个月之后才生效，目前该条约还未生效（Treaty not yet in force）。[②]

二、《视听表演北京条约》的主要内容

《视听表演北京条约》共30条，以中文、阿拉伯文、英文、法文、俄文和西班牙文签署。分别对“表演者”、“视听录制品”、“广播”、“向公众传播表演”等进行了定义，规定了包括与其他公约和条约的关系、保护的受益人、国民待遇、复制权、发行权、出租权、提供已录制表演的权利以及权利的转让等内容。《视听表演北京条约》给予表演者的保护期为：自表演录制之年年终算起，至少持续到50年期满为止。

《视听表演北京条约》规定了其与其他条约和国际公约的关系：一是该条约的任何内容均不得减损缔约方相互之间依照《世界知识产权组织表演和录音制品条约》或依照1961年10月26日在罗马签订的《保护表演者、录音制品制作者和广播组织国际公约》已承担的现有义务。二是依该条约给予的保护不得触动或以任何方式影响对文学和艺术作品版权的保护。因此，该条约的任何内容均不得被解释为损害此种保护。三是除《世界知识产权组织表演和录音制品条约》之外，该条约既不得与任何其他条约有任何关联，亦不得损害任何其他条约所规定的任何权利和义务。

---

① 见国家知识产权局网站：http：//www. sipo. gov. cn/yw/2012/201206/t20120627 - 715382. html. 2012年12月5日访问。

② Contracting Parties > Beijing Treaty on Audiovisual Performances（Treaty not yet in force）. 见WIPO网站：http：//www. wipo. int/treaties/en/ShowResults. jsp？lang = en&treaty - id = 841，2013年5月17日访问。